D1934718

. . . mehr als ein Haufen Steine

... mehr als ein Haufen Steine

Hamburg 1945-1949

Herausgegeben von
Kurt Grobecker,
Hans-Dieter Loose
und Erik Verg

Ernst Kabel Verlag
Hamburger Abendblatt

Foto-Nachweis

Erich Andres: 47, 50, 51, 53, 56, 62, 65, 71, 79, 87, 101, 103, 105, 116, 117, 166, 170/171, 181, 198, 216, 224, 238. / Associated Press: 16 / Baubehörde Hamburg: 44. / Rosemarie Clausen: 146, 153, 155. Deutsche Presse Agentur (dpa) und deutscher pressedienst (dpd): 14, 29, 31, 34, 72, 77, 81, 89, 92, 95, 96, 128, 138, 140, 141, 165, 192, 221, 233, 234. / Gerd Germin: 80, 90. / Hamburger Hochbahn AG: 52, 122. / Imperial War Museum, London: 13. / Günther Krüger: 142. / Hans Müller: 163. / Otto Metelmann: 231. / Klaus Lehrle: 49. / Preußischer Kulturbesitz, Bildarchiv: 14. / Theo M. Scheerer: 178, 197. / Staatliche Landesbildstelle Hamburg: 48, 54/55, 58, 59, 63, 64, 66/67, 78, 119, 169, 174, 184, 188/189. / Erich Staisch: 18/19, 109, 112. / Stern-Archiv: 39, 40. / Studio Schmidt-Luchs: 56, 75, 226. / Süddeutscher Verlag: 132. / tw (Inge Tele Winkler + Bunk): 36, 144. / Ullstein-Archiv: 131, 228. / United Press Photos: 142. / Lo Warnecke: 134. / Zentral-Photoarchiv Axel Springer Verlag AG: alle Fotos ohne Seitenangabe.

© Ernst Kabel Verlag GmbH, Hamburg 1981
in Zusammenarbeit mit dem Hamburger Abendblatt
Schutzumschlag und Layout: Jan Buchholz/Reni Hinsch
Gesamtherstellung: Clausen & Bosse, Leck
ISBN 3-921909-80-5

Inhalt

1

Vorwort

»Mehr, mehr als ein Haufen Steine! Das ist Tod und Leben, Arbeit, Schlaf, Wind und Liebe, Tränen und Nebel. Das ist unser Wille zu sein, Hamburg!«

(Wolfgang Borchert, gestorben 1947)

Die Zeit, von der dieses Buch erzählt, liegt nun bald 40 Jahre zurück. Noch leben sehr viele, die sie ganz bewußt erlebt haben, für die Hunger, Kälte, Flüchtlingselend, Wohnungslosigkeit nicht nur Worte sind, sondern ein Stück durchlittenes Leben. Sie werden dieses Buch wie eine Legitimation gegenüber den ungläubig staunenden Nachgeborenen vorweisen können: seht, da habt ihr den Beweis, es war wirklich so, wie wir es euch immer erzählt haben. Selbst die unglaublichsten Geschichten, manchmal schon vergessen, haben sich so zugetragen.

Damit ist auch schon gesagt, warum wir uns für die Form der Wiedergabe unkommentierter Originaldokumente entschieden haben.

Vergangenes aus der Sicht und in der Sprache der Zeitzeugen wiederzugeben, ist vielleicht nicht die zuverlässigste Art der Geschichtsbetrachtung, wohl aber die erregendste. Was an Distanz zwangsläufig fehlt, wird durch die Unmittelbarkeit der Erlebnisschilderung hinzugewonnen.

Wir hätten die Überlebenden jener Jahre heute befragen können; – ihre Berichte wären nicht mehr ursprünglich gewesen. Wir hätten die Dokumente von damals auswerten, d. h. werten können; es wäre ein umfassendes Bild entstanden, doch ebenfalls ohne die Originalität der Aussage aus dem Hier und Jetzt jener dramatischen Jahre. Wir haben uns entschlossen, so viel wie möglich von dem zusammenzutragen, was zwischen 1945 und 1949 aufgeschrieben, gedruckt und fotografiert wurde. Dafür haben wir – zu dritt – mehr als ein Jahr gebraucht. Ein weiteres Vierteljahr hat es gekostet, diese erstaunlich große Sammlung wieder so zu reduzieren, daß zwar möglichst alle Aspekte angesprochen werden, aber Wiederholungen vermieden sind und der für ein Buch mögliche Umfang gewahrt bleibt.

Wir glauben, erreicht zu haben, daß Sie dieses Buch von vorn bis hinten durchlesen können, es aber genau so gut an jeder beliebigen Stelle aufschlagen können, denn der Aufbau ist nicht chronologisch, sondern behandelt einzeln die verschiedenen

Lebensbereiche, die damals von Wichtigkeit waren. Sie werden auf Autoren stoßen, deren Namen in der Politik, Literatur oder Publizistik bekannt geworden sind, aber auch auf anonyme Reportermeldungen oder Tagebuchaufzeichnungen unbekannter Mitbürger. In einem Quellenverzeichnis finden Sie, woher der einzelne Beitrag stammt.

Ein Wort noch zur Zusammensetzung unserer Arbeitsgruppe. Wir, das sind zwei Journalisten, die seit langer Zeit die Berichterstattung aus Hamburg im Rundfunk (Grobecker) und in der Tageszeitung (Verg) zu ihrer Herzenssache gemacht haben, und ein Historiker (Loose), der als Leiter des Staatsarchivs die dokumentarischen Schätze dieser Stadt hütet und ihren jeweiligen Wert einzuschätzen hat.

So hoffen wir drei, daß es unserem Team gelungen ist, eine Zeit wieder lebendig werden zu lassen, in der Hamburg zwar nur noch aussah wie ›ein Haufen Steine‹, aber doch mehr, viel mehr war: ›Unser Wille zu sein‹.

Die Herausgeber

Hamburger Nachrichten-Blatt

DER ALLIIERTEN MILITÄRREGIERUNG

UNENTGELTLICH | MITTWOCH, DEN 9. MAI 1945 | UNENTGELTLICH

DER KRIEG IST VORÜBER!

Bedingungslose Ergebung aller deutschen Streitkräfte

Die Völker aller Nationen feierten gestern den alliierten Sieg, den König Georg von England einen vollständigen und überwältigenden Sieg genannt hat. Deutschland hat vor Großbritannien, den Vereinigten Staaten und Rußland bedingungslos kapituliert. Die bedingungslose Kapitulation Deutschlands wurde in der Nacht vom Sonntag zum Montag um 2.41 Uhr in Reims in einem kleinen roten Schulhause unterzeichnet, in dem sich General Eisenhowers Hauptquartier befand. Generaloberst Jodl und Generaladmiral Friedeburg unterschrieben für das Deutsche Reich und Generaloberst Jodl sagte: „Mit dieser unserer Unterschrift sind das deutsche Volk und die deutsche Wehrmacht auf Gnade und Ungnade den Siegermächten in die Hand gegeben." Entsprechend den Vereinbarungen zwischen den drei Großmächten gab der britische Premierminister Churchill gestern nachmittag um 3 Uhr über den Rundfunk eine offizielle Erklärung ab. Englands König sprach um 9 Uhr zu den Völkern des britischen Weltreiches und der britischen Völkerfamilie.

Der Präsident der Vereinigten Staaten von Amerika sprach zur gleichen Zeit wie Premierminister Churchill, und die Oberhäupter vieler Nationen richteten sich zu dieser weltgeschichtlichen Stunde an ihre Völker.

„Eine Stunde des Ruhmes"
— Präsident Truman

Truman verkündete gleichzeitig mit Premierminister hurchill in einer Rundfunkansprache das Ende des Kries in Europa.

Der Präsident erklärte: „Diese Stunde ist eine Stunde r Feier und des Ruhmes. Mein einziger Wunsch ist, daß ranklin Roosevelt sie noch hätte erleben können. Die Welt s Westens ist befreit von den Mächten des Bösen, die er uns jahrelang ihre düstere Gewalt ausübten und s Leben von Millionen freigeborener Menschen zerochen haben."

Präsident Truman fuhr fort: „In dieser Stunde des eges beugen wir uns in Dankbarkeit vor der Vorsehung, e uns geleitet und unseren Mut hochgehalten hat in den hweren Tagen des Unglücks. Das Gefühl unserer Freude gedämpft in dem immer gegenwärtigen Bewußtsein des reises, den wir gezahlt haben, um die Welt von Hitler und nen verbrecherischen Helfershelfern zu befreien."

*

In einer Botschaft Trumans an Churchill heißt : „Nach der bedingungslosen Kapitulation aller Nazireitkräfte, möchte ich der Britischen Armee, der Britihen Flotte und den Britischen Luftstreitkräften für ihre affentaten die Glückwünsche des amerikanischen Volkes aussprechen. Die Regierung der Vereinigten Staaten würdigt aufs höchste die beispiellosen Leistungen des britischen Weltreiches und des britischen Volkes für einen herrlichen Sieg."

Der König an seine Völker

König Georg VI. von England sprach gestern abend um 9 Uhr über den Rundfunk an die Völker Großbritanniens. In seiner Rede hieß es:

„Wir wollen uns heute dankbar vor dem Allmächtigen neigen für die große Gnade, die er uns erwiesen hat.

Aus der ältesten Hauptstadt unseres Reiches, von London, das vom Kriege gezeichnet ist, rufe ich Euch alle auf, Euch dieser Danksagung anzuschließen. Deutschland, das ganz Europa in den Krieg gestürzt hat, ist besiegt.

Noch müssen wir uns im Fernen Osten mit Japan befassen, einem entschlossenen und grausamen Gegner. Dieser Aufgabe werden wir uns mit der größten Entschiedenheit und mit allen unseren Kräften widmen.

Aber zu dieser Stunde, da der schreckliche Schatten des Krieges unsere Herzen und unsere Heime auf diesen Inseln verlassen hat, dürfen wir zumindest eine Pause machen, um unseren Dank auszudrücken. Dann müssen wir unsere Gedanken den Aufgaben zuwenden, die der Friede in Europa mit sich bringen wird und die sich auf die ganze Welt beziehen werden.

Laßt uns zuerst derer gedenken, die nicht mehr zurückkehren werden, und ihrer Standhaftigkeit und ihres Mutes in der Schlacht und ihrer Opfer und Ausdauer, angesichts des erbarmungslosen Feindes, laßt uns all der Männer und Frauen in ihren Diensten gedenken, die ihr Leben gaben. Ihr Leidensweg ist am Ende, und sie sind nicht mehr unter uns in diesem Augenblick. Laßt uns ferner in stolzer Dankbarkeit die vielen grüßen, die uns diesen Sieg gebracht haben.

Ich kann nicht alle nach ihren Verdiensten loben, die dem totalen Kriegseinsatz gefolgt sind zu den gleichen großartigen Höhen und dem gemeinsamen Ziel. Bewaffnet und unbewaffnet habt Ihr Männer und Frauen gestrebt und gekämpft und bis zum Äußersten ausgehalten. Das weiß niemand besser als ich, und als Euer König danke ich aus vollstem Herzen jenen, die so tapfer zu Lande, zu Wasser und in der Luft die Waffen geführt, und allen Zivilisten, die ihre schwere Bürde ohne Zaudern und ohne Klage getragen haben.

Mit diesen Erinnerungen laßt uns daran denken, was es war, das uns fast durch sechs Jahre der Leiden und Gefahr hindurch aufrechterhalten hat: das Wissen, daß alles auf dem Spiel stand, unsere Freiheit, unsere Unabhängigkeit und der Fortbestand unserer Nation. Aber auch das Wissen, daß wir uns nicht nur selbst, sondern auch die Freiheit der ganzen Welt verteidigen, daß unsere Sache nicht nur die Sache dieser Nation oder unseres Reiches war, sondern die Sache eines jeden Landes, in dem man die Freiheit liebt und in dem Freiheit und Gesetz Hand in Hand gehen.

Wir wußten es in schwersten Stunden, daß die versklavten und isolierten Völker Europas zu uns aufsehen. Ihre Hoffnungen waren die unsrigen, ihr Vertrauen bestärkte unseren Glauben. Wir wußten, daß, wenn wir versagt oder nachgegeben hätten, die letzte Flanke gegen eine weltumfassende Tyrannei in Trümmer gefallen wäre. Aber wir gaben nicht nach. Wir haben nicht versagt. Wir sind uns selber treu geblieben und miteinander sind wir unseren großen Verbündeten treu und mit ihnen einig geblieben.

Dieser Glaube und diese Einheit haben uns zum Siege geführt durch Gefahren, die manchmal überwältigend groß zu sein schienen.

Laßt uns schließen mit dem Gelöbnis, den Aufgaben, die vor uns liegen, mit dem gleichen großen Vertrauen an unsere Sendung gegenüberzutreten. Viele schwere Arbeit erwartet uns sowohl für den Wiederaufbau nach den Verheerungen des Krieges als auch in der Hilfeleistung an die zertrümmerte Welt, der wir wieder zu Frieden und Gesundung verhelfen müssen. Dies ist ein Zeitpunkt, da wir fünf lange Jahre hindurch alle unser Bestes gegeben und Herz und Hirn, Nerven und Muskeln der Vernichtung der Nazi-Tyrannei geweiht haben. Durch unseren Sieg bestärkt wenden wir uns jetzt gegen unseren letzten verbliebenen Feind.

Die Königin und ich sind sich der schweren Prüfung bewußt, die jeder Bürger des Britischen Empires zu erdulden hatte. Wir sind stolz, daß wir einige dieser Prüfungen mit Euch geteilt haben, und wir wissen, daß wir gemeinsam der Zukunft mit fester Entschlossenheit ins Auge blicken werden.

Wir werden beweisen, daß unsere Willenskraft und unsere Energie unerschöpflich sind. Ein tiefer Trost liegt in dem Gedanken, daß die dunklen Jahre der Gefahr, in denen unsere Kinder aufwachsen mußten, für immer vorüber sind. Dafür sei Gott unser Dank.

Wir würden unsere Aufgabe nicht erfüllt haben und das Blut unserer Lieben würde vergebens geflossen sein, wenn der Sieg nicht zu einem dauernden Frieden führen würde, einem Frieden, der sich auf Gerechtigkeit gründet und auf die Mitarbeit aller. Auf dieses Ziel soll sich unser Blick wenden.

Laßt uns an diesem Tage des gerechten Triumphes und stolzer Trauer daran denken, und laßt uns morgen entschlossen an unsere Arbeit gehen als ein Volk, das sich derer nicht unwürdig erweisen wird, die für uns gestorben sind. Ein Volk, das entschlossen ist, eine Welt zu schaffen, die sie ersehnt haben würden für ihre Kinder und für uns. Hier liegt die Aufgabe, an die wir durch unsere Ehre gebunden sind.

In der Stunde der Gefahr legten wir in Demut unsere Sache in die Hand Gottes. Er war unser Schild und unser Schirm. Laßt uns Ihm danken für seine Gnade und laßt uns in dieser Stunde des Sieges uns und unser Ziel wieder der Führung Seiner starken Hand anvertrauen."

Botschaften zum alliierten Sieg:

König Georg VI. von England in einem Telegramm General Eisenhower:

„Namens meiner Völker möchte ich Sie als alliiertem erbefehlshaber bitten, allen Mitgliedern der alliierten rmeen den Ausdruck unserer tiefsten Dankbarkeit zu ermitteln und unserer großen Bewunderung für den Mut d den Kampfgeist, mit dem sie, Herr General, unter rer hervorragenden Führung den vollständigen Endsieg rungen haben."

Außenminister Eden sagte in einer Rundfunkansprache s San Franzisko:

„Die Niederlage und bedingungslose Kapitulation der utschen Armeen, der Untergang Hitlers, Musolinis und ner großen Zahl ihrer Helfershelfer, alle diese Ereignisse stalten diese Stunde zu einem historischen Moment des ajestätischen Sieges. Wir sind jetzt entschlossen, mit er Kraft den Endsieg über Japan zu erringen"

Feldmarschall Smuts erklärte:

„Hier in San Franzisko hoffen die vereinten Nationen s breite Fundament zu errichten, auf dem für die ganze elt in Zukunft ein dauerhafter Friede der Gerechtigkeit d der Ehre aufgebaut werden kann. So mag schließlich s Böse, das die Feinde planten, durch unsere heroischen ferleistungen für die ganze Menschheit in das weltnfassende dauernde Gute umgewandelt werden."

Der kanadische Ministerpräsident Mackenzie King:

„Das harte Ringen um den Frieden muß weitergehen. nge nachdem die Geschütze verstummt sind können wir cht sagen, wir hätten den Krieg gewonnen. Noch viele ele müssen erreicht werden. Der Angreiferstaat Japan ß besiegt werden. Wir müssen dazu beitragen, die iden in den von uns befreiten Ländern zu lindern, vor lem aber müssen wir den Krieg gegen den Krieg selbst Ende führen."

Nach der Kapitulation Deutschlands erklärte General senhower am Ort der Unterzeichnung:

„Im Januar 1943 wurde durch den verstorbenen Präsinten Roosevelt und Premierminister Churchill die Forde-

Minenfelder unschädlich zu machen. Alle Mannschaften haben an Bord oder in ihren Unterkünften zu bleiben.

*

Der heutige OKW-Bericht enthält den Befehl an die Wehrmacht, den militärischen Gruß statt des Parteigrußes zu gebrauchen.

*

Die Leichen von Dr. Goebbels, seiner Frau und den vier Kindern wurden in Berlin aufgefunden. Als Todesursache ist Vergiftung festgestellt worden.

Ueber das Schicksal von Göring, Himmler, Ribbentrop, Ley und Streicher ist nichts bekannt.

Laval befindet sich in Spanien im Gefängnis.

Churchill:
Die Sache der Freiheit siegte

Premierminister Churchill gab heute in London über den Rundfunk die bedingungslose Kapitulation Deutschlands vor den Alliierten bekannt.

Premierminister Churchill führte aus: **Gestern früh um 2.41 Uhr unterzeichnete General Jodl als Vertreter des Oberkommandos der Wehrmacht und als Vertreter des deutschen Staatschefs Großadmiral Dönitz**

von den alliierten Streitkräften von allen Seiten angegriffen werden. Es ist verständlich, daß an so langen Fronten und infolge der völligen Verwirrung den Befehlen des deutschen Oberkommandos nicht überall sofort Folge geleistet werden konnte.

Aber nach unserer Meinung und nach der unserer militärischen Ratgeber stellt dieses keinen Grund dar, der Nation die Tatsachen noch länger vorzuenthalten, wie General Eisenhower sie uns mitgeteilt hat, nämlich die bedingungslose Kapitulation Deutschlands, unterschrieben in Reims. Es kann uns auch nichts davon abhalten, den heutigen Tag und morgen als Tage des Sieges in Europa festlich zu begehen. Heute denken wir wohl in der Hauptsache an uns selbst, morgen wollen wir unseren Tribut unseren russischen Kameraden zollen, deren Heldenmut vor dem Feinde so gewaltig beigetragen hat zu dem allgemeinen Sieg. Der Krieg gegen Deutschland ist zu Ende. Nach Jahren gründ-

Das Kommuniqué

Ein Sonderkommuniqué aus dem Alliierten Hauptquartier meldet heute:

„Die bedingungslose Kapitulation aller deutschen Streitkräfte in Europa, zu Lande, zur See und in der Luft, wurde am 7. Mai 1945 um 2.41 Uhr dem Obersten Alliierten Befehlshaber und dem Oberkommando der sowjetischen Streitkräfte gegenüber unterzeichnet. Die Kapitulationsbedingungen mit Wirkung vom 9. Mai 1945, 0.01 Uhr, wurden von einem bevollmächtigten Offizier des Oberkommandos der deutschen Wehrmacht unterzeichnet. Die alliierten Streitkräfte haben den Befehl erhalten, die Angriffsoperationen einzustellen, jedoch die gegenwärtigen Stellungen beizubehalten, bis die Kapitulationsbedingungen durchgeführt sind."

Streiflichter …

Der frühere österreichische Bundeskanzler Dr. von Schuschnigg und der frühere französische Ministerpräsident Leon Blum sind durch Truppen der 5. alliierten Armee in der Nähe von einem Dorf in Südtirol befreit worden. Von den Truppen der 5. Armee wurden ferner in deutschen Konzentrationslagern vorgefunden: Dr. Hjalmar Schacht,

Bekanntmachung!

Der Befehlshaber der englischen Besatzungstruppen hat folgende Anordnungen erlassen:

Heute mittag beginnt der Einmarsch der Besatzungstruppen

Ab 13 Uhr besteht Ausgehverbot für die Bevölkerung, mit Ausnahme der Angehörigen der Versorgungsbetriebe (Elektrizitäts-, Gas- und Wasserwerke).

Die Dauer des Ausgehverbots wird von der Disziplin der Bevölkerung abhängig gemacht.

Die Verantwortung für die Durchführung dieser Maßnahme wird der Hamburger Polizei übertragen.

Bei Nichtbefolgung wird außerdem die Besatzungsmacht mit Waffengewalt einschreiten.

Der Polizeipräsident von Hamburg gibt hierzu ergänzend bekannt:

Zur Durchführung des erlassenen Ausgehverbots sind die Behörden und Betriebe, mit Ausnahme der Versorgungsbetriebe (Elektrizitäts-, Gas- und Wasserwerke), ab 10 Uhr zu schließen.

Notbetrieb (Sonntagsdienst) ist aufrechtzuerhalten.

Von den Versorgungsbetrieben sind den Angehörigen der Betriebe entsprechende Ausweise auszustellen.

Der gesamte Verkehr wird um 12.00 Uhr eingestellt.

Hamburg, den 3. Mai 1945.

2

Besetzer und Besetzte

Deutschland hatte bedingungslos kapituliert. Hamburg war den Alliierten als »offene Stadt« kampflos übergeben worden. Als die britischen Panzer auf die Moorweide fuhren und die Besatzungssoldaten weißbrot- und schokoladeessend die Stadt ganz friedlich in Besitz nahmen, wich die Angst vor einer ungewissen Zukunft sehr schnell der Überraschung und schließlich der Erleichterung. Das also war der Feind, den die Nazipropaganda jahrelang als rücksichtslos und grausam verteufelt hatte! Sicher, die Hamburger gewannen nicht über Nacht alle Freiheit zurück, die sie so lange entbehrt hatten. Da gab es die Polizeistunde – gegen die zu verstoßen, manch einen teuer zu stehen kam – da gab es erhebliche Einschränkungen der Freizügigkeit, da wurden Villen beschlagnahmt, und es gab noch manche andere von den Besatzern verordnete Unbequemlichkeiten. Aber man bemühte sich auf beiden Seiten, miteinander auszukommen, und das klappte besser, als es den Militärs auf der Seite der Sieger recht sein konnte. Feldmarschall Montgomery, der Oberbefehlshaber der Britischen Besatzungszone, mußte der Zivilbevölkerung mehrfach in Plakatanschlägen erklären, warum »Fraternisieren« verboten war. Erst nach und nach wurden die strengen Bestimmungen gelockert. Ab Ende Juli 1946 durften hohe Offiziere der Militärregierung führende politische Persönlichkeiten und Gewerkschaftler einladen. Kurz darauf wurde »aus guten Gründen und ohne Bedenken gegen die Sicherheit« das Eheverbot zwischen britischen Soldaten und deutschen Frauen aufgehoben. Neun Monate später – im Mai 1947 – wurden bereits mehr als 3600 Anträge auf Eheschließung gezählt. Schneller als erwartet kamen auf beiden Seiten diejenigen zum Zuge, die schon wenige Tage nach der Kapitulation gemeinsame Aufbaupläne geschmiedet hatten.

Die Besetzung beginnt

3./4. Mai 1945
Am 3. Mai dürfen wir nur bis 1 Uhr auf die Straße, dann werden alle Läden und Geschäfte geschlossen, alle Fahrten eingestellt. Um 3 Uhr kommen sie! Wir merken nicht viel davon, es ist hier draußen wie ausgestorben, kein Mensch sichtbar, kein Laut zu hören. Gegen Abend hört man die ersten Autos durch die Sierichstraße sausen.
Am Freitag, den 4. Mai herrscht immer noch dieselbe Stille, nur englische Soldaten wimmeln plötzlich hervor und krabbeln wie die Ameisen durch alle Straßen, und bald folgen Massen von Autos und Panzern und Tanks und Motorrädern, und im Nu haben sie sich installiert, große Holzschilder überall angebracht: Army postoffice, Tailor, Leave centre etc. Es gibt viele Neugierige, die den ganzen Tag auf dem Balkon stehen und schauen, was da unten alles vorgeht. Wir beschäftigen uns damit, alles wieder aus dem Keller raufzuholen, was sich da in fast 6 Jahren angesammelt hat. Ich entstaube Vaters Anzüge und säubre die Schubladen und ordne wieder Briefe und Fotos in meinen Schreibtisch ein, alles wie im Traum, ohne Realität. Abends I. Proklamation von General Eisenhower: Morgen von 9 Uhr an dürfen wir wieder auf die Straße, um 10 Uhr gehen die Geschäfte auf. Alle Schulen und Lehranstalten sind geschlossen, keine Nazipartei mehr! Wir gingen früh und kalt ins Bett.
(Mathilde Wolff-Mönckeberg, Briefe)

5. Mai 1945
Die Hamburger schlendern durch ihre trostlose Innenstadt. Ungetüme Panzer füllen in Kolonnen die Esplanade und biwakieren auf der Moorweide. Die Soldaten sitzen oben drauf, essen Weißbrot und Suppe, umringt von einer gaffenden Menge, die sie stumm betrachtet.
Die meisten Engländer sind groß und ebenmäßig gewachsen, wirken gut genährt, tragen Hosen mit Bügelfalten, und ihre Baskenmützen sitzen schief über einem Auge oder Ohr.

Zum Foto auf Seite 10: Der Verkehr ruht, die Bevölkerung hat Ausgehverbot. So beginnt der »Frieden« in Hamburg am 3. Mai 1945.

Am Dammtor schlurrt ein langer Zug deutscher Soldaten vorbei, waffenlos, humpelnd einige, mit verschmutzten Verbänden, Wolldeckenbündel umgehängt, müde und verstaubt. An der Spitze der Dreierreihen auf dem Fahrdamm ein Major am Stock. Die englischen Wachen begleiten sie auf dem Bürgersteig.
(Ose Köster, Tagebuch)

6. Mai 1945
Ich scheue mich fast, heute die Feder zur Hand zu nehmen! Es ist zu viel seit meinem letzten Schreiben geschehen, die ganze Welt sieht seit diesen 5 Tagen anders aus, und das, was wie ein zerdrückender Alp auf uns lag, ist zum Teil von uns genommen. Eben habe ich den amerikanischen, den englischen Sender gehört, und keine Todesstrafe steht mehr darauf, ich kann laut auf der Straße sagen: »Adolf Hitler, der größte Verbrecher der Welt«, und keiner wird mir den Mund verbieten. Könnt Ihr das fassen? Stellt Euch unsere Andreasstraße wimmelnd von englischen Lastwagen und Privatautos vor, auf den Fußwegen, in den kleinen Vorgärten, seht die vielen englischen Soldaten, und zwar ein Waliser Regiment, die munter durch die Gegend patrouillieren, einer sitzt auf dem Fahrdamm und spielt mit seinem Hund, ein andrer steht auf einem Balkon und bläst die Flöte, zwei poltern zu uns ins Haus hinein, denn unten im Parterre ist ein Captain eingezogen, und dort ist großer Betrieb.
(Mathilde Wolff-Mönckeberg, Briefe)

6. Mai 1945
Die noch bewohnbaren Bürohäuser und Villen an der Alster sind von der Militärregierung beschlagnahmt worden. Der Neue Jungfernstieg ist für Hamburger gesperrt. Im »Vier Jahreszeiten« residiert der »Town-Major«.
(Ose Köster, Tagebuch)

Der Krieg ist zu Ende

8. Mai 1945
Eine Minute nach Mitternacht ist der Krieg in Europa zu Ende. »Radio Hamburg, ein Sender der Militärregierung« überträgt Churchills Rede. Anschließend der König des Britischen Empire. Er stottert etwas. Dann Glokkengeläut und festliche Musik. Im alten Fremdenblatt-Haus tauchen immer mehr vertraute Gestalten auf: aus

Britische und amerikanische Flugzeuge flogen während des Krieges 213 Angriffe gegen Hamburg. Die Hälfte der Stadt lag in Trümmern.

dem Lazarett zurück, von der Truppe rechtzeitig »abgesetzt«, mit fingierten Entlassungspapieren, aus der Munitionsfabrik ...

(Ose Köster, Tagebuch)

9. Mai 1945

Die Völker aller Nationen feierten gestern den alliierten Sieg, den König Georg von England einen vollständigen und überwältigenden Sieg genannt hat. Deutschland hat vor Großbritannien, den Vereinigten Staaten und Rußland bedingungslos kapituliert. Die bedingungslose Kapitulation Deutschlands wurde in der Nacht vom Sonntag zum Montag um 2.41 Uhr in Reims in einem kleinen roten Schulhause unterzeichnet, in dem sich General Eisenhowers Hauptquartier befand. Generaloberst Jodl und Generaladmiral Friedeburg unterschrieben für das Deutsche Reich und Generaloberst Jodl sagte: »Mit dieser unserer Unterschrift sind das deutsche Volk und die deutsche Wehrmacht auf Gnade und Ungnade den Siegermächten in die Hand gegeben.« Entsprechend den Vereinbarungen zwischen den drei Großmächten gab der britische Premierminister Churchill gestern nachmittag um 3 Uhr über den Rundfunk eine offizielle Erklärung ab. Englands König sprach um 9 Uhr zu den Völkern des britischen Weltreiches und der britischen Völkerfamilie. Der Präsident der Vereinigten Staaten von Amerika sprach zur gleichen Zeit wie Premierminister Churchill, und die Oberhäupter vieler Nationen richteten sich zu dieser weltgeschichtlichen Stunde an ihre Völker.

(HNB)

12. Mai 1945
Niemand weiß, ob die Besatzungsmacht mit einem Programm gekommen ist. Vor dem Auskunftsbüro der Militärregierung in der Dammtorstraße stauen sich die Hamburger in dichten Trauben, um Erlaubnisscheine für alles mögliche zu beantragen. Nächste Woche erhalte ich eine Genehmigung zum Radfahren.

(Ose Köster, Tagebuch)

17. Mai 1945
Herr Rudolf Petersen ist von der Militärregierung provisorisch beauftragt worden, die Pflichten des Bürgermeisters der Hansestadt Hamburg zu übernehmen. Er bekleidet schon jetzt diese Stellung.
Der Bürgermeister hat angeordnet, daß sofort die Straßennamen nach Mitgliedern der NSDAP beseitigt werden. Vorbehaltlich einer späteren endgültigen Benennung werden zunächst die früheren Benennungen wieder eingeführt. Die Straßenschilder werden in den noch bewohnten Straßen in den nächsten Tagen ausgewechselt. Eine entsprechende Regelung ist nach Maßgabe der vorhandenen Arbeitskräfte und Materialien auch für die Beschriftung der öffentlichen Verkehrsmittel getroffen.

(Rundfunk-Durchsagen)

27. Mai 1945
Wenn Vater nur in etwas besserer Stimmung wäre, er reißt sich die Liebe zu England systematisch aus dem Herzen und will nicht zugeben, daß das, was er liebte, doch zeitenlos und ewig ist und nichts mit den momentanen Zuständen zu tun hat. Ich sehe nicht ganz ein, was England jetzt anders machen sollte. Es kann nicht Rücksicht auf jeden einzelnen nehmen und hat wahrlich Grund genug, wie *alle* Nationen, Deutschlands Haltung während des »Hitlerismus« aufs tiefste zu verabscheuen. Ich bin überzeugt, daß eine gemeinsame Aufbauarbeit möglich ist, aber vorläufig müssen wir uns damit abfinden, daß wir *ganz* klein und unten durch sind und uns befehlen lassen müssen! Es ist trostlos, aber wahr.

(Mathilde Wolff-Mönckeberg, Briefe)

Zum erstenmal seit 130 Jahren wird Hamburg besetzt. Panzer der 7. Britischen Pz. Division rollen am 3. Mai 1945 über die Elbbrücken.
Generalfeldmarschall Keitel unterschreibt am 8. Mai 1945 in Berlin-Karlshorst die bedingungslose Kapitulation aller deutschen Truppen.

29. Mai 1945
Die Militärregierung der Hansestadt Hamburg gibt bekannt, daß folgende Fälle vor dem Militärgericht verhandelt wurden:
34 Personen wegen Verstoßes gegen das Ausgehverbot. Alle wurden für schuldig befunden. Strafen, die zwischen 7 und 60 Tagen Haft schwanken, wurden verhängt.
Die Militärregierung der Hansestadt Hamburg erläßt den folgenden Befehl:
Lockerung der Beschränkung der Bewegungsfreiheit. Die Beschränkungen der Bewegungsfreiheit von Zivilpersonen sind teilweise gelockert worden. Innerhalb desjenigen Gebietes von Schleswig-Holstein und der Hansestadt Hamburg, welches im Nordwesten durch den Nordostsee-Kanal, der von Brunsbüttel nach Kiel verläuft, und im Südwesten von dem Süd- oder Westufer der Elbe oder Süderelbe begrenzt ist, besteht keine Einschränkung mehr in der Bewegungsfreiheit von Zivilpersonen, weder für Fußgänger noch für Radfahrer, noch auf öffentlichen Verkehrsmitteln während der Zeit von 5 Uhr bis 22.15 Uhr. Erlaubnisscheine sind jedoch noch erforderlich, um
a) den Nordostseekanal und die Elbe in beiden Richtungen zu überqueren,
b) verbotene Gegenstände besitzen zu dürfen,
c) ein Sperrgebiet zu betreten,
d) ein Motorfahrzeug zu benutzen.
Erlaubnisscheine für die Benutzung von Motorfahrzeugen werden nur für wichtige Zwecke ausgegeben und werden, soweit wie möglich auf Reisen zwischen 2 Punkten beschränkt werden.
Es ist niemandem, einschließlich ausländischen Zivilpersonen und deutschen Flüchtlingen beiderlei Geschlechts gestattet, den Wohnsitz ohne einen Passierschein der Militärregierung zu wechseln.

(Rundfunk-Durchsagen)

30. Mai 1945
Feldmarschall Sir Bernard Montgomery erließ als Oberbefehlshaber der britischen Besatzungszone in Deutschland folgende persönliche Botschaft an die Bevölkerung:
1. Ich bin von der britischen Regierung mit der Befehlsgewalt und Kontrolle des britischen Besatzungsgebietes in Deutschland betraut worden. In diesem Gebiet waltet zunächst eine Militärregierung unter meinem Befehl.
2. Mein unmittelbares Ziel ist es, für alle ein einfaches und geregeltes Leben zu schaffen.

Feldmarschall Montgomery, Oberbefehlshaber der britischen Truppen – 9. Mai 1945: Ausgehverbot aufgehoben. Radfahren bleibt verboten.

MILITÄRREGIERUNG

1. Die Anordnung an Zivilpersonen, in den Häusern zu bleiben, ist in dem Gebiet von

HAMBURG

aufgehoben mit der Einschränkung, daß niemand sich mehr als fünf Kilometer von seiner jetzigen Wohnstätte entfernen oder ein Fahrrad benutzen darf ohne im Besitz einer von einem Offizier der Militärregierung unterzeichneten Ausnahmebescheinigung zu sein.

2. Alle anderen Befehle der Militärregierung bleiben weiterhin in Kraft.

IM AUFTRAGE DER MILITÄRREGIERUNG

In erster Hinsicht ist dafür zu sorgen, daß die Bevölkerung folgendes hat:
a) Nahrung,
b) Obdach,
c) Freisein von Krankheit.
Die Ernte muß eingebracht werden.
Das Verkehrswesen muß neu aufgebaut werden.
Das Postwesen muß in Gang gebracht werden.
Gewisse Industrien müssen die Arbeit wieder aufnehmen.
Dieses wird für jedermann viel schwere Arbeit bedeuten.
3. Diejenigen, die nach internationalem Recht Kriegsverbrechen begangen haben, werden gesetzmäßig abgeurteilt und bestraft werden.
Das deutsche Volk wird unter meinen Befehlen arbeiten, um das, was zum Leben der Volksgemeinschaft notwendig ist, zu schaffen und um das wirtschaftliche Leben des Landes wieder aufzubauen.
4. In dem britischen Besatzungsgebiete sind viele deutsche Soldaten, Flieger und Matrosen. Sie werden zur Zeit in besonderen Gebieten versammelt.
Die deutsche Wehrmacht sowie alle anderen bewaffneten Verbände werden entwaffnet und aufgelöst.
Alle deutschen Soldaten, Flieger und Matrosen werden nach ihren Handwerken und Berufen gemustert. In wenigen Tagen wird damit angefangen werden, sie von der Wehrmacht zu verabschieden, damit sie mit der Arbeit beginnen können. Vorrecht in der Dringlichkeit hat die Ernte; darum werden Landarbeiter zuerst entlassen. Die

Entlassung von Männern in anderen Handwerken und Berufen erfolgt, sobald es praktisch möglich ist.
5. Ich werde dafür sorgen, daß alle deutschen Soldaten und Zivilisten mittels Rundfunk und Presse über den Fortgang der Arbeit auf dem Laufenden gehalten werden. Der Bevölkerung wird aufgetragen, was zu tun ist. Ich erwarte, daß sie es bereitwillig und wirksam tut.

(HNB)

Was jedermann wissen muß

31. Mai 1945
Im Anschluß an die Proklamation Eisenhowers an das deutsche Volk wurden durch Plakatanschläge in den Stadtteilen laufend wichtige Gesetze der Militärregierung bekanntgegeben. Da die Hamburger die Anschläge namentlich der ersten Tage nicht laufend verfolgen konnten, ist es geraten, sich noch nachträglich zu unterrichten, damit nicht durch Unkenntnis Nachteile erwachsen. Zur Erleichterung der Orientierung bringen wir heute eine Übersicht über die wichtigsten dieser Gesetze und eine kurze Inhaltsangabe.

Schußwaffen, Kriegsmaterial, Vorräte

Wer Schußwaffen (auch Sportgewehre!) oder andere tödliche Waffen jeder Art, Munition, Sprengstoffe, Kriegsvorräte, Radiosendegeräte, oder Teile davon, Signalausrüstung oder Bestandteile davon oder Brieftauben besitzt, hat diese sofort auf dem nächsten Polizeibüro abzuliefern. Wer weiß, wo sich solche Dinge oder Kriegsmaterial anderer Art, Fahrzeuge, Treib- und Schmierstoffe, Nahrung, Kleidung oder andere Vorräte befinden, hat dies der Polizei anzuzeigen.

Aufhebung der NS-Gesetze

Das Gesetz Nr. 1 beseitigt im Interesse von Recht und Gerechtigkeit und um den Grundsatz der Gleichheit vor dem Gesetz wieder einzuführen, gemeinschädliche Grundsätze und Lehren der NSDAP. So werden aufgehoben u. a. die Gesetze zum Schutz der nationalen Symbole, zur Sicherung der Einheit von Partei und Staat, die Gesetze gegen die Neubildung von Parteien und gegen heimtückische Angriffe auf Partei und Staat und das Gesetz zum Schutze des deutschen Blutes, das Reichsbürgergesetz und der Führererlaß über die Rechtsstellung der NSDAP. Niemand darf hinfort wegen seiner Beziehungen zur NSDAP begünstigt oder wegen seiner Rasse, Staatsangehörigkeit oder seines Glaubensbekenntnisses benachteiligt werden. Auslegung nach nationalsozialistischen Grundsätzen ist verboten. Anklage darf nur erhoben, Urteile dürfen nur verhängt und Strafen vollstreckt werden, falls die Tat zur Zeit ihrer Begehung ausdrücklich gesetzlich für strafbar erklärt war; Verurteilungen aus angeblich »gesundem Volkempfinden« sind verboten.

... und Gerichte

Gesetz Nr. 2 beseitigt Volksgerichtshof, Sondergerichte und Parteigerichte und verfügt die zeitweilige Schließung der Ordentlichen und Verwaltungsgerichte. Die Wiederaufnahme ihrer Tätigkeit ist an eine schriftliche Erlaubnis der Militärbehörde gebunden. Richter, Staatsanwalt, Notar und Rechtsanwalt dürfen erst wieder amtieren, wenn sie folgenden Eid geleistet haben:
»Ich schwöre bei Gott dem Allmächtigen, daß ich die Gesetze jederzeit zu niemandes Vorteil und zu niemandes Nachteil, mit Gerechtigkeit und Billigkeit gegenüber jedermann, ohne Rücksicht auf Religion, Rasse, Abstammung oder politische Überzeugung anwenden und handhaben werde; daß ich die deutschen Gesetze und alle Rechtsvorschriften der Militärregierung sowohl ihrem Wortlaute als auch ihrem Sinne nach befolgen werde; und daß ich stets mein Bestes tun werde, um die Gleichheit aller vor dem Gesetz zu wahren. So wahr mir Gott helfe!«
– Wer diesen Eid schwört, ist nicht mehr an früher von ihm geleistete Diensteide gebunden.

Die Gerichte der Militärregierung

Eine weitere Verordnung bringt Einzelheiten über die Zuständigkeit und die Strafbefugnis der Gerichte der Militärregierung, die errichtet wurden, um Verstöße gegen die Interessen der alliierten Streitkräfte gerichtlich zu verfolgen. Es gibt Einfache, Mittlere und Obere Militär-

28. Mai 1945. Erste von der Militärregierung genehmigte Fahrgelegenheit: Ein Güterzug von Hamburg über Uelzen ins Ruhrgebiet.

gerichte; sie können Freiheitsstrafen bis zu einem bzw. bis zu zehn Jahren und das Obere Militärgericht jede gesetzliche Strafe einschließlich der Todesstrafe verhängen. In acht Punkten sind ausdrücklich die Rechte des Angeklagten aufgeführt.

Das Ende der NS-Einheits-Organisationen

Um der von der NSDAP errichteten Herrschaft von Gesetzlosigkeit, Terror und Unmenschlichkeit ein Ende zu bereiten, verordnet das Gesetz Nr. 5 Auflösung und Verbot von 52 Ämtern, Organisationen und Einrichtungen der Partei sowie die Auflösung der acht militärähnlichen Organisationen. Alle Amtsstellen der NSV werden geschlossen; ihre Funktionen übernehmen die Wohlfahrtsämter.

Sperre und Beaufsichtigung von Vermögen

Ein umfangreiches Gesetz verkündet die Sperre und Beaufsichtigung von Vermögen des Reiches, der Länder, der Gaue oder Provinzen, sowie zahlreicher Ämter und Organisationen. Daneben wird in der ergänzenden Vorschrift Nr. 1 ein umfangreicher Kreis von Personen genannt, deren Vermögen ebenfalls gesperrt und beaufsichtigt werden wird. Das genaue Studium dieser Allgemeinen Vorschrift dürfte für jeden vonnöten sein, weil der Kreis der Betroffenen außerordentlich groß ist.
Zum gleichen Gesetz erging eine Reihe von allgemeinen Genehmigungen, die unbilligen Härten vorbeugen sollen. So kann jede natürliche Person, deren Vermögen gesperrt ist, bis zu 300 RM für sich selbst und bis zu 50 RM für jedes weitere wirtschaftlich abhängige Mitglied des Haushalts abheben, mit der Einschränkung, daß sich insgesamt nur ein Höchstbetrag von 500 RM für jeden Haushalt und Monat ergeben darf. Andere Genehmigungen betreffen den laufenden notwendigen Geschäftsverkehr der Gemeinden, der Kreditinstitute und der Anstalten, die dem öffentlichen Gottesdienst dienen.

Kontrolle des Nachrichtenwesens

Das Gesetz Nr. 76 bestimmt, daß jeder Fernsprech-, Fernschreib-, Telegraphen- und Funkdienst im Inlands-, Auslands- und Durchgangsverkehr und ebenso der Postdienst bis auf weitere Anordnung der Militärregierung eingestellt werden. Ausgenommen hiervon werden Draht- und drahtlose Rundfunksendungen, die besonderen Bestimmungen unterliegen. Ebenso wird das private Nachrichtenwesen völlig stillgelegt. Hier gibt es weitreichende Anmeldungs- bzw. Ablieferungspflichten – es empfiehlt sich, den genauen Wortlaut dieses Gesetzes zu studieren. Nach der Wiederaufnahme des betreffenden Dienstes müssen jeder durch die Post beförderte Schriftwechsel, alle auf diesem Wege beförderten privaten Schriftstücke und Urkunden sowie alle Mitteilungen mittels Fernsprecher, Fernschreiber, Telegraph und Funkdienst die Zensurbestimmungen der Militärregierung beachten; sie dürfen nur auf dem behördlich zugelassenen Wege übermittelt werden, Mitteilungen, private Schriftstücke und Urkunden im Besitz von reisenden Zivilpersonen sind ebenfalls der Zensur unterworfen.

Zeitungen, Rundfunk Vergnügungsgewerbe ...

Bis zum Erlaß neuer Bestimmungen der Militärregierung sind die Drucklegung und Veröffentlichung von Zeitungen, Magazinen, Zeitschriften, Büchern, Anschlagzetteln und sonstiger Druckwerke jeder Art sowie der Betrieb von Korrespondenzbüros und Nachrichtenagenturen, von Rundfunk- und Drahtfunksendern, von Theatern, Lichtspieltheatern, Filmateliers, Filmleihanstalten und Unternehmungen, die theatralischer und musikalischer Unterhaltung dienen, verboten (Gesetz Nr. 191).
Das Reichsministerium für Volksaufklärung und Propaganda ist selbstverständlich aufgelöst – verboten ist es, Material, das von diesem Ministerium herrührt, zu gebrauchen, seine Richtlinien zu befolgen oder seine Anweisungen und Anordnungen auszuführen.

Alliierte Militär-Mark

Alliierte Militär-Marknoten, die in Noten von 0,50 Mark bis zu 1000 Mark ausgegeben werden, gelten als gesetzliches Zahlungsmittel für die Bezahlung von Markschulden aller Art – niemand darf alliierte Militärmark und die auf Mark lautenden gesetzlichen Zahlungsmittel unterschiedlich behandeln.

Soweit ein kurzer Überblick über die wichtigsten Gesetze und Verordnungen. Wen es angeht, der möge im Einzelfall an den bekannten Anschlagstellen die Gesetze selbst nachlesen, um an Hand des genauen Wortlautes festzustellen, ob ihm besondere Pflichten erwachsen.

(HNB)

1. Juni 1945

Daneben die völlige Postlosigkeit seit einem Monat und

die Überschwemmung mit immer neuen Verordnungen der Militärregierung! Vater ist ein für allemal empört über alles, was von England kommt, er ist wie ausgewechselt, findet alle Engländer heuchlerisch, puritanisch, selbstgerecht etc., und ich weiß eigentlich nicht, was sie momentan anders machen sollten. Wir sind ja die »Besiegten« und haben Verachtung und Knechtung durch die Schufte, die uns ins Verderben rissen, verdient. Daß uns die Greueltaten der KZ jetzt täglich im Radio und in dem rührenden Zeitungsblättchen vorgehalten werden, geschieht uns nur recht. Wir haben *alle* die Verantwortung für die grauenhaften Verbrechen zu tragen, und niemand soll sich dem verschließen.

(Mathilde Wolff-Mönckeberg, Briefe)

4. Juni 1945
Die Militärregierung Hamburg erläßt den folgenden Befehl:
Um bei bevorstehenden Geburten Schwierigkeiten zu vermeiden, die in der Zeit des Ausgehverbots auftreten können, ist es angezeigt, rechtzeitig Anträge auf Ausstellung von Passierscheinen im Rathaus, Zimmer 306, zu stellen. Die Betreffenden können dann nachts ärztliche Hilfe herbeiholen oder die werdende Mutter in ein Krankenhaus bringen. Die Antragsteller müssen ein Attest eines Arztes, Amtsarztes oder einer Mütterberatungsstelle vorlegen, in welchem die bevorstehende Geburt bescheinigt wird.
Diese Durchsage bezieht sich nur auf die Hansestadt Hamburg.

(Rundfund-Durchsage)

11. Juni 1945
Montgomerys zweite Botschaft an die Zivilbevölkerung der britischen Besatzungszone:
Ihr habt Euch wahrscheinlich gewundert, warum unsere Soldaten Euch nicht beachten, wenn Ihr ihnen zuwinkt oder auf der Straße einen »guten Morgen« wünscht, und warum sie nicht mit Euren Kindern spielen. Unsere Soldaten handeln auf Befehl. Ihr habt diese Haltung der Truppe nicht gern. Unsere Soldaten auch nicht. Wir sind von Natur aus ein freundliches und gutmütiges Volk. Aber der Befehl war notwendig, und ich will Euch erklären, warum.
Im Weltkrieg von 1914, der von Euren Führern angefangen wurde, ist Eure Wehrmacht im Felde geschlagen worden, Eure Generale ergaben sich, und im Friedensvertrag von Versailles gaben Eure Führer zu, daß Deutschland am Kriege schuld war. Die Kapitulation erfolgte jedoch in Frankreich. Die Kriegshandlungen spielten sich nicht auf deutschem Boden ab, Eure Städte wurden nie verwüstet, wie die Städte Frankreichs und Belgiens. Eure Heere marschierten in guter Ordnung in die Heimat zurück. Da verbreiteten denn Eure Führer das Märchen, Eure Wehrmacht sei nie besiegt worden, und später leugneten sie die Kriegsschuldparagraphen des Versailler Friedensvertrages. Sie versicherten Euch, Deutschland sei weder schuldig noch besiegt, und weil Ihr den Krieg nie im eigenen Lande verspürt hattet, glaubten ihnen viele. Als Eure Führer wieder den Krieg vom Zaune brachen, zolltet Ihr ihnen Beifall.
Wiederum, nach Jahren der Verwüstung, des Gemetzels und des Jammers, sind Eure Heere geschlagen. Dieses Mal waren die Alliierten entschlossen, Euch eine endgültige Lehre zu erteilen; nicht nur, daß Ihr besiegt seid – das werdet Ihr schließlich erkannt haben –, sondern daß Ihr, daß Euer Volk, wiederum am Ausbruch dieses Krieges schuldig seid. Wenn dieses nämlich nicht Euch und Euren Kindern klargemacht wird, würdet Ihr Euch vielleicht noch einmal von Euren Führern betrügen und in einen dritten Krieg stürzen lassen.
Während des Krieges verheimlichten Eure Führer vor dem deutschen Volk das Bild, das Deutschland der Außenwelt bot. Viele von Euch scheinen gemeint zu haben, daß Ihr mit unseren Soldaten, sobald sie Euch erreichten, gut Freund sein könntet, als ob nichts Außergewöhnliches geschehen wäre. Es ist aber dafür zu viel geschehen. Unsere Soldaten haben gesehen, wie ihre Kameraden niedergeschossen, ihre Häuser in Trümmerhaufen verwandelt wurden und wie ihre Frauen und Kinder hungerten. Sie haben in den Ländern, in die Eure Führer den Krieg trugen, schreckliche Dinge gesehen. Für diese Dinge meint Ihr, seid Ihr nicht verantwortlich, sondern Eure Führer. Aber aus dem deutschen Volke sind diese Führer hervorgegangen: jedes Volk ist für seine Führung verantwortlich, und solange sie Erfolg hatte, habt Ihr gejubelt und gelacht. Darum stehen unsere Soldaten mit Euch nicht auf gutem Fuße. Dies haben wir befohlen, dies haben wir getan, um Euch, Eure Kinder und die ganze Welt vor noch einem Kriege zu bewahren. Es wird nicht immer so sein. Wir sind ein christliches Volk, das gern vergibt, und wir lächeln gern und sind gern freundlich. Es ist unser Ziel, das Übel des nationalsozialistischen Systems zu zerstören. Es ist zu früh, um sicher sein zu können, daß dieses Ziel erreicht ist.
Dies sollt Ihr Euren Kindern vorlesen, wenn sie alt genug

Was erlaubt oder verboten ist, steht in den zweisprachigen Verordnungen der Militärregierung.

sind, und zusehen, daß sie es verstehen. Erklärt ihnen, warum englische Soldaten sich nicht mit ihnen abgeben.

(HNB)

12. Juni 1945

Unsere Stadt sieht wieder ganz anders aus, die erste Besatzung hat uns verlassen, und ob die endgültige schon da ist, weiß man nicht. Straße und Haus haben ihre Wagen und Einquartierung verloren und sehen wieder ganz normal aus. Die Verordnungen bleiben gleich strenge: Ausgehverbot nach 10¼ Uhr, Polizeistunde um 9 Uhr etc. etc.

Montgomerys Rede hat große Entrüstung hervorgerufen, und ich begreife auch nicht, was er damit bezweckte; die englischen Soldaten waren ganz besonders freundlich mit den hiesigen Kindern, und wir wunderten uns über gar keine Unfreundlichkeit und Unhöflichkeit, im Gegenteil! Sie verschenkten viel Schokolade, und die Kinder fanden es herrlich, sie zu beobachten in ihrem regen Treiben in ihren großen Wagen.

(Mathilde Wolff-Mönckeberg, Briefe)

22. Juni 1945
Wissen Sie, wie Sie sich mit den Gesetzen der Militär-Regierung bekannt machen können? Wenn nicht, dann müssen Sie es sofort ausfindig machen. Es ist Pflicht, sich mit den Verordnungen der Militär-Regierung bekannt zu machen, denn Sie können kein Gesetz befolgen, von dem Sie nichts wissen. Wenn Sie aber das Gesetz nicht befolgen, wird es ernste Folgen für Sie haben. Unkenntnis des Gesetzes schützt nicht vor Strafe. Die Zahl der Angeklagten, die sich vor den Gerichten der Militär-Regierung mit Unwissenheit entschuldigt, beweist, daß die Veröffentlichungen der Militär-Regierung nicht genügend Beachtung finden. Die wichtigsten Gesetze werden durch den Rundfunk und Zeitungen bekanntgegeben. Aber Sie können sich nicht auf den Rundfunk und die Zeitungen allein verlassen. Sämtliche Gesetze der Militär-Regierung werden an zahlreichen augenfälligen Stellen in jeder Ortschaft angeschlagen. Erkundigen Sie sich, wo die für Sie nächstgelegene Stelle ist, an der Gesetze der Militär-Regierung veröffentlicht werden. Lesen Sie diese Veröffentlichungen regelmäßig, damit Sie immer über Änderungen und Zusätze der Gesetze auf dem laufenden sind. Sorgen Sie auch dafür, daß Ihre Familie und Freunde immer gut informiert sind. Wenn Ihnen ein Gesetz nicht klar ist, fragen Sie Ihren Bürgermeister, und vergessen Sie niemals: Unwissenheit ist keine Entschuldigung.

(Rundfunk-Durchsage)

Auch Sieger sind Menschen

8. Juli 1945
Die ersten beiden Symphoniekonzerte sind natürlich für Hamburg ein Ereignis, ebenso die riesige Zirkusanlage auf der Moorweide mit einem großen Zelt für die Darbietungen und etlichen Wohnwagen und einer Vergnügungsanlage mit allen Rutsch- und Bergbahnen und Karussels der Welt. Die kleinen hamburgischen Kinder stehen am Zaun und drücken ihre Nasen platt und dürfen nicht herein. Neulich war mal eine Aufführung für sie, aber da kam die Polizei und beorderte sie wieder hinaus, und siehe da: Alle Engländer verließen auch das Lokal. Das fand ich nett!

(Mathilde Wolff-Mönckeberg, Briefe)

7. August 1945
Am 17. und 18. Juli war die Sperrstunde auf 19.30 Uhr vorverlegt. Diese Vorverlegung war rechtzeitig und ausreichend bekanntgemacht worden. Trotzdem wurde eine Anzahl Nachzügler festgestellt, die sich jetzt vor dem Militärgericht zu verantworten hatten.
Alma A. und Fräulein B. wurden von einer Streife 25 Minuten nach der Sperrzeit auf dem Sülldorfer Kirchenweg angetroffen. Beide hatten Fahrräder bei sich; eine Erlaubnis, länger auf der Straße zu sein, hatten sie nicht. Beide verteidigten sich mit der Angabe, Fräulein B. habe unterwegs von Pinneberg nach Hamburg eine schwere Blutung gehabt und nicht weiter gekonnt. Ihre Freundin habe sie in diesem Zustand nicht allein lassen wollen. Fräulein B. legte auch ein ärztliches Attest vor, daß sie oft an plötzlich auftretenden Blutungen leide. Beide Frauen hatten bereits um 18.45 Uhr eine Streife angehalten und ihr erklärt, sie könnten unter den gegebenen Umständen wahrscheinlich nicht rechtzeitig nach Hause kommen; diese Streife hatte sie beruhigt, man möge nur sagen: »Total kaputt!«
Das Gericht beurteilte den Fall milde. Die Reise mit dem Fahrrad sei von der Kranken in sehr dummer Weise unternommen und zu spät angetreten worden. Das Gericht sei zwar überzeugt, daß beide kein Vergehen gegen das Ausgehverbot hätten begehen wollen, allein diese Überschreitung hätte vermieden werden können. Eine kleine Strafe sei notwendig: je hundert Mark Geldstrafe oder vierzehn Tage Gefängnis.
Gretchen A. War am 17. Juli zu lange in ihrem Schrebergarten geblieben, wo sie Gemüse und Kräuter für ihre kleine Gastwirtschaft holen wollte. Der vorletzte Zug war überfüllt und der letzte kam mit Verspätung an. Eine Uhr hatte sie nicht, und so wurde sie kurz nach Ausgehschluß, um 19.35 Uhr, auf der Eckernförder Straße, gleich in ihrer Haustür, von der Streife erwischt. Das Urteil lautete auf fünfzig Mark Geldstrafe oder vierzehn Tage Gefängnis.

(HNB)

7. August 1945
Eine persönliche Botschaft Montgomerys:
Drei Monate sind jetzt vergangen, seitdem Deutschland kapituliert hat und die alliierten Nationen die oberste Gewalt in Ihrem Land übernommen haben.
Die Alliierten sind dabei, die vollständige Entwaffnung und Entmilitarisierung Deutschlands sowie die endgültige Austilgung der Nazipartei und der ihr angeschlosse-

nen Verbände restlos zu verwirklichen. Diese Ziele werden bis ins einzelne durchgeführt werden.
Es besteht alle Aussicht auf eine gute Ernte, und Sie müssen dafür sorgen, daß alles Erntegut eingebracht wird. Meine Offiziere sind in jeder Hinsicht bestrebt gewesen, für angemessene Verpflegung und Unterbringung der deutschen Bevölkerung zu sorgen und sie vor Krankheiten zu bewahren. Die ersten Schritte zur Rehabilitierung Deutschlands sind damit getan.
Ich gehe nun zum zweiten Stadium der alliierten Politik über. Es ist meine Absicht, daß Sie in diesem Stadium die Freiheit haben sollen, Ihr Leben auf Ihre eigene Art zu gestalten, soweit es die Maßnahmen der militärischen Sicherheit und Notwendigkeit irgendwie gestatten. Ich will Ihnen helfen, Untätigkeit, Langeweile und Angst vor der Zukunft zu überwinden. Dafür möchte ich Ihnen ein Ziel geben und Hoffnung auf die Zukunft.
Ich werde nach und nach die bisher bestehenden Einschränkungen der Pressefreiheit lockern. Es ist das Bestreben der Alliierten, soweit die Aufrechterhaltung der militärischen Sicherheit es erlaubt, die Bildung freier Gewerkschaften in Deutschland zu unterstützen. Es ist ferner das Bestreben der Alliierten, in Deutschland die Bildung demokratischer politischer Parteien zu fördern, die die Grundlage einer geordneten und friedlichen deutschen Gemeinschaft in der Zukunft bilden können. Wir erstreben für ganz Deutschland die Wiedereinsetzung örtlicher Selbstverwaltungen auf demokratischer Grundlage. Und es ist unsere Absicht, daß die aus ihren Ämtern entlassenen Nationalsozialisten durch Personen ersetzt werden sollen, die auf Grund ihrer politischen und moralischen Befähigung dazu beitragen können, echte demokratische Einrichtungen in Deutschland zu schaffen.
Weiter beabsichtigen wir, das Rechtswesen neu zu gestalten – im Einklang mit den Grundsätzen der Demokratie, der Rechtsprechung nach dem Gesetz und der Rechtsgleichheit für alle Bürger, ohne Unterschied der Rasse, der Nationalität und des Glaubens. Sie dürfen öffentliche Versammlungen und Diskussionen abhalten. Mir liegt daran, daß Sie untereinander Ihre Probleme erörtern und Maßnahmen ergreifen, um sich selbst zu helfen.
Ihren Kindern fehlt es zur Zeit an Jugendorganisationen, an Schulungs- und Erziehungsmöglichkeiten. Ich beabsichtige, die Bildung freiwilliger Jugendorganisationen zu fördern, die religiösen, kulturellen und gesundheitlichen Bestrebungen und Erholungszwecken dienen. Schulungs- und Ausbildungsmöglichkeiten werden sobald wie möglich geschaffen.
Ich habe die Bestimmungen des Umgangsverbots gelokkert. Angehörigen der britischen Truppenteile ist es jetzt gestattet, sich auf Straßen und in öffentlichen Räumen mit der deutschen Bevölkerung zu unterhalten. Das wird uns die Möglichkeit geben, Fühlung mit Ihnen aufzunehmen und Ihre Probleme leichter zu verstehen.
Der kommende Winter wird schwierig sein. Vieles muß ausgebessert und in Ordnung gebracht werden und die Zeit ist knapp. Wir müssen mit der Wahrscheinlichkeit rechnen, daß Mangel an Lebensmitteln, an Kohle, an ausreichender Unterkunft, an Transportmitteln und Verteilungsmöglichkeiten herrschen wird. Es ist notwendig, daß Sie sich das jetzt schon klarmachen.
Ich werde alles, was in meinen Kräften steht, tun, um der Bevölkerung in der britischen Zone den kommenden Winter überstehen zu helfen. Aber Sie, die deutsche Bevölkerung, müssen sich auf diese Möglichkeit schon jetzt vorbereiten. Sie müssen arbeiten, um sich selbst zu helfen.

(HNB)

30. Juli 1946
Um das Vertrauen zwischen den britischen und deutschen Persönlichkeiten, die in der Verwaltung tätig sind, zu fördern, hat die britische Militärregierung in einer Anweisung bekanntgegeben, daß hohen Offizieren der Militärregierung die Genehmigung erteilt wurde, einflußreiche deutsche Beamte, führende politische Persönlichkeiten, Gewerkschaftsführer usw. in die Messen der Militärregierung einzuladen.

(DW)

2. August 1946
Die Regierung hat beschlossen, das Eheverbot zwischen britischen Soldaten und deutschen Frauen aufzuheben. Diese Maßnahme erfolgt 15 Monate nach Beendigung der Feindseligkeiten und damit zwei Monate früher als nach dem ersten Weltkrieg. Sie betrifft zugleich alle ehemaligen Feindländer mit Ausnahme von Japan.
Der Unterstaatssekretär im Kriegsministerium, Lord Nathan, bezeichnete es im Oberhaus als Ansicht der Regierung, daß ihr Beschluß im Einklang mit der öffentlichen Meinung steht. Die örtlichen Militärbefehlshaber in Deutschland sind nunmehr ermächtigt, eine Eheschließung in solchen Fällen zuzulassen, »in denen gute Gründe vorliegen und keine Bedenken der Sicherheit bestehen«.

(DW)

»Non-Fraternization« (Nichtverbrüderung) ist den Soldaten befohlen. Gegenüber den Mädchen ist der Befehl nur schwer durchzusetzen.

6. August 1946

Wie früher bei großen Schwurgerichtsprozessen, so drängen sich jetzt die Leute mindestens zweimal je Woche vor den Verhandlungssälen, deren Terminrollen eine lange Liste von Curfewsündern aufweist. Alle paar Minuten öffnet sich die Tür, der Wachtmeister tritt zwischen die beiden englischen Posten und ruft einen Namen auf. 160 bis 180 Curfew-Übertretungen werden wöchentlich vor dem Unteren Militärgericht abgeurteilt. Bei den Verhandlungen geht es schnell, sachlich und gerecht zu. Liegt ein Fall harmlos, bekommt der Angeklagte eine Verwarnung; hat er nachweislich zwingende Gründe für die Übertretung der Sperrstunde, erkennt das Gericht sie an, und der Angeklagte geht unbescholten nach Hause. Geldstrafen werden dem Einkommen angepaßt und können in einer bestimmten Frist bezahlt werden. Allen Angeklagten aber wird nachdrücklich klargemacht, daß ihr Vergehen nicht leicht genommen werden kann und die Militärregierung auf der Befolgung ihrer Anordnungen besteht.

Am häufigsten hört man als Entschuldigungsgrund, daß die Angeklagten in fröhlicher Gesellschaft waren, zuviel getrunken und die Sperrstunde vergessen haben, oder daß sie einen ortsfremden Gast in sein Hotel bringen mußten. Das kostet immer eine Geldstrafe oder im Nichtzahlungsfall Gefängnis. Es gibt aber auch Gründe, die einen Fall im milderen Licht erscheinen lassen.

Da kommt ein älteres Ehepaar aus Finkenwerder, im sauberen Sonntagsstaat stehen sie ängstlich verlegen vor dem Richter und bringen in heimatlicher Mundart ihre Entschuldigung vor. »Am 15. Juni, zwei Uhr morgens, auf der Straße angetroffen, lautet die Anklage. Als Redegewandtere führt die Frau das Wort. Am Abend waren sie aufgebrochen, um in Harburg auf der Schute ihres Schwiegersohns zu übernachten. Irgendwie verliefen sie sich im Hafen, und ehe die rettende Schute gefunden worden war, brach die Sperrstunde über sie herein. Ratlos setzten sie sich an den Straßenrand und wollten den Morgen abwarten. So fand sie eine Streife. »Ich hab' die ganze Schuld«, sagt die Frau. Sie machen einen so biederen Eindruck, daß selbst der Richter lächeln muß. Urteil: Eine Verwarnung. Mit dankbarem Blick auf das Gericht entschwinden sie aus der für sie unheimlichen Atmosphäre.

Jung, elegant, platinblond, zwei Iltispelzchen um den Hals, erscheint Frau X., die um zwei Uhr morgens auf der Reeperbahn einen Bekannten von außerhalb zu seinem Hotel begleitet hat. Das ist kein Entschuldigungsgrund. »Wieviel verdient Ihr Mann?« Nach längerem Befragen gibt sie 400 RM an und fügt hinzu: »Er ist zwei Jahre im KZ gewesen.« Der Aufenthalt im KZ berechtigt nicht zur Sperrstundenübertretung, wird ihr bedeutet. 250 RM Geldstrafe oder 14 Tage Gefängnis.

Es besteht zwar keine Sperrstunde für Hunde, da aber die vierbeinigen Hausgenossen gern zu jeder Tages- und Nachtstunde auf Abenteuer gehen, ihre Herren aber für angerichteten Schaden verantwortlich sind, so kommt es manchmal vor, daß Hundebesitzer das Curfew übertreten, weil sie ihren Schützling gesucht haben. Ein solcher Fall wird milde angesehen, und der junge Mann, der seinen kostbaren, aber leider wildernden Seidenspitz noch um 24.45 Uhr gesucht hat, kommt mit einer Verwarnung davon.

Vielleicht bissen die Fische gerade gut, vielleicht hatten

sie auch zum Ärger des Anglers den wurmgetarnten Haken gänzlich links schwimmen lassen, jedenfalls brach er zu spät auf, und als er mit seinem Boot noch vor der Schleuse warten mußte, war es 24 Uhr, als ihn eine Streife traf. »Wäre ich durch die Schleuse gekommen, wäre mir das nicht passiert.« – »Dann hätten Sie eben früher aufbrechen müssen.« 50 RM Geldstrafe. Zahlungsfrist in acht Wochen.

(DW)

August 1946

Über den Umgang mit Kindern und Frauen, mit Chinesen und mit Menschen im allgemeinen, auch über den Umgang mit Pferden und Motoren ist manches gescheite Wort gesagt worden. Über den Umgang mit Siegern herrscht jedoch die größte Unklarheit. Zugegeben, es gibt einige schriftlich niedergelegte Regeln. Zum Beispiel die Haager Landkriegsordnung. Sie bezieht sich jedoch nicht auf die feineren Umgangsformen, sondern steckt nur Rechte und Pflichten der Sieger und Besiegten für Kriegszeiten ab und kleidet sie in die Form von Vorschriften und Verboten. So ist es etwa den Besiegten untersagt, eine Handgranate unter das Bett des Siegers zu legen. Der Besiegte darf weder zum Verhungern noch zum Erfrieren verurteilt werden. Unter gewissen Umständen muß er dem Sieger sein Haus zur Verfügung stellen. Die Tochter fällt jedoch nicht unter den Oberbegriff »Haus«.

Neben diesen schriftlich festgelegten Rechten und Pflichten existieren mündlich überlieferte Regeln. Sie sind nicht alle brauchbar. Mancher erinnert sich zwar der heute fast vergessenen Gewohnheit, daß sich Sieger und Besiegte nicht unentwegt taktlose Bemerkungen sagen sollen. Ferner kennt man den undurchführbaren Ratschlag an den Sieger, »streng, aber gerecht« zu sein. Aber man kennt und beherzigt auch die Anweisung an den Besiegten, Angehörige der Siegermacht nach Kräften zu betrügen oder sie im Dunkeln auf der Straße anzurempeln. Diese letzteren Regeln stammen aus dem Repertoire des »Nationalen Stolzes« und werden von Leuten gefördert, die später zu verdienen hoffen.

Das Verhältnis zwischen Sieger und Besiegten ist schon häufig durchexerziert worden. Man sieht aber aus den angeführten Beispielen, daß uns bisher nur wenig brauchbare Umgangsmethoden eingefallen sind. Dabei sind Sieger auch Menschen. Und für den Umgang mit Menschen steht uns eine Reihe von Erfahrungen zu Gebote, die wir nutzbar machen können.

Unsere eigenen Erfahrungen sind nicht gering. Wir sind die besten Sachverständigen in Besatzungskunde, nachdem wir als Sieger und Besiegte das Oben und das Unten genau kennengelernt haben. Als unsere Obergefreiten in Paris und in Smolensk einquartiert waren, wünschten sie, wie alle Menschen in Sicherheit und ohne Sorge vor Gefahr zu leben. Waren sie dumm, so konnte es ihrem Geltungsbedürfnis schmeicheln, wenn sich ihnen ein Franzose oder ein Russe mit kriecherischer Zuvorkommenheit näherte. Waren sie gescheit und anständig, so fühlten sie sich von Würdelosigkeit peinlich berührt und wurden eher mißtrauisch, da sie keine guten Absichten hinter unterwürfigen Mienen vermuten konnten. Die Leute, die mit geschwollenen Zornesadern alle Deutschen zum Teufel wünschten, waren ihnen jedenfalls lieber. Denn bei denen wußten die Obergefreiten, woran sie waren. Wenn man sie freilich in Paris oder in Smolensk wissen ließ, daß alle Deutschen grausam sind, dann protestierten sie. (Alle Deutschen sind grausam. Alle Amerikaner sind herzlos. Alle Russen sind verlogen. Das sind törichte Verallgemeinerungen.) Ganz sicher fühlten sich die Obergefreiten, die ich im Auge habe, nur im Kreise derjenigen Besiegten, die ihren Abscheu vor den Methoden des SD ehrlich äußerten, aus ihrer Sympathie für den einzelnen Deutschen jedoch, soweit er menschlich sauber war, kein Hehl machten. Sachlichkeit ist immer entwaffnend. Auch die des Besiegten.

Ähnliche Erfahrungen wird mancher gemacht haben. Es läßt sich aus ihnen vorläufig der Schluß ziehen, daß im Umgang mit Siegern Würde und Objektivität vor allem notwendig sind.

Der Unterworfene muß nicht unterwürfig sein. Der Sieger wird ihm darin niemals Glauben schenken und sich unsicher fühlen.

Das Beispiel läßt sich nicht ohne weiteres auf unsere Lage übertragen. Unsere Ausgangssituation ist anders als die der Pariser und der Einwohner von Smolensk. Wir dürfen nicht außer Betracht lassen, daß die Menschheit von schrecklichen Empfindungen gepackt wird, wenn sie an uns denkt. Es muß berücksichtigt werden, daß wir eine Reihe von Völkern und Ländern ohne viel Federlesens in Krieg und Niederlagen und Armut gestürzt haben. Niemand zuvor hat der Welt einen mächtigeren Schrecken eingejagt. Ich möchte wetten, daß auch die siegreichen Besatzungstruppen nicht ganz frei von diesem Schrecken sind. Auch jetzt noch nicht, obwohl wir uns gewiß in einer kläglichen Lage befinden. Diese Annahme wird durch gewisse Handlungen der Sieger bestätigt, die in ihrem ganzen Ausmaß nur als Schreckreaktionen zu erklären sind. Ich denke dabei an das Sicherheitsbedürfnis dieser ersten Nachkriegsjahre. Unsere Industrie ist entzwei. Unsere jungen Männer sind gefangen. Die Kriegsrohstoffe werden streng kontrolliert, alle Kommandostellen der Industrie sind von Kontrollposten besetzt. Unsere Städte sind mit Bewaffneten dicht belegt und werden es auf absehbare Zeit hinaus bleiben. Über all diese Vorsichtsmaßregeln hinaus werden jedoch Produktionen gedrosselt oder untersagt, die nur ganz bedingt zum Kriegspotential gerechnet werden können. Produktionen, die wir zum kümmerlichsten Weiterleben dringend brauchen. Und das alles, obwohl die Sieger selbst dadurch nur Ungelegenheiten erleiden. Für eine solche sechs- und achtfach genähte Kontrolle mögen manche Gründe vorliegen, die unter das Kapitel Konkurrenz fallen. Im wesentlichen sind sie jedoch nur als Nachhall des furchtbaren Schreckens zu verstehen, den wir der Welt einjagten. Im Schrecken geht die Fähigkeit zum klaren Nachdenken verloren, und man vollführt unberechenbare Abwehrbewegungen.

Ich sagte schon: Sieger sind auch Menschen, und erschreckte Menschen bedürfen einer besonderen Art von Behandlung, so etwa wie scheues Wild oder verlegene Kinder. Also: keine plötzlichen Bewegungen, kein unerwartetes Gebrüll. Sanfte Laute wirken beruhigend. Der Sieger wird seinen verborgenen Schrecken erst verlieren, wenn er weiß, daß er sich von uns nichts Unerwartetes zu versehen hat. Erst wenn er sich ganz sicher fühlt, wird seine Angst vor der Rache des Unterlegenen und damit sein krampfhafter Zugriff nachlassen. Es läßt sich auch denken, daß sich mancher unserer Besieger über die deutsche Denkweise oder vor unserer Hartherzigkeit gegen Flüchtlinge entsetzt. Auch dieses Entsetzen muß erst aufgelöst werden. Das ist Sache jedes einzelnen von uns. Hier liegt die Verantwortung des kleinen Mannes. Aus dem Eindruck von vielen einzelnen Deutschen setzt sich die Gesamtbeurteilung zusammen.

Jedoch ganz so einfach, wie bisher dargestellt, ist die Angelegenheit nicht. Zum Umgang mit Siegern gehören zwei. Und da ist zu bemerken, daß wir nicht nur Schrekken verbreiten; wir sind auch selbst erschreckt.

Als die russischen Heere in Ostdeutschland einmarschierten, ließ Goebbels eine Welle der Angst vor ihnen verbreiten. Dieser Schrecken ergriff besonders die Frauen. Leider tat die Führung der russischen Millionenarmeen nicht immer alles Erdenkliche, um dieser Angst jede Berechtigung zu nehmen. Gewiß fordert Angst zur Verfolgung auf. Aber das ist nur eine Erklärung. Sie schafft es nicht aus der Welt, daß sich die Furcht als Zwangsvorstellung in den Herzen festgefressen hat. Sie ist wahrscheinlich nur dadurch zu beseitigen, jeder Seelenarzt kann darüber Auskunft geben, daß man offen miteinander spricht. Kritik an einem begangenen Fehler aus dem Munde dessen, der ihn begangen hat – das allein könnte ein verlorengegangenes und so bitter notwendiges Vertrauen wieder ganz herstellen. Ich erinnere in diesem Zusammenhang an die befreiende Wirkung englischer Parlamentsdebatten. Sie vermitteln uns das Gefühl, daß die Verurteilung ungerechter Handlungen nicht allein das ohnmächtige Begehren der Besiegten ist.

In vielen Fällen liegt unserem Erschrecken mangelnde Kenntnis des betreffenden Siegers zugrunde. Es bedarf der inneren Gewöhnung an fremde Leute und fremdartige Methoden. Man kann zum Beispiel fest davon überzeugt sein, daß der durchschnittliche Russe unseren Schreck angesichts umfangreicher Dienstverpflichtungen nach Innerrußland gar nicht versteht. In seinem Lande sind Massenbewegungen von Facharbeitern aus einer Ecke des Reiches in die andere gang und gäbe. Sie sind ein Teil des Planes. Der Plan aber muß erfüllt werden. Wir haben seinen Ablauf durch die Zerstörung eines russischen Landstrichs, halb so groß wie Europa, empfindlich gestört und aufgehalten. Nichts liegt näher, als daß deutsche Arbeiter mithelfen, den Plan zu erfüllen. So etwa die Erwägungen des Russen. Es ist in unserer Situation töricht und zugleich kränkend, wenn wir russischen Behörden in diesem Fall die Motive eines Sklavenhändlers unterschieben.

Die Schlußfolgerung kann nur die folgende sein: In allen Auseinandersetzungen muß man die Motive des Siegers zu erfassen suchen, wie sie wirklich gelagert sind. Nur dann sind zwingende Argumente von unserer Seite denkbar. Schiebt man ihm Motive unter, die er nicht hat, so wird er eine Diskussion seiner Maßnahmen ablehnen. Uns liegt aber an der Diskussion, denn anders können wir eine Regierung, die aus vier Siegern besteht, nicht dazu bewegen, unsere Maßstäbe, die Maßstäbe der Regierten, zu berücksichtigen.

Es ist nicht die Absicht, das ungeheure und immer noch zunehmende Elend unserer Tage auf Mißverständnisse zurückzuführen. Dieses Elend ist das zwangsläufige Ergebnis handfester Fehler, die zum größten Teil vom Nationalsozialismus, zum kleineren Teil von den Überwindern der Nazis begangen wurden. Als die Sieger mit fester Hand die Zügel ergriffen, um die Karre aus dem

Dreck herauszuziehen, haben sie vielerorts statt der Zügel die Bremse angezogen. Das ist wohl inzwischen überall erkannt worden. Ebenso, daß es ein Mißgriff war, den Deutschen Versprechungen zu machen, hinter denen die Leistungen bei weitem herhinken mußten. Dafür ist ein beredtes Beispiel die Kurve der deutsch-englischen Beziehungen, die zur Zeit einen beklagenswerten Tiefpunkt erreicht hat. Diese Mißgriffe dürften jedoch auf keinen Fall dazu führen, daß wir geistig den Umgang mit den Siegern abbrechen. Aus unserer peinlichen Situation können wir niemals gegen sie, sondern nur mit ihnen herauskommen. Und zwar mit allen vieren. Und nicht gegen einen von ihnen. Spielen wir um taktischer Vorteile willen die Sieger gegeneinander aus, so werden sie binnen kurzer Zeit alle miteinander davon überzeugt sein, daß uns nicht die Sorge um das Schicksal von 74 Millionen unglücklicher Menschen leitet, sondern das unlautere Motiv nationalistischen Hasses, der sich ebenso gegen den einen wie gegen den anderen wenden kann.
Unter diesen Umständen gewinnt der Umgang mit Siegern eine besondere Bedeutung. Er ist eine hohe Kunst. Verstehen wir sie, so werden wir dem Sieger die Empfindung der Sicherheit einflößen und damit seine Schreckreaktionen überflüssig machen. Wenn er auf unsere Besonnenheit und die sachliche Güte unserer Argumente bauen kann, so werden seine Entschlüsse bald nicht mehr ohne unser Zutun gefaßt werden. Nur so ist es möglich, Sieger und Besiegte endlich zu Weggefährten zu machen. Noch sind Gesichter und Gedanken der Sieger wie der Besiegten von Haß und Angst, von Schrecken und Furcht verzerrt. Wer angesichts dessen eine andere Art des Umgangs mit Siegern vorschlägt als die der Geduld und der festen Würde, der verkennt den furchtbaren Ernst unserer Lage und steckt den Kopf in den Sand wie ein Vogel Strauß.

(Peter von Zahn, NWDH)

26. November 1946

»Die Wohnungsbeschlagnahmungen zugunsten der Militärregierung und bereits eingeleitete Beschlagnahmeaktionen werden auf unbestimmte Zeit ausgesetzt«, erklärte der Präsident des Wohnungsamtes der Hansestadt Hamburg, Schulz-Bischof, in einer Unterredung mit einem Vertreter der »Welt«.
»Die Unverzagt-Kaserne in Hamburg-Harburg«, so sagte Schulz-Bischof weiter, »wird im Laufe dieser Woche der deutschen Stadtverwaltung übergeben und soll die gegenwärtig noch in Hamburger Krankenhäusern untergebrachten ständig Bettlägerigen und Siechen aufnehmen.
Ein großer Teil dieser neuen Unterkünfte wird für die Aufnahme der bisher in Nissenhütten und Bunkern menschenunwürdig wohnenden Schwerkriegsbeschädigten bereitgehalten. Diese Maßnahme wird den überbelegten Krankenhäusern eine fühlbare Entlastung bringen.«
Über die Winterfestmachung leicht beschädigter Wohnräume sagt der Präsident, daß zwar 70 Prozent der Bauvorhaben fertiggestellt sind, die Wohnungen jedoch nur bedingt benutzbar sind, weil das notwendige Installationsmaterial fehlt. Die Militärregierung hatte vor einigen Tagen der Bauverwaltung 300 Toiletteneinrichtungen zur Verfügung gestellt, die jedoch keinesfalls ausreichen.
Mit der geplanten Erhöhung der Kohlenzuteilung an die deutsche Industrie hofft man, auch die Produktion der »Zubringerindustrie« für das Baugewerbe steigern zu können.
Über die gegenwärtige Wohnungslage in Hamburg sagte Schulz-Bischof u.a.: »Im Mai 1945 verfügte Hamburg über 285851 Wohnungen. Bis Oktober 1946 ist der Bestand an Wohnungen auf 288600 gestiegen. Die Erhöhung der Wohnungszahl ist durch Instandsetzung leicht beschädigter Wohnungen und Dachgeschosse möglich geworden. Die Instandsetzungsfähigkeit der Wohnungen geht durch den Witterungsverfall jedoch derartig zurück, daß im Jahre 1948 an eine Reparatur dieser Wohnungen nicht mehr zu denken ist.
Durch Beschlagnahmungen für Angehörige der Besatzungsmacht und ihre Familien wurden bisher 1041 Häuser mit 13770 Zimmern freigemacht.

(DW)

22. Mai 1947

3633 britische Soldaten haben bis zum 10. Mai dieses Jahres um Genehmigung nachgesucht, eine Deutsche zu heiraten.

(DW)

Juni 1947

Kritik am Engländer ist heute populär. Sie ist so etwas wie ein einigendes Band der in unserer Zone lebenden Deutschen geworden. Die sublimere Form ist etwa die des Leitartikels in der Zeitung oder des Rundfunkkommentars; die handfeste Art wird in politischer Gelegenheitskonversation in der Eisenbahn oder vor dem Brotla-

Erste Sitzung des Zonenbeirats in Hamburg (11. 6. 47) General Sir Brian Robertson erklärt den deutschen Vertretern seine Vorstellungen.

den geübt. Diese Kritik verdient Beachtung – nicht nur die der Engländer, besonders auch unsere eigene.
Der Engländer ist hart im Nehmen. Er hat auch Härte im Nehmen von Kritik. Was in den deutschen Zeitungen in den vergangenen Monaten an kritischer Betrachtung und Berichterstattung stand, hätte man in der Presse des Protektorats, des Generalgouvernements oder der Vichy-Regierung kaum gelesen.
Der Engländer leistet es sich, eine vergleichsweise lebhafte Kritik in seiner Zone zu dulden. Es bedürfte eines einzigen britischen Federstriches, um jegliche Kritik zu unterbinden. Wir leben unter einer Militärregierung und befinden uns formell mit dem Vereinigten Königreich im Kriegszustand. Militärregierungen stehen seit alters her nicht im Rufe besonderer Weitherzigkeit oder Weichherzigkeit. Militärregierung – das Wort allein erfüllt Empfindsame mit tiefem Respekt, ja mit heimlichem Schauder. Man denkt an Militärjustiz, an Standrecht und hört im Geiste die Salven der Exekutionskommandos ...
Die englische Militärregierung, in die mehr und mehr Zivilbeamte eintreten, duldet ein uns seit zwölf Jahren recht ungewohntes Maß der Kritik an der Obrigkeit. Gewiß überwacht sie sorgsam die Dosis, die sie für das eigene System wie auch für die Deutschen zuträglich erachtet, und hält es dabei mit der Homöopathie. Sie nimmt Kritik aber auch dann hin, wenn sie nicht völlig gerechtfertigt und gerecht ist. Sie hat häufig eine andere Meinung als die deutschen Autoren und fühlt sich dennoch nur selten zum Eingreifen veranlaßt.
Dieses Verhalten ist zweifellos eine Konzession an uns. Die besiegten Deutschen sind den Engländern keine gleichberechtigten Gesprächspartner. Ihre Kritikfreundlichkeit jedoch gibt uns die Chance, Dinge die uns besonders am Herzen liegen, auch dann zur Sprache zu bringen, wenn sie in englischen Ohren nicht sonderlich angenehm klingen. Freilich wird diese geduldete Kritik auf

die Dauer nur möglich sein, wenn die deutsche Öffentlichkeit sie in den vernunftgebotenen, sachlichen Grenzen hält, die auch im deutschen Interesse liegen.
Wer die Kritik der Engländer, wie sie gemeinhin zu vernehmen ist, unter die Lupe nimmt, wird grundsätzlich festzustellen haben, daß sie von völlig falschen Voraussetzungen ausgeht. Sie übersieht das, was dem Engländer eine Selbstverständlichkeit ist, nämlich den Umstand, daß der Engländer in der Militärregierung vielleicht ein guter Engländer, keinesfalls aber ein guter Deutscher ist.
Lord Pakenham ist nicht *unser* Vertreter im britischen Kabinett, sondern ausschließlich britischer Sachwalter in Deutschland und Österreich. Er vertritt in den Konferenzen in Downing Street nicht den deutschen Standpunkt, sondern den englischen. Sir Sholto Douglas haben nicht wir, sondern die Engländer für uns gewählt. Er und die britische Militärregierung sind nicht uns Deutschen verantwortlich, sondern einzig der Londoner Regierung.
Der Engländer ist daran schuld ... Die Engländer wollen gar nicht, daß wir wieder auf die Beine kommen ... Das hören wir nun Tag um Tag, wenn nach Gründen für unser Hungern und Frieren, für unsere Hoffnungslosigkeit gefragt wird, wenn wir von neuen Demontagen, von Stromsperren oder gar von den kommenden Friedensverträgen hören. Kein Engländer wird bestreiten wollen, daß das Ausmaß britischer Hilfeleistung, die Sendungen von Lebensmitteln und Verbrauchsgütern vielleicht größer sein könnten, daß er vielleicht mehr Geld ausgeben könnte, um uns zu helfen. Jedoch: Was verpflichtete ihn dazu? Unsere Zuneigung, die ihm gar nicht so erstrebenswert ist, wie viele Deutsche meinen? Eine mögliche Bundesgenossenschaft von übermorgen, die er gar nicht begehrt? Ist es das Anliegen der britischen Wirtschaft, in Kürze einen deutschen Konkurrenten auf dem Weltmarkt wiederzusehen? Ein gesamteuropäisches Gewissen, von dem auf dem Kontinent bisher so wenig ernstzunehmende Spuren zu entdecken sind? Eine internationale sozialistische Verpflichtung, deren Programm in Deutschland durchgeführt, vielleicht die Reparationserträgnisse mindert? Was verpflichtet die Engländer – über das Humane hinaus – zur Hilfeleistung dem Feinde gegenüber, der seine Städte auszuradieren trachtete? Verpflichtet sie der Umstand, daß sie zu Hause eine funktionierende Demokratie haben, dazu, ihren vergleichsweise hohen Lebensstandard mit uns zu teilen, weil wir dann vielleicht auch Demokraten würden?
Englische Zeitungen stellen selbst fest, daß die britische Besatzungsmacht viele deutsche Sympathien verloren hat. Das ist zweifellos richtig. Sie hat viel von dem verloren, was sie gar nicht haben wollte. Die Briten haben bereits bei ihrem Vormarsch betont, sie kämen als Eroberer, nicht als Befreier. Mit diesem Hinweis wollten sie von vornherein Verpflichtungen ablehnen. Der Engländer hat erklärt, in Deutschland den Nationalsozialismus vernichten, aber nicht unbedingt Sympathien ernten zu wollen. Wir können ihn nicht damit strafen, daß wir sie ihm zu entziehen drohen. Unsere Zuneigung ist auf dem Weltmarkt nicht sonderlich gefragt, so billig sie auch zu haben wäre.
Kein Mensch verlangt auf der anderen Seite von uns, die Engländer zu lieben. Verfehlt aber wäre es, wenn die Deutschen sich durch die Mangelerscheinungen des täglichen Lebens, durch den ganzen Verdruß unseres heutigen Daseins in eine Haßpsychose hineinziehen ließen. Es liegt ohnehin genügend Haß zwischen beiden Völkern, als daß wir neue Beiträge dazu liefern müßten. Unsachliche, von falschen Voraussetzungen ausgehende Kritik freilich ist geeignet, diesen Haß hervorzurufen.

(Walter Steigner, NWDH)

28. September 1948

Die Bürgerschaft beschäftigt sich in diesen Tagen mit dem nach der Kapitulation als »englisches Viertel« begonnenen Bauvorhaben auf dem 15 Hektar großen Terrain zwischen Hallerstraße, Grindelberg, Oberstraße und Brahmsallee. Eine Entscheidung darüber, ob die Arbeiten völlig eingestellt oder ob der Plan für deutsche Wohnbedürfnisse nutzbar gemacht werden soll, liegt noch nicht vor.
Es waren ursprünglich 900 Offizierswohnungen, je 170 qm, in den zwei vierzehnstöckigen und den drei zehnstöckigen Blocks im Norden des Baugeländes vorgesehen. Weitere vier vierzehnstöckige und drei zehnstöckige Blocks im Süden waren für Unteroffiziere bestimmt.
Zwei deutsche Projekte stehen sich heute gegenüber; das eine will nur die beiden vierzehnstöckigen Hochhäuser an der Oberstraße, für die das gesamte Stahlskelett vorhanden ist, fertigstellen, das andere will außerdem auf den bis zum Keller ausgebauten Fundamenten fünfstökkige Zeilenhäuser errichten.
Die Gesamträumkosten des nur teilweise ausgebombten Baugrundes, auf dem ursprünglich 185 Häuser mit 720 Wohnungen Platz hatten, wovon 41 Häuser mit 166 Wohnungen stehengeblieben waren, betrugen bis zum 31.

März dieses Jahres 22,3 Mill. RM. 22 nicht beschädigte Häuser mußten von den Bewohnern verlassen werden und wurden abgerissen. Gewaltige Mengen Material wurden bis zum 1. April 1948, als die Arbeiten eingestellt und das Gelände der Hansestadt übergeben wurde, verbaut, u. a. 4760 t Zement, 3500 t Rundeisen, 1500 t Holz, 600000 (alte) Mauersteine. Rund 275000 Tagewerke wurden geleistet.

Hamburg, das kaum mehr Hoffnung hat, seine Auslagen aus bizonalen Mitteln erstattet zu bekommen, muß für dieses Erbe an Bewachungs-, Lager- und Pflegekosten, an Miete für die Montagekräne usw. Monat für Monat rund 100000 DM ausgeben. Wollte man die Baustelle völlig stillegen, dann würden schon nur für den Abbruch der Montagehilfsmittel und für die Instandsetzungsarbeiten der Einfriedigung 171000 DM Unkosten erwachsen; außerdem für fortgesetztes Auspumpen der Fundamente, Verwaltungskosten usw. jährlich 24000 DM. Eine Groteske, wenn man dazu noch bedenkt, daß mit dem ungenutzten, zerwühlten Grund und Boden allein ein Wert von 6 Millionen DM in bester Wohngegend brachliegen würde.

Beide deutschen Projekte wollen die zwei Hochhäuser an der Oberstraße ausführen, wobei sich übrigens bei den für Hamburger Verhältnisse ungewöhnlichen Ausmaßen schwierige Fragen, z. B. über die Art der Fahrstühle, die Anzahl der Müllschütten usw., ergeben. Man hat sich bereits mit schwedischen Unternehmern in Verbindung gesetzt, um Erfahrungen auszutauschen. Etwa 450 bis 470 Kleinwohnungen wird man einbauen können. Man rechnet mit einer Bauzeit von zwei Jahren, rund 1850 Menschen fänden Platz. Das zweite Projekt, dessen Vater Oberbaudirektor Meyer-Ottens ist, plant außerdem auch die übrigen zehn schon begonnenen Bauten in normaler Höhe von vier bis fünf Geschossen mit Zwei- bis Dreizimmerwohnungen auszubauen. Hierbei sollen die Boardinghäuser bei einem Mietpreis von etwa 30 DM pro Raum für Einzelmieter eingerichtet werden. Eine Wäscherei, Läden usw. sind zur bequemen Benutzung im Erdgeschoß vorgesehen.

(Focko Thomas, DW)

Der Stab des britischen Gouverneurs für Hamburg Vaugham H. Berry (Mitte sitzend).
Weihnachtsbescherung für deutsche Kinder im Englisch-Deutschen Klub am Harvestehuder Weg.

MILITARY GOVERNMENT OF GERMANY

FRAGEBOGEN
PERSONNEL QUESTIONNAIRE

WARNUNG. Im Interesse von Klarheit ist dieser Fragebogen in deutsch und englisch verfasst. In Zweifelsfällen ist der englische Text massgeblich. Jede Frage muss so beantwortet werden, wie sie gestellt ist. Unterlassung der Beantwortung, unrichtige oder unvollständige Angaben werden wegen Zuwiderhandlung gegen militärische Verordnungen gerichtlich verfolgt. Falls mehr Raum benötigt ist, sind weitere Bogen anzuheften.

WARNING. In the interests of clarity this questionnaire has been written in both German and English. If discrepancies exist, the English will prevail. Every question must be answered as indicated. Omissions or false or incomplete statements will result in prosecution as violations of military ordinances. Add supplementary sheets if there is not enough space in the questionnaire.

A. PERSONAL
PERSONNEL

Name ______________________________ Ausweiskarte Nr. ________
Name Zuname Vornamen Identity Card No.
Surname Middle Name Christian Name

Geburtsdatum ________________ Geburtsort ________________
Date of birth Place of birth
Staatsangehörigkeit ________________ Gegenwärtige Anschrift ________________
Citizenship Present address
Ständiger Wohnsitz ________________ Beruf ________________
Permanent residence Occupation
Gegenwärtige Stellung ________________ Stellung, für die Bewerbung eingereicht ________________
Present position Position applied for
Stellung vor dem Jahre 1933 ________________________________
Position before 1933

B. MITGLIEDSCHAFT IN DER NSDAP
B. NAZI PARTY AFFILIATIONS

1. Waren Sie jemals ein Mitglied der NSDAP?
Ja ________ Nein ________

Have you ever been a member of the NSDAP? yes, no. Dates.

2. Daten ________________________________

3. Haben Sie jemals eine der folgenden Stellungen in der NSDAP bekleidet?

Have you ever held any of the following positions in the NSDAP?

(a) REICHSLEITER, oder Beamter in einer Stelle, die einem Reichsleiter unterstand? Ja ______ Nein ______
Titel der Stellung ________________ Daten ________

REICHSLEITER or an official in an office headed by any Reichsleiter? yes, no; title of positions; dates.

(b) GAULEITER, oder Parteibeamter innerhalb eines Gaues? Ja ______ Nein ______
Daten ________ Amtsort ________

GAULEITER or a Party official within the jurisdiction of any Gau? yes, no; dates; location of office.

(c) KREISLEITER, oder Parteibeamter innerhalb eines Kreises? Ja ______ Nein ______
Titel der Stellung ________ Daten ________ Amtsort ________

KREISLEITER or a Party official within the jurisdiction of any Kreis? yes, no; title of position; dates; location of office.

(d) ORTSGRUPPENLEITER, oder Parteibeamter innerhalb einer Ortsgruppe?
Ja ______ Nein ______ Titel der Stellung ________
Daten ________ Amtsort ________

ORTSGRUPPENLEITER or a Party official within the jurisdiction of an Ortsgruppe? yes, no; title of position; dates; location of office.

(e) Ein Beamter in der Parteikanzlei? Ja ______ Nein ______
Daten ________ Titel der Stellung ________

An official in the Party Chancellery? yes, no; dates; title of position.

(f) Ein Beamter in der REICHSLEITUNG der NSDAP? Ja ______ Nein ______
Daten ________ Titel der Stellung ________

An official within the Central NSDAP headquarters? yes, no; dates; title of positions.

(g) Ein Beamter im Hauptamte für Erzieher? Im Amte des Beauftragten des Führers für die Überwachung der gesamten geistigen und weltanschaulichen Schulung und Erziehung der NSDAP? Ein Direktor oder Lehrer in irgend einer Parteiausbildungsschule? Ja ______ Nein ______
Daten ________ Titel der Stellung ________
Name der Einheit oder Schule ________

An official within the NSDAP's Chief Education Office? In the office of the Führer's Representative for the Supervision of the Entire Intellectual and Politico-philosophical Education of the NSDAP? Or a director or instructor in any Party training school? yes, no; dates; title of position; Name of unit or school.

(h) Waren Sie Mitglied des KORPS DER POLITISCHEN LEITER?
Ja ______ Nein ______ Daten der Mitgliedschaft ________

Were you a member of the CORPS OF POLITISCHE LEITER? yes, no; dates of membership.

(i) Waren Sie ein Leiter oder Funktionär in irgend einem anderen Amte, Einheit oder Stelle (ausgenommen sind die unter C unten angeführten Gliederungen, angeschlossenen Verbände und betreuten Organisationen der NSDAP)?
Ja ______ Nein ______
Daten ________ Titel der Stellung ________

Were you a leader or functionary of any other NSDAP offices or units or agencies (except Formations, Affiliated Organizations and Supervised Organizations which are covered by questions under C below)? yes, no; dates; title of position.

(j) Haben Sie irgendwelche nahe Verwandte, die irgend eine der oben angeführten Stellungen bekleidet haben?
Ja ______ Nein ______

Have you any close relatives who have occupied any of the positions named above? yes, no; if yes, give the name and address and a description of the position.

3

Schuld und Sühne

Unmittelbar nach dem Einmarsch der alliierten Truppen wurde Hamburgs Nazi-Bürgermeister seines Amtes enthoben und der Gauleiter verhaftet. Es war der Anfang einer beispiellosen politischen Säuberungsaktion, die als unumgänglicher Säuberungsprozeß von nationalsozialistischen Einflüssen begann und die auch in den Augen vieler Anti-Nazis als politische Farce ihren Höhepunkt fand. Ein »Fachausschuß zur Ausschaltung von Nationalsozialisten in Hamburg« überprüfte 1500 höhere Beamte, annähernd 20000 mittlere Beamte und 22600 Angestellte. Fünfzehn Jahre ihres Lebens mußten akribisch durchleuchtet werden. Je nach dem Ausgang der Untersuchung wurden sie aus ihren Ämtern entfernt oder »gecleared«, wie es in feinsinniger Sprachangleichung hieß. Keiner entging der Denazifizierung. Prominente ließen es die Öffentlichkeit wissen, wenn sie davongekommen waren. Willy Fritsch etwa, dem man bescheinigte, nur nominelles Mitglied der NSDAP gewesen zu sein.

Max Brauer – als sozialdemokratischer Emigrant sicher unverdächtig – war einer der ersten, die vor undifferenzierter Pauschalverurteilung warnten: »Es ist doch ein Unterschied«, schrieb er, »ob jemand freiwillig der NSDAP beitrat, oder ob ganze Gruppen unter Terrorandrohung hineingezwungen wurden.«

Die wirklich Schuldigen durften nicht auf Mitleid hoffen. 14 von ihnen, SS-Männern vom KZ Neuengamme, wurde ab März 1946 im Curio-Haus an der Rothenbaumchaussee der Prozeß gemacht. Nach sieben Verhandlungswochen stand das Urteil fest: elfmal Tod durch Erhängen, drei Gefängnisstrafen zwischen zehn und zwanzig Jahren. Sie waren mitverantwortlich für den Tod von 50000 KZ-Insassen. Das Gericht verurteilte sie wegen grausamer Morde, von denen nicht einmal der Reichsstatthalter Karl Kaufmann etwas gewußt haben wollte ...

Es gehen Fragebogen herum ...

15. Mai 1945
Von amtlicher Seite wurde mitgeteilt, daß der Nazibürgermeister Karl Vincent Krogmann seines Amtes enthoben worden ist. Nach dem Einmarsch in Hamburg ist Krogmann zeitweilig als Bürgermeister beibehalten worden.

(HNB)

18. Mai 1945
In Hamburg wurden 152 Amtswalter der Nazis, an ihrer Spitze der Gauleiter Karl Kaufmann, verhaftet.

(HNB)

13. August 1945
Seit wenig mehr als drei Monaten lebt Hamburg unter britischer Militärbesatzung und es ist daher an der Zeit, etwas über die Maßnahmen zu sagen, welche getroffen werden, um die Zivilverwaltung der Stadt von nationalsozialistischen Einflüssen zu säubern.
Die Säuberungsaktion begann am 11. Mai, als die Gemeindeverwaltung von der Militär-Regierung den Befehl erhielt, sich im Rathause zu versammeln. Vierzig Mitglieder, alle vom höheren Dienst, waren anwesend; am Ende dieser Sitzung, die zwei Stunden dauerte, wurden sechs Mitglieder, einschließlich Bürgermeister Krogmann, verhaftet, während zweiundzwanzig ihres Amtes enthoben wurden.
Von diesem Tage an wurde die Überprüfung der politischen Vergangenheit der höheren Beamten laufend fortgesetzt und ist noch nicht vollendet. Es ist ein langsames Verfahren, denn die Militär-Regierung hat die Absicht, sich genau zu informieren; sie will ein gerechtes Urteil fällen und eigennützigen Denunziationen kein Gehör schenken.
Die Säuberung der Stadtverwaltung allein bedeutet, daß die Militär-Regierung Nachforschungen anstellen muß, die sich über die letzten fünfzehn Jahre erstrecken und das Verhalten von nicht weniger als
1480 höheren Beamten
19250 gehobenen, mittleren und einfachen Beamten
22600 Angestellten
betreffen. Die Aufgabe ist gewaltig, aber sie ist in Angriff genommen und es wird weiterhin daran gearbeitet, bis

Seite 32: Mit dem Fragebogen begann die »Entnazifizierung«. Foto oben: Bürgermeister Vincent Krogmann gratuliert Adolf Hitler zum 50. Geburtstag (1939). Foto unten: Reichsstatthalter und Gauleiter Karl Kaufmann verhinderte entgegen einem Führerbefehl, daß Hamburg »bis zum letzten Mann« verteidigt wurde.

auch der letzte Angestellte unter die Lupe genommen worden ist.
Die Zahl der Verhaftungen und Entlassungen unter den Verwaltungsbeamten betrug Ende Juli:

	Verh.	Entl.	Insg.	Proz.
Höhere Beamte	99	200	299	20
Andere Beamte	34	1162	1196	6
Angestellte	17	1198	1215	6

Begonnen wurde mit der Sichtung der höheren Beamten, daraus erklärt sich die Tatsache, daß der Prozentsatz der Verhaftungen und Entlassungen unter den höheren Beamten größer ist als unter den übrigen Kategorien.
Wenden wir unseren Blick von der Verwaltung auf die Geschäftskreise. Hamburg war als Stadt in Wirtschaftskreisen weltbekannt; seine Handelskammer übte in früheren Zeiten einen bedeutenden Einfluß aus. Aber die Handelskammer war unter die Herrschaft der Nazis geraten, viele ihrer führenden Mitglieder waren zu ihrem persönlichen Vorteil und aus Gewinnsucht der Partei beigetreten; deshalb mußte auch hier eine Säuberung durchgeführt werden. Die erste Aktion führte zu zwei Verhaftungen und zehn Entlassungen. Nach bestem Wissen der Militär-Regierung befand sich damals kein überzeugter Nazi mehr im Ausschuß, obwohl ihr bekannt war, daß einige wenige Mitglieder, die im Jahre 1937 der Partei beigetreten waren, noch ihre Ämter bekleideten.

(HNB)

11. Februar 1946
»Wenn der Betriebsinhaber einer Firma Nationalsozialist war, so darf er den Betrieb nicht weiterführen. Es wird für ihn ein Treuhänder eingesetzt!« sagte der Kommandeur der Hamburger Militärregierung, Colonel Armytage, vor den Delegierten des Weltgewerkschaftsbundes und den Hamburger Gewerkschaftsführern im Gewerkschaftshaus am vergangenen Donnerstag.
In der Unterhaltung, in der außer dem britischen Delegierten Sir Walter Citrine auch der französische, amerikanische, russische und holländische Delegierte Fragen an den Stadtkommandanten stellten, ergaben sich außerdem folgende wichtige Punkte:
Direktoren, Ingenieure und Techniker, welche Nationalsozialisten waren, dürfen nicht auf ihrem Posten bleiben, selbst wenn ein wichtiges Bedürfnis des Betriebes vorliegt.
Eine wichtige Rolle werden die Gewerkschaften bei der Entnazifizierung spielen, da Vertreter von ihnen in den Hauptausschuß entsandt werden. Des weiteren sollen die in den Betrieben gebildeten Beratungsausschüsse als maßgebliche Organe die Vorschläge für Entlassungen von Nazis an die Militärregierung richten.
Colonel Armytage nannte den Delegierten wichtige Zahlen über die von der Hamburger Militärregierung geleistete Arbeit. Über 64000 Fragebögen wurden bearbeitet und 19000 Personen wurden aus Verwaltung und Industrie entlassen. Dabei sind die aus Sicherheitsgründen verhafteten Personen der früheren Gestapo, der Abwehr und ähnlichen Leuten nicht mit eingerechnet.

(HNB)

23. Juli 1946
8806 Personen wurden im Juni in der britischen Zone auf Grund ihrer Zugehörigkeit zur NSDAP aus ihren Ämtern und Stellungen entlassen. 5113 von 46240 Beschäftigungsanträgen wurden abgelehnt. 66752 Fragebogen sind überprüft und 78 Verfahren wegen falscher Angaben eingeleitet worden.

(DW)

1947
Mein Vati war nun schon ungefähr eineinhalb Jahre suspendiert und durfte nicht arbeiten. An einem Morgen lag ein dicker weißer Brief im Briefkasten. Ich sah genauer hin und dachte erst, es wäre ein Brief von meiner Großmutter, aber nein, ein Brief für Vati. Ich legte den Brief nichtsahnend auf den Tisch und wollte ihn nachher Vati geben. Aber nachher mußte ich die Kaninchen füttern, als Vati herunterkam.
Auf einmal fing ein Getrampel an, so daß ich erstaunt ins Zimmer lief. Da sah ich, wie meine kleinen Geschwister meinen Vati vor Freude umdrehten. Ich wunderte mich. Als ich aber erfuhr, daß Vati wieder zugelassen war, konnte ich es nicht begreifen. Endlich war es soweit, wie wir es uns schon so lange gewünscht hatten. Hurrah, Vati durfte wieder arbeiten! Das war ein schönes Erlebnis. Wir feierten es aber auch schön.

(Schulaufsatz eines Zwölfjährigen)

18. Januar 1947
Willy Fritsch ist »gecleared« worden, wie er es ausdrückte. »Heute, an meinem Glückstag, am 13., hat mir der Fachausschuß Nr. 7 für die Ausschaltung von Nationalsozialisten bestätigt, daß ich nur nominelles Mitglied der NSDAP, war«, sagte er dem »Spiegel«.

Filmliebling Willy Fritsch. Auch er mußte sich entnazifizieren lassen, um auftreten zu dürfen.

Das Gespräch fand in der Hamburger Wohnung der Familie Fritsch am Leinpfad statt. »Kommen Sie herein, nur anbieten kann ich Ihnen leider nichts« – diese deutschen Standardbegrüßungsworte 1947 spricht auch Willy Fritsch.

Der entnazifizierte Willy Fritsch ist froh, wieder arbeiten zu können. Über ein Jahr hat es gedauert. Mit Liedern aus seinen alten Filmen (»Liebeswalzer«, »Der Kongreß tanzt«, »Die Drei von der Tankstelle« usw.) wird er in nächster Zeit im Hamburger Rundfunk wieder auftreten.

(DS)

18. Januar 1947

Allen anderslautenden Presse-, Rundfunk- und sonstigen Gerüchten zum Trotz wurde Max Schmeling vom Fachausschuß zur Ausschaltung von Nationalsozialisten in Hamburg als unbelastet erklärt und wird in Kürze in Friedrichsruh mit dem Training beginnen. »Ohne Nachhilfe«, wie er selbst sagt, einfach auf Grund des in einer dicken Mappe zusammengefaßten Tatsachenmaterials.

Da ist z. B. der holländische Hauptmann (jetzt Major der RAF), dem Schmeling das Leben rettete, als er von den Nazis zum Tode verurteilt wurde. Da sind die Aussagen prominenter Leute aus der norwegischen und deutschen Untergrundbewegung, denen Max geholfen hat. Da sind die Berichte über seine Bemühungen, die Lebensbedingungen in den Lagern für kriegsgefangene Offiziere zu verbessern. Da ist Goebbels' Verbot, Schmelings Namen weiterhin in der deutschen Presse zu nennen. Da ist seine Versetzung in eine Strafkompanie mit dem Aktenvermerk »Rückkehr unerwünscht«. Und da ist noch anderes mehr.

(DS)

18. August 1947

Ganz besonders beschäftigt uns naturgemäß nach wie vor die Denazifizierung. Sie ist in Hamburg seit letztem Frühjahr so gut wie ganz in deutsche Hände gelegt worden. In den Verhandlungen, die wir über die neuen Richtlinien mit der Militärregierung geführt haben, ist es gelungen, wesentliche Verbesserungen im Verfahren zu erreichen. So ist z. B. die Gewährung des Gehörs in allen Fällen, in denen der Ausschuß nicht ohnehin zugunsten des Betroffenen entscheiden will, und die Vernehmung von Zeugen obligatorisch geworden. Ebenso haben wir erreicht, daß die diskriminierenden Maßnahmen, die sich an eine Denazifizierung anknüpfen, ausgenommen die Vermögensbeschlagnahme, erst eintreten, nachdem die Entscheidung rechtskräftig geworden ist. Natürlich sind wir uns klar darüber, daß auf diesem Gebiet noch viel zu bessern ist und manche in der Vergangenheit nach beiden Seiten geschehenen Ungerechtigkeiten wieder ausgeglichen werden müssen. Eine möglichst große Übereinstimmung in der Spruchpraxis der Berufungsausschüsse ist wünschenswert. Im ganzen sollte alles getan werden, daß der ganze Prozeß der politischen Säuberung unseres Volkes jetzt so bald wie möglich zum Abschluß kommt.

Zur Meldung der »New York Herald Tribune«, daß angeblich 80 % aller unserer Beamten ehemalige National-

Weltmeister Max Schmeling als Fallschirmjäger. Er mußte nachweisen, kein Nazi gewesen zu sein.

sozialisten seien, möchte ich nur bemerken, daß in der Hamburger Verwaltung nur Beamte aktiv tätig sind, die sich von nationalsozialistischer Belastung gereinigt haben. Es ist doch ein Unterschied, ob jemand freiwillig der NSDAP beitrat oder ob ganze Gruppen unter Terrorandrohung hineingezwungen wurden. Erzwungene Parteimitgliedschaft allein ist noch kein Kriterium für nationalsozialistische Gesinnung. In diesem Zusammenhang möchte ich betonen, daß ich seit meiner Rückkehr nach Deutschland auf keinen Antisemitismus mehr gestoßen bin. Ich bin sicher, daß mit dem Nationalsozialismus auch diese Geisteskrankheit ausgelöscht ist.

(Max Brauer vor der Bürgerschaft)

6. Januar 1948

Alle Personen, die sich am 1. Januar 1948 in öffentlichen oder halböffentlichen Ämtern oder in einer verantwortlichen Stellung in privaten Unternehmungen befanden, können nicht mehr aus ihren Ämtern oder Stellungen aus Gründen der Entnazifizierung entfernt werden. Dies hat soeben die britische Militärregierung bekanntgegeben. Eine Ausnahme gilt nur für Fälle, in denen

a) das Entnazifizierungsverfahren vor dem 1. Januar 1948 eingeleitet und bis jetzt noch nicht abgeschlossen wurde,

b) die Erlaubnis zur Wiedereröffnung des Entnazifizierungsverfahrens von der Militärregierung vor dem 1. Januar 1948 bewilligt wurde,

c) eine Fälschung des Fragebogens nachgewiesen wird.

Die Veröffentlichung der Militärregierung hat weittragende Bedeutung. Sie bedeutet das Ende eines wichtigen

Abschnitts der Entnazifizierung, nämlich der Entfernung von Personen aus ihren Stellungen.
Die Entfernung von mehr als nominellen Mitgliedern der NSDAP aus wichtigen öffentlichen und privaten Stellungen war im Potsdamer Abkommen zwischen den Alliierten vereinbart. Bis zum 1. Oktober 1947 führte die Militärregierung die Verfahren selbst durch. Eine Ausnahme bildete die Hansestadt Hamburg, in der Senat und Bürgerschaft seit Mai 1947 die Verantwortung übernommen hatten.

(DW)

1. Juli 1948
Der Leitende Ausschuß für die Entnazifizierung und Kategorisierung in Hamburg hat die ihm unterstellten Ausschüsse angewiesen, ihre Tätigkeit einzustellen.
In der Begründung an den Senat heißt es u. a., daß der Ausschuß sich bemüht habe, »die durch mangelhafte gesetzgeberische Grundlagen entstandenen Ungerechtigkeiten« zu mildern. Nachdem durch Befehl der Militärregierung verschiedene Berufsgruppen der Entnazifizierung entzogen worden seien und belastete Angehörige gehobener Berufe wieder tätig sein dürften, könne der Ausschuß die Fortführung seiner Tätigkeit nicht verantworten.
Die Kategorisierung der Entlasteten und der in Gruppe 5 Eingestuften wird fortgesetzt.

(DW)

Das Kriegsgericht tagt

19. März 1946
Um Sühne für KZ Neuengamme geht es in dem großen Prozeß, der gestern vor dem Kriegsgericht im Curio-Haus begonnen hat und etwa drei Wochen dauern wird. Angeklagt sind im ganzen vierzehn SS-Männer, der Kommandant Max Pauly, die Lagerführer Karl Trotzauer und Karl Wiedemann, die Blockführer Johann Reese, Willy Warncke, Andreas Brems, Heinrich Ruge und Adolf Speck, ferner die Ärzte Dr. Alfred Czrisinski als Standortarzt und Dr. Bruno Kitt als Lagerarzt für Gefangene, außerdem die SS-Wachen Wilhelm Bahr, Walter Dreimann, Walter Kümmel, Anton Thumann. Sie alle, denen Unmenschlichkeiten, Morde, Mißhandlungen an ausländischen Gefangenen vorgeworfen werden, erklären sich für nichtschuldig.
Der Ankläger aber gibt in seiner Übersicht über das Ergebnis der Voruntersuchung ein ganz anderes Bild. Im Mai 1945 fand ein britischer Leutnant das Lager Neuengamme völlig und sorgfältig geräumt vor. Es war ursprünglich nur ein kleines Lager gewesen, 1940 aber hatte es bereits 2000 Häftlinge, 1942 sogar 8000, die in zwei Steinblocks und acht großen Holzhäusern untergebracht waren. Das Barackensystem war mit Stacheldraht und Wachtürmen gesichert. Zwischen zwei Türmen war eine Laufstrecke, die bestimmte Gefangene zu durchlaufen hatten. Dabei wurden sie erschossen.
Es gab viel Arbeit und wenig zu essen, etwa 50000 Menschen sind in dem Lager Neuengamme ums Leben gekommen. Wer nicht mehr arbeiten konnte, wurde beseitigt. Dabei waren dort höchstens zehn Prozent Kriminelle interniert, die übrigen waren Wissenschaftler, Professoren, Offiziere und andere Angehörige aller Schichten. 90000 Menschen gingen durch diese »Teufelsmaschine«, erklärte der Staatsanwalt.
Im Verlauf von kurzen zwei Jahren »verschwanden« hier 40000 Menschen. Todesursache waren Überarbeitung und Unterernährung , Erschöpfung und Krankheit. Das Essen war knapp und schlecht; ein SS-Arzt berichtete nach Berlin, es reiche eben zum Leben, bei Arbeit nehme der Gefangene langsam und stetig ab. Die Arbeit war schwer, die Kleidung im Winter völlig ungenügend, die Schlafräume überbelegt, Schlafgelegenheit kaum vorhanden. Zur Tötung wurden Bunker benutzt, Hinrichtung von der Gestapo ohne Verhandlung und Urteil vollstreckt. Die Verurteilten wurden in Bunker gesperrt und dann mit Handgranaten erledigt.
Auch die Lazarette und sanitären Anlagen waren völlig ungenügend und katastrophal. 1943 starben 25% der Kranken aus Mangel an Arzneien. Auch zu medizinischen Experimenten wurden die Gefangenen benutzt, sowohl besonders Widerstandsfähige als auch Schwächliche.
An Strafen konnte der Kommandant 25 Schläge zudiktieren, es wurden aber über hundert. Außerdem gab es Entziehung von Lebensmitteln, Strafkompanie und Gummiknüppel.
Wer eintraf, dem wurde es geraten: »Vergeßt Familie und Freunde, ihr werdet sie nicht wiedersehen. Für Groß-Deutschland habt ihr zu arbeiten!« Es war, so schloß der Ankläger seine zweistündige Rede, wie die Überschrift über Dantes »Inferno«.
Im einzelnen wird das die Beweisaufnahme ergeben, besonders die jeweilige Beteiligung der Angeklagten.

(HNB)

Ort des Schreckens bei Hamburg: Das Konzentrationslager Neuengamme in den Vierlanden, im Tiefflug von britischen Fliegern fotografiert.

8. Mai 1946

Von einem britischen Militärgericht in Hamburg wurden in dem Prozeß gegen 14 Angehörige der Wachmannschaften und des Stabes des Konzentrationslagers Neuengamme 11 Angeklagte zum Tode durch Erhängen verurteilt. Drei weitere Angeklagte erhielten Gefängnisstrafen von 20, 15 und 10 Jahren.

Mit diesem Spruch, den der Judge Advocate Mr. Stirling im Auftrage des Gerichtshofes verkündete, ging ein Prozeß zu Ende, in dem fast sieben Wochen lang in Anklagerede, Zeugenvernehmungen und Plädoyers ein Panorama furchtbarer Verbrechen abrollte. Lagerkommandant, Wachführer, die Lagerärzte sowie mehrere Blockführer des KZ-Lagers Neuengamme standen unter der Beschuldigung, in Neuengamme Kriegsverbrechen begangen zu haben, indem sie absichtlich und entgegen den Gesetzen und Gebräuchen des Krieges, alliierte Staatsbürger getötet und mißhandelt hätten.

Nach dem Prozeß gegen den Lagerkommandanten und die Wachmannschaften des KZ-Lagers Belsen und des Lagers Dachau glaubte man zu Beginn des Neuengammer Prozesses und der fast gleichlautenden Anklage ei-

Die Lagerleitung von Neuengamme. Im Curio-Haus-Prozeß (Mai 1946) wurden 11 der 14 Angeklagten zum Tode durch Erhängen verurteilt.

nen Parallelprozeß zu erleben. Und doch blieb es diesem Prozeß vorbehalten, ein neues, noch trüberes Kapitel zum Thema Konzentrationslager zu schreiben und den Zuhörer einen Blick in noch tiefere menschliche Verworfenheit tun zu lassen.

Von rund 90000 Menschen, die durch das KZ-Lager Neuengamme und seine Nebenlager gegangen sind, haben nach dem Ergebnis der Beweisaufnahme etwa 40000 einen »natürlichen« Tod gefunden, während die Totenliste des Lagers den Tod von 3000 Häftlingen als »unnatürlich« angibt. Zu geringe Nahrung und zu wenig Schlaf bei angestrengtester Arbeit waren die Hauptursachen der »natürlichen« Todesfälle. Der »unnatürliche« Tod wurde durch Giftspritzen und Vergasungen, Erhängen und Erschießen herbeigeführt. 90 von Hundert der Insassen dieses KZ-Lagers kamen aus den ehemaligen Feindländern und gehörten zu einem großen Teil der französischen Widerstandsbewegung an. Hier in Neuengamme wurde – so ging aus Zeugenaussagen hervor – ein großer Teil der französischen Intelligenz, darunter mancher namhafte Wissenschaftler, vernichtet.

Dreimal gab es in diesem Prozeß sensationelle Aussagen. Es standen die Zustände im Krankenrevier zur Verhandlung. Daß drei Kranke auf einer schmalen Lagerstatt ne-

beneinander liegen mußten, war nichts Neues. Es fällt aber schwer, davon zu berichten, daß deutsche Ärzte mitten in der Operation aufhörten, da es Tischzeit war, fortgingen und die Weiterführung der Operation dem Krankenpfleger, einem ehemaligen Taxifahrer, überließen. Es kam weiter zur Sprache, und wiederum kam die Bestätigung von den Angeklagten, daß mit Giftspritzen Kranke getötet wurden, um Betten freizubekommen, ja, daß die Giftspritze in Aktion trat, um einen irrtümlich schon als tot gemeldeten Kranken nicht wieder gesund melden zu müssen.
Auch in diesem Prozeß ergab sich wieder das alte Bild, daß jeder Angeklagte sich auf einen Verantwortlichen berief, der von höherer Stelle Befehl gegeben hätte. Vom Verteidiger des Lagerkommandanten war als Entlastungszeuge der ehemalige Reichsstatthalter und Gauleiter von Hamburg, Karl Kaufmann, geladen. Der Entlastungsversuch endete mit erneuter Belastung. Das Gericht stellte am Schluß der Vernehmung fest, daß es den Aussagen des Zeugen Kaufmann Glauben schenkt. Kaufmann sagte aus, wenn er Kenntnis davon gehabt hätte, daß vor den Toren Hamburgs im KZ-Lager Menschen verhungern, er unbedingt Lebensmittel zur Verfügung gestellt haben würde.
Das grauenhafteste Kapitel wurde jedoch berührt, als jene Tuberkulosenexperimente zur Sprache kamen, die im KZ-Lager Neuengamme an Kindern durchgeführt wurden. Von einem Prof. Heißmeier waren Kinder mit Tuberkulosebazillen infiziert worden, um an ihnen wissenschaftliche Versuche durchzuführen. Dabei war mit grauenhafter Heuchelei vorgegangen worden. Die unschuldigen Opfer dieser Versuche bekamen infiziertes Spielzeug und Süßigkeiten. Grauenhaft, wie die ganzen Versuche, war auch das Ende.
Es war wohl die erschütterndste Aussage, die in diesem Prozeß gemacht wurde, als der SS-Arzt von dem Ende dieser Kinder berichtete. Als die alliierten Truppen sich Hamburg näherten, kam von Berlin der Befehl zur Tötung der Krankenpfleger und der Kinder, die zu den Tuberkuloseversuchen mißbraucht worden waren. Wieder begann eine grauenhafte Täuschung. Während sich die Kinder nichtsahnend zum Baden umkleiden und ihr Bündel schon zu einer Reise geschnürt haben, füllt der SS-Arzt die Morphiumspritzen, die sie betäuben sollen, knüpft der als Henker vorgesehene Wachmann bereits die tödlichen Schlingen.
Sämtlichen Angeklagten standen deutsche Verteidiger zur Verfügung. Der Verteidiger des Lagerkommandanten hatte selber als politischer Häftling die Schwere eines KZ-Lagers kennengelernt. Aus diesem Grunde setzte er sich dafür ein, daß die Verbrechen seines Mandanten nicht durch den Tod, sondern durch harte Arbeit gesühnt werden sollten, Arbeit , deren Bedingungen nicht leichter sein dürften, als die, denen die unglücklichen Opfer in Neuengamme unterworfen gewesen seien.
Das Gericht hat sein »schuldig« für alle Angeklagten gesprochen und den Urteilsspruch – der erst nach mehrstündigen Beratungen gefällt wurde – verkündet.

(DW)

4. Februar 1947

Zwei Monate nach Beginn des Ravensbrückprozesses um das größte Frauengefängnis der Geschichte verkündete der juristische Berater des Gerichtshofes, Mr. Stirling, die Urteile gegen die fünfzehn Angeklagten.
Von den acht angeklagten Männern wurden sechs zum Tode durch den Strang verurteilt. Gegen fünf der sieben angeklagten Frauen wurde ebenfalls das Todesurteil ausgesprochen.
Unter atemloser Spannung, die über dem überfüllten Gerichtssaal lag, wurde den einzelnen Angeklagten ihr Urteil bekanntgegeben.
Zum Tode durch den Strang wurden verurteilt: Johann Schwarzhuber, ehemaliger Schutzhaftlagerführer; Ludwig Ramdohr, ehemaliger Kriminalassistent in der Politischen Abteilung; Gustav Binder, ehemaliger Leiter der Schneidereiwerkstätten; Dorothea Binz, ehemalige SS-Oberaufseherin; Greta Boesel, ehemalige SS-Aufseherin; Carmen Maria Mory, ehemaliger Häftling im Lager und Blockälteste; Vera Salvequart, ehemaliger Häftling und Schwester im Jugendlager; Elisabeth Marschall, ehemalige Oberschwester; Dr. Gerhard Schiedlausky, ehemaliger SS-Standortarzt; Dr. Percy Treite, ehemaliger Lagerarzt, und Dr. Rolf Rosenthal, ehemaliger Lagerarzt.
Zu Gefängnisstrafen wurden verurteilt: Heinrich Peters, ehemaliger leitender SS-Offizier der Wachmannschaften im Männerlager, 15 Jahre; Margarethe Mewes, ehemalige SS-Aufseherin, 10 Jahre; Eugenie von Skene, ehemaliger Anweisungshäftling im Arbeitseinsatz, 10 Jahre; und Dr. Martin Hellinger, ehemaliger Lagerzahnarzt, 15 Jahre.
Die Anklage gegen den sechzehnten Angeklagten, Dr. Adolf Winkelmann, wurde fallengelassen, da er in der Nacht zum Sonnabend einem Herzschlag erlegen ist.
Sämtliche Urteile werden erst dann rechtskräftig, wenn

sie durch ein höheres Militärgericht bestätigt worden sind.
Die Angeklagten wurden einzeln in den Gerichtssaal geführt und standen zwischen zwei Posten der Militärpolizei dicht an der Brüstung der Anklagebank, um ihr Urteil aus dem Munde des Rechtsbeirats zu hören.
Die Mehrzahl der Angeklagten hörte ihr Urteil mit unbewegtem und gefaßtem Gesicht an. Greta Boesel kehrte sich, nachdem sie den Spruch des Gerichts, der auf Tod lautete, vernommen hatte, abrupt um und warf beim Hinausgehen den Kopf in den Nacken. Die Schweizerin Carmen Mory, die heute zum zweiten Male in ihrem Leben zum Tode verurteilt wurde, schloß ganz langsam die Augen und senkte den Kopf nieder. Bevor sie sich, wie zögernd, zum Gehen wandte, bekreuzigte sie sich. Die Tschechin Vera Salvequart schaute mit starrem Gesicht auf die Richter und begann sekundenlang zu schwanken, als sie ihren Todesspruch hörte. Dann riß sie sich zusammen und verließ ohne Hilfe und mit aufrechtem Gang wieder den Saal.
Damit hat der seit dem 5. Dezember im Curio-Haus in Hamburg geführte Prozeß seinen Abschluß gefunden. Mehr als sechzig Zeuginnen und Zeugen erschienen für Anklage und Verteidigung vor Gericht und rundeten das Bild der grauenhaften Zustände in diesem Lager ab. Nur wenige Hauptschuldige, die in Ravensbrück die wirkliche Verantwortung trugen, konnten bisher ermittelt werden, und viele der in diesem Prozeß verurteilten Männer und Frauen waren nur willfährige Werkzeuge dieser Hauptverantwortlichen, zu denen vor allen Dingen der frühere Lagerkommandant Suhren, der ehemalige Schutzhaftlagerführer Bräuning, der ehemalige SS-Oberarzt Dr. Trommer, der Hauptdienstleiter Sauer und der ehemalige Leiter des Arbeitseinsatzes Pflaum gehören.
In Ravensbrück sind während des Krieges mehr als 5000 Frauen vergast worden, die unmenschlichsten medizinischen Versuchsoperationen wurden hier ausgeführt, über 50 Prozent der im Lager geborenen Kinder starben innerhalb weniger Monate. Seuchen, Hunger, Grausamkeiten, Schmutz und Überanstrengung ließen die Todeskurve im Lager immer höher steigen.

(DW)

16. August 1948
Am Mittwoch wurde in Bielefeld vor der Spruchkammer das Verfahren gegen den ehemaligen Bürgermeister von Hamburg, Karl Vincent Krogmann, in seiner Eigenschaft als Mitglied des Korps der Politischen Leiter – er war Gauamtsleiter der NSDAP für Kommunalpolitik – eröffnet. Während der Verhandlung wurde plötzlich dem Staatsanwalt ein dickes Aktenbündel auf den Tisch des Hauses gelegt: neues belastendes Beweismaterial, die eigenen, bisher verschwunden gewesenen Tagebuchblätter des Angeklagten aus der Kriegszeit. Weiteres Beweismaterial wurde für die nächsten Tage angekündigt.
Auf Antrag des Staatsanwaltes wurde darauf der Prozeß auf unbestimmte Zeit vertagt.
Trotzdem der Prozeß so unerwartet abgebrochen wurde, bot die Verhandlung von Anfang an interessante Einblikke in die infolge der Konzeption der Besatzungsmacht viel zu schwache Rechtsgrundlage des Spruchverfahrens, die sich immer wieder und unverdienter Weise zugunsten hoher Würdenträger des »Dritten Reiches« auswirkt. Auch der Angeklagte Krogmann stellte darauf seine Verteidigung ein. Wollte man die Schilderung seines Lebens für bare Münze nehmen, müßte man fast glauben, er sei ein Opfer der Nazis, beileibe nicht eifriger Förderer gewesen.
Wie er als Sproß einer angesehenen Hamburger Patrizierfamilie aus dem Hause der Firma Wachsmuth & Krogmann zur Nazipartei kam? Ganz schlicht und einfach: »Wir jüngeren in der Handelskammer waren so um das Jahr 1931 herum ganz begeistert von der Begeisterung des Volkes zur NSDAP.« So fühlten sie sich berufen, mit Hilfe der Partei die Wirtschaftskrise zu meistern, »denn die älteren in der Handelskammer hatten dazu einfach keinen Schneid, es fehlte ihnen der Elan«. Zwar hatte er von Anfang an Bedenken gegen die für einen Hamburger Kaufmann unverdauliche, autarke Wirtschaftspolitik der Nazis, die Handel und Export zugrunde richten mußte, aber die wollten sie ja »von innen heraus« mit dem jungen Schneid überwinden. »Das war so die Auffassung unserer Kreise« , meinte Vincent Krogmann. Am 3. Februar habe ihm bei einer Besprechung im Hauptbahnhof »Gauleiter« Kaufmann das Amt des Regierenden Bürgermeisters angetragen. Darüber habe er sich mit einem Freunde, dem Bruder des früheren Reichsbankpräsidenten Helferich, einem der Hauptkriegstreiber des ersten Weltkrieges beraten und darauf den Antrag angenommen. So wurde er am 8. März in der Bürgerschaft, zwar ohne die Stimmen der Sozialdemokraten, aber sonst »einstimmig« gewählt, und etwa im August 1933 vom »damaligen Reichskanzler« – das Wort »Hitler« und »Führer« vermied er schamhaft – bestätigt. Das war sein Aufstieg; auf diesem Höhepunkt begann

sogleich der Abstieg, denn was sich dann entwickelte, war für ihn, nach seinen Worten, nur noch Leidenszeit, in der er zum Schluß sogar »Opfer des Nazismus« war! Kaufmann wurde zur gleichen Zeit Reichsstatthalter und spielte damit die erste Geige: »Er konnte praktisch machen, was er wollte. 1935 bin ich als Chef der Landesregierung zurückgetreten.« Mit dem Inkrafttreten des Groß-Hamburg-Gesetzes am 1. April 1938 nannte Krogmann sich nur noch Bürgermeister und erster Beigeordneter. Zugleich wurde er durch den »Reichsstatthalter« aber zum »Gauamtsleiter der NSDAP für Kommunalpolitik« berufen. Das ist nun die gefährliche Klippe für Krogmann, denn was er bis dahin zum Schaden des deutschen Volkes getan hat, zählt für die Spruchgerichtsgrundlage nicht. Der »Gauamtsleiter« hat es in sich und zählt ab 1. September 1939 als Mitglied des politischen Führerkorps und damit als Mitwisser, vielleicht sogar Mittäter von Nazi-Organisationen, die für verbrecherisch erklärt wurden.
So begriffsstutzig ist nun Krogmann nicht, daß er dieses nicht begriffen hätte. Also leugnet er seine Beziehungen zum »Reichsstatthalter« Kaufmann keineswegs, aber die hatte er nur als Bürgermeister und erster Beigeordneter, nicht als »Gauamtsleiter«. Dieser Gauamtsleiter war eigentlich überhaupt nichts, war nur eine Scheinfigur, hatte nichts zu tun und tat auch nichts. Er, Krogmann, fühlte sich vollkommen entmachtet. Bei der Bewegung war er nur aus Idealismus, hat auf einen Teil seines Gehalts verzichtet, hat sein Vermögen zum größten Teil verloren, ist ausgebombt und noch viel mehr ... Eine Träne der Rührung sah man über seine Wangen laufen.
Doch da betritt plötzlich der Gerichtsdiener den Saal. Neues Belastungsmaterial – die eigenen, bisher geheimnisvoller Weise nicht auffindbaren Tagebuchaufzeichnungen des Angeklagten sind mit einem Male wieder da. Darüber ist der Angeklagte sehr verduzt. Also Vertagung und neue Prüfung des umfangreichen Materials. Es soll sich jetzt zeigen: war Bürgermeister Krogmann wirklich so harmlos, oder war er »nur« als »Gauamtsleiter« harmlos und nicht als Bürgermeister. Dann wäre wieder einmal ein Prominenter durch das Netz gerutscht.

(HE)

19. August 1948
Der ehemalige Bürgermeister von Hamburg, Krogmann, wurde am Mittwoch von der 13. Bielefelder Spruchkammer zu einer Geldstrafe von 10000 D-Mark verurteilt. Die Strafe ist durch die Internierungshaft verbüßt. Das Gericht hielt es für erwiesen, daß Krogmann erhebliche Kenntnis von den Verbrechenskomplexen, Judenverfolgung und Verfolgung politischer Gegner hatte. Andere Verbrechenskenntnisse sind in der Hauptverhandlung nicht zutage getreten und wurden ihm von der Staatsanwaltschaft auch nicht zur Last gelegt. Unter Würdigung der einwandfreien Persönlichkeit Krogmanns, seines Werdegangs und seiner Tätigkeit habe man ihm eine entehrende Freiheitsstrafe ersparen können. Nach Überzeugung des Gerichts habe der Angeklagte auch mannhaft zugegeben, was er wußte. Es sei möglich, daß er sich keine besonderen Gedanken darüber gemacht habe, ob das politische Führerkorps bei verbrecherischen Maßnahmen mitwirkte. Auch habe Krogmann sich in seiner Stellung nicht bereichert, sondern sei 1933 aus der väterlichen Firma ausgetreten, um seiner Vaterstadt Hamburg zu dienen.
Der Anklagevertreter hatte eine Geldstrafe von 20000 D-Mark unter Anrechnung der Internierungshaft beantragt.
Am Sonntagmittag aß Herr Krogmann noch im Uhlenhorster Fährhaus zu Mittag, herzlich begrüßt von zahlreichen Gästen. Er wußte wohl, daß ihm nicht viel bevorstand!

(HFP)

25. Oktober 1948
Der öffentliche Ankläger beim Bielefelder Spruchgericht hat jetzt gegen den früheren Gauleiter und Reichsstatthalter von Hamburg, Karl Kaufmann, die Anklage nach Verordnung Nr. 69 der britischen Militärregierung in Verbindung mit dem Nürnberger Urteil und dem Kontrollratsgesetz Nr. 10 erhoben.
Kaufmann ist aus der Internierungshaft entlassen worden. Er befindet sich im Krankenhaus Sarepta der Anstalt Bethel bei Bielefeld und leidet unter Angina pectoris. Ob er einer mehrtägigen Gerichtsverhandlung gewachsen sein wird, erscheint nach seinem augenblicklichen Zustand sehr zweifelhaft.

(HAZ)

9. Dezember 1948
Das Spruchgerichtsverfahren gegen Karl Kaufmann wurde auf Antrag der Anklagebehörde vorläufig eingestellt. Kaufmann hat sich bei einem Autounfall ein Leiden zugezogen und befindet sich in der Anstalt Bethel bei Bielefeld. Er kann einem öffentlichen Verfahren in absehbarer Zeit nicht beiwohnen.

(DW)

4

Die Stadt in Trümmern

Hamburgs Kriegsbilanz war erschütternd: 118000 Tote an der Front und in der Heimat, die Hälfte – rund 55000 – durch Luftangriffe. Über 900000 Hamburger hatten ihre gesamte Habe verloren. Mehr als eine Viertelmillion Wohnungen war total zerstört. 540 ausgebrannte Schiffe lagen auf dem Grund des Hafens oder an den zerbombten Kais. 3500 Industrieunternehmen, gewerbliche Betriebe und Kontorhäuser waren dem Luftkrieg zum Opfer gefallen. 277 Schulen, 24 Krankenhäuser und 58 Kirchen lagen in Trümmern.
Statistiker rechneten und kamen zu dem Ergebnis, daß Hamburgs Schutt die Außenalster 23 Meter hoch auffüllen würde. Bomben-Sprengkommandos waren rund um die Uhr im Einsatz. Sie entschärften an jedem Tag mehrere hundert Handgranaten, Spreng- und Brandbomben. Aufräumungstrupps arbeiteten sich mühsam vom Stadtzentrum an die Peripherie.
Im Oktober des Kapitulationsjahres begannen erste Instandsetzungsarbeiten an den Überresten der Stadt. Halbwegs bewohnbare Häuser wurden notdürftig repariert. Ziegelsteine, Heizkessel, Heizkörper, Öfen und Wasserhähne mußten aus den Trümmern geborgen werden. Schutt, den es mehr als genug gab, wurde zum wichtigsten Rohstoff: Zu Split vermahlen und mit Zement vermischt verarbeitete man ihn zu Hohlblocksteinen für die Instandsetzung beschädigter Häuser. Aber alle Anstrengungen reichten nicht einmal, die größte Not zu lindern. Tausende fristeten ihr Dasein in Behelfsheimen und als »Bunkermenschen« – bis zu 16 Personen in einem bescheidenen Raum. Die »Übergangszeit« in den Notunterkünften dauerte für viele Menschen oft mehrere Jahre.
In einem anderen Punkt allerdings wurden die Pessimisten von dem Lebenswillen der Hanseaten widerlegt: Eine Prognose von 1946 schätzte die für die Beseitigung aller Trümmer erforderliche Zeit auf 20 Jahre. Hamburg schaffte das Unvorstellbare in nur einem Jahrzehnt ...

Irgendwo mußte man anfangen

2. Juni 1945
Sofort nach dem Einmarsch der Besetzungstruppen in Hamburg hat die Militärregierung die Wiederherstellung der öffentlichen Beleuchtung und ihre Wiederinbetriebnahme verfügt. In der Gegend um den Rathausmarkt und in einigen Hauptstraßenzügen wurden die Glühbirnen der Verdunkelungszeit daraufhin schon im Laufe der ersten Tage ausgewechselt, so daß die betreffenden Stadtviertel jetzt wieder ausreichend hell erleuchtet sind. Auch im Hafen strahlt an den für den Verkehr freigegebenen Kaistrecken und vor allen Dingen auf den diesseitigen Fährpontons wieder helles Licht.
Eine weitere Ausdehnung der Straßenbeleuchtung ist wünschenswert, aber im Augenblick nicht vonnöten, weil die Straßen ja nach 22.15 Uhr infolge des Ausgehverbotes leer sind; auch gehen wir der Zeit der hellen Nächte entgegen, in der die Abenddämmerung schon vom ersten Grauen der Morgendämmerung abgelöst wird. Vor allen Dingen aber gilt es nach wie vor, Strom zu sparen, damit die lebenswichtigen Betriebe versorgt werden können. So beschränkt man sich einstweilen darauf, mit einem Stab von rund 80 Mann die gesamten öffentlichen Beleuchtungsanlagen in Hamburg zu prüfen und für den späteren Betrieb herzurichten.

(HNB)

25. Juni 1945
Bei der Aufräumung beginnt man in der Innenstadt und vor den wichtigen Gebäuden und in den Hauptstraßenzügen. Wo bleibt man mit dem Bauschutt, mit den unvorstellbar großen Mengen an Trümmern? Am einfachsten wäre es vielleicht, das alles in Schuten zu verladen und in die Nordsee hinauszufahren. Dort draußen ist Platz genug. Das aber kann man sich nicht leisten – der Schutt ist viel zu wertvoll. Man wird zwar einige Fleete zuschütten. So den Brauerstraßen-Fleetzug, der aufgegeben wurde, weil in seinem Zuge einmal die Ost-West-Durchbruchsstraße durch die Innenstadt geführt werden soll. Und schließlich wird neben dem Alsterdamm ein Streifen der Binnenalster zugeschüttet.
Auf diese Weise gewinnt man also den Raum für die Abfuhr der Trümmermassen aus der Innenstadt, die rasch und ohne daß ein großer Aufwand an Transport und Treibstoff entstehen darf, beseitigt werden müssen. Den weitaus größeren Teil des Schutts aber wird man wieder als Baustoff verwenden. Und zwar entweder für den Straßenbau oder zur Herstellung neuer Bausteine. Dazu fährt man den Schutt, nachdem Eisen und Holz sorgfältig ausgelesen sind, zu großen Steinbrecheranlagen, die ihn zu feinkörnigem Split zermahlen. Eine solche Anlage steht auf dem Gelände der Staatlichen Müllverbrennung an der Borsigstraße. Zwei private Anlagen ähnlicher Art arbeiten auf dem Lübeckertorfeld und in Rothenburgsort.
Der Split wird mit Zement zu Hohlblock-Steinen verarbeitet oder als Straßenbaumaterial benutzt. Schwierigkeiten bereitet natürlich hier wie überall die Treibstoff-Frage. Man benötigt Treibstoff für die Abfuhr der Trümmer und auch für die Steinbrecher.

(HNB)

18. Juli 1945
Ich war nach langer Zeit einmal wieder in der Stadt. Und ich ging durch die verwüsteten Straßen wie im Traum. Kommt nur und seht es Euch an. Und wenn Ihr dann die Ruinen und Häuserreste, Trümmerhaufen und Riesenlücken im Stadtbild seht, dann werdet Ihr mir glauben und wie ich den Kopf schütteln, daß das möglich war und man dabei nicht den Verstand verloren hat.

(Mathilde Wolff-Mönckeberg, Briefe)

19. Juli 1945
Alle Aufräumungsarbeiten auf öffentlichem Grund werden vom Heiligengeistfeld aus geleitet: dort sitzt das »Aufräumungsamt« der Gemeindeverwaltung Hamburg. Daß man tatkräftig zupackt, erleben die Hamburger eben jetzt: dadurch, daß die Ferdinandstraße von Schutt und Trümmern gereinigt wurde, war es möglich, die Straßenbahnlinien 16, 18 und 22 seit Anfang der Woche wieder durch die Innenstadt zu leiten – eine Verkehrsverbesserung von erheblicher Bedeutung.
Ziel der Aufräumungsarbeit im Juli ist es, zunächst die Hauptstraßen der Innenstadt – den öffentlichen Grund,

Seite 44: Hamburgs Innenstadt am 3. Mai 1945, 12 Uhr mittags, von alliierten Fliegern aufgenommen. Im Vordergrund die Binnenalster und das Rathaus. – St. Nikolai und St. Michaelis inmitten einer menschenleeren Trümmerwüste.

Nur die Fassaden blieben stehen. Hammerbrook litt bei den Großangriffen von 1943 am schwersten. Auf dem Foto sind die Hauptstraßen schon geräumt.

Straßen und Bürgersteige! – von Schutt und Trümmermassen zu reinigen und dann an die wichtigsten Ausfallstraßen zu gehen. In der Ferdinandstraße und in der Bergstraße begann man; dort sehen die Straßen heute schon sehr viel übersichtlicher und das Straßenbild erfreulicher aus, als noch vor einem Monat. Weiter arbeitet man in der Mönckebergstraße und am Altenwall und in verschiedenen anderen Straßenzügen der Innenstadt. Anschließend wird man an die Aufräumung von Glokkengießerwall und Langereihe gehen, der Ausfahrt nach Wandsbek, der Königstraße und der Bergstraße in Altona – kurz alles Straßenzüge, die zum Rückgrat des hamburgischen Straßennetzes gehören.

(HNB)

2. Oktober 1945

Oberfeuerwerker Wilhelm Westermann, der mehr als zweitausendmal das Leben einsetzte, um seine Mitmenschen zu schützen, ist ein Opfer seines Berufes geworden: In der Nähe des Harburger Gaswerkes explodierte eine englische 500-Pfund-Bombe, als er sie entschärfen wollte.

Das Bombensprengkommando der Luftwaffe, dem Westermann angehörte, stand kurz vor seiner Auflösung. Westermann, der im Verlaufe des Krieges 2180 Bomben, davon etwa 300 Langzeitzünder entschärft hatte, rechnete täglich mit seiner Entlassung nach Dortmund, wo seine junge Frau ihn erwartete. Er wird am Mittwochmittag, um 12 Uhr, auf dem Hamburger Ehrenfriedhof in Ohlsdorf beigesetzt.

(HNB)

11. Oktober 1945

Der Bürgermeister der Hansestadt Hamburg hat Mitte September d. Js. eine verstärkte Instandsetzungsaktion

Für ihn dauerte der Krieg 21 Jahre. Von 1940 bis 1961 entschärfte Sprengmeister Walter Merz 4970 Sprengbomben-Blindgänger aller Kaliber.

für den Wohnungsbau eingeleitet. Auf Veranlassung der Militärregierung wird diese Instandsetzungsaktion als eine Regieaktion durchgeführt, d. h. die Hansestadt Hamburg tritt als Bauherr auf.
Diese Instandsetzungsaktion hat das Ziel, möglichst vielen Menschen ein wetterfestes Obdach zu geben. Auf Dauerhaftigkeit und Fachgerechtigkeit, ja selbst auf bescheidene Ansprüche der Wohnkultur muß verzichtet werden.
Drei Klassen von Bauprojekten:
a) Erhaltung bewohnter Wohnungen, Schutz gegen Witterungseinflüsse. In Benutzung befindliche Gebäude und Wohnungen, deren bauliche Substanz infolge anstehender Dachschäden, Schäden an Fenstern und Türen, Decken und Wänden usw. gefährdet ist, werden repariert.
Baukosten i. Mittel bis zu 700 Mark je Wohnung.
b) Instandsetzung leicht- oder mittelbeschädigter Wohnungen. Gebäude und Wohnungen, deren bauliches Gefüge (Wände, Decken usw.) im wesentlichen erhalten ist, aber unbewohnbar sind, werden instandgesetzt.
Baukosten i. Mittel bis zu 1600 Mark je Wohnung.
c) Schaffung von Wohnraum in vorhandenen Gebäuden. Durch Ausbau von Dachgeschossen, Teilung von Wohnungen durch An- und Ausbauten usw.
Baukosten i. Mittel bis zu 1600 Mark je Wohnung.
Die Kosten werden zunächst aus öffentlichen Mitteln bestritten. Inwieweit der Grundeigentümer zu den Kosten herangezogen werden wird, ist noch festzustellen.
Es ist zwecklos, den Blockarchitekten, das Ortsbauamt oder gar die Bauverwaltung mit Anfragen, Wünschen und Anträgen zu bestürmen. Jeder Eigentümer eines Hauses, das unter diese Aktion fällt, kommt an die Reihe. *(HNB)*

Links: Im Winter 1946 beginnt die Stadt damit, den Ballindamm mit Hilfe von Trümmerschutt aus der Innenstadt zu verbreitern.

So sahen die Großen Bleichen nach dem Juli 1943 aus. Das Haus an der Ecke zum Heuberg wurde später abgerissen, ebenso die Häuser im Hintergrund.

Trümmerbahnen reichen nicht aus. Auch die Straßenbahn wird eingesetzt, um den Schutt abzufahren, der sich überall zu Bergen türmt.

Oktober 1946

Der Luftkrieg hat die Bauten eines Zeitraumes von rund 45 Jahren zertrümmert. Es sind 43 Millionen Kubikmeter Trümmer und Schutt übriggeblieben. Man kann dieses Trümmergebirge nur unter Verwendung möglichst vieler Maschinen beseitigen. Dies geschieht in steigendem Maße. Im August 1946 wurden rund 200000 Kubikmeter beseitigt. Würden wir in gleichem Tempo fortfahren, brauchten wir 18 Jahre. Man hofft aber, auf eine monatliche Leistung von 350000 Kubikmeter zu kommen, dann würden wir damit in zehn Jahren fertig sein. Schneller wird es wahrscheinlich nicht gehen.

(Senator Dr. Dudek vor der Bürgerschaft)

1947

Seit Mai 1945 bis April 1947 sind folgende Leistungen erzielt und Sachwerte geborgen worden:

3 Mill. cbm abgefahrener Schutt,
182 Mill. Ziegelsteine,
29875 t Baueisen,
1440 t Nichteisenmetalle,
25300 Fenster und Türen,
4300 Maschinen aller Art,
4300 Heizkessel,
40200 Heizkörper und
140000 Heizkörperglieder,
8000 Öfen,
2200 Herde,
16700 Stromzähler usw.

Es verdient festgehalten zu werden, daß die Aufräumungsarbeit ständig mit Benzinmangel und Mangel an Arbeitskräften zu kämpfen hat.

Bei der Tätigkeit der Aufräumung dürfte es angebracht

sein, die Arbeit einer kleinen Menschengruppe besonders zu erwähnen, die des Bombensprengtrupps. In zahlreichen Fällen stößt die Aufräumung auf Bombenblindgänger, Artillerie- und Flakgeschosse, Infanteriemunition und Panzerfäuste. Diese werden unter ständiger Lebensgefahr von einigen Männern des Bombensprengtrupps unschädlich gemacht. Von April 1946 bis Ende Mai 1947 war die Strecke dieses Trupps:
454 Sprengbomben, darunter eine Anzahl Langzeitzünder, 506 Brandbomben, 6815 Flakgeschosse, über 1000 Handgranaten, 86 Minen, 80 Artilleriegeschosse, 250 Panzerfäuste und über 60000 Schuß Infanteriemunition.
(Bausenator Dr. Paul Nevermann)

1947
Für die Feststellung der Trümmermenge konnten die zum Glück erhalten gebliebenen baupolizeilichen Unterlagen herangezogen werden, mit deren Hilfe es möglich war, Querschnittszahlen in den Stadtgebieten auf Grund der im einzelnen vorherrschenden Bebauung aufzustellen. Es wurden unterschieden und ermittelt:

a) Wohngebäude	35000000 m^3
b) Kulturbauten	1000000 m^3
c) Industrie und Gewerbe	6000000 m^3
d) Landwirtschaftliche Gebäude	100000 m^3
e) Städt. u. staatl. Verwaltungsgebäude (geschätzt)	100000 m^3
f) Schutt aus teilzerstörten Gebäuden	800000 m^3

Der Krieg hinterließ also in der Hansestadt Hamburg eine Trümmermenge von insgesamt	43000000 m^3

Nicht einbegriffen in diese Menge ist das Hafengebiet mit seinen großen Industrie-Lagerhallen, für die sich eine Form der Schätzung noch nicht finden ließ. Ein Vergleich mit anderen Städten illustriert den Umfang des Hamburger Schadens:

Aachen	2,5 Mill. m^3
Berlin	55–70 Mill. m^3
Braunschweig	2,2 Mill. m^3
Bremen	5,0 Mill. m^3
Dortmund	10,0 Mill. m^3
Dresden	20,0 Mill. m^3
Düsseldorf	8–10 Mill m^3
Gelsenkirchen	3,0 Mill. m^3
Hamburg	43,0 Mill. m^3
Hannover	6,0 Mill. m^3
Karlsruhe	1,5 Mill. m^3
Köln	14,7 Mill. m^3
Kiel	2,5 Mill. m^3
Nürnberg	12,0 Mill. m^3
Stuttgart	4,5 Mill. m^3
Wilhelmshaven	0,7 Mill. m^3
Wuppertal	4,3 Mill. m^3

Ein anschauliches Bild der Hamburger Trümmermasse ergibt sich, wenn man sich vorstellen würde, die Außenalster mit dem Hamburger Schutt aufzufüllen. Es könnte hiermit das Gebiet der Außenalster auf 23 m Höhe aufgeschüttet werden.
Die Trümmermasse ist keine absolut feststehende Zahl.

91000 Glocken aus ganz Europa wurden im Hamburger Hafen zum Einschmelzen gesammelt. Bei Kriegsende waren noch 14100 übriggeblieben.

APOTHEKE

Seite 54/55: Wie durch ein Wunder verschont: Das Rathaus. Blick von der Straße Plan auf den Rathausmarkt bei Ende der Kampfhandlungen.

Jeder Stein wird gebraucht. »Trümmerfrauen« beim Steineputzen in den Ruinen und »Trümmermänner« beim Pressen neuer Ziegel aus Trümmerschutt.

In der Berechnung der Trümmermasse waren die vorhandenen ausbaufähigen Gebäude in Abzug gebracht. Durch die fortlaufende Zerstörung dieser Gebäude durch Wind und Wetter wird die Menge von Jahr zu Jahr größer. Gebäude, die sich heute noch für eine Wiederherstellung eignen, dürften schon in wenigen Jahren völlig unbrauchbar sein.

(Bericht der Baubehörde 1945/47)

Das Dach über dem Kopf

28. November 1945

Mehr als 42000 Hamburger werden gegen Ende dieses Jahres in Wohnbaracken untergebracht sein, die jetzt auf dem Unterbau zerstörter Häuser oder in Parkanlagen errichtet werden.

Etwa 3000 deutsche Bauhandwerker stellen augenblicklich die Baracken auf, deren Material aus britischen Heeresbeständen stammt. Diese dauerhaften und wetterfesten Baracken sind den »Nissen Huts« ähnlich, in denen während des Krieges in England Tausende von Wehrmachtshelferinnen untergebracht waren.

An 29 Plätzen der Stadt entstehen diese Baracken. Sie erhalten Holz- oder Zementfußböden und werden, wo es möglich ist, an das Wasser- und Kanalisationsnetz der Straßenzüge angeschlossen. Blocks von je 20 Baraken, die für 540 Personen Wohnraum bieten, werden in 20 Straßen errichtet, und zwar in den Stadtteilen Barmbek-Pfenningsbusch, Hamm-Lohhof, in der Burgstraße, Bartholomäusstraße, Friedrichsberger Straße, Memelland-Allee, Blumenau und am Eilbekkanal. Mehr als 10000 Menschen werden hier wohnen und in Gemeinschaftsküchen verpflegt werden.

Unterkunft für über 31000 Personen sollen Barackensiedlungen in Stellingen, Harburg und Bahrenfeld bieten.

Je 1000 Personen werden jeweils in den Brausebädern duschen und ebenfalls je 1000 in zwei Gruppen in den Küchenhäusern essen können.

»Es ist das Ziel«, so erklärte Oberbaurat Brandes von der Hamburger Bauverwaltung, »in zwei Drittel aller Baracken Familien unterzubringen. Jede Baracke soll abgeschlossene Wohnungen mit elektrischem Licht und Wasserleitung für zwei Familien haben.«

(HNB)

29. November 1945

Im September erhielt die Bauverwaltung Hamburg von der Militärregierung den Auftrag, für 1500 Wellblechbehausungen, sogenannten Nissen-Hütten, Platz zu finden und sie aufzubauen. Die ersten dieser Hütten werden Ende November bezugsfertig sein und das Wohnungsamt wird mit der Einweisung von Bewohnern beginnen.

Diese Nissen-Hütten, die zweifellos im Stadtbild zunächst etwas fremdartig wirken, sind als eine konstruktive Notmaßnahme zur Behebung der akuten Wohnungsnot im übervölkerten Hamburg gedacht und als eine vorübergehende Erscheinung anzusehen. Ihre Aufgabe ist es, für den Winter Tausenden von Menschen, die bisher nur behelfsmäßig in Unterkünften wohnten, einen erträglichen Wohnraum zu schaffen.

Wer diese Nissen-Hütten von vornherein als ungeeignet für Wohnzwecke bezeichnet, urteilt ohne sich einmal die Mühe gemacht zu haben, eine derartige Wohnhütte von innen zu besichtigen.

Während des Krieges lebten auch englische und amerikanische Soldaten monatelang in Nissen-Hütten und haben sie als durchaus angenehme Wohngelegenheit empfunden. Stellt man einen Ofen auf und macht man sich ein wenig Mühe, um den Raum gemütlich zu gestalten, so erweisen sich diese Hütten ohne Zweifel als sehr wohnlich. Waschräume, Toiletten und Gemeinschaftsräume werden für jede Gruppe angelegt; ebenso werden in größeren Lagern Küchen/Speiseräume für Gemeinschaftsverpflegung eingerichtet.

Benötigt wird nur guter Wille zur Verträglichkeit. Mit kleinen Mitteln, in denen besonders die Frauen so erfinderisch sind, sollte es auch möglich sein, einen Hauch deutscher Gemütlichkeit hineinzutragen.

In größtmöglichem Umfange wird das Wohnungsamt bei der Belegung der Nissen-Hütten die Wünsche von Einzelpersonen berücksichtigen, die sich schon seit längerer Zeit kennen und gern zusammen in ein und derselben Hütte wohnen möchten. Die Wohnungsnot zwingt zu derartigen Behelfslösungen, und es hängt von den Bewohnern ab, dafür zu sorgen, daß aus der Not eine Tugend und aus der behelfsmäßigen Unterbringung eine erträgliche Wohnkameradschaft wird.

(HNB)

14. März 1946

Ein schmaler Tisch. Davor stehen, zu Rudeln geballt, die Einlaßsuchenden, die Wölfe; dahinter sitzen die Wächter mit Bleistiften, spitz wie Lanzen ...

Blick von der Versöhnungskirche in Eilbek auf Nissenhütten in der Auenstraße und am Eilbekerweg. Die britische Armee hatte sie geliefert.

Aber so einfach ist es nicht. Die Eindringlinge sind müde und an Enttäuschungen gewöhnt, sie haben keine rechte Schwungkraft mehr. Die Wächter ihrerseits sind nicht hart, sie haben ein Herz und sind nicht ohne Mitgefühl. Zwar – dem einen kommt ein Zimmer, und und sei es auch feucht, kalt und eng, ein Zimmer in einem Hamburger Haus, und sei es auch überfüllt und demoliert, wie ein faszinierender Wunschtraum vor. Aber die andern, die Eingesessenen oder Eingenisteten, sie wohnen schon lange so gedrängt und provisorisch, daß sie es Heinrich Zille verdammt nachfühlen können, der in einer doch so viel glücklicheren Zeit sagte: »Man kann einen Menschen mit einer Wohnung erschlagen wie mit einem Beil!« Kurz, dies sind die Fronten. Dies ist die Verfassung, in der sie einander gegenüberstehen.

Die Dienstzimmer des Wohnungsamtes waren an diesem Tage überfüllt, als sollte das Wohnungselend Hamburgs schon hier sinnfällig illustriert werden. Nur der Abteilungsleiter hatte einen Amtsraum für sich, aber dieser war so kalt, daß dem »Chef« die Worte aus dem Munde dampften:

»In einen vollen Eimer«, sagte er, »geht immer noch einmal ein Tropfen hinein. Und wir tun auch das Menschenmögliche. Doch der Augenblick ist schon abzusehen, wo der Eimer überschwippt ...«

»Immer gibt es neue Sorgen«, erläuterte der Abteilungsleiter. »Da sind zum Beispiel diejenigen, die damals nach der Zerstörung der Stadt, also nach jenen Julitagen 1943, nach Bayern oder Sachsen gebracht wurden. Heute soll

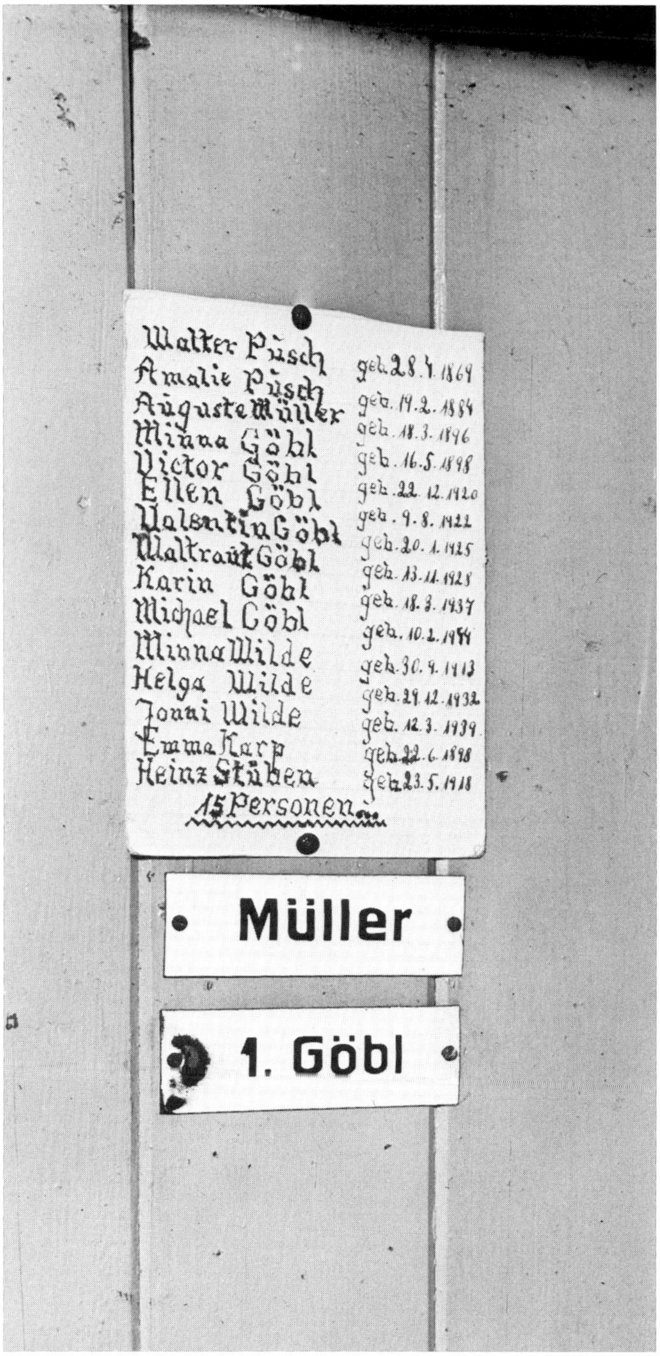

Nichts Außergewöhnliches: Ein Behelfsheim von wenigen Quadratmetern wird von 15 Personen im Alter von zwei bis 77 Jahren bewohnt.

Bayern und Sachsen die Ausgewiesenen aus Österreich und der Tschechoslowakei aufnehmen. Wohin nun mit den Hamburger Evakuierten? Nach Hause! Das ist doch klar. Es handelt sich um mehr als 200000 Personen, die wir damit unterbringen müssen. Sie sehen aber, wie unsere Lokalpolitik in engem Zusammenhang mit den Unterbringungsproblemen nicht nur der britischen, sondern auch der andern Zonen steht, ja wie die Schwierigkeiten Hamburgs in diesem Punkt eigentlich nur ein Teil jener Sorgen sind, mit denen sich mehr oder weniger alle deutschen Städte herumschlagen müssen. Wie wir es im einzelnen machen? Leider müssen wir den meisten Leuten, die nach Hamburg kommen, sagen: ›Nein! Stop! Zugesperrt!‹ Aber Leute aus den sogenannten Mangelberufen lassen wir herein. Einzelne, zum Beispiel Boots- und Schiffsbauer, dürfen sogar ein oder zwei Personen, Frau und Kind, mitbringen. – So, Sie finden, dies seien sehr nüchterne, merkantile Erwägungen, zu nüchtern, zu merkantil vielleicht? Sollten wir wirklich einen kaufmännischen Angestellten in die Stadt lassen, damit er die Tausende von arbeitslosen kaufmännischen Angestellten noch um einen weiteren vermehrte? Was hätten wir, was hätte er davon? Aber das tun wir: wir nehmen alleinstehende Jugendliche unter 18 Jahren auf. Dies mögen Sie, wenn Sie wollen, als einen karitativen oder menschlich-fürsorglichen Zug unserer Lokalpolitik von heute nehmen.«

Hier ein etwa 50jähriger Mann mit tiefen Entbehrungsfalten um den Mund: »Ich bin vor drei Monaten aus der russischen Zone gekommen. Ich war in S., das ist ein kleines Dorf. Der Bürgermeister gab mir Lebensmittelkarten für zwei Tage und sagte: ›Weitergehen!‹ Ich ging nach O., das ist wohl eine ziemlich große Stadt. Sie steckten mich in einen Bunker, gaben mir schließlich Lebensmittelkarten für vier Tage und sagten: ›Weitergehen!‹ Ich höre immer ›Weitergehen! Nicht stehenbleiben!‹ Bin ich in einer Stadt, so sagen sie: ›Gehen Sie aufs Land, dort ist so viel Raum.‹ Und manche reden auch von Kartoffeln. Komm ich aufs Dorf, so sagen Sie: ›Gehen Sie in die Stadt. Dort sind so viele Häuser ...‹ Ich bin seit drei Monaten auf der Walze. Ich bin allein. Aber vor mir und hinter mir geht eine unsichtbare Prozession von Leuten, denen es genau so ergeht wie mir, alte Leute, junge Leute, Frauen, Mädchen.«
»Sind Sie vielleicht ein ›Mangelberuf‹? Zum Beispiel Maurer?«
Der graue Mann schüttelte den Kopf. Er hat ein Buch

gelesen, das heißt »Traven – Das Totenschiff« und handelt von einem Seemann, der seine Papiere und sein Vaterland damit verlor und den bloß ein Schiff noch anheuerte: ein ramponiertes, ausgedientes Schiff, das Fahrten nur noch machen durfte mit dem einen Ziel: unterzugehen.

Hier eine 40jährige Frau, ärmlich gekleidet, ein bäuerliches Kopftuch um das früh ergraute Haar:
»Ich bin Hamburgerin und möchte wieder zu Hause wohnen.«
»Wo wohnen Sie?«
Die Frau zuckt die Schultern. Kurzes Schweigen. »Ich bin aus der russischen Zone gekommen. Aber ich bin Hamburgerin. Hier geboren.«
»Welches Lager haben Sie durchlaufen, als Sie aus der russischen Zone kamen?«
»Goslar.«
»Warum wollen Sie nicht sagen, wo Sie in Hamburg wohnen?«
»Ich wohne auf einem Kahn. Üble Zustände. Es geht so nicht weiter.«
»Wann haben Sie zuletzt in Hamburg gelebt?«
Die Frau weist auf ihre Papiere: »Ich bin im August 1939 nach Prenzlau gezogen. Ich hatte mich dorthin verheiratet.«
»Wo lebt Ihr Mann?«
Achselzucken. Dann als Antwort die Frage: »Ob er wohl noch lebt, mein Mann?«
»Sie können nicht in Hamburg bleiben. Sie sind zu früh weggegangen damals. Sie gingen im August. Aber der 1. September 1939 ist der Stichtag.«
Die Frau, den Tränen nahe, wehrt sich: »Wo ist da der Unterschied? Doch nur ein paar Tage! Und ich bin doch Hamburgerin, hier getauft und aufgewachsen!«
»Wo wurden Sie von Goslar aus eingewiesen?«
»In die Gegend von Uelzen!«
Der Beamte mit der Stimme eines Arztes, der in einem unabänderlichen Fall trösten möchte und doch sachlich bleiben muß: »Sie müssen dorthin zurück. Ich habe meine Vorschriften. Hamburg ist gesperrt. Oder – sind Sie ein ›Mangelberuf‹ ...?«

Der feine Herr in dem pompösen Pelzmantel und Veloursbut, der vor dem Tisch des Beamten steht und zerkniffte Papiere aus einer pieknoblen Brieftasche zieht, wird nach ein paar Worten so zuvorkommend und glatt bedient, daß einer im zerschlissenen Übergangsmantel, der hinter ihm in der Schlange daran kommt, halblaut murmelt: »Ja, die feinen Herren ...« Aber das ist ein Irrtum. Es handelt sich zwar um einen Diplomingenieur, aber die Verhältnisse liegen anders.
»Ich bin Automechaniker«, sagt der Doktor. »Hier ist die Bestätigung aus der Werkstatt, wo ich als Geselle arbeite. Hier ist die Bescheinigung vom Arbeitsamt über die Zuzugsbefürwortung. Mangelberuf. Sie wissen schon. Ich komme aus einem holsteinischen Dorf. Hier der Schein über die Genehmigung zum Wohnungswechsel, ausgestellt vom zuständigen holsteinischen Kreiswohnungsamt. Fehlt noch etwas?«
Als die Tür hinter ihm zuklappt, mit einem kleinen, leisen, energischen Ruck, fliegt es über die Mienen der wartenden, sich zu den Tischen der Beamten drängenden Männer, als hätte ein Zuruf sie getroffen. Ein Zuruf der Ermunterung.

(Jan Molitor)

8. August 1946
Was braucht der Mensch, gleichgültig, ob er den Krieg gewonnen oder verloren hat, ob er in Reichtum oder in Armut lebt? Das tägliche Brot und das Dach überm Kopf!
Lerchenstraße 23. Ein einzelstehendes, schmales Haus. Ringsum Steingeröll eines Bombentreffers. Die Baupolizei hat schon längst herausbekommen, daß dieses Haus nahe daran ist, zusammenzukrachen. Die Familie K. – über eine schmale Treppe erreichbar – wohnt dort denn auch auf eigene Gefahr.
Die Mutter lag dreißig Wochen im Krankenhaus, der Sohn kam aus der Gefangenschaft und aus dem Lazarett. Er war erst sechzehn Jahre alt, als sie ihm die Milz wegoperierten. Er hat noch andere Narben. Ihn nackt zu sehen, muß ein Jammer sein. So jung und schon ein halber Mensch! Mutter und Sohn – das ist noch nicht die vollständige Familie. Sie sind zu neun Personen, wenn sie beim Abendbrot zusammensitzen, und der Tisch ist nicht groß genug, diese Hamburger Familie daran Platz nehmen zu lassen, so daß die Stunde der Mahlzeit einem improvisierten Lagerleben gleicht. Aber darum keine Sorge. Die ganze Sorge gebührt dem Haus.
Der Krieg höchstselbst sitzt noch in diesem Haus. Das ist wie eine Krankheit, wie ein geheimer Fluch. Nachts ein Rascheln und ein Knistern – da meldet sich der Krieg zu Wort, emporgetaucht aus der Vergangenheit. Die Risse in den Wänden, die Andenken der Bombennächte, vertiefen und verbreitern sich. Sie haben die Risse schon mit

Lehm verschmiert. Mutter und Sohn. Vergeblich. Sie haben die Löcher mit Tuchfetzen verstopft. Wenn der Wind erwacht, pfeift er ungebändigt durch die Ritzen und macht sie breiter und schüttelt an den Wänden, bis einmal das Haus zusammenbrechen wird.
In solchen Windnächten gleicht dieses Haus einem Verrückten, in dessen Innerem all die Geschehnisse wieder wach werden, die einst zu seinem Wahnsinn führten. Das Haus spielt noch einmal Bombenkrieg. Die Wände schwanken, Türen springen auf und knallen zu, als sei der Luftdruck von Bombeneinschlägen wiederum am Werke. Dann springen die Bewohner aus den improvisierten Betten, kleiden sich an, bereit, über die schwankende Treppe ins Freie, in die Sturm- und Regennacht zu stürzen. In den Keller getrauen sie sich nicht. Dort sind die Ratten.
Manchmal steigt aus dem Abflußbecken der Wasserleitung ein so widerlicher Moordunst hervor, süßlich dumpf wie Leichengeruch, und verbindet sich mit dem wehenden Kalkstaub, so daß die Bewohner nasse Tücher vor Nase und Mund halten müssen, als säßen sie aufs neue im Branddunst einer Bombennacht. Lerchenstraße 23 . . .

Gleichfalls in der Lerchenstraße steht das Hinterhaus, das einem zerfallenen Schuppen ähnelt. Zerborstene Wände. Nur eine halbe ausgezackte Mauer trennt den Wohnraum des alten Arbeiterehepaares von der dunklen, dumpfen Ecke, in der ein mehr als 60 Jahre alter ehemaliger Schlächtermeister haust, dem die Bombe Geschäft und Wohnung wegschlug. Vorn kocht die Frau aus Gemüseabfällen eine unsagbar übel duftende Brühe. Sie hat den Kochherd aus ihrer Wohnung gerettet und dazu eine Inschrift, wie sie ordentliche Leute lieben: »Eigener Herd ist Goldes wert.« Sie hat den Spruch über das Bekken der Wasserleitung gehängt und schwärmt davon, wie hübsch es war in der alten Behausung, wo sie eine gute Stube hatten, obwohl der Mann nur ein einfacher Arbeiter war, und sie hatten alle Woche frische Laken auf den Betten. Und sie klagt, wie entsetzlich es an kühlen Tagen in diesem Loch hier zieht aus allen Fugen und daß sie zu Tode kommen, wenn sie noch einen Winter wie den letzten darin aushalten müssen.

In der Nähe des Karl-Muck-Platzes ist ein Kellergewölbe, das einmal der Luftschutzraum des Hauses war. Dort

Vor dem Wohnungsamt warten sie auf die »Zuzugsgenehmigung«, aber die Stadt hat nur Platz für wenige.

Die Bank vor dem Haus. Es wird Jahre dauern, ehe man auf ihr sitzen kann. Die Bretter waren nötig, um die Wohnung wetterfest zu machen.

lebt eine Mutter mit neun Kindern. Die sind neunzehn, achtzehn, sechzehn, dreizehn, elf, acht, sieben, sechs und vier Jahre alt. Die Enge, die Not, wohl auch die lange Trennung in der Zeit, da er Soldat war, haben den Mann, den Vater, nicht zurückfinden lassen. Er wohnt anderswo, irgendwo. Die Mutter und ihre Kinder kämpfen einen verzweifelten Kampf gegen die Unordnung, gegen die Verzweiflung, gegen den Unrat. Der älteste Junge hat sich darangemacht, Zwischenwände zu mauern. Man sieht es den Mauern an, daß nicht gerade ein Fachmann am Werke war. Aber die Mauern mußten sein! Es stehen so viele Betten aller Größen, aller Stile herum, daß der dunkle Raum in seiner ganzen, ungeteilten Größe einer unterirdischen Kasernenstube glich, und dieses Bild hatte der älteste Sohn, der schon Soldat war, lange genug gekostet, um seiner überdrüssig zu werden. Sie haben die Wände geweißt und gestrichen. Es ist schon eine Art Manie der Töchter geworden, immerfort den Staub von den zusammengebettelten Möbeln zu putzen. Aber wie sollte sich das ändern lassen, daß kein Lichtstrahl des Tages in dies Kellergewölbe fällt? Auch kann niemals gelüftet werden. Vorläufig halten sich die Kleinen von morgens bis abends vor der Tür auf der Straße auf. Sie klagen »nur« über Hunger, »nur« ...

Kleine Marienstraße auf St. Pauli. Aus zusammengesuchten Ziegelsteinen hat sich die Familie in den Ruinen eine Bleibe geschaffen.

Ich habe Kellerräume gesehen, in denen schwangere Frauen »wohnten«. Und der Anblick jener jungen Frau war unvergeßlich, die mitten im Gespräch plötzlich kopfüber auf den Tisch kippte, kalkbleich im Gesicht, und in Zuckungen verfiel und endlich in eine tiefe, erlösende Ohnmacht sank. Vorzeitige Wehen? O nein, die Nachbarinnen wußten Bescheid: es war nur der unter den armen Leuten übliche »Anfall«, ein Magenkrampf, hervorgerufen durch Unterernährung, ausgelöst dadurch, daß diese Frau einen mehr oder minder reifen Apfel, ein Geschenk von mildtätiger Hand, zu sich genommen hatte.

In Hamburger Krankenhausern kann man die Babys sehen, die unter solchen Umständen geboren werden: sie sind ausgezehrt, noch ehe sie das Licht der Welt erblickt haben, sie haben Hunger schon im Mutterleib gelitten. Ihre Gesichter gleichen denen von bösen Greisen, die in einem langen Leben vieles, vieles erfahren haben, nur nichts Gutes.

Im Viertel von St. Pauli wohnen in Kellerräumen, die keine Tür voneinander trennt, zwölf Personen. Einer der Räume ist schmal und lang, eigentlich ein Stück Korridor. Zwei Betten stehen hintereinander, die Ruhestatt für vier Personen. Das war alles, was Hamburg dieser aus der russischen Zone heimgekehrten Hamburger Familie bieten konnte. Trübes Licht, quälende Enge. Aber das Schlimme ist ein entsetzlicher Geruch, ein Konglomerat von erstickenden Gerüchen, aus dem der »Duft« von Lysol hervorsticht. Neben dem Wasserbecken – »wir haben immerhin fließendes Wasser«, sagt die Frau des »Hauses« – springt die roh gemauerte Wand zurück und öffnet den Blick auf das Becken einer Toilette. Keine Tür trennt diesen der »Hygiene« gewidmeten Raum vom »Wohn- und Schlafzimmer« der vierköpfigen Familie. Doch wird die Toilette von allen zwölf Bewohnern der Kellerräume benutzt. Kaum, daß einer seine Notdurft verrichtet und nachgespült hat – »wir haben gottlob auch in der Toilette fließendes Wasser« –, stürzt die Frau, die praktisch im selben Raum wohnt, mit der Lysolflasche herbei. Nichts Unerträglicheres als diese Komposition von Gerüchen des Unrates und der Hygiene! Der Mann, das Oberhaupt der vierköpfigen Familie, erinnert sich: So hat es im Schützengraben gerochen an unerträglich heißen Sommertagen – »aber da war wenigstens oben, wo man die Flieger kurven sah, frische Luft« –, und so »duftet« es hier bei Tag und Nacht.

»Niemals ist man mal allein, jeden Augenblick geht einer durch aufs Töpfchen ... Und wo sie heutzutage alle diese Magengeschichten haben ...«

Vergaßen wir hinzuzufügen, daß die Tochter der Familie, ein peinlich sauber gekleidetes, hübsches Mädel, 15 Jahre zählt? Wie muß in ihren Augen die Welt aussehen, der sie entgegenblüht?

Vergaßen wir zu sagen, daß auch alle jene, die im Wohnungselend leben, sich eher dieses unverschuldeten Zustandes schämen, als daß sie Lust verspürten, ihren Jammer zu offenbaren oder gar in alle Welt zu schreien?

Auf dem Heimweg hörte ich von irgendwoher aus einem Hause eine Schallplatte klingen, das alte, schöne, traurige Negerlied: »Nobody knows the trouble I have seen ...«

(Jan Molitor)

Winter 1946/47

Am 11. Oktober besuchte ich eine Reihe von Notunterkünften, in denen, 18 Monate nach dem Sieg, immer noch Zehntausende von Menschen hausen. Die erste war ein großes Betongebäude, höllisch dreckig, das in eine Anzahl großer, hoher und außerordentlich häßlicher Räume aufgeteilt war. Sechs Leute lebten in dem ersten Raum, den wir besichtigten: Eltern, ein Mädchen von 22 und Söhne von 7, 10 und 14 Jahren. Da gab es keine Möglichkeit, sich zurückzuziehen – die Leute waren nicht einmal imstande, Vorhänge anzubringen. Zuerst ist man schockiert, aber je öfter man so etwas sieht, desto abgestumpfter wird man ...

Die Matratzen waren mit Wollresten gefüllt. Bis vor kurzem hatte jeder nur ein Bettlaken, ...

Von den Wohnungsbehörden erfuhr ich, daß die Leute noch mindestens für ein Jahr in ihren Notunterkünften bleiben müßten. Der Vater litt unter einer Herzkrankheit und konnte den Raum nicht einmal verlassen. An Möbeln hatten die sechs Menschen nur einen bescheidenen Ofen, einen Tisch und sechs Hocker – nicht einmal einen Stuhl, um sich anzulehnen ...

(Victor Gollancz)

1947

Es muß offen gesagt werden, daß die Entwicklung des Wohnungsbaues nach der Kapitulation eine einzige große Enttäuschung ist. Am Beginn des Aufbaues steht für Hamburg eine Fehlleitung der Bauwirtschaft, konkret gesprochen, der Baustoffe. Von den 1946 nach Hamburg geflossenen Baustoffen sind nur 3,8 v. H. für den Wohnungsbau verwendet worden, außerdem 7 v. H. für das sogenannte D-Programm, d. h. diejenigen Wohnungen, die repariert wurden, um die von der Militärregierung ausgewiesenen Menschen aufzunehmen. Durch diese minimale Berücksichtigung des Wohnungsbaues mußte trotz verhältnismäßig günstiger Materiallage das Wohnungsbauergebnis des Jahres 1946 schlecht bleiben. Es wurden 1946 20608 Wohnungen instandgesetzt, wovon aber nur 2500 unbewohnte Wohnungen waren. Daneben wurden mehrere Sonderaktionen, wie Verglasung von Wohnungen und Ausgabe von Dachpappe, durchgeführt. Für 1947 ist der Materialanteil des Wohnungsbaues auf 35 v. H. erhöht worden. Wenn Hamburg während des Jahres 1947 nur dieselbe Baustoffmenge wie 1946 erhalten würde, würde die Zahl der zusätzlich gewonnenen Wohnungen erheblich höher liegen als 1946. Leider aber sind gerade 1947 erhebliche Transportschwierigkeiten bei der Anlieferung des für Hamburg verplanten Materials aufgetreten. So müssen wir immer noch unser ganzes Streben daransetzen, Schreberhütten winterfest zu machen. Wir müssen sogar nach wie vor die Winterfestmachung von Nissenhütten vorantreiben, weil wir auch auf diese Behausungen mangels zusätzlichen Wohnraums nicht verzichten können.

(Bausenator Dr. Paul Nevermann)

Zimmerdecke in einer anderen Behelfswohnung in der Kleinen Marienstraße. Bei Regen weicht die Wellpappe auf, aber sie schützt gegen Kälte.
Auch die Flakbunker auf dem Heiligengeistfeld dienen als Notwohnungen. In einem von ihnen liegt die Redaktion der »Nordwestdeutschen Hefte«.

19. Februar 1947
Die Frankfurter Neue Presse veröffentlicht eine neue amerikanische Statistik, nach der der 2. Weltkrieg insgesamt eine Trillion Dollar gekostet haben soll. Diese Summe hätte ausgereicht, um allen in zivilisierten Ländern lebenden Familien eine Villa mit sechs Zimmern, eine Garage und ein Auto zum Geschenk zu machen. Mit dem Rest der Summe hätte in jeder Gemeinde mit mehr als 5000 Einwohnern ein modernes Krankenhaus und eine Schule errichtet werden können.

(DW)

29. November 1947
Bestimmung des Wohnungsamtes:
Säuglinge benötigen eine Zuzugsgenehmigung. Sie wird jedoch nur erteilt mit Einwilligung des Wohnungsinhabers.

(DW)

1947
Das hamburgische Bauvolumen hat bei normaler Bautätigkeit bei 29000 Arbeitskräften des Bauhauptgewerbes jährlich rd. 180000000,- RM betragen, so daß sich bei normaler friedensmäßiger Bauleistung eine Bauzeit von rd. 30 Jahren für den Wiederaufbau ergibt, wenn man diesen mit insgesamt rd. 5,25 Milliarden veranschlagt. Falls man die heutige Bauleistung der Zeitberechnung zugrundelegen würde, ergibt sich ein Zeitaufwand von ca. 70 Jahren. Aus dieser Sachlage ergibt sich zwangsläufig, daß der Gesamtbedarf auf Grund der Bauleistungsmöglichkeit einer zeitlichen Aufgliederung bedarf.

(Bericht der Baubehörde 1945/47)

1949
Bis Juli 1949 wurden 113500 qm bewirtschafteter Wohnraum neu verfügbar, davon der größte Teil, nämlich 46300 qm, im Baujahr 1947/48. Die Entwicklung der

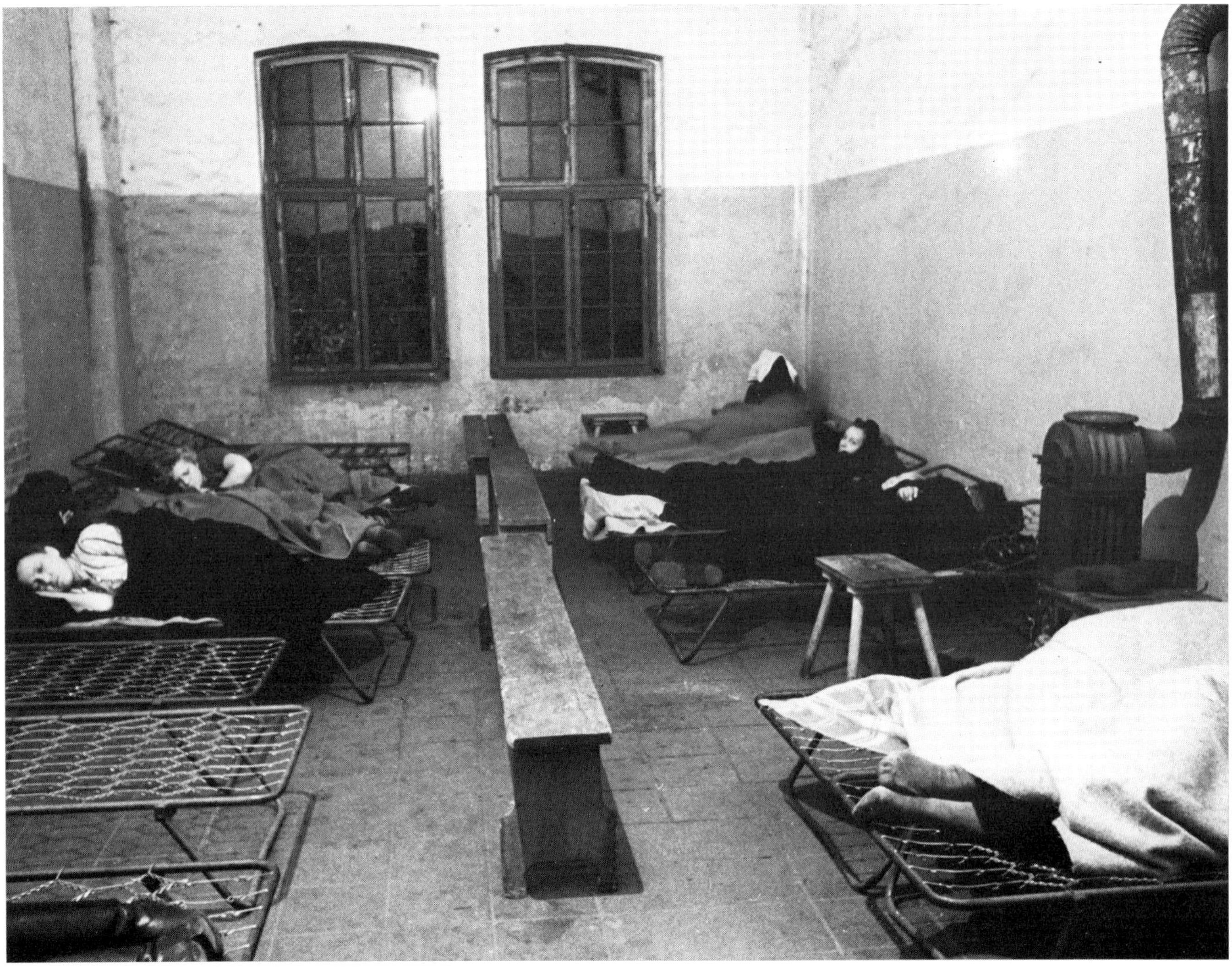

Das Foto auf der vorhergehenden Doppelseite sagt nicht, wieviel Personen sich die vier Betten teilen müssen.
Oben: Ein Raum im Übernachtungsheim in der Jahnhalle.

Zahl benutzter Wohnungen ist die folgende:

März 1947	288296
März 1948	293416
März 1949	301645

Die Anzahl der Wohnräume stieg in der gleichen Zeit von 754402 auf 783515.

Die Hamburger Bevölkerung nahm von März 1947 bis März 1949 von 1423027 auf 1518915 zu.

(Senatsbericht »Drei Jahre Arbeit«)

1949

Die in Hamburg als Erbe des Dritten Reiches übernommene Gesamttrümmermenge beträgt rund 43 Millionen cbm, davon konnten bis Juli 1948 18,7 Prozent geräumt werden. Hierbei wurden zunächst die Ruinen in der Innenstadt abgetragen. Insgesamt wurden seit der Kapitulation bis Juli 1949 acht Millionen cbm Schutt und Trümmer aus dem Wege geschafft. Aus diesem Bergungsgut wurden 326 Millionen Backsteine zurückgewonnen, da-

von die Hälfte bis 1947, da infolge der damals geringen Leistung der Baustoffproduktion die Mehrzahl der ersten Hausreparaturen und Selbsthilfebauten mit Hilfe von geborgenen Steinen durchgeführt werden mußte.
Es wird jedem verständlich sein, daß man unmittelbar nach der Kapitulation zunächst mit der Instandsetzung leichtbeschädigter Wohnungen begann, da auf diese Weise am raschesten Wohnraum verfügbar gemacht werden konnte. Bis März 1947 konnten auf diesem Wege 35000 Wohnungen wieder bezogen werden. An neuen Wohnungen wurden erstellt:
bis März 1947 (23 Monate) 2500 Wohnungen
bis März 1948 (12 Monate) 5280 Wohnungen
bis März 1949 (12 Monate) 8612 Wohnungen
insgesamt 16392 Wohnungen

Im Monatsdurchschnitt ergibt sich für die obigen Berichtsabschnitte folgende Entwicklung:

bis März 1947	104 Wohnungen monatlich
April 1947 bis März 1948	440 Wohnungen monatlich
April 1948 bis März 1949	718 Wohnungen monatlich

Die Währungsreform räumte mit vielen Mißständen (Kompensationen) und Fehllenkungen in der Baustoffversorgung auf. Hamburg bekam sein volles Kontingent und bekommt heute, was es an Aufträgen zu finanzieren in der Lage ist.

(Senatsbericht »Drei Jahre Arbeit«)

Bunkermenschen

21. Februar 1946

Manchmal, beim Vorübergehen, blicken sie in erleuchtete Fenster. Sie sehen vielleicht einen runden Tisch, ein Stück vom Bücherregal, ein Stück Tapete. Sie sehen einige Quadratmeter eines freien Raumes, einen Fleck, auf dem sich keine Menschen drängen. Sie spüren die Atmosphäre von Freiheit zwischen vier behüteten Wänden. Und sie haben dabei das würgende Gefühl von Hungernden, die an einem gefüllten Bäckerladen vorüberkommen. Dann gehen sie »heim« in den Bunker.
Am Eingang hängt noch die Verordnung über das Verhalten bei Fliegeralarm. Obwohl die Zeiten lange vergangen sind, hat man versäumt, den Aushang wegzunehmen. Vielleicht unterblieb es, weil sich niemand berechtigt dazu fühlte in diesem Kreise der Unberechtigten, vielleicht unterblieb es aus Gleichgültigkeit. Überhaupt ist das Interesse allgemein ganz anders, das man täglich dem nächsten Aushang entgegen bringt: den Portionen der Nahrungsmittelzuteilung.
Da wird von »Kalt-« und »Warm-Verpflegung« und von »Kaffeefassen« gesprochen, als sei man beim Militär. Sie leben auch kartenlos wie beim Militär, die Bunkerleute, aber es ist ziemlich sicher, daß sie die gleichen Kalorienmengen erhalten, die sich die so ganz anderen Menschen, die Wohnungs- oder Unterkunftsbesitzenden, in ihrer mehr oder minder bürgerlichen Freiheit auf Karten kaufen können. Daneben wird zweimal täglich »Heißes Wasser« angekündigt, als sei auch dies ein Nahrungsmittel. Das Nächste ist, daß man eine Wendeltreppe hinaufgeht oder hinaufstolpert, denn es ist ziemlich finster, weil irgendwer wieder einmal eine Glühbirne hat mitgehen heißen.
»Ihr, die ihr eintretet ...«, leuchtet es in dicker Kreideschrift im Halbdunkel von der Wand. So weit kam der dantekundige Wandschreiber, als man ihn überraschte. Man weiß also, um wen es sich handelt. Er liegt auf der Holzbank und hat Husten, in Zimmer I, linker Hand, im ersten Stock des Hochbunkers. Eine geradegeschnittene Bretterwand quer im Raum und eine runde Außenmauer. An der Bretterwand hängen Mäntel, Kleider, leere Rucksäcke; an der Außenmauer rinnt das Wasser. Fenster sind nicht vorhanden, und die Luft ist so dick, daß man glaubt, man könne sie in Scheiben schneiden mit jenem rostigen Messer dort auf dem Schemel neben der Bank. Es ist die Bank, die dem hustenden alten Mann gehört. Er trägt den weißen Vollbart eines Patriarchen aus den Büchern. Wie aus Büchern, so klingen auch seine Worte.
»Frau!« sagt er mit röchelndem Nebenton.
Eine vermummte weibliche Gestalt erhebt sich aus der Ecke, humpelt näher, beugt sich über ihn. »Frau«, wiederholt er, »eile und sage dem Hoteldirektor, daß ich im Falle der Unmöglichkeit, die Toilettenzustände zu verbessern, mit meiner ganzen Suite ausziehen würde aus dem sonst so wohlrenommierten Hause!«
Jeder Bunkerraum hat eine eigene Toilette, die morgens mit hingebungsvoller Gründlichkeit gesäubert wird. Aber was nützt das alles, wenn in den einzelnen Räumen so viele Menschen hausen, daß man, um die Worte des Alten zu wiederholen, »niemals den betreffenden Übeltäter faßt, der mangels Sauberkeit und Papier und so weiter ...« Er sagt: »Zuerst ist man sittlich entrüstet und sehr erbost, denn es ist uns ja nicht an der Wiege gesungen worden, daß wir noch einmal solche Toiletten benutzen müßten, aber schließlich ... Was wollen Sie! Bunkermenschen.«

Er sagt es nicht wegwerfend oder verächtlich, er spricht es wie eine wissenschaftliche Artbezeichnung aus, als handele es sich um eine neue Spezies Mensch.
Er hebt seinen Zeigefinger: »Was macht das Tier, wenn sie es zwei Tage jagen? Es fällt um, streckt alle viere von sich – mausetot. Der Mensch aber läuft und läuft weiter. Er muß konstruiert sein, Schlimmeres zu ertragen als irgendein anderes Lebewesen auf dieser Erde. Ob man ihn hungern läßt, ob man mit Bomben nach ihm wirft – er gewöhnt sich ein. Hat er keine Wohnung, so kann er sogar in einem Bunker leben. Er kann es, weil er nicht allein ein denkendes, also ein mißtrauisches, sondern vielmehr noch ein hoffendes Lebewesen ist. Der Mensch – ein hoffendes Tier.«

In der Tat, als es in diesem Bunker vor einigen Monaten den siebenhundert Insassen anheimgestellt wurde, in ein Barackenlager zu ziehen, nahmen nur achtzig den Vorschlag an, die übrigen blieben.
»Und das ist auch selbstverständlich«, ereiferte sich der Alte. »Wir hatten natürlich das Empfinden, als sollte uns mit der Aussicht auf das Barackenlager etwas eingeredet werden. Ausgerechnet beim Winteranfang! Daß man vielleicht erfröre! Nein, wir blieben im Bunker; die Bunker-Leiden sind uns wenigstens vertraut.«
War er nicht mehr gewöhnt, so lange Sätze zu sprechen? Jedenfalls, der Husten überfiel ihn mit solcher Tücke, daß sein gutgeschnittenes Greisengesicht rot vor Anstrengung wurde und daß aus den halbdunklen Winkeln des Raumes plötzlich kleine, ängstliche Gestalten quollen, als seien sie aus dem Zementboden hervorgezaubert. Die sammelten sich nun um das Lager des Patriarchen wie zitternde Zwerge um den kranken Rübezahl. Es waren seine sechs Enkel und Enkelinnen, die der Alte aus der russischen Zone mitgebracht hatte.
Wo ihre Eltern waren, wußten sie nicht.
Unten, im Erdgeschoß, arbeitet als Rote-Kreuz-Schwester eine junge Arztfrau, Flüchtling gleich den übrigen Insassen des Bunkers. Sie hat viele Beobachtungen gemacht und sagt, daß sie es gar nicht gern sieht, wenn die bei neu eingetroffenen Bunkermenschen auffällige Unruhe allmählich aus den Gesichtern schwindet und dem Ausdruck geduldigen Wartens Platz macht. Sie hat es lieber, wenn hie und da geschimpft wird, sofern sich dabei verhüten läßt, daß die Unruhe in »Bunkerkoller«, in eine hemmungslose Nervosität und plötzliche Feindschaft aller gegen alle ausartet.
»Solange sie unruhig sind«, sagt die Arztfrau, »laufen sie noch herum und versuchen Arbeit, Aufenthaltsrecht und eine bessere Unterkunft zu finden. Viele gehen planvoll vor und kommen sogar irgendwann ans Ziel ihrer Wünsche. Andere klopfen, wo sie zufällig ein erleuchtetes Fenster sehen, an fremde Wohnungstüren und bitten um Einlaß, als bettelten sie um ein Stück Brot. Wenn sie abgewiesen und wieder abgewiesen werden, beginnen sie stumpf zu werden und blindlings zu warten. Ach, diese erleuchteten Fenster fremder Wohnungen!«
»Man wird weiter sehen« ist eine ständige Bunkersentenz. Die Bunkermenschen haben diesen Satz gesagt, als sie hier eintraten; sie haben den Bunker mit seinen harten Holzbänken, die statt der Betten als Lagerstatt dienen, mit seiner dumpfen Luft und seiner Dunkelheit als ein Provisorium hingenommen und sind dann darin steckengeblieben. Sie kamen, ein wenig auszuruhen, und blieben, um zu dulden.
Als eine Frau, die aus der russischen Zone gekommen und ursprünglich die Idee gehabt hatte, in ihre westdeutsche Heimat zu fahren, ein paar Buntdrucke an die Bunkerwände hing, protestierten die Leidensgenossen auf das nachdrücklichste. Bilder an den Wänden, welcher Wahnsinn! Es wäre ja der Versuch, aus dem Bunker ein Heim zu machen. Es wäre ja ein Symptom für eine schier größenwahnsinnige Sucht, den Lebensstandard zu heben. Abgelehnt, abgelehnt! Denn jedem leuchtete ein, was ein einbeiniger ehemaliger Soldat, Bunkermensch seit zwei Monaten, ausführte: »Laßt den Bunker so grau wie er ist! Wer hier herumputzen will mit Vasen für Papierblumen, mit Bildern und so 'nem Affenkram, der verrät doch bloß, daß er Angst hat, hier nie wieder rauszukommen.«
Bunkerleute sind am Tage unterwegs, solange das Schuhwerk es aushält, aber nachts sind sie versammelt und träumen laut und ohne Scham. Die letzten verschwiegenen, heimlichen Gedanken quillen auf und liegen vor allen offenbar. Niemals das Glück von etwas Einsamkeit, selbst nicht in kleinsten Portionen. »Von den Nächten wollen wir nicht reden«, sagen die Bunkermenschen ...

(Jan Molitor)

Winter 1946/1947

Wir gingen in einen Bunker. Bunker sind luftschutzsichere Schutzgebäude, aufgeteilt in kleine Räume oder Zellen. Einige sind unterirdisch angelegt. Aber die meisten türmen sich vor einem auf, gewaltige Betonmassen mit kleinen Luftöffnungen, die aussehen wie die Augen eines

Männer-Wohnheim im unterirdischen Bunker an der Reeperbahn auf St. Pauli. Alle erhaltenen Luftschutzbunker dienen als Notunterkunft.

Blinden. Der Bunker in der Gertigstraße war ein Bau dieses Typs. Die Hitze und der Gestank – oder nicht so sehr Gestank, wie eine Art feste Wand von erstarrtem, schlechtem Atem – waren entsetzlich. Die Räume enthielten nichts als Reihen und Reihen hölzerner Schlafkojen, manchmal eine Bank und einen Tisch ...
Es gab eine kleine Küche für den ganzen Bunker. In einem Raum lebten acht Menschen – kürzlich waren es noch 16.
Wir fuhren dann zum Stadtpark – einst eine Anlage mit schönem Rasen, den heute auf jedem Zentimeter Nissenhütten bedecken. In einer dieser Hütten saßen Männer beim Essen. Sie kamen aus anderen Provinzen, um in Hamburg zu arbeiten.
In einer anderen saßen Männer, Frauen, Kinder und Babies zusammen mit Kriegsgefangenen aus Norwegen, die jetzt unter unserer Kontrolle standen und darauf warteten, weiterreisen zu dürfen. Sie wollten in die russische Zone und waren seit sechs Wochen hier.
Der letzte Besichtigungsort auf unserer Liste war ein Platz an der Langenhorner Chaussee. Die Holzhütten waren von wohnungslosen Hamburgern belegt – 18 in einem Raum, einschließlich 10 Kindern, die zu sechs verschiedenen Familien gehörten. Die Leute machten das beste aus ihrer Situation. Ich sah einen Blumenstrauß in einem Glas auf dem Tisch und mehrere Topfpflanzen.

(Victor Gollancz)

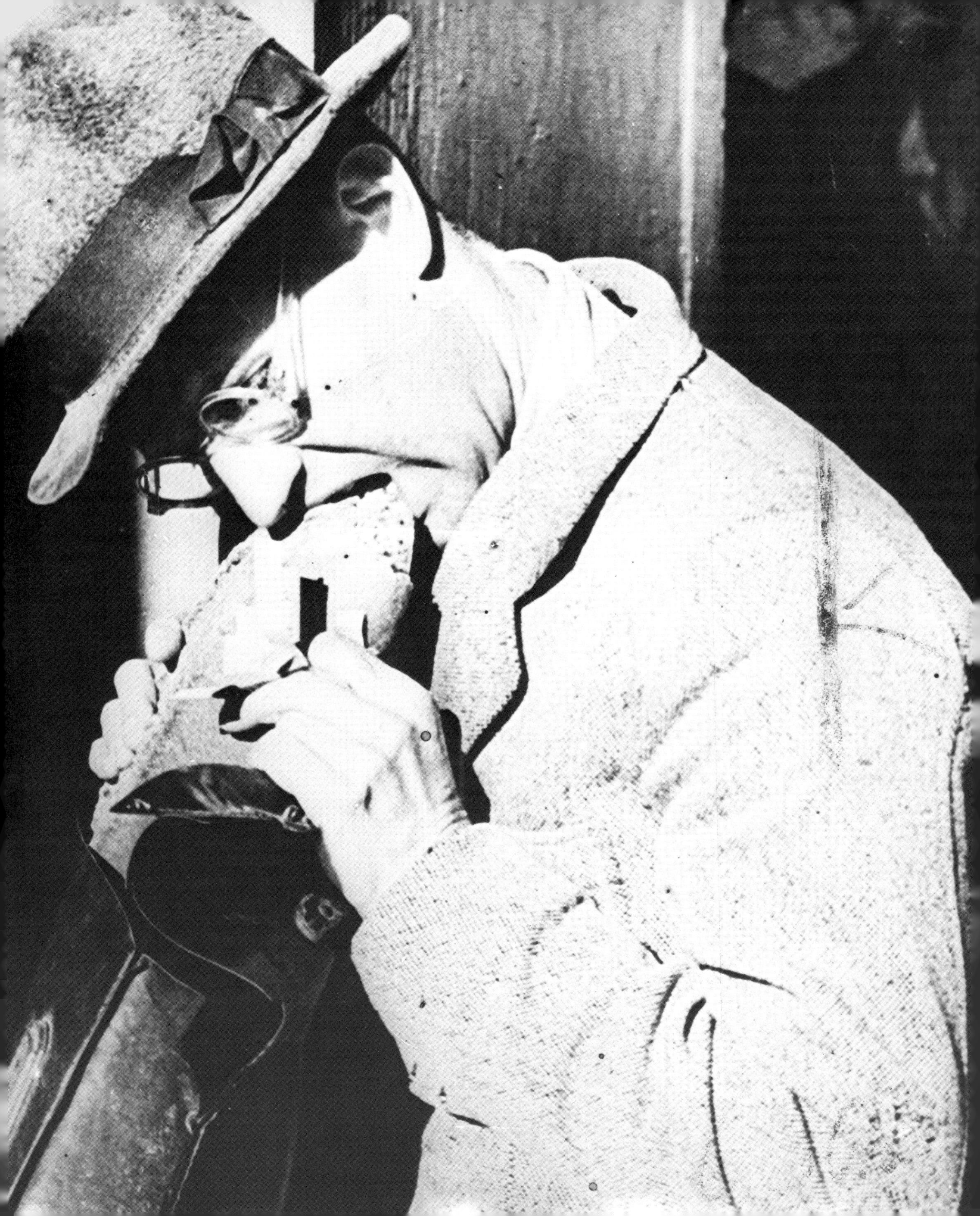

5

Das tägliche Brot

Über die Tiefpunkte der Hungerjahre sind uns eindrucksvolle und erschütternde Reportagen überliefert. Zwar ahnten viele Hamburger bei der Kapitulation, daß ihnen entbehrungsreiche Zeiten bevorstehen würden. Wie hart es tatsächlich werden würde, konnte sich kaum jemand vorstellen. Als die Militärregierung anordnete, jedes Fleckchen Erde mit Kartoffeln oder Gemüse zu bebauen, mag das manchem noch übertrieben erschienen sein. Als sich aber die Situation von einer Zuteilungsperiode zur nächsten rapide verschlechterte, bis die Lebensmittelkarten oft nur noch ein wertloses Stück Papier waren, half nur noch eines: Hamstern! Die Behörden bemühten sich redlich, die Wallfahrten der Städter aufs Land zu unterbinden, aber die meisten der Ausgehungerten schlüpften durch die Maschen des Gesetzes. Die Umgebung des Hamburger Fischmarktes und die Obstgebiete im Alten Land wurden zu Sperrbezirken erklärt, die niemand betreten durfte, der dort nicht dienstlich zu tun hatte.

Das hungernde Volk lernte zu unterscheiden zwischen Verbraucherkarten, Lebensmittelkarten, Zulagekarten für Teilschwer-, Mittelschwer- und Schwerstarbeiter, Milchkarten, Berechtigungsscheinen, Bezugsnachweisen und Sonderzuteilungskarten …

Sogar an eine Schuhbesohlkarte mußte sich der »Normalverbraucher« gewöhnen. Was man bekommen sollte, wurde »aufgerufen«. Aber nicht alles, was aufgerufen war, wurde auch ausgeliefert. Das einzige, was wieder perfekt funktionierte, war die Bürokratie. Wirtschaftsämter entschieden über die Bedürftigkeit der Antragsteller. Sie verteilten auch Farbstoffe, um Militäruniformen (die zu tragen streng verboten war) in unverdächtige Töne umzufärben. Kunst- und Ersatzstoffe bestimmten die Versorgung: Brotaufstrich aus künstlich gezüchtetem Eiweiß, Bier aus Molke, nikotinfreies Speiseöl mit Nußgeschmack aus Tabaksamen. Als die ersten Care-Pakete aus Amerika herüberkamen, erschienen sie den Hamburgern wie Geschenke des Himmels …

Der Kampf gegen den Hunger

17. Mai 1945

Der Krieg ist beendet, ein anderer Kampf beginnt, der Kampf gegen den Hunger. Ganz Europa ist ein Hungerkontinent.

Was Deutschland anbetrifft, so haben die alliierten Regierungen wiederholt und mit Nachdruck ausgesprochen, daß Deutschland für seine Ernährung selber aufkommen muß. Soweit das britische Empire Lebensmittelreserven bereitstellen kann, werden sie naturgemäß in erster Linie an die notleidenden Völker aufgeteilt werden, die mit den Vereinten Nationen gekämpft haben. Die alliierte Militärregierung in Deutschland tut alles, um das Bestellen der Felder zu ermöglichen.

Wie ist heute die Lage der deutschen Landwirtschaft? Durch die Vernichtung großer Mengen von Vieh wird es einen Mangel an Fleisch und Fetten geben, dazu kommt die Vernichtung von Transportmitteln und Personal. So wird es schwer sein, aus Überschußgebieten innerhalb des deutschen Reiches Nahrungsmittel in die Mangelgebiete, vor allem in die Großstädte, zu transportieren. Ferner hat der Krieg natürlich Saatgut und Vorräte vernichtet, Gehöfte und landwirtschaftliche Maschinen.

Es muß unbedingt versucht werden, die Ernährungsschwierigkeiten, die in Deutschland auftreten werden, zu überwinden. Das kann geschehen. Einzelne Städte in Deutschland sind bereits dazu übergegangen, Männer und Frauen, die in ihrem Beruf im Augenblick nicht arbeiten können, aufs Land zu schicken.

Aber Problem Nummer 1 ist zur Zeit die Saat in den Boden zu bekommen, dafür zu sorgen, daß die beschädigten Maschinen repariert und die betriebsfähigen gepflegt werden. Darüber hinaus kann auch jeder Stadtbewohner mithelfen, die Nahrungsfrage zu lösen. Die alliierte Militärregierung dringt darauf, daß jede Familie sich ihren Schrebergarten verschafft, um Kartoffeln, Bohnen und andere Gartenfrüchte für den täglichen Gebrauch anzupflanzen. Man soll unter gar keinen Umständen die Wichtigkeit dieser Gärten unterschätzen.

(HNB)

14. Juni 1945

Es wäre verfehlt, die volkswirtschaftliche Bedeutung der kleinen Gartenflächen zu unterschätzen oder sich durch die Vorsilbe im Worte »Kleingärtner« täuschen zu lassen. Bei einem jährlichen Gemüseverbrauch pro Kopf der Bevölkerung von 60 bis 70 Kilogramm erzeugten die Kleingärtner rund 1,3 Kilogramm auf den Quadratmeter. Oder mit anderen Worten: ein Kleingarten von nur 400 Quadratmeter reichte zur Deckung des Gesamt-Gemüseverbrauches einer sechsköpfigen Familie – wenn er entsprechend bearbeitet und gepflegt wurde.

(HNB)

21. Juni 1945

Anweisungen der britischen Besatzungsbehörden

Folgende Tatsachen sind von größter Bedeutung für die deutsche Bevölkerung der britischen Besatzungszone:

1. Die Nahrungsmittelreserven sind sehr gering.
2. Alles anbaufähige Land, und wenn es auch nur ein Schrebergarten ist, muß bestellt werden.
3. Vor allem sind diejenigen Gemüsearten anzubauen, die für den Winter aufbewahrt werden können, wie z. B. Kartoffeln, Steckrüben und Bohnen.
4. Wenn diese Arbeit nicht mit größter Energie angepackt wird, droht Hungersnot.

Ob die Arbeit der deutschen Ernährungsbehörden Erfolg hat, hängt in erster Linie von der Disziplin der Bevölkerung ab. Wer gegen die geltenden Bestimmungen verstößt und aus der Stadt zum Bauern fährt, um sich Lebensmittel zu erhamstern, sabotiert die Arbeit der Verteilungsbehörden und begünstigt den Schleichhandel. Das gleiche gilt für den Beamten, der derartiges geschehen läßt und den Nachbarn, der untätig zusieht.

Die Herstellung der Ernährungswirtschaft ist die Voraussetzung für eine Sicherung der Lebensmittel im kommenden Herbst und Winter. Schnelligkeit und Gründlichkeit dieser Wiederherstellung hängt zum größten Teil von der Mitarbeit der deutschen Bevölkerung ab.

Abschließend soll noch einmal betont werden: Von den britischen Besatzungsbehörden wird nichts geschehen, um eine Bewältigung der Aufgaben zu erschweren, doch hängt der Erfolg dieser Ernährungsschlacht zum größten Teil von den Anstrengungen der Bevölkerung ab. Wenn die Bauern ihre Kontingente nicht abliefern, wenn die Zuteilungsvorschriften nicht befolgt werden, wenn der Schleichhandel blüht, wenn nicht jedes Quadratmeter Boden bestellt wird, dann gibt es nur einen Leidtragenden: die deutsche Bevölkerung.

(HNB)

Jedes Stückchen Erde wird beackert. Hier pflügt ein Hamburger mit Kühen die Rasenfläche neben dem Vorlesungsgebäude der Universität.

9. Juli 1945

Auch an Werktagen zählt man täglich 5000 bis 6000 Spaziergänger im Bereich des »Planten un Blomen«-Parkes. An schönen Sonntagen suchen bis zu 20000 Besucher diese blühende Insel am Rande der Innenstadt auf. Sie freuen sich über die im letzten Herbst angepflanzten Rosen, die schönsten Arten aus dem holsteinischen Rosengebiet, die jetzt in üppiger Schönheit prangen.

Auf den ersten Blick sehen die Besucher, daß die Gartenanlagen tadellos gepflegt sind. Man bemüht sich, mit den zur Verfügung stehenden Kräften und Materialien Ordnung zu schaffen, wo überall dies nur geht. An die Wiedererrichtung der Bauten, an den Aufbau neuer Gaststätten kann dagegen im Augenblick noch nicht gedacht werden, weil keine Fachkräfte und kein Material zur Verfügung stehen.

Übrigens beginnt man in den nächsten Tagen mit der Kartoffelernte. Auf den mit Kartoffeln bestellten Rasenflächen und Grünanlagen werden mehrere hundert Zentner eingebracht, die selbstverständlich zum Hamburger Markt und über diesen Umweg in die Kochtöpfe der Hamburger wandern.

(HNB)

16. Mai 1946

Jedesmal, wenn sie heimkommen, erklären sie, daß dies das letztemal gewesen sei und daß sie nicht noch einmal »auf Kartoffelfahrt« gehen würden. Die einen kommen mit leerem Rucksack heim; denn die mühsam erjagte, kläglich erbettelte Beute ist ihnen ohne viel Umschweife auf irgendeinem ländlichen Bahnhof schon wieder abgenommen worden. Die anderen haben mehr Glück ge-

habt. Sie haben je nach der Zahl ihrer Familienmitglieder Aussicht, sich acht Tage oder drei Mahlzeiten lang einigermaßen satt zu essen. Aber alle schwören, daß sie niemals wieder eine Kartoffelreise machen würden.
»Sagen Sie selbst«, so bricht temperamentvoll ein Herr in mittleren Jahren aus, der über einem noblen, hellgrauen Sommerjackett einen halbgefüllten, äußerst schäbigen, ausgedienten Luftwaffen-Rucksack trägt, »sagen Sie selbst: die fünfzehn Pfund, die ich mir habe zusammenschnorren können, bringen mir die Kalorienmenge gar nicht wieder ein, die ich bei sechs Stunden Eisenbahnfahrt und acht Stunden Fußmarsch verpulvert habe! Raten Sie mal, bei wieviel ›gebefreudigen‹ Bauern ich anklopfen mußte, um diese fünfzehn Pfund zusammenzubringen? Bei zwölfen! Da weiß man wirklich nicht, was größer ist: die Hartherzigkeit oder der Geiz!«
Dieser Herr ist unter den ersten im Strom der Fahrgäste, der im Hamburger Hauptbahnhof, am Bahnsteig 4, die Holztreppe hinaufquillt, abends gegen halb neun. Es ist die Ankunftszeit des Zuges aus Lüneburg, den die Eingeweihten den »Kartoffelzug« nennen. Und während der Herr in Grau in der Richtung der Sperre verschwindet, schwillt die Flut der heimkehrenden Kartoffel-Fahrenden an, die nun eine halbe Stunde hindurch wortlos demonstrieren, was es mit der »Hartherzigkeit« und dem »Geiz« der Bauern auf sich hat ...
Jene sind in der Mehrzahl, die irgend etwas auf dem Bukkel tragen oder an der Hand: einen gefüllten oder halbgefüllten Rucksack, einen selbstgenähten Beutel aus Zeltbahnstoff, ein Einkaufsnetz oder wenigstens einen Pappkarton. Kartoffeln, Kartoffeln. Hat auch der einzelne nur wenige Kilogramm erobert, so sind es insgesamt doch riesige Kartoffelberge, die da auf mageren, gebeugten Rücken die Holztreppe hinaufwanken. Und die da mit Kartoffeln kommen, deren Gesichter sind müde, verstaubt, verschmutzt. Hier ein Schuljunge mit grauer Miene. Dort eine Greisin, die alle drei Schritte stehenbleibt, um sich zu verpusten. Dann eine Dame, an deren elegantem Pelzmantel Heufäden kleben, weil sie auf der Kartoffelreise irgendwo in einer Scheune übernachten mußte, dann ein junges Mädchen, ein ausgehungertes, blutarmes Ding, das vorhin im Abteil zweimal ohnmächtig wurde. Und alle, alle, die mit Kartoffeln gehen, demonstrieren, daß der Herr in Grau Unrecht hat und die Bauern weder geizig noch hartherzig sind.
Fragt man die »Kartoffelleute« indes nach den Erfahrungen ihrer Fahrt, so antworten sie nur knapp und mürrisch oder aggressiv und aufgebracht: »Niemals wieder!« Aber in zwei oder drei Wochen werden sie wieder auf die Reise gehen. Denn eines ist stärker als die Scheu vor Strapazen und Enttäuschungen oder die Angst vor Bestrafung: der Hunger.

»Niemals wieder!« So haben sie ja auch vor Tagen schon geschworen, als die Rucksäcke bei der Rückkehr nach Hamburg fast sämtlich schlaff und leer waren, weil der Lüneburger Bahnhof noch enger als gewöhnlich von Polizei umstellt war. Da sah man im Strome müder, enttäuschter Menschen einige wenige Leute mit prallgefüllten Rucksäcken sich schüchtern im Gewühl verstecken, als müßten sie sich ihres Glückes schämen oder ihrer List, die selbst gegen den engsten Polizeikordon erfolgreich gewesen. Denn die Erfahrenen wissen, daß gemeinhin in Lüneburg nur durchkommt, wer nicht so aussieht, als trüge er Kartoffeln im Gepäck. Und solch ein Erfahrener war es, der einem erfolglosen »Anfänger« brüderlich riet, statt an einem so gefährlichen Punkt wie Lüneburg an einem der dörflich-unschuldigen Bahnhöfe irgendwo auf der Strecke in den »Kartoffelzug« zu steigen.

Ein Abteil des »Kartoffelzuges«.
Auf dem Eckplatz rechts am Fenster in Fahrtrichtung saß eingeklemmt ein älterer, soignierter Herr. Am Fenster stand ein schönes, großes Mädchen, das mit starrem Gesicht in die verdämmernde Landschaft hinaussah. Plötzlich rollten Tränen über ihr Gesicht, und sie gab sich keine Mühe, sie wegzuwischen.
»Laß das, Helga!« sagte der Herr auf dem Eckplatz.
Es war wie ein Geheimnis zwischen den beiden; ein Geheimnis übrigens, das sich bald lüftete: »Ich bin Gutsbesitzer aus dem Baltischen, und das ist meine Tochter. Ich bin nun auch Kartoffelmensch geworden. Scheußlich! Allerdings, für heute wäre ich froh, hätte ich nur eine Handvoll von den ›bulbischen Gewächsen‹ ...« Und er deutete auf einen leeren Rucksack auf seinen Knien.
»Hat man Ihnen die Kartoffeln abgenommen?« »Nein, ich habe erst gar keine bekommen. Ich habe den richtigen Ton zu den Bauern nicht gefunden ...«
Dies wiederum war das Stichwort zu allgemeinen Betrachtungen über die Kartoffelbauern, wobei sich herausstellte, daß fast das ganze Abteil der Ansicht war,

Der »Kartoffelzug« fährt ab. Fast täglich ziehen die Hamburger aufs Land, um sich etwas zu erbetteln oder zu ertauschen. Manchmal vergebens.

24 410 Dre.
3

Stunde um Stunde verbringt die Bevölkerung mit Schlangestehen. Vor dem Zigarrengeschäft ist eine Milchverteilungsstelle eingerichtet worden.

man sei auf den kleinen Höfen in der Lüneburger Heide weitaus besser aufgenommen als beispielsweise im fetten Holsteiner Land.
»Je ärmer die Menschen, desto mehr Herz haben sie für die Armen!«, sagte eine klägliche Frauenstimme.

Ein Bauernhof in der Lüneburger Heide. Die Bauernfrau, groß, blond, mit klarlinigem Gesicht, hat an diesem Tage schon mehr als fünfzig Kartoffelbesuchern die Tür aufgemacht. Sie weiß, daß sie eine Nachbarin hat, der es leicht wird, »nein!« zu sagen. Aber sie bringt das nicht übers Herz. Sie weiß sogar, daß ihrem Nachbarn zur Rechten, der nach dem Zigaretten-Tauschverfahren fünf Zentner Kartoffeln an einen Hamburger Besucher abgab, eine Kartoffelmiete mit achtzig Zentner Inhalt beschlagnahmt wurde. Sie weiß schließlich auch, daß rund die Hälfte aller Kartoffelbesucher nichts von ihrem Schatz nach Hause bringen. Aber wenn sie die ausgehungerten Gesichter sieht, vermag sie nicht kühl zu bleiben. »Es ist ja vielleicht Unsinn, was ich tue«, erklärt sie. »Anstatt daß ich einem Familienvater 'ne Menge geben, mit der er den Kindern de hungrigen Mäuler ein paarmal stopfen könnte, teile ich das bißchen, was ich hergeben kann, in lauter kleine Teile. Dem eine Handvoll, dem nächsten und übernächsten, und so weiter. Sie sagen ›Danke schön‹ und ›Es leppert sich zusammen‹ und sind schon froh, wenn jeder zehnte Bauer ihnen eine Handvoll gibt. Vorläufig geht es ja noch. Ich habe im Keller zwei große Kisten mit Kartoffeln für die Kartoffelleute aus der Stadt bereitgestellt. Aber wenn die Kisten leer sind, ist Schluß. Und täglich kommen neue, täglich kommen mehr Menschen. Was soll bloß werden?«, so sagt die Frau. »Was soll bloß werden?«

(Jan Molitor)

Im Wohnbunker (hier unter der Reeperbahn) gibt es wenigstens eine regelmäßige »Essensausgabe«. Dünne Suppe ist besser als gar nichts.

19. Juli 1946
Die Bevölkerung der britischen Zone kennt augenblicklich nur ein Thema: das der Ernährung. In diesen Tagen, wo die Ernte bereits begonnen hat, ertönen die Hilferufe von allen Seiten. Der Zonenbeirat, die Gewerkschaften, die Parteien und führende Persönlichkeiten des öffentlichen Lebens weisen auf die drohenden Gefahren hin. Die Besatzungsmacht bringt unserer Situation und unseren Wünschen tiefes Verständnis entgegen. Daß sie bereit ist zu helfen, haben die großen Importe an Getreide und anderen Nahrungsmitteln bewiesen. Im Juli allein waren es über 200000 Tonnen Lebensmittel, die für die britische Zone in deutschen Häfen gelöscht wurden. Denn nicht vergessen werden darf die Ernährungslage in anderen Ländern Europas, vor allem im Südosten, wo seit Jahren die Bevölkerung Mangel gelitten hat und wo noch jetzt Sätze bestehen, die unter denen der britischen Zone liegen. In Griechenland stehen in abgelegenen Gebieten den Verbrauchern nur 900 Kalorien, in Jugoslawien sogar nur 770 zur Verfügung. Nicht minder ernst als in Europa ist die Situation im asiatischen Raum, wo China und Indien durchschnittlich 1200 Kalorien zur Verfügung haben, während für Japan neuerdings 1050 errechnet wurden. Nichts aber läßt sich an dem Tatbestand ändern, daß wir in der britischen Zone, um das Minimum an Zuteilung zu halten, auf umfangreiche Importe angewiesen bleiben.

(DW)

8. August 1946
In Hamburg – so repräsentativ es sich da und dort auch in seiner Zerstörung und Armut noch gebärden möchte – ist

Hilfsorganisationen aus aller Welt bemühen sich, die Not zu lindern. Hier stehen alte Menschen bei einer Ausgabestelle der Mennoniten an. Tiefpunkt des Elends aber ist es, die Mülleimer nach Resten von etwas Eßbarem durchwühlen zu müssen.

es nicht Sitte, die großstädtischen Mülleimer, die schweren Kanonenöfen mit Deckeln gleichen, in dunklen Hinterhöfen zu verstecken, sondern man stellt sie auf die Straße vors Haus, mitten in die Öffentlichkeit des hellen oder regengrauen Tages. Das ist noch ein Erbe der Kriegs- und Nazizeit und hatte einmal den Zweck, Personal der städtischen Müllabfuhr einzusparen und wieder ein paar starke Männer mehr an die Front oder in die Rüstungsfabriken zu schicken. Ach, die starken Männer, soweit sie wiederkehrten, sind heute höchstens noch mittelstark, und es wäre wohl ein Frevel an der Heiligkeit des Gesetzes von der bestmöglichen Ausnutzung der Kalorien, sie zu ihrem schweren Los auch für nichts und wieder nichts die schweren Eimer über enge Stiegen und dunkle Gänge tragen zu lassen. Aber noch andere Menschen haben von der Tatsache, daß die Mülleimer wie graue Säulenstümpfe einfach auf der Straße stehen, ihren Nutzen. Und das ist im tränenreichen Buch der Großstadtnot ein kleines Kapitel für sich. Ein kleines, unendlich trauriges Kapitel ...

Hamburg, Parkallee. Eine Straße im leidlich unversehrten Viertel. Wohl hat die Bombe hie und da ein Loch in die Häuserzeile gerissen. Das gleicht dann sofort einer häßlichen Zahnlücke in einem recht gepflegten Gebiß. Immerhin, die Straße mit ihren weißen, schmucken Häusern hat noch viel vom verblichenen Glanz des Hanseatischen und viel von jener idyllischen Unschuld, die dem nahen Innocentiaplatz den Namen gab. »Zone A«, nickt der Eingeweihte: es ist das Viertel, das für die englische Behörde geräumt werden muß. Hier stehen die hübschen Villen noch reihenweis. Und reihenweise stehen die Mülleimer. Und dies ist nun – Gott sei es geklagt! – der Ort, das Großstadtleben von heute an einem besonderen Zipfel zu fassen. Kein Vogelsteller, der nach vielfältig erprobten Gesetzen seine Schlingen auslegt, hat es so leicht, seine Beute zu fangen, wie der Chronist dieser jammervollen Gegenwart, der sich zu den Mülleimern begibt. Er braucht nicht lange zu warten: die Vögel kommen angeflattert, der Hunger treibt sie herbei.

Fünf Uhr nachmittags. Da kommt die Frau in Schwarz, die – bis auf die ausgetretenen Schuhe – noch auffallend gut gekleidet ist und sich zu Tode schämt, als sie angesprochen wird. Flüchtling? Nein, Hamburgerin! Sie will es nicht wahrhaben, daß sie die Mülleimer geöffnet hat, fünf Mülleimer der Reihe nach. Ihre Hände sind schmutzig, aber sie leugnet es ab, die Eimer durchwühlt zu haben, weil sie etwa nach Eßbarem suchte.

»Ich sammle Holz«, sagt sie und setzt die Worte fein und wie auswendig gelernt und tadelt sogar die Leute, die »so unverantwortlich sind und Holzstückchen in den Müll werfen«. Sie sagt: »Es ist mir um das Holz zu tun. Ich habe Angst vor dem Winter.« Dabei herrscht die Hochsommersonne an diesem Tag, und aus ihrem mit Papier verdeckten Einkaufsnetz schauen vertrocknete Kartoffelschalen heraus ...

Drei Minuten später kommt der Einbeinige angehumpelt, der im Kriege Unteroffizier war, und der Nacht für Nacht beim Einschlafen mit einem Fluch des »Führers« gedenkt; denn Adolf Hitler, der ihm zehn harte Soldatenjahre lang befahl, befiehlt, so er tot ist, noch immer seinem Unteroffizier, Tag für Tag die Front der Mülleimer abzuschreiten. Wo schläft er? Dort, wo die Arbeiterviertel Hamburgs »total flach« liegen! In einem Kellerloch, »so dumpf und stickig, daß der Schützengraben ein Erholungsort dagegen war.« Er trägt ein kleines Säckchen an einer Schnur über der Schulter. »Da tu ich den Schiet, den man noch fressen kann, rein und rühr' es abends durcheinander und koch es auf und schling es runter.«

Es kommen viele zu den Mülleimern. Die einen mit zögernden Schritten, wie angezogen und abgestoßen zugleich, und verschwinden schnell, wenn sie sich beobachtet sehen.

Einer allerdings, ein Sechzigjähriger, was sagt er? »Ich sage es frei heraus: das war noch nie in Deutschland oder gar in Hamburg so, daß anständige Leute in den Mülleimern kramen mußten! Das war noch nie! Warum soll ich mich schämen? Im Müll zu wühlen, das ist eine schöne Tagesbeschäftigung für einen Pensionierten, mein Herr: sie füllt einen restlos aus.«

Plötzlich steht ein kleiner Junge da. Barfüßler. Blonder Schopf und Schatten unter den Augen. Und ein Arbeiter, der um halb sechs Uhr angeradelt kommt, wittert, daß dem kleinen Burschen Unrecht geschieht. »Lassen Sie den Jungen zufrieden!« ruft er von weitem.

Zufrieden – was ist das für ein Ausdruck?

Er hat ein Stück Kartoffel von der Größe einer Kastanie gefunden, hat eine angefaulte Stelle herausgebissen und ausgespuckt und den Rest gegessen, roh. Er schaut auf, fürchtet, Unrecht getan zu haben und verjagt zu werden. Gleich wird er heulen. In seinen Augen steht nicht bloß die einfache Jungensangst; nein, da steht schon die graue Lebensangst der Erwachsenen unserer Tage.

Da stößt der Sarkasmus wie ein Blitz aus dem Arbeiter hervor: »Kannst du auch beten, Jung'? Dann bete mal: Unser tägliches Brot gib uns heute, und wenn es sein muß, aus dem Müll ...«

(Jan Molitor)

November/Dezember 1946

Der Platz war ein Keller unter Trümmern in einem der am meisten zerstörten Stadtteile. Tageslicht und Luft kamen durch ein winziges Fenster. Auf dem Tisch stand eine Art offene Lampe mit einer kleinen Flamme. Es gab ein Bett in der Größe meines eigenen zu Hause, in dem die Eheleute schliefen. Auf einer Art Couch lag der Sohn, aus dem Krieg als Krüppel zurückgekehrt, etwa 20 Jahre alt, und auf dem Fußboden auf einer unbeschreiblich zerlumpten Matratze, aus der an allen Seiten die Füllung heraushing, lag die Tochter. Sie sah aus wie fünfzig, aber ich vermute, sie war um die fünfundzwanzig ...

Da war kein freies Plätzchen im Keller, und – um es noch einmal zu sagen – sie lebten, aßen und schliefen hier. Keiner von ihnen konnte arbeiten: Der Junge nicht, weil er ein Krüppel war, und der Vater nicht, weil er körperlich zu schwach war. Sie lebten von der Tabakkarte des Vaters, die ihnen alle sechs Wochen 120 Mark einbrachte.

Der Schwarze Markt hält die Leute am Leben.

Die Luft dort unten war so dick, daß meine Brille immer wieder beschlug. Die Frau weinte, als ihr die Heilsarmee etwas Geld gab – und wir alle beeilten uns, die Taschen zu entleeren, um sie – mit einem Gefühl persönlicher Schuld – dem jungen Mann zu geben.

(Victor Gollancz)

15. April 1948

In der Doppelzone gibt es 67 verschiedene Lebensmittelkarten. Neben 21 Karten für Verbraucher aller Klassen, gibt es 22 Sorten von Zulagekarten. 14 Arten von Berechtigungsscheinen, 2 Mahlkarten, 2 Milchkarten, 2 Bezugsnachweise für Kartoffeln, eine Eierkarte und dreierlei Tageskarten.

(DW)

Was ist ein Normalverbraucher?

29. März 1947

Selbst Anti-Nazis erinnern sich bei der jetzigen 100. Lebensmittelzuteilung gern der 700 g Fleisch und 420 g Fett pro Woche, mit denen am 28. August 1939 »schlagartig« – wie alles zu jener Zeit – die Rationierung der Lebensmittel und damit die erste Kartenperiode einsetzte.

Im allgemeinen ist ein Jubiläum erfreulicher Anlaß zu stolzem Rückblick auf errungene Erfolge, die sich aus kleinen Anfängen ergeben haben. Bei der Betrachtung des deutschen Ernährungsproblems der letzten acht Jahre ist es umgekehrt.
»Großdeutschland« ging mit erheblichen Vorräten in den Krieg. 8,6 Millionen t Getreide lagerten als nationale Reserve in den Silos. Der Viehbestand lag mit 800000 Stück über der Zahl von 1932. Für 418000 t waren Margarinerohstoffe aufgespeichert. Brot, Kartoffeln und Mehl wurden frei abgegeben.
Solange die Hakenkreuzsonne im Zenit stand, hielten sich auch die Lebensmittelzuteilungen. Auf Kosten der besetzten Länder war der großdeutsche Brotkorb halbwegs ausreichend gefüllt.
Im Juni 1943 jedoch – der 50. Kartenperiode – konnte kein Propagandascherz darüber hinwegtäuschen, daß mit der allgemeinen Kriegsbegeisterung die Fleisch- und Fettrationen um mehr als die Hälfte gesunken waren.
Fünf Minuten vor zwölf trieben die zurückflutenden deutschen Truppen alles erreichbare Vieh in die »Festung Deutschland« zurück. Die letzten Kartenperioden Nummer 73 und 74 wurden von acht auf neun Wochen gestreckt und dann kam eine Weile gar nichts.
Die deutsche Bevölkerung wurde in den Tagen des Zusammenbruchs zum Selbstversorger und deckte sich aus den Lebensmittelbeständen ein, die sie in den Silos und Lagerhäusern vorfand. Und das war nicht wenig.
Mit den alliierten Truppen hielten die Kalorien ihren Einzug in Deutschland. Die Vitamine wurden als eine ausgesprochene Nazi–Erfindung abgetan. Einige Antifaschisten traten auf den Ernährungsämtern an die Stelle der Pg's. Der Reichsnährstand blieb bestehen, die Ernährung jedoch wurde von Tag zu Tag schlechter.
Eine Weile nährte sich die Zivilbevölkerung von den geplünderten Vorräten. Dann stellte im Februar 1946 die Militärregierung fest, daß die Lebensmittel für die auf engstem Raum zusammengedrängten 65,6 Millionen Bewohner nicht mehr ausreichten. Sie halbierte in der britischen Zone mit einem Federstrich die Brotzuteilung auf 5000 g.

Im Juni 1946 erhielten die deutschen Normalverbraucher in der britischen Zone 1050, in der amerikanischen 1270 und in der französischen Zone sogar nur 880 Kalorien. (Nach einer Völkerbundrechnung benötigt ein nicht arbeitender Mensch täglich 2400 Kalorien).
Früher schlafen gehen, besser kauen und nicht aufregen, das sind Ratschläge, mit denen die Ernährungswissenschaftler die Bevölkerung füttern. Ihre Kollegen von der Ernährungswirtschaft tun jedoch dabei alles, um die hungernde Bevölkerung durch voreilige Versprechungen und mysteriöse Kalorienberechnungen laufend in Aufregung zu halten. In der britischen Zone zeichnete der Links-Junker Schlange-Schöningen verantwortlich, der meistkarrikierte Mann des letzten Jahres. Besonders die KPD läuft gegen ihn, den das beharrliche Vertrauen der Engländer im Amt hält, Sturm.
Ohne die Hilfe des Auslandes, darüber ist man sich einig, wäre die Versorgung Deutschlands längst zusammengebrochen. Die britische Zone erhielt im vergangenen Jahre Zuschüsse an Getreide, deren Höhe zwischen 176000 Tonnen im Juli und 45000 Tonnen im August schwankte. Insgesamt wurden 1946 2 Millionen Tonnen Lebensmittel in die britische Zone eingeführt.
Zwei Jahre hindurch steht das Ernährungsproblem als Thema 1 im Widerstreit der öffentlichen Meinung und gibt Wirtschaftlern und Politikern Stoff zur Diskussion. Sämtliche Parteien und Behörden fordern eine deutsche Walfangflotte zur Schließung der katastrophalen Fettlücke. Die Militärregierung ist bisher noch dagegen.
Sachverständige des Zweizonenwirtschaftsamtes machen folgenden Vorschlag: Deutsche Butter soll nach England ausgeführt und dafür Kopra eingeführt werden. Auf Grund des Weltpreises könnten für 1 t Butter 5 t Kopra eingetauscht werden, aus denen sich 3½ t Margarine herstellen lassen.
Keine Stadt in Westdeutschland hat in der letzten Zeit die zugesagten 1550 Kalorien erhalten. Durchschnittlich wurden bei der letzten Zuteilung in Köln 746, Gelsenkirchen 971, Bochum 1122 und Essen 1240 Kalorien täglich ausgegeben.
Auch die Jubiläumszuteilung steht unter drohenden Vorzeichen. Aus dem Ruhrgebiet werden neue Arbeitsverweigerungen gemeldet. Nicht nur im Ruhrgebiet, sondern auch in Niedersachsen stehen die Leute Schlange nach Brot.

(DS)

10. Mai 1947 Normalverbraucher erhalten in der dritten Woche der laufenden Zuteilungsperiode 1500 Gramm Brot, 100 Gramm Nährmittel, 62,5 Gramm Fett, 2500 Gramm Kartoffeln, Fleisch wurde nicht aufgerufen.

(DW)

18. Juli 1947
Seit Wochen machen die Hamburger die Erfahrung, daß die ihnen kartenmäßig zustehenden Fleischmengen zwar

aufgerufen, aber nicht ausgeliefert werden. Ähnlich ist die Lage im Ruhrgebiet und auch in Berlin.

(DW)

11. Dezember 1947
Eine Weihnachts-Sonderzuteilung von einem Pfund Zucker für das Notstandsgebiet Hamburg forderte ein Vertreter der Behörde für Ernährung und Landwirtschaft beim Zweizonenamt in Frankfurt. Der Antrag wurde damit begründet, daß Nordrhein-Westfalen zusätzlich 500 Gramm Zucker erhalte und die Hansestadt gänzlich von Kartoffelzufuhren abgeschnitten sei.

(DW)

13. Dezember 1947
Eine allgemeine Zuteilung von Weihnachtskerzen ist in diesem Jahre in Hamburg nicht möglich. Das geringe Kontingent soll der Deutschen Hilfsgemeinschaft, Krankenhäusern und sozialen Einrichtungen überlassen werden.

(DW)

4. Mai 1948
Alle berufstätigen Männer und Frauen über 18 Jahre, die im Besitz eines gültigen Arbeitspasses sind, erhalten in Hamburg in der Juni-Zuteilungsperiode Bezugsmarken über 10 amerikanische Zigaretten.

(DW)

Sommer 1948
Wenn später einmal die Geschichte der Leidenszeit des deutschen Volkes nach dem großen Zusammenbruch 1945 geschrieben wird, so wird wohl auch das Wörtlein »Normalverbraucher« hin und wieder auftauchen. Ob man sich aus den Berichten und aus den vielleicht berichteten Zahlen und statistischen Angaben unter diesem Namen vorstellen kann, was 1946, 1947 und 1948 ein »Normalverbraucher« war, ist fraglich. Wir Heutigen wissen, was es bedeutet, in Deutschland Normalverbraucher zu sein. Er ist einer Erinnerung und eines anerkennenden Wortes wert. Mit welcher unendlichen Geduld hat das Volk die Hungerzeit ertragen! Wie bemüht sich jeder, seine Arbeit zu tun! Wie wenig ist die Ruhe gestört worden!
Der deutsche Normalverbraucher ist um seine Geduld zu bewundern und zu loben. Zwar erhalten rund zwei Drittel der Hamburger Verbraucher Zulagen in irgendeiner Form, doch handelt es sich dabei vorwiegend um die geringeren Zulagen für Teilschwer- und Mittelschwerarbeiter. Schwerstarbeiterzulagen erhielten im Hamburg von den Ende 1947 insgesamt zu versorgenden 1483112 Personen nur 13212 Arbeiter. Wenn auch durch zusätzliche Mittagessen für weite Beschäftigtengruppen gesorgt wird, so bleibt doch das Heer der reinen Normalverbraucher und der mit geringeren Zulagen bedachten Verbraucher sehr groß. Die als Norm aufgestellten Kaloriensätze sind bei weitem nicht innegehalten worden. 1550 Kalorien sollte es geben. Bei den Aufrufen ergaben sich schon erhebliche Abschläge. Und auch diese erniedrigten Aufrufe ergaben nach Untersuchungen des Hygienischen Staatsinstituts (Prof. Harmsen) noch nicht die angegebenen, sondern erheblich niedrigere Kalorienwerte. In der 101. Zuteilungsperiode sank der Kalorienwert in Hamburg auf 1072. Das war in der Zeit vom 28. April bis 15. Mai 1947, in der Zeit, in welcher die Bevölkerung um Brot anstehen mußte und in der das Brot durch Maiszusatz an Wert verlor.

(Senator Friedrich Franck)

Das Entfernen der Uniformknöpfe nicht vergessen!

6. September 1945
Militärische Knöpfe gehören zu den Uniformteilen, deren Tragen demnächst im Rahmen des Verbots von feldgrauen Uniformen in der britischen Zone untersagt wird. Jeder aus der ehemaligen deutschen Wehrmacht oder Gefangenschaft entlassene Soldat tut deshalb gut daran, sich rechtzeitig um andere Knöpfe für seine Uniform umzusehen, die er nach ihrer Umfärbung weiter tragen darf. In Anbetracht der Stoffknappheit hat die Militärregierung davon abgesehen, das Tragen von Uniformen ganz zu verbieten.
Zu diesem Zweck verteilen die Behörden 150 Tonnen Farbstoff in sechs Farben mit genauen Gebrauchsanweisungen an alle Gemeinden der britischen Besatzungszone. Jeder, der seine Uniform weiter tragen will, hat sich an die Ortsbehörden zu wenden und sein feldgraues Kleidungsstück rechtzeitig einzufärben.
Unter das Verbot fallen nicht nur feldgraue Uniformteile, sondern auch alle Arten militärischer Kopfbedeckungen, Tressen, Schulterstücke und Schulterklappen, Koppelschlösser und militärische Abzeichen aller Art.
Das Tragen aller Arten von Mützen vom Muster der Ski-Mützen wird deutschen Männern und Jugendlichen ebenfalls untersagt. Die gewöhnlichen schwarzen oder

dunkelblauen Mützen mit Lederschirm, wie sie von Zivilpersonen oder Arbeitern getragen werden, bleiben aber weiterhin zugelassen.

(HNB)

6. Juni 1946

Seit dem 7. April sind durch einen Erlaß der britischen Militärregierung sämtliche bis dahin geltenden Bezugsrechte für Bekleidungswaren außer Kraft gesetzt worden, und zwar auch solche, die bereits einem Lieferer übergeben waren.
Was hat sich gegenüber dem bisherigen Liefer- und Bezugsverfahren geändert? Maßgebend für den Bezug der weitaus meisten Textil- und Bekleidungswaren ist einzig und allein die Dringlichkeit des Bedarfs. Neue Bezugsrechte jeder Art werden nur dann von den Wirtschaftsämtern ausgegeben, »wenn die Antragsteller den Bedürfnisnachweis erbringen«! Angesichts der völligen Verarmung der Ausgewiesenen, der Flüchtlinge und restlos Ausgebombten wäre es ein Unrecht, würde man nicht zugunsten dieser die schärfsten Maßstäbe anlegen. Der Verbraucher aber möge sich der unbedingten Wahrhaftigkeit befleißigen.
Wir sprachen schon von der »Punktliste«. Die Verordnung nennt sie die Liste B. Sie umfaßt bis auf einen verhältnismäßig kleinen Ausschnitt von nebensächlichen Waren, die frei verkäuflich sind (nach unserer Feststellung z. B. Herrenstoffgamaschen, Hosenträger, Strumpfhalter, Besätze, Kordel, Bänder, Litzen, Spitzen, Gürtel, Schnürriemen und andere Kurzwaren), die ganze Fülle der Textil- und Bekleidungswaren, geordnet nach dem Bedarf der Geschlechter und Altersstufen, dem gemeinsamen Bedarf, nach Stück- und Meterware.
Sie greift erheblich hinaus über die sogenannte Liste A, die die vordringlichsten und wertvolleren Güter enthält. Zur Liste A zählen z. B. Anzüge, Männer- und Burschenhosen, Wintermäntel, Pullover, Hemden, Handschuhe, Strümpfe, Taschentücher, Damenkleider, Schlüpfer, Büstenhalter, Mädchenkleider und anderes mehr. Will der Verbraucher solche Waren beziehen, so geht er zum Wirtschaftsamt und erhält dort nach dem Beweis des dringenden Bedürfnisses Bezugsmarken, die den Aufdruck der Warenbezeichnung tragen und aus dem Bestellschein und Stammabschnitt bestehen. Ist die Ware in einem Geschäft vorrätig, gibt er die ganze Bezugsmarke hier ab. Im andern Falle trennt der Einzelhändler oder Schneider den Bestellschein gegen Quittung auf dem beim Verbraucher verbleibenden Stammabschnitt ab, um auf Grund des Bestellscheins die Beschaffung der gewünschten Ware zu versuchen; bei Lieferung übergibt der Verbraucher auch den Stammabschnitt.
Bei den in Liste B allein verzeichneten Waren, zu denen u. a. Gummimäntel, Nachthemden, Schlafanzüge, Schale, Bademäntel, Wickelgamaschen, Krawatten, Damenkostüme, Blusen, Sommermäntel, Trägerschürzen, Trainingsanzüge, Knabenwaschanzüge und -waschblusen, Turnhosen, Schirme, Schianzüge, also offensichtlich weniger wichtige Arten zählen, tritt das zweite Verfahren ein. Hier ist dem freien Ermessen der Wirtschaftsämter insofern ein gewisser Spielraum gelassen, als sie selbstausgeschriebene Blankobezugsmarken (d. h. unter Eintragung, statt mit Aufdruck, von Warenbezeichnung und Punktwert) in einer ihnen angemessen erscheinenden Anzahl in ihrem Bezirk ausgeben können, jedoch nur an solche Verbraucher, die neben dem dringenden Bedürfnis auch eine Bezugsquelle für die gewünschte Ware nachweisen (Bescheinigung eines Lieferers). Diese Blankobezugsmarken sind (im Gegensatz zu den Marken der Liste A) nicht in Bestell- und Stammabschnitt eingeteilt. Der Verbraucher möge mit darauf achten, daß er nicht versehentlich für Waren der Liste A Blankobezugsmarken der vorstehend genannten Art erhält, denn sie sind ungültig. Außerdem sei bemerkt, daß Reste mit der Hälfte der Punktzahl bewertet werden, wobei unter »Resten« Stoffabschnitte zu verstehen sind, die bis zu 90 cm Breite nicht über 1 m, bei über 90 cm Breite nicht über 60 cm lang sind.
Verlorengegangene Bezugsrechte werden grundsätzlich nicht ersetzt. Jeder ist für deren Sicherheit selbst verantwortlich. Das gleiche gilt für in Verlust geratene Spinnstoffwaren; ein Punktersatz wird nicht gewährt.
Von besonderer Wichtigkeit dürften noch für den Verbraucher der Lieferzwang und das Verbot von Tausch- und Koppelgeschäften sein: dem Einzelhändler oder Handwerker ist es untersagt, dem rechtmäßigen Besitzer eines gültigen Bezugsrechtes die Herausgabe einer vorrätigen und von jenem handelsüblich vertriebenen Ware zu den festgesetzten Preisen zu verweigern. Es ist außerdem verboten, für den Verkauf solcher Waren die Gegenlieferung anderer oder die Abnahme zusätzlicher Waren zu fordern. Die Gerichte können jeden Verstoß mit empfindlichen Strafen (ausschließlich Todesstrafe) ahnden und die Beschlagnahme der Waren verfügen. Das ist eine nachdrückliche Warnung an alle, die die Not ihrer Mitmenschen eigensüchtig für sich ausnutzen.

(DZ)

30. Juli 1946
Eine Schuhbesohlkarte soll, nach einem Beschluß des Zentralamtes für Wirtschaft, ab 1. Oktober in der britischen Zone eingeführt werden. Die Besohlkarte wird die bisherige Kundenliste ablösen. Man kann mit dieser Karte nur eine beschränkte Anzahl von Reparaturen ausführen lassen.

(DW)

12. Februar 1947
In Kürze werden annähernd fünf Millionen Personen in der Bi-Zone je ein Paar Lederschuhe erhalten. Das hierzu notwendige Material ist bereits außerhalb Deutschlands eingekauft worden.

(DW)

30. April 1947
665000 Tonnen Spinnstoffe hat der Kontrollrat jährlich zur Verarbeitung vorgesehen. Nach Abzug des Exportes von 131000 Tonnen im Jahr ist mit einer Zuteilung von 10 Kilogramm je Person der Bevölkerung zu rechnen. Damit sind keine Illusionen über den Umfang der Versorgungsmöglichkeiten in den nächsten Jahren mehr möglich.
Aus dem Lagebericht der Textilindustrie geht hervor, daß die gegenwärtige Produktion auf dem niedrigsten Stand angelangt ist. Sie beträgt in der britischen Zone ein Drittel und in der amerikanischen Zone ein Fünftel des Standes von 1936. Dies ergibt eine Monatszuteilung von nur anderthalb Punkten je Kopf der Bevölkerung. d. h. 25 Gramm Spinnstoff gleich einem Taschentuch.

(DW)

16. September 1947
Bezugscheine für 1101420 Paar Holz- und Straßenschuhe aus der laufenden Produktion werden im 3. Quartal 1947 im nördlichen Teil der vereinten britisch-amerikanischen Zone an die Bevölkerung ausgegeben. Nach einer Mitteilung des Amtes für Wirtschaft entfallen auf Hamburg 66000 Paar.

(DW)

21. Oktober 1947
Sehr geehrter Herr Lüth!
Ich war gestern in Ihrem Vorzimmer. Sie waren nicht frei; ich mußte wieder gehen.
Darf ich Ihnen schriftlich meine Bitte vortragen?
Mir ist mein bestes Paar Stiefel bei der OTA (Schlesische Schuhwerke Ottmuth A. G., Hamburg, Rathausstr. 29) gestohlen worden. Ich habe es am 29. November vorigen Jahres in der Filiale Steintorweg 1 zur Reparatur gegeben. Als es feststand, daß das Paar in der Reparaturwerkstatt am Steinweg verschwunden war, habe ich mit der Firma verhandelt. Sie ist gern bereit, mir ein Paar gleichwertiger Ersatzstiefel zu geben; aber – ich muß einen Bezugsschein bringen. Trotz mehrmonatiger Bemühungen bei allen Dienststellen des Wirtschaftsamtes von oben bis unten und von unten bis oben ist mir das nicht gelungen. Jetzt aber brauche ich sehr dringend das Paar, zumal ich für die niederdeutsche Volkstumsarbeit viel auf Reisen bin.
Ist es möglich, daß ich durch Ihre Hilfe zu einem Bezugsschein kommen kann? Ich wäre Ihnen sehr dankbar, wenn Sie mir helfen würden!
Ich werde in den nächsten Tagen in Ihrer Dienststelle anrufen.

(Hermann Quisdorf, Brief an Erich Lüth)

Fleisch ohne Knochen, künstliche Leberwurst und andere hoffnungsfrohe Meldungen

20. September 1945
Hersteller und Verteiler von Ersatz- und neuen Lebensmitteln sind nach wie vor verpflichtet, diese Erzeugnisse anzumelden, bevor sie sie in den Verkehr bringen. Die gleiche Pflicht trifft diejenigen Personen, die außerhalb Hamburgs hergestellte deutsche Ersatz- und neue Lebensmittel in Hamburg in den Verkehr bringen wollen; es sei denn, daß für diese Waren eine gültige Preisgenehmigung der für den Hersteller oder sonstigen Anmeldepflichtigen örtlich zuständigen Preisbildungsstelle vorliegt.
Der Anmeldepflicht unterliegen insbesondere Aromen und Essenzen, künstliche Getränke aller Art. Gewürze, Suppen und Würzen sowie Tunken und Pasten aller Art, teeähnliche Erzeugnisse, Wurststorten mit Streckungsmitteln, Lebensmittelfarben usw.

(HNB)

Die Tagesration eines »Normalverbrauchers«. Es ist jedoch keineswegs sicher, daß die aufgerufenen Mengen auch tatsächlich geliefert werden.

10. August 1946

Der Ruf nach dem Eiweiß ist immer dringender geworden. Aber gerade Eiweißarten, die dem Aufbau des Organismus in besonderem Maße dienen, sind in Produkten enthalten, an denen wir den ärgsten Mangel leiden: in der Milch, im Fisch und im Hühnerei, in Sojabohnen und im Fleisch. Die Wissenschaft hat Wege gefunden, auf denen es ohne Gold oder Devisen möglich ist, große Eiweißmengen zu gewinnen. Sie hat sich in die Rolle eines Lumpensammlers versetzt und jene Abfälle aufgespürt, in denen Proteine in reichem Maße vorhanden sind.

»Hätte mir vor zehn Jahren irgendwer prophezeit, ich würde Bier aus Molke brauen, ich hätte ihn für verrückt erklärt«. Der Braumeister beugt sich tief über den riesigen Bottich, in dem auf einer trübschmutzigen Flüssigkeit weißes Gekräusel mit braunen Adern schwimmt; gärende Molke. Tief zieht der Braumeister den Atem ein. Wahrhaftig, schon jetzt verspricht die Molke ein gutes Getränk. Aber bis zur Gärung hat sie den Zweck erfüllt, auf den es uns ankommt. Sie hat ihren Reichtum an Eiweiß zu einem großen Teil abgegeben.
Tausende Liter von Labmolke kommen aus den Großkäsereien so schnell wie möglich auf den Hof der Brauerei. Süßmolke, die als letzter Abfall in früheren Jahren über den Boden der Meiereien abfloß und schließlich in einem Siel für immer verschwand. Dabei gibt es nichts Einfacheres, als das »Albumin«, das Milcheiweiß, zu gewinnen. In den großen kupfernen Kesseln der Brauerei fällt

es bei einer Erhitzung der Molke auf 90 Grad zum überwiegenden Teil aus, wird abgeleitet und füllt als quarkähnliche Masse hölzerne Buttertonnen, die von der Brauerei aus in die Nährmittelfabriken reisen. Das Albumin wird sich uns in jenem Brotaufstrich vorstellen, dessen Verteilung in einzelnen Gebieten der britischen Zone bereits angekündigt worden ist. Es lassen sich verhältnismäßig beträchtliche Mengen Milcheiweiß herstellen. Eine Brauerei, die rund 600000 Liter Süßmolke je Monat verarbeitet, gewinnt daraus rund zehn Tonnen Eiweiß.
Nun aber ist der Molke durch die Erhitzung das Albumin nicht gänzlich entzogen worden. Noch immer verbleiben etwas mehr als fünf Gramm je Liter im Bier.
Deswegen wollen wir nicht undankbar sein und schlückchenweise unser Molkebier wie einen Gesundbrunnen genießen. Es ist Eiweiß darin, Milchzucker und endlich auch Alkohol, wenn man es auch noch so wenig spürt.
Aber nicht die Molke allein enthält Eiweiß. Ein Hamburger Laboratorium kann eine vollendete Karte hochwertiger Präparate zeigen, aus denen sich Frühstück und Mittagessen gleich trefflich komponieren lassen. Die Rohstoffe sind dabei über Molke oder Buttermilch hinaus Blut, Knochen und Innereien vom Rind, Rogen, Milch und Leber vom Fisch; es sind pflanzliche Abfallstoffe, wie Keimlinge, Kleie, Treber und Rübenschnitzel, es sind Hefe, Wildgemüse und Kräuter. Durch neuzeitliche Aufschluß- und Veredlungsverfahren werden Brotaufstrich, Diätkost, Gebäck, Suppenmark, Milchgetränke, Eiaustausch und viele andere Erzeugnisse mehr gewonnen. Es wird in ihnen nicht allein biologisch vollwertiges Eiweiß geboten, sondern zugleich eine Vielzahl anderer für den Organismus wichtiger Elemente. Die Wissenschaft hat einen guten Weg gewiesen, mehr kann sie selbst nicht tun.

(DW)

27. September 1946

Die ersten 5300 Care-Pakete sind in Hamburg eingetroffen. Der organisatorische Verteilungsplan steht jetzt fest, wie wir vom Hilfswerk der evangelischen Kirche erfahren. In Hamburg teilen sich das Hilfswerk der evangelischen Kirche, der Caritasverband, das Deutsche Rote Kreuz und die Arbeiterwohlfahrt in die Auslieferung. In den Provinzen der britischen Zone erfolgt die Verteilung der Care-Pakete durch eine der genannten Organisationen. Bisher liegen in Bremen 10000 Adressen für die britische Zone vor.
Die Verzögerung in der Ausgabe ist, so erfahren wir, dadurch entstanden, daß die amerikanischen Behörden die Pakete nicht freigeben wollten, bevor die deutschen Organisationen einen festen Verteilungsplan ausgearbeitet hatten. Jedes Care-Paket enthält zehn Tagesrationen für einen amerikanischen Soldaten von je 4000 Kalorien, das sind insgesamt 40000 Kalorien.
Am Freitag findet in Bremen eine Konferenz statt, in deren Verlauf den an der Verteilung beteiligten Organisationen die Anschriftenlisten ausgehändigt werden sollen.

(DW)

29. April 1947

Wie wir erfahren, sind in Bremen zwei weitere Dampfer mit Soja-Bohnen aus den Vereinigten Staaten eingetroffen. Bei diesen Einfuhren handelt es sich um Soja-Bohnen, die in der deutschen Soja-Industrie zu Nährmitteln wie Soja-Mehl und Soja-Flocken verarbeitet werden, zu biologisch wertvollen Produkten mit Eiweiß (40 v. Hundert) und Fettgehalt (18 v. Hundert). Der Nährwert von einem Kilogramm Soja-Bohnen kommt vergleichsweise dem von zweieinhalb Kilogramm Kalbfleisch oder von 58 Eiern gleich. Die Chinesen bezeichnen die für Nahrungszwecke vielseitig verwendbare Frucht als »Fleisch ohne Knochen«.

(DW)

Frühjar 1947

Die englische Militärregierung hat im August 1945 dem hamburgischen Staat die Auflage gemacht, in den kommenden Wintermonaten dafür zu sorgen, daß jedem Hamburger die Möglichkeit geboten sei, einmal am Tage eine warme Mahlzeit zu sich zu nehmen, da eine ausreichende Hausbrandversorgung in Frage gestellt sei.
Vom hamburgischen Staat wurde dem Deutschen Roten Kreuz die Durchführung der Massenspeisung übertragen. Diese Organisation besaß damals einige Küchen, in denen sofort mehrere tausend Liter Essen gekocht werden konnten.
Hamburg ist in der glücklichen Lage, ein ausgezeichnetes Fernheizwerk zu besitzen, das genügend Dampf abbla-

So wichtig wie das tägliche Brot ist das Heizmaterial. Auf Schlackenhaufen sucht man es sich auf legale Weise zusammen. Wenn ein Lastwagen vorüberfährt, tut man es auch illegal.

sen kann, um eine größere Anzahl von Kochkesseln zu beheizen. Es war ausgerechnet worden, daß für einen 300-Liter-Kessel pro Kochgang 80 bis 100 Pfund Kohle benötigt werden. Wird aber ein solcher Kessel an das Fernheizwerk angeschlossen, so werden nur 28 bis 30 Pfund Kohle benötigt, um den erforderlichen Dampf für den Kochvorgang zu erzeugen.
Man war daher darauf bedacht, möglichst viele Kessel an das Fernheizwerk anzuschließen. In dem erst vor einigen Jahren erbauten, mit den modernsten Anlagen versehenen Schweineschlachthof, der an das Fernheizwerk angeschlossen ist, aber für den eigentlichen Zweck vorläufig nicht gebraucht wird, legte man diese Küche an. So entstand hier im Zentrum der Stadt in verhältnismäßig kurzer Zeit die größte Küche Europas. 200 Kessel mit je 300 Liter Fassungsvermögen, die von rund 600 Arbeiterinnen und Arbeitern bedient werden, sorgen in Tag- und Frühschicht für die nötige Speisung.
In dieser einen Küche – das Deutsche Rote Kreuz unterhält an der Peripherie der Stadt noch weitere 17 kleinere Küchen, die allerdings mit Kohle beheizt werden – werden täglich 31050 Portionen Schwedenspeisung, 2933 Portionen Mennoniten- Speisung für alte Leute über 70 Jahre, 88613 Portionen Schulspeisung und 15496 Portionen Massen- oder Hamburger Speisung hergestellt. Während die Schwedenspeisung und die Mennoniten-Speisung unentgeltlich und ohne Marken abgegeben werden, da die erforderlichen Lebensmittel vom Schwedischen Roten Kreuz und dem Mennonite Central Committee gratis zur Verfügung gestellt werden, muß die Schulkinderspeisung je nach der wirtschaftlichen Lage der Eltern mit 10 bis 30 Pfennig pro Portion bezahlt werden. Die Lebensmittel für diese Speisung stammen aus der Hoover-Spende und aus einer Spende des Dänischen Roten Kreuzes.
Das Schwedische Rote Kreuz hat es sich zur Aufgabe gemacht, Kinder im Alter von 3 bis 6 Jahren mit einer kräftigen, sättigenden Suppe zu speisen. Aus den etwa 50000 Kindern dieser Altersgruppe sucht das Landesjugendamt durch seine Ärzte 38000 Kinder aus, damit sie in den Genuß der Schwedenspeisung gelangen. Dabei muß betont werden, daß jedes Kind vor dem Essen auch noch einen Löffel Lebertran erhält. Der Gesundheitszustand der Hamburger Kleinkinder ist daher relativ gut.
Die Schulspeisung erhalten alle schulpflichtigen Kinder im Alter von 6 bis 18 Jahren.
Durch die Mennoniten-Speisung werden täglich 3500 alte Leute über 70 Jahre mit dreiviertel Liter Suppe und einem weißen Brötchen betreut. Um die Zahl der an dieser Speisung teilnehmenden alten Leute zu vergrößern, sind durch staatliche und private Organisationen insgesamt 7000 bedürftige alte Leute ausgesucht, die umschichtig einen um den anderen Tag an der Speisung teilnehmen.

(Senator a. D. Paul Neumann)

Ruinen und öffentliche Grünanlagen sind das Jagdgebiet der Holzsammler. Niemand ist sich zu fein, um an dieser täglichen Jagd teilzunehmen.

10. Juli 1947
Aus einem künstlich gezüchteten mit Nährmitteln, Fleischbrühe und Gewürzen verarbeiteten Eiweiß wird ein markenfreier Brotaufstrich hergestellt. Diese »künst-

liche Leberwurst« bleibt bei einer Temperatur von 20 Grad eine Woche lang genußfähig.

(DW)

26. Juli 1947

Den Kleingärtnern in der Bizone, die sich auf den Tabakanbau gelegt haben, winkt eine neue Chance: Die Ölmühlen beginnen mit der industriellen Ölgewinnung aus Tabaksamen und bieten nikotinfreies Speiseöl mit Nußgeschmack für abgelieferte Samenmengen.

Rund 330 Liter Speiseöl und 670 Kilogramm Ölkuchen als Kraftfutter ergeben durchschnittlich die Tabakpflanzen einer Hektarfläche. Das Tabakanbaugebiet Bizoniens wird auf 12000 Hektar geschätzt. Die fettlose Speisekarte des anglo-amerikanisch militärregierten Normalverbrauchers könnte damit um 4 Millionen Liter Speiseöl jährlich bereichert werden.

Ein weniger gewinnbringender Geschäftszweig der Ölmüllerei ist die Fettgewinnung aus Maiskeimen, einer der anderen Wege, die aus der akuten Fettnot herausführen sollen. Wirtschaftlich gesehen ist dieser Weg eine Sackgasse. Die Maisentölung ist ein Verlustgeschäft.

Das Maiskorn enthält 3 bis 4,5 Prozent Öl. Das ist sehr wenig. Der aus Amerika importierte Mais hat zum Teil ein Alter von sieben Jahren. Das ist sehr viel. Die Farmer in den USA freuen sich, ihre Mais-Ladenhüter an den Mann bringen zu können. Dem Fettgehalt jedoch schadet die lange Lagerzeit.

Der Importmais wird in Deutschland bis zur letzten Schale für die menschliche Ernährung verarbeitet. Selbst die extrahierten Maiskeime, die im Ausland nur noch als Viehfutter dienen, werden der deutschen Nährmittelindustrie zur Verarbeitung zugewiesen.

(DS)

30. September 1948

Das Geschäft in der Mönckebergstraße hat Regenmäntel zu 18,– und zu 30,– DM. Die Qualität ist dieselbe: der Preisunterschied erklärt sich daraus – wenn man dies eben als »Erklärung« gelten lassen will –, daß der eine Fabrikant so, der andere anders kalkuliert. Wie aber verhalten sich die Käufer? Sie nehmen, fast ausnahmlos, den teueren Mantel. Sie lassen sich die – vermeintliche – Qualitätsgarantie, die ihnen im höheren Preis gegeben zu sein scheint, etwas kosten. Käuferpsychologie ...

Das Warenhaus in Barmbek hat Damenstrümpfe hereinbekommen: zwei Dutzend aus der Ostzone, beste Kunstseidenware, und die gleiche Menge minderer Qualität, »genähte« Strümpfe. In zwei Stunden waren die Strümpfe der guten Qualität, bei immerhin doppeltem Preis, ausverkauft. Von den Strümpfen minderer Qualität war bis dahin noch kein einziges Paar abgesetzt, es dauerte immerhin bis zum späten Nachmittag, bis auch dieser Posten geräumt war. Das ist ja wohl ein schlagender Beweis dafür, daß die Hausfrau heute eben nicht auf den Pfennig sieht, daß selbst Mangelware keineswegs »wahllos« gekauft wird – auch in geringer Qualität –, daß vielmehr relativ hohe Ansprüche gestellt, relativ hohe Preise anstandslos bewilligt werden.

Die gleiche Erfahrung war schon längst, gleich nach dem 20. Juni, bei Lebensmitteln zu machen. Feingemüse, wie etwa Blumenkohl, war stark gefragt – einfachere Gemüsesorten, wie Möhren, blieben selbst bei niedrigsten Preisen fast unverkäuflich.

(DZ)

7. Dezember 1948

Mit dem in den nächsten Monaten eintreffenden Rohkakao erhält die deutsche Schokoladenindustrie, die zu einem großen Teil seit Jahren stilliegt, wieder Beschäftigung.

Noch liegen die Anweisungen der Verwaltung für Ernährung nicht vor. Die Industrie hat jedoch ein umfassendes Programm ausgearbeitet, nach dem die Verteilung der Rohwaren auf die einzelnen Werke erfolgen soll. Für den Bezug sind die früheren Kontingente maßgebend, wobei kleinere Betriebe, die nicht mehr einsatzfähig sind, die ihnen zugeteilte Kakaomenge entweder an andere Betriebe verkaufen oder sie in Lohn verarbeiten lassen können, um dann den Vertrieb der Fertigwaren selbst zu übernehmen.

Schokolade wird wie die übrigen Süßwaren gegen Zukkermarken an die Bevölkerung abgegeben. Für den Verkauf werden Höchstpreise festgesetzt.

Durch sinnvolle Verwertung des Rohkakaos wird Schokolade in beträchtlicher Menge hergestellt werden, die vor allem den Kindern, Greisen und Kranken zur Verfügung gestellt werden soll. Schokolade ist nämlich nicht nur Genußmittel, sondern auch hochwertige Nahrung: Eine Tafel von 100 Gramm besitzt einen Gehalt von 530 Kalorien.

Mit der Auslieferung des Rohkakaos soll erst begonnen werden, wenn größere Mengen in Hamburg eingetroffen sind; denn den einzelnen Fabriken ist nicht damit gedient, daß sie ein oder zwei Tonnen auf Lager haben, da sich dann das Anlaufen der Maschinen nicht lohnt.

(DW)

Reichsmark

6

Unrecht Gut gedeihet ...

Am 20. Januar 1947 fanden Kinder in der Baustraße (heute Hinrichsenstraße) am Bahnhof Landwehr in einem Trümmerkeller eine junge Tote. Die Obduktion ergab, daß es sich um einen Mord handelte. Hamburg reagierte zunächst gelassen. Als dann aber in Abständen von fünf bis zehn Tagen drei weitere nackte Tote – ein älterer Mann, ein kleines Mädchen und eine etwa 30jährige Frau – in Trümmerhäusern entdeckt wurden, geriet die Stadt in panische Angst: Ein »Trümmermörder« versetzte Hamburg in Schrecken. An Raubmorde und Raubüberfälle hatte man sich in der Zeit der Not gewöhnt. Sie waren nichts Ungewöhnliches. Die Mordserie des »Trümmermörders« aber war unheimlicher als andere Verbrechen: Vom Täter wußte man nur, daß er seine Opfer mit einer dünnen Schnur erdrosselte; die Ermordeten konnten nicht identifiziert werden, das Motiv blieb in Dunkel gehüllt. Bis auf den heutigen Tag.

Andere Formen der Nachkriegskriminalität waren weniger spektakulär und wurden von vielen nicht einmal als Unrecht empfunden: Die Kompensationsgeschäfte, in denen ausländische Zigaretten als »Edelvaluta« die Hauptrolle spielten, die Nichterfüllung der Ablieferungspflicht, die manch einen »Erzeuger« auf die Seite des Verbrechens drängte, der Umgang mit heißer Ware und die schmutzigen Methoden der »Spritzer«, die den Schiebern ihre Beute abjagten.

Viele unbescholtene Hamburger brachte die Not auf die schiefe Bahn. Wie sollten sie auch einsehen können, daß ein auf der Ablieferungsstelle ordnungsgemäß verkauftes Kalb so viel Erlös brachte wie ein halbes Kaninchen auf dem Schwarzen Markt?

Die Behörden verstärkten ihre Razzien gegen Schwarzhändler und andere undurchsichtige Existenzen; sie richteten Arbeitslager für Profi-Schieber ein – es half nichts: Hamburg war und blieb in der britischen Besatzungszone einer der Hauptumschlagplätze für heiße Ware. In der Hausestadt gab es sogar Schlemmerlokale, die ihrer anspruchsvollen Kundschaft nichts schuldig blieben, angefangen beim Katenschinken bis hin zu Hummer und Kaviar – schwarz, versteht sich, das heißt ohne Abgabe von Lebensmittelmarken, dafür aber zu horrenden Preisen.

Wer mangels liquider Mittel nicht mithalten konnte, bediente sich auf andere Art:

Zinkregenrohre und Walzblei waren nirgends sicher. Sogar am hellichten Tag wurden sie abmontiert; denn die »Produktenhändler« zahlten respektable Preise und fragten nur selten nach der Herkunft des Altmetalls.

Auch die Post bot gute Gelegenheiten, sich zu bedienen. Jede siebente Paketsendung, so meldete die Oberpostdirektion Hamburg, war gewaltsam beschädigt, und so ist es verständlich, daß besonders Lebensmittelsendungen nur selten ihren Empfänger erreichten. Die Justiz bemühte sich tapfer, die Eigentumsdelikte einzudämmen. Deutsche machten Bekanntschaft mit dem Summary Court, dem englischen Schnellgericht, das in allen großen Städten bestand und juristische Fließbandarbeit leistete. Die Folge war, daß die Gefängnisse aus allen Nähten platzten und von Zeit zu Zeit große und kleine Gauner auf freien Fuß setzen mußten, um Platz für den »Nachschub« zu schaffen. Wo Unehrlichkeit zur Technik des Überlebens wurde – obwohl man zugeben muß, daß viele sich auf anständige Art durchschlugen – da ließ sich auch großen Stils gut im Trüben fischen. Die »Deutsche Zentralstelle zur Bekämpfung von Schwindelfirmen« richtete eine Gaunerkartei ein, die von Monat zu Monat wuchs. »Mit Erschütterung muß berichtet werden«, schrieb die Senatorin Paula Karpinski, »wie gesunde redliche Familien, die im Anfang aus bitterer Not den Weg des Diebstahls gingen, das Gefühl für das Unredliche des Tuns verlieren.« Siegfried Lenz, der ein hinreißendes Feuilleton über den Schwarzen Markt schrieb, ließ seinen Helden aus einer anderen Sicht philosophieren und damit der wirtschaftlichen Not auf ironische Art Geschmack abgewinnen: »In Zeiten des Überflusses stirbt die Phantasie – nichts wird ihr abverlangt an Überlegung, an Abenteuer, an Ungewißheit . . .«

MILITARY
DUTY O
MP

Die »Edelvaluta« und der graue Markt

25. Juli 1946
Es wiederholt sich jetzt eine bereits nach 1918 beobachtete Erscheinung: der Ausverkauf, der gegenwärtig bei uns über die »Edelvaluta« der Auslandszigarette stattfindet. Die Navy Cut werden jetzt hereingebracht wie ehedem die Gold Flake: ein wenig diskreter aromatisiert und von Qualitäten, die der deutsche Raucher seit vielen Jahren nicht mehr kennt. Daher die große Beliebtheit, soweit der Geldbeutel es aushält oder dafür Tauschobjekte oder Dienste geboten werden können.
Die Einfuhr ist offenbar illegal und liegt – das ist wohl kaum anders möglich – nicht in deutschen Händen. Es ist für den Erwerb auch kein Besatzungsgeld mehr erforderlich: ein Beweis dafür, daß die Ware nicht von den eigentlichen Besatzungstruppen stammt. Die »Importeure«, die das Geschäft mit Zigaretten und Tabak, aber auch mit Kaffee, Tee oder Schokolade betreiben, suchen Tauschwaren von ebenfalls kleinem Volumen, die leicht transportabel und nicht verderblich sind: Uhren, Goldmünzen, Goldwaren, Brillanten vor allem, und Devisen. Wenn man sich vor Augen hält, mit welch geringen Gestehungskosten diese Genußmittel drüben erworben werden und welche Gegenwerte dafür im Tauschwege erhandelt werden können, so kann man sich ein Bild von den beträchtlichen Gewinnen machen, die die Kuriere vereinnahmen und die es ihnen ermöglichen, das nicht unbeträchtliche Risiko der Beschlagnahme auf sich zu nehmen. Es ist nur betrüblich, daß diese Einfuhr nicht die Form von Speck und Butter annimmt oder von Fleisch und Wurst, die wir viel nötiger brauchen würden, und die uns in der heutigen Lage viel bekömmlicher sind. In der Hauptsache sind es jedoch nur die erwähnten Genußmittel, die sich obendrein nur diejenigen leisten können, deren Dasein nicht mit dem »Fluch der regelmäßigen Arbeit« behaftet ist, die die Kontore und Fabriken meiden und sich leichteren Erwerbsarten hingeben.

Zu den Fotos auf den Seiten 92 und 95: Die Ami-Zigarette ist das Symbol der Schwarzmarktzeit. – Militärpolizei kontrolliert einen Passanten.

Volkswirtschaftlich ist dieser Tauschhandel deshalb für uns unerwünscht, weil zwischen dem Wert der Einfuhr und den erhandelten Wertgegenständen ein phantastisches Mißverhältnis klafft.
Darin liegt eine »unsichtbare Reparation«, der freilich jede Währung unterliegt, die wie die Reichsmark an der Grenze der Repudiation angelangt ist. Wenn wir schon unsere letzten Wertstücke hergeben müssen, so sollte man lieber eine Sammlung organisieren mit Gegenständen, die international gesucht sind, und dafür die in einigen Ländern schon im Überfluß vorhandenen Lebensmittel hereinholen, um das nackte Leben zu fristen. Voraussetzung hierfür wäre allerdings, daß die Besatzungsbehörden diese Fonds von jedem Zugriff freistellen. Warum nicht diese Zusammenarbeit die im Interesse aller Beteiligten liegt?

(DZ)

7. September 1947
Nachbar Lewandrowski rechnet aus:
Wenn ich für 200 RM im Monat arbeite, sind das 2400,– RM im Jahr.
Dabei verbauche ich:
1 Anzug = RM 3000,–
2 Paar Schuhe = RM 1500,–
Oberhemden, Socken usw, usw.
Also, wenn ich mich auf die faule Haut lege und gar nichts tue, habe ich bereits dadurch ein paar Tausend Mark gespart, ganz abgesehen vom Raubbau, den man bei dieser Ernährung an seinem Körper treibt.

(Erik Verg, Tagebuch)

27. November 1947
Wandspruch in einem Hamburger Kunstgeschäft, angeboten für 7,50 Reichsmark:
»Wer heute sein Leben liebt, der schiebt.
Wem Ehrlichkeit im Blute rauscht, der tauscht.
Wem beide Wege sind verbaut, der klaut.«

(DW)

13. Mai 1948
Das Kompensationsgeschäft, das heißt der Austausch einer Ware gegen eine andere oder das Abgelten von Leistungen mit Waren, wird in weiten Kreisen Deutschlands heute nicht mehr als straffällige Handlung angesehen. Unser Berichterstatter hat als Beweis dafür einige dokumentarische Beispiele gesammelt.

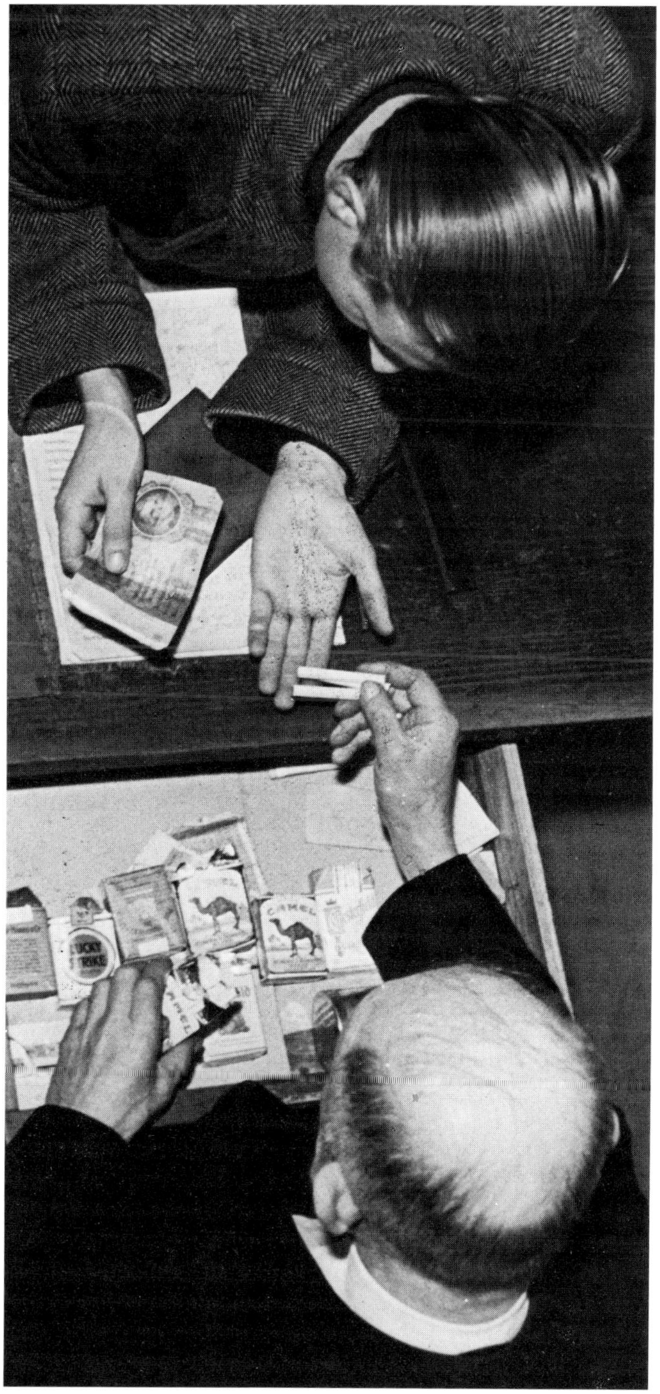

Die »Ami« hat ihren festen Kurs. Gegen Ende der Schwarzmarktzeit kostet sie überall 7 Reichsmark.

Ein Transportunternehmen

Die Inhaberin ist eine junge Witwe. Ihre Fernlastzüge fahren in die Westzonen. »Oft bin ich tagelang mit meinen Wagen unterwegs. Ich nehme Rauchwaren mit, denn ohne Zigaretten kommen wir nicht vorwärts. Eine primitive Unterkunft bei Bauern mit einem Bratkartoffelfrühstück kostet mindestens 100 Mark. Häufig bin ich wochenlang auf Reisen, um Ersatzteile zu beschaffen. Ein neuwertiger Reifen für Lastwagen ist kaum unter 3000 Mark zu haben. Meine Kunden sind manchmal in der Lage, mir für besonders prompt abgewickelte Transporte Warenprämien zu bieten. Auf diese Weise kann ich Ersatzteile eintauschen. Ich tausche, weil ich andernfalls meinen Betrieb verkleinern oder schließen müßte. Aber wem wäre damit gedient?«

Der Bauer

»Ich kriege ja nicht einmal das Pferd beschlagen, wenn ich nicht etwas Nahrhaftes dafür gebe. Außerdem, rechnen Sie mal nach, woher soll ich wohl das Geld für die Steuer nehmen, wenn ich nicht tausche? Die Fuhre Mist kostete früher 30 bis 36 Mark; und heute muß ich das Zehnfache dafür zahlen. Ein Kopf Treibsalat, der früher 35 Pfennig brachte, oder ein Kopf Blumenkohl, der auf 80 Pfennig kam, bringt heute noch den gleichen Preis. Womit soll ich den Dünger also bezahlen? Darum muß ich eben den Blumenkohl für 6 bis 8 Mark pro Kopf abgeben ...«

Der Ladenschlachter

Das Geschäft liegt in einem stark zerstörten Stadtteil einer Großstadt. Mann und Frau stehen seit dreißig Jahren hinter dem Ladentisch. »Ich habe nur ein kleines Kontingent. Damit meine Kunden etwas vorteilhaft mit ihren Rationen wirtschaften können, stelle ich regelmäßig Wurstbrühe, Grützwürste und Vierfach-Wurstsorten her. Dazu gehört vor allem Blut. Das Blut wird zur Weiterverwertung der Industrie zugeführt. Innereien zur Wurstherstellung sind knapp. Naturdärme gibt es selten. Für Innereien (Lunge, Herz, Nieren usw.) muß ich zuweilen Fertigwürste liefern. Eine Kanne Blut kostet häufig eine entsprechende Menge an Fleisch oder Rauchwaren. Genau genommen setze ich zu. Wie hoch mein Umsatz bei den schmalen Zuteilungen ist, kann jeder leicht ausrechnen. Ich will meine Existenz erhalten. Das kann ich aber nur erreichen, wenn ich mit meinen geringen Möglichkeiten denen helfe, die mir seit dreißig Jahren ihre Groschen ins Geschäft gebracht haben.«

Aus der Metallindustrie
Eine westfälische Schloßfabrik gibt von ihren begehrten Erzeugnissen an die Bauernschaft ab, die dafür Lebensmittel zur Verfügung stellt. Auf diese Weise können 10 bis 12 Pfund Gemüse und 10 bis 15 Pfund Kartoffeln monatlich an die Betriebsangehörigen verteilt werden. Die Werksleitung führte das System ein, um den Ausfall an Arbeitsstunden zu vermeiden, der durch das selbständige Hamstern jedes Arbeiters entsteht.

(DW)

Kalte Schieber – heiße Ware

1947
Gegen acht am Abend kam ich in Hamburg an. Man mochte es unbelehrbaren Optimismus nennen, aber ich hatte beschlossen, mir ein Hotelzimmer zu suchen.
Die großen Häuser am Bahnhof dienten der Besatzungstruppe als Unterkünfte und Klubs, aber in einer der Seitenstraßen, so wurde mir geraten, sollte ich es versuchen. Dort könnte man mit etwas Glück und – na ja, ich verstände schon – etwas Nachhilfe, noch ein Unterkommen finden.
In jedes Haus ging ich hinein. An jedem Haus fast war auch ein Schild: Pension, Hotel, Fremdenheim oder so ähnlich. Aber überall das gleiche bedauernde Achselzucken: alles besetzt. Sicher wäre mein Fragen nicht vergeblich geblieben, wenn ich verstanden hätte, ihm den nötigen Nachdruck zu geben. Aber es gibt Menschen, die tragen das »Sesam öffne dich« unserer Tage in der Tasche und verstehen nicht es im rechten Augenblick auszuspielen. Und zu diesen gehöre ich leider.
Aber noch hatte ich die Hoffnung nicht aufgegeben. Ich betrat ein erleuchtetes Treppenhaus und da ich nirgends so etwas wie eine Portierloge oder eine Anmeldung sah, stieg ich zum ersten Stock hinauf.
Merkwürdiges Haus, auch da nichts. Und doch hatte draußen »Pension Hansa« oder so etwas gestanden.
Ich ging die Treppe wieder hinunter und trat auf die Straße. Irgendwoher stürzte ein aufgeregter Mann mit Glatzkopf und hochgerollten Hemdsärmeln auf mich zu.
»So jetzt hab' ich Dich!« und dabei tanzte er wie wild um mich herum.
»Was ist denn los?« fragte ich verwundert.
»Los, gib sie her, mach keine Umstände!«
»Was denn? Ich glaube Sie sind nicht recht gescheit!«
»Red nicht so viel, gib die Sicherungen her, die du geklaut hast.« Und damit sprang er an mir vorbei in den Flur und riß den Kasten auf in dem die elektrischen Vorrichtungen, Sicherungen, Hauptschalter und Zähler waren.
»Da, da, natürlich sind sie raus! Du hast sie gestohlen. Ich habe doch gesehn, wie du hier ins Haus gingst und gleich darauf wurde es bei uns dunkel.«
Ich verstand nichts. Aber die Sicherungen fehlten wirklich und der Mann schrie und tobte. Ich wollte ihn mit seiner Aufregung allein lassen, aber damit hatte ich kein Glück.
»Hiergeblieben!« schrie er mich an. »Du bleibst hier, bis ich die Polizei geholt habe.«
Im Nu waren wir von einem Schwarm Neugieriger umringt. Wer weiß, woher die eben noch so stille Straße, diese Menge ausgespieen hatte. Wie ein Schwarm Schmeißfliegen auf ein vergessenes Butterbrot, stürzten sie sich auf die Sensation.
Sie drängten dicht heran, als schrie der Alte noch nicht laut genug.
Was wollten sie bloß alle?
Ich versuchte zurückzutreten, aber ich war eingekeilt, und ich meinte, mich hätte auch schon jemand am Rucksack gezupft. Nun wurde ich aber wütend. Ich freute mich richtig, als ich einen Polizisten sah, der sich zu uns durchdrängte.
»Der Mann behauptet, ich hätte ihm seine Sicherungen gestohlen«, rief ich ihm entgegen. »So etwas Dummes. Ich habe nur ein Hotelzimmer gesucht. Was soll ich auch mit seinen Sicherungen?«
Und nun sprudelte mein Ankläger los. Aber er war so aufgeregt und seine Worte überschlugen sich derartig, daß kein Mensch verstehen konnte, was er eigentlich sagte.
»Schon gut«, sagte der Wachtmeister ruhig. »Aber ich muß Sie der Ordnung halber durchsuchen, damit jeder Verdacht beseitigt wird.«
»Bitte!« rief ich herausfordernd, wie eben einer, der Unrecht zu erdulden bereit ist, um dem Recht zum Sieg zu verhelfen. Und ich hob die Arme hoch, damit der Wachtmeister besser an meine Taschen ankäme.
Aber plötzlich lief mir der Schreck kalt über den Rücken. In der äußeren Rucksacktasche hatte ich doch zwei Päckchen amerikanischer Zigaretten. Ich hatte sie seinerzeit ganz ehrlich von Amerikanern geschenkt bekommen.

Jetzt war ich unterwegs, um über die grüne Grenze in die russische Zone zu gehn und dort zurückgebliebenes Gepäck abzuholen. Und die Zigaretten sollten mir dabei als Dringlichkeitsausweis dienen. Einen Handwagen zu leihen oder eine Reisegenehmigung zu erwirken. Wer weiß wozu, aber brauchen würde ich sie gewiß. Und wenn der Wachtmeister sie jetzt fand? Ich sah mir die vielen Menschen an. Zweifellos, ich war in die richtige Umgebung geraten. Das waren alles Schwarzhändler, und ich konnte mir ihre Schadenfreude denken, wenn dieser fremde unliebsame Konkurrent, für den sie mich gewiß hielten, abgeführt werden würde.
Nichts dergleichen geschah. Der Polizist hatte alles durchsucht.
»Sie können gehen.« Und zum Alten gewendet: »Er hat sie nicht.«
Der brummte irgendetwas Unverständliches und verzog sich.
Nach dieser Begegnung verzichtete ich darauf, weiter in diesem Viertel nach einem Zimmer zu suchen und ging bedrückt zum Bahnhof zurück.
Im Bahnhofsbunker setzte ich mich auf eine Bank und rechnete mir aus, wieviele Stunden ich noch auf meinen Zug zur Grenze zu warten hätte.
Da betrat ein junger Mann den Bunker, lehnte sich an eine Wand und steckte sich eine Zigarette in den Mund. Aus Langeweile betrachtete ich ihn. Es war ein junger Bursche um die zwanzig. Sein Gesicht hatte den typischen Ausdruck des in den Schlachten des Krieges Gereiften. Er könnte mir gefallen, stellte ich fest, wenn er die Haare nicht so weibisch lang wachsen und dazu noch eine schwungvolle Locke unter der Skimütze hervorschauen ließe.
Nach einer Weile fiel mir auf, daß er die Zigarette noch immer nicht angezündet hatte. Aber ich verstand bald. Die war sozusagen sein Firmenschild. Von Zeit zu Zeit traten einzelne Männer, einmal auch ein Mädchen an ihn heran. Sie wechselten ein paar leise Worte und dann verschwanden vier Hände in einer Aktentasche, tauschten darin etwas aus und der Kunde ging seiner Wege.
Der Anblick der Zigarette reizte mich. Schließlich dachte ich mir, hätte ich noch vor einer Stunde alle vierzig loswerden können. Daß es nicht geschehen war, berechtigte mich vollkommen, mir jetzt eine zu erlauben. Und mit diesem Entschluß machte ich mich an meinen Rucksack.
Vergeblich tastete und suchte ich. Die Zigaretten waren weg.
Wahrscheinlich habe ich ein recht dummes Gesicht gemacht und der Mann mit dem Firmenschild im Mund meinte mich trösten zu müssen. Er kam dicht an mich heran und murmelte:
»Zigaretten?«
»Wie teuer?« fragte ich noch recht geistesabwesend.
»Sechs.«
»Nein, zu teuer! Kann ich mir nicht leisten.«
»Aber ich«, sagte er, setzte sich neben mich und zündete sein Firmenschild an. Er hatte genug abgesetzt, um sich selbst eine Zigarette gönnen zu können.
Ich erzählte ihm, was mir in der kleinen Gasse zugestoßen war, aber er unterbrach mich.
»Ach, du warst das? Ich war dabei.«
Und dann erzählte ich auch, daß mir meine kostbaren Zigaretten gestohlen worden waren.
»Das ist Anfängerpech«, sagte er und ich schien ihm leid zu tun.
»Tröste dich erstmal. Ich schenke dir eine.« Und er zog mit spitzen Fingern eines der weißen Röhrchen aus der Rocktasche. Dann fuhr er fort.
»Es hilft nichts. Man muß Lehrgeld zahlen. Wenn einer anfängt, glaubt er immer, das sei alles so einfach und dabei könne man im Nu ein steinreicher Mann werden. Denkste. Am Anfang habe ich einmal drei finsteren Burschen in einer einsamen Straße Zigaretten verkaufen wollen. Was meinst du wohl? Sie haben mich verprügelt und mir Geld und Ware abgenommen. Seitdem bin ich vorsichtig. Und wie ich einmal in Frankfurt eingekauft habe, ordentlich, so für zweitausend, da haben sie mir an der Grenze den ganzen Schmutz abgenommen. Schokolade, Kaffee und die Tasche, in der ich das Zeug drin hatte, obendrein. Nur mich selbst haben sie nicht erwischt. Da habe ich vielleicht in die Röhre geguckt. Zweitausend Emmchen und das teure Fahrgeld! Das hat gedauert, bis ich das wieder rausgeholt habe. Übrigens, das mit den Zigaretten heute, war das dein erster Versager?«
Ich bemühte mich ihm klarzumachen, daß ich keineswegs vom Fach sei und auch nicht die Absicht hätte, mich auf dem Gebiet zu betätigen.
»Ach so«, sagte er enttäuscht. »Aber wie kommst du da an vierzig Stück?«
Auch das erklärte ich ihm, und schließlich glaubte er mir sogar, daß ich wirklich auf der Suche nach einem Zimmer gewesen war.
»Weißt du was«, fing er wieder an, »vornehm ist unsere Bude nicht, aber besser als hier schläfst du bei uns bestimmt. Wenn du willst, kannst du mitkommen.«

Ich willigte ein.
»Ich muß vorher nochmal wohin. Kannst mich ja begleiten.«
Und so kamen wir wieder in die Gegend an die ich mich ungern erinnerte. Aus einem Keller klang Musik und Gesang.
»Hier müssen wir hinein«, sagte mein neuer Freund.
Wir stiegen ein paar Stufen hinunter. Die Luft war verraucht und roch nach Alkohol. Betrunkene Männer saßen an den Tischen. Käufliche Mädchen mit feuerroten Lippen flegelten sich zwischen ihnen. Eine Russin, zumindest gab sie sich als solche aus, spielte auf einem Akkordeon wehmütige Lieder. Wir ließen uns an einem der Tische nieder. Die Zunächstsitzenden musterten mich kritisch. Sie waren hier fremde Gesichter scheinbar nicht gewöhnt. Eine Kellnerin brachte das übliche Dünnbier.
»Wenn du etwas anderes haben willst, sage es mir nur. Dreihundert die Flasche.«
Ich verzichtete.
Das Geschäft bei meinem Freund schien gut zu gehn. Immer wieder kamen welche an den Tisch und warfen ihm, meist wortlos, schmierige Geldscheine hin.
Einmal erschien eine Polizeistreife in der Tür. Aber sie ging wieder. Mein Freund mußte ihnen Feuer geben, sie hatten keines bei sich.
»Genug für heute«, sagte er nach einer Weile. Dann wanderten wir durch dunkle Ruinenstraßen. Er erzählte mir von seinem Leben, von seinem Geschäft.
Er hieß Hans. Er war in einer kleinen Stadt in Holstein polizeilich gemeldet. Er hatte auch Arbeit da, bei einem Radiomechaniker. Aber was sollte der mit ihm anfangen? Bei den ständigen Stromabschaltungen, konnte er ja doch nichts machen. Und so hatten sie sich geeinigt, daß Hans das Arbeitsverhältnis als Tarnung beibehielt, ohne daß der Meister ihm Lohn zahlte. Beide Teile waren zufrieden.
Sollte er vielleicht Steine klopfen gehn?
»Sofort«, sagte Hans, »wenn ich sehe, daß sie daran gehen, Deutschland wirklich wieder aufzubauen. Aber solange es so geht wie jetzt, kein Material, keine Kohle, kein Strom und nichts zu fressen – nein, solange ohne mich.« Das Handeln auf dem Schwarzen Markt war durchaus nicht immer eine erfreuliche Angelegenheit und auch gar nicht so einträglich, wie manche glaubten. Und dann das ständige Risiko. »Wir«, wetterte er, »sind es ja immer, die sie schnappen und einsperren. Die anderen, die Millionen verdienen und in Saus und Braus leben, denen tut keiner was.«
»Weiß man denn wer die sind?«
»*Man* weiß vielleicht. *Ich* nicht. Und ich hüte mich, danach zu forschen, woher die Ware eigentlich kommt, mit der wir handeln. Manchmal ist es verdammt gefährlich, zuviel zu wissen.«
Wir kamen an ein mehrstöckiges Haus. Mit Streichhölzern leuchtete Hans mir zur Treppe. Am Geländer tasteten wir uns hoch. Direkt unterm Dach hatten sie ihre Bude. Einer schlief schon und der andere, ein schlitzäugiger Chinese, war gerade dabei, ein einfaches Abendbrot auf einem Spirituskocher zu bereiten. Das Bett des vierten war frei. Dorthin sollte ich mich legen.
»Für morgen ist alles klar, Hans«, knurrte der aus dem Bett und Hans blickte zufrieden auf eine Tasche, die auf dem Tisch lag.
»Neue Ware«, sagte er zu mir.
Im Bett plauderten wir noch eine Weile über dieses und jenes. Was der Chinese für eine Rolle spielte und wie er in die Mansarde kam, konnte ich nicht feststellen.
Im Traum sah ich wunderliche Bilder. Da fand ich mich selbst in der Kneipe und ich verkaufte Bücklinge zu fünf Mark das Stück. Aber irgendeiner stand neben mir und stahl mir dauernd das Geld aus der Tasche. Es kam mir so selbstverständlich vor, daß ich nichts dazu sagte.
Der Zug ging sehr früh. Hans, der Glückliche, hatte eine Uhr. Er weckte mich und begleitete mich zum Bahnhof.
»Dort blüht das Geschäft um diese Zeit ganz gut.«
Wir setzten uns in den Wartesaal und tranken Kaffee.
»Teufel auch!« fluchte Hans über den Rand seiner Tasse hinweg, »die kennen mich.«
Direkt auf uns zu kamen zwei Polizisten.
»Die Ausweise, bitte.«
Wir zeigten sie. Dann aber sagte der eine von ihnen:
»Na, Hans, du kommst wohl am besten gleich mit. Oder hast du heute nichts zu verzollen?«
Hans erhob sich langsam. Beim Aufstehn schob er mir mit dem Fuß seine Aktentasche zu und ging dann unbekümmert mit den Beamten mit.
»Bis nachher. Wir sehen uns noch«, rief er mir zu.
Die Zeit verging und ich mußte zum Zuge. Was sollte ich bloß mit der Tasche anfangen? Da mußte ein Vermögen drinstecken. Ich nahm sie auf und ging zur Sperre.
Unschlüssig blieb ich stehn. Mein Zug stand schon abfahrbereit. Ich hatte nur noch wenige Minuten Zeit.
Aber da sah ich Hans auch schon ankommen. Er sah nach der großen Bahnhofsuhr und rannte dann auf mich zu.
Glücklich nahm er seine Tasche in Empfang.

Als ständen sie zufällig da. Schwarzmarkttreff auf St. Pauli, Ecke Reeperbahn/Hamburger Berg

»Bist doch ein anständiger Kerl«, sagte er, holte aus der Tasche zwei Packungen »Chesterfield« und drückte sie mir in die Hand. Ich wollte abwehren. Ich wußte doch, daß das für ihn zweihundertvierzig Mark waren, aber er lachte mir ins Gesicht.
»Nimm schon. Es sind ja deine eigenen. Ich habe sie nur für dich verwahrt.« Damit drehte er sich um und verschwand in der Halle. Von weitem sah ich ihn noch einmal, er winkte und ich ging zu meinem Zug.

(Erik Verg)

25. Januar 1947
Wehe, wenn der Schieber en gros den »Spritzern« in die Hände fällt. Dann wird er ausgezogen, er muß »Haare lassen«. Spritzen, das ist die die neueste und einträglichste Erwerbsmethode auf dem Schwarzen Markt. Und das geht so: Zwei oder drei gutgekleidete Männer geben sich als Großeinkäufer aus. Sie kaufen alles und zu jedem Preis. Etwa: »Wir brauchen dringend einige Mille englische Zigaretten, wir gehen morgen in die russische Zone.«
Der Schwarzhändler wittert ein großes Geschäft und beißt an. Während einer der Spitzbuben großartig einen Haufen Scheine vorzählt, prüft ein anderer die Ware und packt sie in seinen Koffer. Und jetzt kommt der Clou: Ganze zwanzig Mark und die Faust werden dem Schieber unter die Nase gehalten. »Stimmt's?« Was, es stimmt nicht? Du weißt doch, daß du jetzt hochgehen kannst, du alter Gauner! Da drüben steht die Polente. Stimmt's jetzt?«
Die Rechnung geht todsicher auf. Auch der hartgesottenste Schieber verliert die Nerven bei der Aussicht, ein Jahr »Urlaub« antreten zu müssen. So haben im Handumdrehen diese Piraten des Schwarzen Marktes Tausende verdient.

(DS)

7. Februar 1947
Wegen Nichterfüllung seiner Ablieferungspflichten und Schwarzhandelns wurde der rund 100 Hektar große Hof eines Landwirts in Ulzburg bis auf weiteres einem Bauern aus Flüchtlingskreisen zur treuhänderischen Bewirtschaftung übergeben.

(DW)

6. Mai 1947
Berufsmäßige Schwarzhändler sollen, wie Bürgermeister Brauer auf einer Pressekonferenz bekanntgab, in besonderen Arbeitslägern untergebracht und zur Trümmerbeseitigung eingesetzt werden.

(DW)

9. September 1947
Größere Mengen Fleisch und Talg in Dosen, die für 16000 Reichsmark auf dem Schwarzen Markt in Cuxhaven abgesetzt werden sollten, entdeckte die Polizei in den Schränken und Verbandskästen eines Roten Kreuz-Wagens, der einen aus Decken und Kissen geformten Verunglückten auf der Bahre mitschleppte.

(DW)

Anfang 1948
Rep.: Darf man mal ganz offen fragen ... 'n bißchen Schwarzhandel, was?
S: Ja, sicher, Schwarzhandel. Ich meine, warum nicht? Ist das Wort etwa anrüchig?
Rep.: Na, wohl kaum noch.
S: Wer ist schließlich nicht damit verwickelt, nicht? Das ist ein Handel, wie es ihn früher auch gegeben hat. Nur, daß im Augenblick die Preise etwas überhöht sind, daß die Ware quantitativ geringer geworden ist, und daß leider die Geschäftsmoral nicht ganz so gut ist.
Rep.: Ja, so kann man es auch nennen.
S: Na, es dient ja doch dazu, daß man die Machtlage ausnutzt und eben zusieht, welche Ware wo billiger ist, um sie in Gebiete reinzubringen, wo sie eben teuer ist ... sagen Sie, das Ding ist doch nicht angeschaltet? (*zeigt auf das Mikrophon*)
Rep.: Nee, wir machen die Aufnahme erst später hier.
S: Wirklich?
Rep.: Ja, ja! Sie sind so'n bißchen Fachmann auf dem Gebiet?
S: Ja, ich bin an sich mal Kaufmann gewesen. Und warum soll man da nicht heutzutage seinen Beruf weiterführen? Die Umstände sind eben etwas schwieriger geworden und man muß ja weiterkommen.
Rep.: Bei dieser Gelegenheit kann ich ja gleich mal 'ne Frage bei Ihnen stellen.
S: Ja bitte.
Rep.: Ich habe bemerkt, daß der Schwarze Markt so unerhört fein registriert. Beinahe so wie an der Börse, wie die Aktien steigen und fallen, so reagiert auch der Schwarze Markt. Beinahe wie ein Seismograph.
S: Ja, sehen Sie mal: Der Preis richtet sich nach dem alten kaufmännischen Grundsatz von Angebot und Nachfrage. Ist das Angebot groß, dann sackt der Preis ... und umgekehrt. Das sehen Sie an dem Zigarettensturz, den Sie wahrscheinlich auch beobachtet haben ... Zigaretten, die ja eigentlich doch die Goldwährung sind, daß die mal einen so festen Kurs gehabt haben von 7 Mark und gänzlich runtergefallen sind bis auf 3,80 Mark das Stück. Es ist eben so eine Schwemme dagewesen, die so, wie ich gehört habe, aus Gebieten wie Bergen-Belsen stammt, deswegen fiel der Preis.
Rep.: Aber man sagte nun, daß Zigaretten wieder angezogen haben.
S: Ja, das ist leider darauf zurückzuführen, daß man kurz vor diesem selben Gebiet die LKWs mit Zigaretten gefunden hat – geschnappt hat und einkassiert hat. Damit hörte automatisch die Schwemme auf.
Rep.: Also immer nur Angebot und Nachfrage.
S: Ja, andererseits ist es natürlich so, daß ein gewisses Maximum des Preises dadurch festliegt, daß eben die Kaufkraft der Bevölkerung nicht mehr so groß ist wie früher. Früher wurde wahllos alles gekauft, was man bekommen konnte. Heute rangieren an erster Stelle Lebensmittel und dann erst die Genußmittel wie Zigaretten, Kaffee und Kakao und ähnliches mehr.
Rep.: Und für Sie kommt es darauf an, das auszunutzen?
S: Ja, es kommt darauf an zu kompensieren, sagen wir mal Gebrauchsgegenstände gegen Lebensmittel und die Lebensmittel wieder runterzuholen.
Rep.: Sie sagten vorhin, die Zigarette ist 'ne Goldwährung. Reagieren andere Güter, sagen wir Fett oder Wolle, genauso fein wie die Zigarette?
S: Ja, das tun sie schon. Nur, daß eben, sagen wir mal durch die Zufuhr von außen, diese Artikel nicht so starken Schwankungen unterworfen sind, weil praktisch keine Zufuhr stattfindet. Die Zigaretten eben von draußen kommen. Und Sie sehen auch Marken, die heutzutage auf dem hiesigen Markt erscheinen, wie die amerikanische Zigarette »Juno« und »Pan American« – das sind Marken, die es eigentlich nie gegeben hat, und ich führe es darauf zurück, daß das Gerücht sich dann praktisch

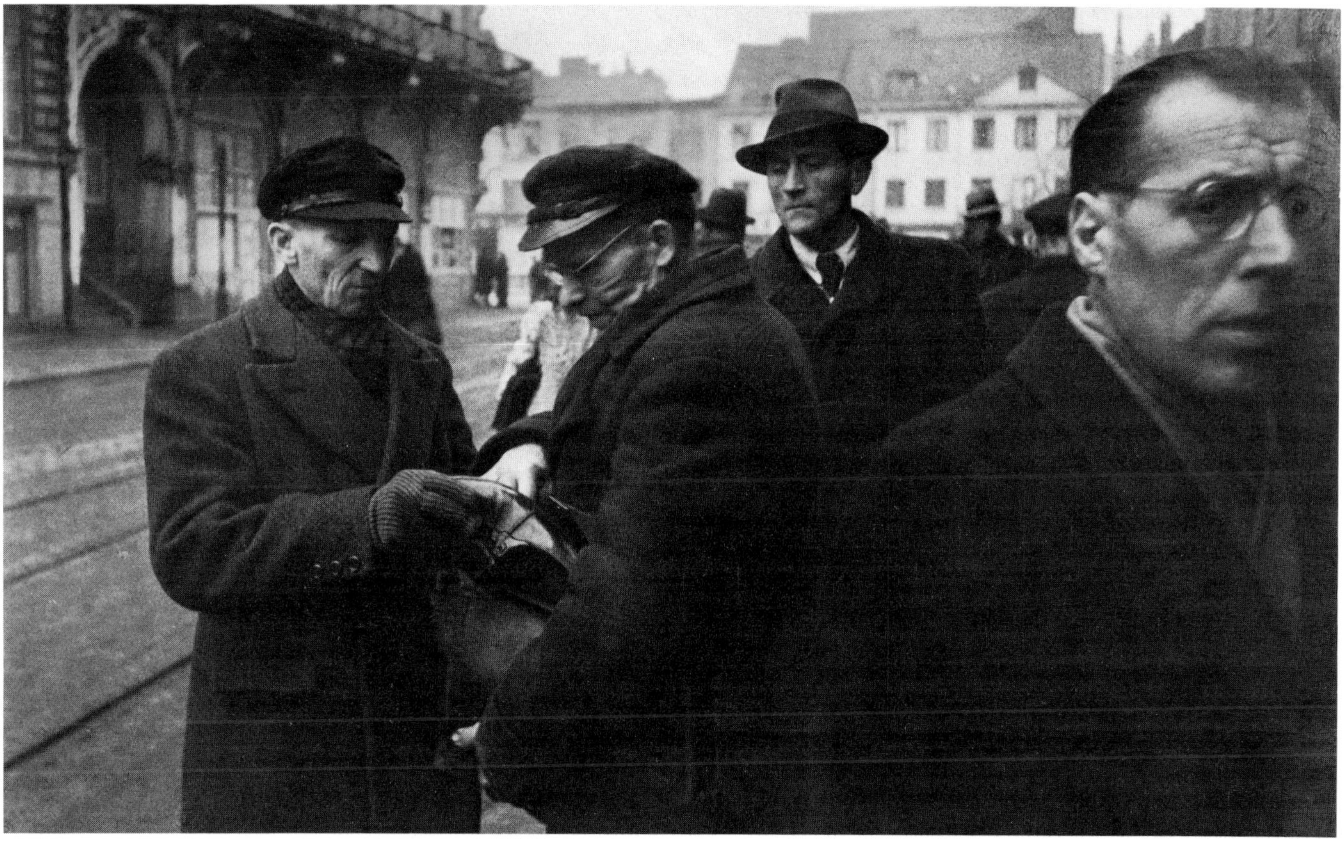

Wer noch etwas anzubieten hat, trägt es auf die Straße. Schuhe gegen sehr viel Geld, noch besser gegen Zigaretten. Nur so bekommt man Lebensmittel.

bestätigt, daß die Amerikaner in den benachbarten Ländern, besonders in Polen, Zigarettenfabriken verpflichtet haben, Zigaretten herzustellen, liefern ihnen die Tabake, das Cellophan und das Packmaterial. Und diese Zigaretten kommen dann automatisch hierher.
Rep.: Aber Sie glauben nicht, daß der Schwarze Markt vom Ausland gesteuert wird?
S: Nein, das glaube ich nicht. Das ist praktisch eine Privatinitiative, die sich von auswärts her auswirkt.
Rep.: Glauben Sie, werden Sie noch Erfolg haben, wenn die Währungsreform kommt?
S: Ja, also die Währungsreform wird nicht wesentlich viel verändern. Ein Schwarzmarkt wird immer bleiben, solange wir nicht Waren frei verfügbar haben. Sie haben vielleicht mit ihrem kleinen Rundfunkgehalt eher die Möglichkeit, sich ein Pfund Butter zu kaufen, vielleicht für 24 statt für 140 Mark, aber dadurch entsteht dann eine größere Nachfrage und der Preis geht dann gleich wieder hoch, ganz automatisch.
(NWDR, Heimlich aufgenommenes Interview mit einem Schwarzhändler. Reporter: Helmuth Rehbein)

27. März 1948
Auf einer Tagung der Stadtoberhäupter Bizoniens teilte ein Bürgermeister mit, daß die durch die Bewirtschaftung verursachten Unkosten für jedes legal verteilte Ei um zwei Mark über dem Schwarzmarktpreis liegen. Wäre es unter diesen Umständen nicht das Ei des Kolumbus, dem Verbraucher den Schwarzmarktpreis für das jeweils zugeteilte Ei direkt auszuzahlen? Dieses Verfahren würde für die Bizonen-Säckl bei schätzungsweise 35 Millionen Bezugsberechtigten 70 Millionen Reichsmark einbringen.

(DW)

1. Mai 1948
Ein Kalb von 131 Pfund wurde von einem Bauern durch den Stalljungen zur Ablieferungsstelle geschickt. Gleichzeitig nahm der Junge ein Kaninchen mit zum Schwarzmarktverkauf. Der Ertrag für den Bauern waren 66 Mark für das Kalb, für den Jungen 110 Mark Kaninchengeld.
(DS)

Kampf dem Schwarzmarkt

13. September 1945
Beinahe täglich werden zur Zeit Razzien gegen die Schwarzen Märkte angesetzt. Gestern gerieten wir selbst mit hinein in einen solchen Kessel. Auf St. Pauli war es, am Nachmittag, in der Stunde, in der die Männer von der Arbeit aus dem Hafen zurückkehren und die Hausfrauen sich zum letzten Einholgang des Tages anschicken.
Alle Straßen waren also belebt. Im Bereich der oberen Talstraße aber sah diese »Belebtheit« anders aus. Da strömte das Volk nicht gemächlich, sondern es staute sich. Da standen Gruppen und Grüppchen auf dem Bürgersteig und auf der Fahrbahn herum, so daß die Passanten sich nur langsam hindurchzudrängen vermochten. Die meisten bekümmerten sich nicht um das Treiben. Andere beobachteten es interessiert. Einige blieben stehen und suchten mit Augen und Ohren zu erhaschen, was da an preiswerten und preisungeheuerlichen Angeboten in der Luft lag.
Denn um Angebot und Nachfrage ging es hier. Wir waren mitten in den Betrieb des Schwarzen Marktes hineingeraten. Obwohl die Straßen erst vor wenigen Viertelstunden von einer Polizeistreife durchkämmt worden waren, drängten sich schon wieder Hunderte von Händlern, Käufern und Mitläufern. Ganz ungeniert und beinahe unverhüllt reichen sie die Ware von Hand zu Hand. Wer noch keinen Interessenten fand, der nimmt sie unter den Arm und promeniert ganz öffentlich damit herum.
Dort präsentiert ein kleines Fräulein zwei Stück Toilettenseife. Ein schlaksiger Jüngling spaziert mit einem elektrischen Kocher unter dem Arm. Wenige Minuten vorher hatte er ihn von einem Handwerker, der das Ding wohl selbst gebastelt hatte, für ein paar Zigaretten erstanden – nun sucht er einen Dummen ... Immer wieder sieht man, wie Brotmarken gegen Zigaretten getauscht werden.
Plötzlich merkt man Unruhe an einem Ausgang der Straße. Mädchen kreischen, Bengel laufen. Im Augenblick ist alles in Bewegung. Hunderte suchen mit den Augen einen Ausweg. Aber wie aus dem Boden gewachsen, stehen in allen Seitenstraßen Polizeisperren, stehen plötzlich Polizeibeamte vor den Türen der Etagenhäuser, tauchen hinter den Mauern eines Krankenhausgrundstückes auf. Resigniert wirft einer seine Ware in den Ascheimer, der andere in die Trümmer: »Zu spät, der Kessel ist geschlossen!«
Nun drängen die grünen Polizeiketten die erfaßte Menge langsam zusammen. Kriminalbeamte sind zur Stelle und »sortieren«. Hausfrauen, heimkehrende Arbeiter: nach 15 oder 20 Minuten können sie ihres Weges ziehen. Sie werden in Zukunft einen Umweg um diese berüchtigten Straßenkreuzungen machen.
Wer hier auf den Schwarzen Markt kommt, begibt sich in Gefahr, nur zu leicht wird er abgleiten, wird jeder, ohne das eigentlich zu wollen, zum Hehler. Denn 95 Prozent aller Dinge, die hier angeboten werden, stammen aus Diebstählen und Einbrüchen.
Das erkennt man deutlich nachher auf der Davidswache. Neun von zehn ließ man laufen, aber unter denen, die man festnahm, fanden sich prächtige Exemplare des Schwarzhandels. Menschen mit 50000 und noch mehr Mark in der Tasche. Hehler mit Waren, deren Herkunft aus den Einbrüchen der letzten Tage ihnen sofort auf den Kopf zugesagt werden konnte.
(HNB)

5. April 1946
Der Dezernatleiter legt den Hörer auf die Gabel. »16 Uhr 15 Razzia am Hansa-Platz. Ab 15 Uhr ständige Überwachung der Straßen durch die Kripo. Wache VII Schupo stellen.« In der Zentralstelle lösen diese Worte Hochspannung in der Arbeit aus. Fernschreiber rasseln und geben Einsatzanweisungen in Decknamen. Boten hasten von Zimmer zu Zimmer, letzte schriftliche Mitteilungen werden ausgegeben. In einem anderen Raum versammeln sich 30 bis 35 Männer und Frauen. Einige haben Aktentaschen, zwei Frauen auch Einholnetze. Neben der Tür steht ein junger Mann; er trägt einen schäbigen Soldatenrock mit zwei großen Flicken am Ellenbogen. Mein Begleiter klärt mich auf: das sind weibliche und männliche Kriminalbeamte, die ihren Einsatz besprechen – ihrer Kleidung nach aus allen Schichten der Bevölkerung. Ich schließe mich dem ersten Trupp Kriminalbeamter an, der sich kurz vor der Razzia unter die Schwarzmarkthändler mischt.

Streife gegen Schwarzhändler. Bei den Polizisten zu Hause ist auch Schmalhans Küchenmeister.

Kleine Gruppen und Grüppchen von Menschen finden sich zusammen. Eine junge Frau mit buntem Kopftuch steht im Hausflur. Sie bietet schlechte, abgetragene Schuhe für vierhundert Mark an. Nach jedem Anbieten und Ablehnen verschwinden die Schuhe wieder in der Einkaufstasche. An der Ecke ein verschmitzter Alter, um ihn herum drei Hausfrauen, eine trägt eine Milchkanne in der Hand. Es werden Brotmarken gehandelt. Während er mit den Frauen spricht, geht sein Blick unruhig mal nach links und mal nach rechts. Die Frauen sind unzufrieden, wohl empört, gehen weiter. Ein dünner Hagerer bietet Butter in Dosen an. Ich frage nach dem Preis. »Zweineun« flüstert er. Nach der Schiebersprache müßte das zweihundertneunzig Mark heißen. In einer Toreinfahrt tuscheln vier Männer, Bohnenkaffee geht von Hand zu Hand, die Güte wird geprüft. Große und kleine Geldscheine werden gezählt, ein ganzes Bündel. Ein Soldat sammelt Kippen, seine viel zu großen Stiefel werden durch Bindfäden gehalten, zwei Sicherheitsnadeln zwingen die Uniformjacke zusammen. Ein Bursche ruft keck »Feuersteine gefällig, vier Stück achtzehn Mark.« »Polizei«, ruft einer. In die Gruppen kommt Bewegung. Eine Frau kreischt. Die Unruhe steigert sich, aus der Bewegung wird Laufen, doch zu spät. Jetzt tauchen von allen Seiten die Polizisten mit ihren grünen Tschakos auf. Es wird eingekesselt. Da wendet sich das Bild: die eben noch seltenen und raren, zu phantastischen Preisen angebotenen Waren werden auf die Straße geworfen, niemand will mit »heißer Ware« angetroffen werden. Sie Polizei treibt die Ertappten geschickt in eine Sackgasse. »Kriminalpolizei«, sagt ein kleiner älterer Mann neben

mir. Eben stand er noch zwischen einer Gruppe von Schwarzhändlern und »interessierte« sich für Bohnenkaffee. Ich zeige meinen Ausweis, wir lachen beide.
Ich gehe zu den vorläufig Festgenommenen. Vor mir ein recht sauberer und ordentlich gekleideter Student. Er ist blaß. Seine Festnahme beeindruckt ihn. Im Kriege war er Fähnrich bei einer Fallschirmjägereinheit. Vor einiger Zeit ist er aus russischer Gefangenschaft entlassen. Seine Mutter ist bei einem Fliegerangriff ums Leben gekommen, sein Vater ist seit Stalingrad vermißt. Achtzig englische Zigaretten wurden bei ihm gefunden, siebzehn Mark vierzig bares Geld. Die Zigaretten will er für vier Mark gekauft haben, um sie für fünf Mark wieder zu verkaufen. Ich frage ihn, ob er aus Not gehandelt habe. Er gibt keine Antwort. Von seiner Pflegetante bekommt er monatlich zehn Mark Taschengeld, er geht oft ins Kino, eine Freundin hat er auch.
Neben dem Jungen steht ein Großschieber. Erhaben klopft er dem Beamten auf die Schulter: »Ich bin wirklich unschuldig hier, Herr Kommissar.« Waren wurden bei ihm nicht gefunden, aber etwa dreitausend Mark Bargeld. Vorstrafen: drei Jahre Gefängnis wegen Zuhälterei.
Die Festgenommenen werden am gleichen Abend ins Untersuchungsgefängnis gebracht. Die Verurteilung erfolgt am nächsten Tage vor den Razzia-Richtern.
Am anderen Morgen im Schnellgericht. Oft werden 35 Fälle an einem Tag verhandelt. Ein alter Mann wird hereingeführt, er geht am Stock. Zwei Armbanduhren hatte er für 350 Mark das Stück verkaufen wollen. Acht Tage Gefängnis und 500 Mark Geldstrafe lautet das Urteil. »Auf Wiedersehen«, sagt der Alte mit dem Stock beim Hinausgehen aus Versehen. Richter und Staatsanwalt lächeln ein wenig. Nun führt der dicke Gerichtsdiener den Kohlenschieber herein. Die erste Gefängnisnacht hat ihn wenig beeindruckt. Er sieht sich vergnügt im Saale um. Der Fall kann nicht weiterverhandelt werden, da Ermittlungen über einen Verkauf angestellt werden. »Kommen Sie«, sagt der Gerichtsdiener. »Nicht so eilig, mein Dikkerchen«, meint der Kohlenschieber und grinst. – Dann kommt auch der junge Student. Er scheint noch blasser als am Abend. In kurzen, abgehackten Sätzen schildert er seinen Zigarettenverkauf, erzählt aus seinem Leben. Der Richter findet gute Worte der Mahnung und Erziehung, doch die Straftat ist begangen. Zehn Tage Gefängnis werden verhängt. Das Urteil ist gesprochen. In den Mundwinkeln des Jungen zuckt etwas. Zum erstenmal das Wort »Gefängnis«. Er wird zwar nicht weich – er hat im Kriege schon andere Dinge erlebt –, es ist aber so, als wolle er noch etwas sagen. »Sie können jetzt gehen«, sagt der Richter gutmütig, und der dicke Gerichtsdiener rasselt gewohnheitsmäßig mit den Schlüsseln.

(DW)

22. Februar 1947

Dreimal mußte in der vergangenen Woche ein großer Lastwagen in Hamburg den Weg zum Polizeipräsidium fahren. Dreimal fuhr er eine Millionenfracht: Medikamente, Brillanten, Textilien und Lebensmittel, die in dem Schwarzwarenlager eines Hotels in der Nähe des Bahnhofs beschlagnahmt worden waren.
Das Hotel, das der Polizei schon seit geraumer Zeit als Schwarzhandelszentrale verdächtig erschien, wurde von einem großen Aufgebot von Kriminalbeamten schlagartig besetzt, nachdem die Ausgänge abgeschlossen worden waren. Die Durchsuchung des Hotels, dessen Gäste zum größten Teil in ihren Zimmern überrascht wurden, dauerte mehrere Stunden und nahm einen dramatischen Verlauf, da alle Schwarzhändler ihr Eigentumsrecht an der Schwarzhandelsware ableugneten.
So wurde bei dem Portier des Hotels ein ganzer Koffer voller englischer und amerikanischer Zigaretten gefunden; doch wollte der Portier nicht wissen, wie dieser Koffer in seinen Schrank gelangt war.
Beim Hotelbesitzer selbst beschlagnahmte man mehrere Schinken und Säcke voller Zucker, Mehl und andere Lebensmittel; auch er wußte nichts von diesem Schwarzhandelsgut. Einer der Gäste wurde noch im Bett liegend angetroffen. Statt einer Matratze benutzte er Kaffeebohnen als Lagerstatt.
Bei einem Artisten wurden wertvollste Arzneimittel und Narkotika in einem Gesamtwert von 1,5 Millionen Mark beschlagnahmt. In Geheimsafes fand man Brillantbroschen, goldene Uhren und zahlreiche andere Schmuckstücke. Überhaupt war in dieser Schwarzmarktzentrale alles vertreten, was es im gewöhnlichen Handel nicht gibt: Tabak, Seife, Spirituosen, Notlichter, Speck und ähnliche schöne Dinge mehr.
Hamburg als alte Handelsmetropole weiß sich umzustellen und steht in der britischen Zone als Umschlagplatz für Schwarzware an erster Stelle.

(DS)

14. Februar 1948

Die Schwarzmarkt–Bekämpfung ist seit dem 1. Januar 1946 eine Hauptaufgabe der Polizei. 5000 uniformierte

Beamte sind dafür eingesetzt. Besondere »Anziehungspunkte« wie der Fischmarkt, Obst- und Gemüseanbaugebiete usw. dürfen nur mit polizeilicher Genehmigung betreten werden. Im Freihafen bewachen 400 Beamte Tag und Nacht die Lebensmittellager und Schiffe, um ein Abfließen der überseeischen Einfuhren in dunkle Kanäle zu verhüten. Ständige Straßen- und Zugkontrollen sowie Razzien sind weitere Maßnahmen.
1200 Lebensmittelgeschäfte und Lager werden laufend polizeilich kontrolliert und überwacht. Sämtliche Geschäfte sind registriert und jeder Polizeirevierführer ist in seinem Bereich für die Bewachung der gelagerten Bestände verantwortlich. Darüber hinaus ist ein privater Selbstschutz organisiert. Industrieunternehmen wurden veranlaßt, Alarmeinrichtungen anzulegen und Wächter mit Hunden zu halten. Lebensmittelgeschäfte dürfen nachts nicht ohne Aufsicht sein. Schuhmacher, Färbereien und andere handwerkliche Betriebe wurden angewiesen, jeweils nicht mehr Reparaturgegenstände bei sich zu lagern, als in den nächsten Tagen bearbeitet werden können. Lebensmittelkartendruckereien werden wie Notenbanken gesichert und ständig durch Kontrollbeamte beaufsichtigt.
Augenblicklich läuft eine Aktion, die sich gegen »Schlemmerlokale« und Gaststätten richtet, in denen »schwarz gegessen« wird. Über Einzelheiten schweigt die Behörde verständlicherweise, aber Überraschungen stehen bevor. In den letzten Tagen sind vier Restaurants geschlossen worden, darunter die Gaststätte des Hotels »Belvedere«.

(DW)

Mörder, Räuber, Fälscher ...

17. September 1945
Mit ungewöhnlicher Frechheit inszenierten falsche Kriminalbeamte am Sonnabendnachmittag in der Kartenausgabestelle Wilhelmgymnasium ein Einbruchsmanöver, bei dem ihnen große Mengen Lebensmittel- und Raucherkarten in die Hände fielen.
Unter dem Vorwand, daß ein Einbruch geplant sei, ließen sie sich von dem Leiter der Dienststelle die Aufbewahrung der Kartenvorräte zeigen, erschienen dann gegen Abend noch einmal und sperrten den Hausinspektor unter der Beschuldigung, einen früheren »Einbruch begünstigt« zu haben, in den Heizraum. Inzwischen brachen sie die Kammer auf, in der Karten verwahrt wurden, und stahlen je 1000 Bogen Nährmittel- und Brotmarken, 400 Bogen Fleischmarken, 450 Bogen Margarinemarken und 500 F- und 300– Raucherkarten.

(HNB)

13. November 1947
Rund 2,4 Mill. Pakete, Päckchen und Einschreibpäckchen bearbeitet die Oberpostdirektion Hamburg pro Monat. Von den für Hamburg bestimmten 400000 Sendungen kommen etwa 15 v. H. (60000) beschädigt an, als beraubt meldet die Oberpostdirektion etwa 1 v. H. des Gesamtanfalls, also etwa 4000 Stück. Der Präsident der Hamburger Oberpostdirektion, die neben dem inländischen Umschlag auch die Liebesgabenpakete aus Amerika und den nördlichen Staaten bearbeitet, erklärt hierzu: »Die große Zahl von Beraubungen ist für die Post ein durchaus ungewöhnlicher Zustand. Es ist alles geschehen, um verbrecherische Elemente, die nur zum Teil in Postkreisen zu suchen sind, auszumerzen.«
Hafenarbeiter vollziehen die Umladung aus dem Schiff, kontrolliert von Beamten des Zolls, der Reederei, der Post, der Hafenpolizei und der Stauerfirma. Bis vor kurzem mußte alles mittels Schuten an den Kai befördert werden. 15 Sicherungsbeamte sind hier tätig; außer ihnen führen Lademeister des Kais die Aufsicht. Wird hier gestohlen? Die Post sagt: »Nach unseren Erfahrungen nicht.« Weiterbeförderung mit Waggons. Beim Einladen und später beim Ausladen kann natürlich in einer Ecke »gemauschelt« werden. Deshalb steht je ein Beamter an den Waggontüren. 30 Spezial- Sicherheitsbeamte besitzt Hamburgs Post.
Die mit Plomben und dickem Draht verschlossenen Waggons gehen in die Verantwortung der Reichsbahn über. Sie stellt Zugbegleitpersonal. Doch auf offener Strecke werden bei passender Gelegenheit Waggons »geknackt«. Die Spezialisten fahren auf Dächern und in Bremserhäuschen mit. Bei einem Zug, der aus Bremen kam, wurden von elf Waggons vier erbrochen und um je 50 Sack erleichtert.
Die Post vermißt noch 2700 Mitarbeiter, die gefangen, verschollen oder tot sind. Rund 1200 der alten Fachkräfte wurden denazifiziert. Sie muß daher neue Leute nehmen, die ihr das Arbeitsamt zur Verfügung stellt. Viele kommen aus dem Osten. Für sie, aber auch für andere, sind keine Strafregister mehr beizubringen. Sie werden eingestellt, und bittere Erfahrungen sind unvermeidlich.

»Von sieben Mann, die wir anfordern, sind zwei vorbestraft ...« Rund 500 Postangehörige, vom Sekretär bis zur Reinmachefrau, wurden 1947 bei der Staatsanwaltschaft angezeigt. Ihre Strafen reichen von einem Monat bis zu mehreren Jahren. Die Post ist von der Zentralverwaltung ersucht, bei allzu gering erscheinenden Strafen Berufung einzulegen.
Trotz Gucklöchern in den Türen der Lagerräume ist eine Kontrolle durch Mangel an Glühlampen – es fehlen 70 v. H. – sehr erschwert. Die Bahnsteige am Hamburger Bahnpostamt können zeitweise nur durch Austausch von Birnen aus den Gebäuden beleuchtet werden.

(DW)

20. August 1946
Einen Güterzug zum Halten brachten nachts zwischen Altona und Stellingen etwa 50 Personen, die zwei Fischwagen beraubten. Bis zum Eintreffen des Überfallkommandos waren die Plünderer bereits verschwunden.

(DW)

14. Februar 1947
Die Hamburger Kriminalpolizei ist durch einen vierten Mord innerhalb von drei Wochen in höchste Alarmstufe versetzt. Ein Mann, der in den Trümmerfeldern von Hamm nach Ofenrohren suchte, fand am Mittwoch im Keller einer Fabrikruine an der Anckelmannstraße die nackte Leiche einer etwa 35–40 Jahre alten Frau. Auch dieser Mord wurde unter denselben Umständen verübt, wie die 3 Bluttaten in Eilbek, St. Georg und Rothenburgsort. Auch diese Frau wurde erdrosselt und vor ihrem Tode an den Händen gefesselt. Auch diese Frau wurde in einem verlassenen Trümmerfeld völlig ausgeraubt. In allen Fällen handelt es sich um Menschen in gepflegtem Körperzustand, Menschen, die offenbar auch gut gekleidet waren. Alle Merkmale sprechen für ein und denselben Täter.
Die Polizei hat einen umfangreichen Fahndungsdienst eingesetzt. Voraussetzung für den Erfolg ihrer Arbeit ist es, die Ermordeten zu identifizieren. Bisher haben sich in keinem Fall Freunde oder Angehörige gemeldet, nicht einmal Angehörige des in den Ruinen der Billstraße ermordeten 6–8 Jahre alten Mädchens. Es ist anzunehmen, daß die Opfer in den Kreisen der sog. »Interzonenfahrer« zu suchen sind. Die Polizei warnt alle Durchreisenden, sich etwa vom Bahnhof aus in unbekannte Privatquartiere verschleppen zu lassen, überhaupt sich unbekannten Menschen anzuschließen. Autos anzuhalten oder sich von unbekannten Autofahrern mitnehmen zu lassen.
Die Bevölkerung wird aufgefordert, jedes Angebot von Wäsche, Kleidern, Pelzmänteln und Schuhen sorgfältig zu überprüfen. Und zwar nicht nur in Hamburg, sondern auch bei Tauschgeschäften auf dem Lande. Jede dem Laien auch noch so nebensächlich erscheinende Wahrnehmung kann dazu führen, den Personenkreis um die Ermordeten kennenzulernen.

(HA)

5. April 1947
Fünf als Schuhcreme deklarierte Kisten, die noch 60000 amerikanische Zigaretten enthielten, wurden bei einer Hamburger Firma beschlagnahmt. 7 Personen, die unter dem Verdacht stehen, bereits 10000 von den ursprünglich 70000 Zigaretten verkauft zu haben, wurden festgenommen.

(DW)

1948
Immer wieder tauchen neben den asozialen Taten des einzelnen auf dem Schwarzmarkt auch bandenmäßig ausgeübte Diebstähle auf. Besonders im Winter 1946–47 waren das Anhalten von Kohlenzügen, das Waggonknacken, Berauben von Kraftfahrzeugen, Jagden mit der Polizei geradezu zum Sport geworden. Mit Erschütterung muß berichtet werden, wie gesunde redliche Familien, die im Anfang aus bitterer Not den Weg des Diebstahls gingen, das Gefühl für das Unredliche des Tuns verlieren. Die Jugendgerichtshilfe mußte in den Gerichtsverhandlungen häufig feststellen, daß die Eltern der angeklagten Jugendlichen, die das Diebesgut ihrer Kinder angenommen und verbraucht hatten, auf Vorhaltungen ohne jedes Verständnis für die Unredlichkeit dieses Tuns waren. So wurden in einem der letzten Verfahren, bei dem sich herausstellte, daß 14- bis 16jährige wiederholt mit Wissen der Eltern nachts unterwegs blieben, um Kaninchen und Lebensmittel zu stehlen, zum ersten Male auch die Erziehungsberechtigten mitverurteilt.

(Senatorin Paula Karpinski)

4. April 1948
Bei der Bekämpfung von Markenfälschungen gelang der Polizei ein besonders erfolgreicher Schlag. In einer Wohnung der Innenstadt wurde eine der größten Druckereien nach dem Kriege ausgehoben.
Der Fälscher, ein älterer »biederer« Steindrucker, be-

Kinder plündern einen fahrenden Kohlenzug zwischen Dammtor und Sternschanze. Ein alltägliches Bild.

trieb sein »Geschäft« seit über zwei Jahren. In dieser Zeit stellte er falsche Fett- und Zuckermarken im Werte von mehreren tausend Kilogramm her. Seine tägliche Kapazität betrug etwa zehn Zentner. Für die letzten Zuteilungsperioden färbte er auch das Papier selbst. Ein großer Mitarbeiterstab sorgte für den Vertrieb. Zahlreiche Einzelhandelsgeschäfte waren Kunden. Bisher wurden elf Personen festgenommen.
Am Mittwoch stellte die Polizei bei sieben Einzelhändlern falsche Marken im Werte von insgesamt 430 kg Fett und 320 kg Zucker fest. Ein hoher Prozentsatz der von den Geschäften an die Wirtschaftsämter abgelieferten Marken ist gefälscht. Von den Händlern dürfen daher keine losen Marken mehr angenommen werden.

(DW)

23. Dezember 1948
Rätsel:
Schätzen Sie, ob es 1947 in der britischen Zone
a) mehr Diebe als Einbrecher und Erpresser gab,
b) mehr Sexualverbrecher als Mörder.
c) Wer beteiligte sich mehr an den Verbrechen? Männer, Frauen oder Jugendliche?

Lösung:	Mörder	Einbrecher Erpresser	Sexual-verbrecher	Diebe
Männer	408	2330	2922	282501
Frauen	69	144	138	741767
Jugendl.	14	209	355	56186

(DS)

5. Februar 1949
Von der nördlichen Elbbrücke in Hamburg wurden 50 Meter Zinkregenrohr und 70 Quadratmeter Walzblei gestohlen. Die Diebe hatten sich als Arbeiter verkleidet und montierten das Material in mehrtägiger Arbeit ab.

(DS)

19. Februar 1949
Auf dem Hamburger Hauptbahnhof wurde die Flüchtlingsfrau Emmy Thurmann aus Wülfingen festgenommen, weil sie 12,5 kg Speck und Fleisch bei sich hatte. Obgleich telefonisch festgestellt wurde, daß die Sachen aus einer ordnungsmäßigen Hausschlachtung der Schwester stammten, wurde die Frau erst in Einzelhaft und dann ins Untersuchungsgefängnis gesperrt. Einen Tag später sprach der Schnellrichter Frau Thurmann frei. Fleisch und Wurst bekam sie nicht zurück. Frau Thurmann und ihre beiden Kinder leben von 54 D-Mark Monatsrente.

(DS)

11. August 1949
In Zimmer 325 des muffigen Hamburger Ziviljustizgebäudes trug Dr. Leupold genießerisch einen neuen Namen in seine »Gaunerkartei« ein: Fritz Ludwig Kleensch. Der hatte in den westdeutschen Zeitungen annonciert: »Suchen Sie eine sichere und einbringende Existenz? – Aufklärung gegen Voreinsendung von zwei DM –.« Den zahlreichen Einsendern gab Fritz Ludwig auf einer Postkarte den Tip: »Machen Sie es wie ich.« Er betrieb seine lukrative Volksaufklärung so lange, bis ihn Dr. Leupold von der Deutschen Zentralstelle zur Bekämpfung von Schwindelfirmen e. V. (DZS) kaltstellte.
Seit 1946 hat die Zentralstelle (1911 begründet) und der angeschlossene Verein für Treu und Glauben im Geschäftsleben »Prohonore« 30000 schwindelhafte Unternehmen entlarvt. 10000 davon »leben« noch. Die anderen wurden liquidiert.
Am raffiniertesten arbeiten die Möbel-Schwindler. Auf fingierten Firmenbogen wird für Möbel und Haushaltsgeräte Abzahlung des Kaufpreises in zwölf Monatsraten vereinbart. Bei jeder einzelnen Zahlung wird ein Wechsel ausgestellt über den verbleibenden Restbetrag. »Nur der Ordnung halber«, wie der angebliche Firmenvertreter galant versichert.
Die Rückgabe des letzten Wechsels ist bei Ausstellung des neuen dann jedesmal »leider nicht möglich, weil der alte Wechsel der Bank zur Sicherung eines Kredites übergeben wurde.«
Nur die wenigsten der gutgläubigen Käufer wissen, daß nach dem strengen Wechselrecht jede Wechselverpflichtung für sich gültig ist. Unabhängig von der vereinbarten Abzahlungsverpflichtung. In den zwölf Monaten kann damit die Gesamtwechselsumme bis zum vielfachen Betrag der Kaufsumme anwachsen.
Die Inhaber kleiner Handwerksbetriebe bilden meist den Hauptkundenstamm der Schwindelfirmen. Auf das Angebot eines Darlehns ohne jede Sicherung melden sich heute durchweg Hunderte von Interessenten. Sie bezahlen vertrauensselig die Vorgebühr.
Dann erhalten sie die Nachricht, daß sich »aus unvorhergesehenen Gründen« nun auch der Darlehnsgeber selbst in Schwierigkeiten befindet und daß nur ein Zusammenschluß aller Beteiligten helfen könne. Sobald jeder der Darlehnssuchenden zunächst 20 Prozent des von ihm gewünschten Betrages eingezahlt habe, würde man sofort mit der Auszahlung der beantragten Darlehen beginnen ...
An solchen betrügerischen Geschäften werden horrende Summen verdient. Herbert Gehrecke beispielsweise steht in dem Hamburger Schwindelregister mit 50000 DM Reingewinn. Die hatte er als Vorauszahlung für versprochene Lebensmittelpakete von blockierten Berlinern einkassiert, bevor er endgültig verschwand.

(DS)

»Im Namen des Volkes«

31. Juli 1945
Am 11. Juni erhielten britische Soldaten Order, die im Kühlhaus »Union« in Neumühlen beschäftigten Lagerarbeiter auf gestohlene Lebensmittel zu durchsuchen.
Der Angeklagte Amann gibt zu, daß er drei Schweinepfoten in seiner Tasche gehabt hat. Es sei kein vollwertiges Fleisch gewesen, sondern Abfall. Butter habe er nicht genommen. Seit mehreren Jahren sei er im Kühlhaus tätig und habe sich niemals etwas angeeignet.
Der Verteidiger führte zur Entlastung des Angeklagten aus, im Hamburger Hafen sei der Begriff »Fegsel« oder »Abfall« immer ziemlich weitherzig aufgefaßt worden. Diese Schweinepfoten fielen sehr oft ab, wenn die ganzen Schweine von ihren Haken heruntergeholt würden. Sie blieben dann als Abfall am Boden liegen und würden zusammengefegt in eine Ecke. In diesen schweren Tagen, wo die Hafenarbeiter mühsame Arbeit tun müßten, sei die Versuchung sehr groß, derartige Gelegenheitsdiebstähle, die unter den deutschen Strafrechtsbegriff »Mundraub« fielen, zu begehen. Wenn es diesen Begriff

im englischen Strafrecht auch nicht gebe, so kenne das englische Recht doch den Unterschied zwischen leichten und schweren Diebstählen.
Urteil: 30 Tage Gefängnis.

(HNB)

2. August 1945
Im Juli kam Fräulein Hilma Grien in der Vorortbahn mit einem deutschen Soldaten ins Gespräch. Man sprach von Photofilmen, die sehr schwer zu bekommen, sehr begehrt sind und die der Soldat gern haben wollte. Das Fräulein konnte ihm aushelfen, und der Soldat erwies sich erkenntlich, indem er ihr zwei Packungen englische Zigaretten gab, insgesamt vierzig Stück, wobei die Aufschrift auf den Packungen: »Für die Armee des Königs« nicht beachtet wurde. Der Soldat erklärte dem Fräulein, er habe diese Zigaretten von britischen Soldaten an seinem Arbeitsplatz geschenkt bekommen, womit sich das Fräulein zufrieden gab. Sie ging mit dem reichen Geschenk nach Hause und hob es auf.
Als aber in der Nacht des 11. Juli eine britische Streife das Haus durchsuchte (ohne besonderen Anlaß, sondern nur, »weil jede Nacht ein Haus durchsucht wird«), fand sie die vierzig Zigaretten. Das Fräulein stand jetzt unter der Anklage, im unbefugten Besitz von alliiertem Eigentum gewesen zu sein, vor dem Einfachen Militärgericht. Auf die Frage, ob sie sich im Sinne der Anklage schuldig fühle, antwortete sie: »Ich kann nicht sagen, ob ich schuldig bin.«
Der Staatsanwalt meinte wohlwollend, er wolle zwar keine Verteidigungsrede halten, aber es mache einen kleinen Unterschied, daß die Angeklagte die Zigaretten von einem deutschen und nicht von einem britischen Soldaten erhalten habe. Immerhin sei sie im Besitz von alliiertem Eigentum angetroffen worden, was strafbar sei.
Das Urteil lautete auf 21 Tage Gefängnis.

(HNB)

12. Juni 1946
Der Summary–Court, eingerichtet in allen größeren Städten der britischen Zone, ist das englische Schnellgericht, und zwar »schnell« im wahren Sinne des Wortes. Da sitzt ein englischer Richter, ohne Staatsanwalt und Protokollführer, nur mit einem Dolmetscher und einer englischen Helferin und bewältigt täglich die Menge der kleinen Schwarzmarktfälle und andere Verstöße gegen die Anordnungen der Militärregierung. Da kommen sie alle zusammen, die kleinen Sünder, gut oder schlecht gekleidet, in besserer oder schlechter Stellung, ohne Arbeit oder im Beruf, und jeder findet eine ruhige und sachliche Behandlung seines Falles, ohne viel Worte und ohne Aufregung. Und diese kühle Atmosphäre, dieses leidenschaftslose Arbeitstempo überträgt sich gewissermaßen auf die Angeklagten; jeder ist geständig, nur manchmal bittet einer um eine Erklärung, nimmt dann sein Urteil entgegen und geht ab.
Zum größten Teil werden Geldstrafen verhängt, und dabei erlebt der Zuhörer eine Überraschung. Fast alle können bezahlen, ja, auch die Elendsgestalten, die sichtbaren Zeugen dieses sinnlosen Krieges, können sofort mehrere hundert Mark auf den Tisch des Hauses legen. Da ist der Mann, hager und ausgemergelt, mit einer Schlafdekke unter dem Arm, als kampiere er immer da, wo es ihm gerade passe, der von englischen Seeleuten eine ziemlich große Menge Konserven, Kaffee, Tee, Kakao und dergleichen »bekommen« hat. Verbotener Besitz alliierten Eigentums. Er wollte seiner Familie damit helfen. Daß er unrecht getan hat, weiß er. 250 RM Geldstrafe oder 42 Tage Gefängnis. »Kann bezahlt werden, jawohl.«
Ein gut angezogener junger Mann mit ratlosem Gesicht kommt herein. Er wurde nach der Sperrstunde mit 25 englischen Zigaretten, ohne Kennkarte und mit einem Curfew–Ausweis angetroffen, der die Überschreitung der Sperrstunde nur für dienstliche Angelegenheiten erlaubt. Der junge Mann wollte aber zum Geburtstag seiner Mutter. Ihm sei sein Vergehen nicht ganz klar, meint er, Curfew–Befreiung sei Curfew-Befreiung. »Ob ich recht oder unrecht getan habe, kann ich nicht sagen.« Es wird ihm erklärt. Wegen der Zigaretten wird er nicht angeklagt, weil er persönlicher Steward eines englischen Kapitäns ist und sie von diesem als Geschenk erhalten hat. Der Mißbrauch des Curfew-Ausweises aber zu privaten Zwecken und das Fehlen der Kennkarte kosten ihn 100 RM Geldstrafe oder 10 Tage Gefängnis. Das kann er bezahlen. Erleichtert geht der junge Mann davon.

(DW)

2. Dezember 1947
Bürgermeister Brauer teilte auf Befragen mit, daß zu Weihnachten infolge Platzmangels der Strafanstalten eine größere Zahl Inhaftierter entlassen werden soll. Gegenwärtig sind in manchen Zellen sieben Häftlinge gleichzeitig untergebracht. (Die Gefängnisverwaltung war nicht zu bewegen, über Heizungs-, Ernährungs- und Behandlungsfragen Näheres mitzuteilen.)

(DW)

7

Wirtschaft ohne Wunder

Gleich nach der Kapitulation, am 1. Juni 1945, war der Hamburger Hafen so weit von Wracks geräumt, daß der Betrieb wieder aufgenommen werden konnte. Das Tor zur Welt öffnete sich einen Spalt weit. Zwei Jahre später waren schon wieder Schiffe aus 47 Nationen ständige Gäste auf der Elbe.

Improvisation war das Geheimnis der langsam in Gang kommenden Nachkriegswirtschaft: Die Straßenbahn übernahm den innerstädtischen Güterverkehr, Telegramme wurden – wegen fehlender Telefonleitungen – waschkörbeweise mit der Bahn befördert, Schiffsoffiziere packten als Schauerleute zu ...

Doch solange die Besatzungsmächte an der Politik der Demontage festhielten, um deutsches »industrielles Kriegspotential herabzusetzen«, bestand wenig Hoffnung auf wirtschaftlichen Aufschwung. Allein das Verlesen der Demontageliste im Rundfunk dauerte länger als anderthalb Stunden. Als im Sommer 1946 die Helgen der Hamburger Howaldt-Werft gesprengt werden sollten, appellierten Senat und Bürgerschaft gemeinschaftlich an die Militärregierung sowie an die britische und die deutsche Öffentlichkeit: »Weitere Zerstörungen würden psychologisch schwerste Folgen haben, denn die Hamburger Bevölkerung würde, unabhängig von der politischen Auffassung, in ihrem Glauben erschüttert, daß die Besatzungsmacht die Grundlagen des demokratischen Aufbaus, nämlich die wirtschaftliche Basis, erhalten und Hamburg die Möglichkeit gewähren will, sich aus eigener Kraft wieder emporzuarbeiten.«

Der Protest wurde von den Engländern nicht überhört. Bald kamen die britisch-amerikanischen Alliierten zu der Einsicht, daß die Demontage der ohnehin empfindlich getroffenen deutschen Wirtschaft den Todesstoß versetzen würde. Man begann über Industriepläne nachzudenken, die den Rahmen für künftige Entwicklungen setzen sollten. Der Marshall-Plan – sollte der gesamten europäischen Wirtschaft neue Impulse geben.

Als sich die Stadt im Mai 1948 mit ihrer Ausstellung »Hamburg am Werk« präsentierte, war dies eine überzeugende Leistungsschau. Besser ließ sich der Lebenswille einer Hafen-, Handels- und Industriestadt nicht demonstrieren.

Wege und Abwege

20. März 1947
Ein Vorstoß der SPD in der Hamburger Bürgerschaft hat nun auch in der englischen Zone die aktuelle politische Diskussion über die Banken eröffnet. Banken und Realkreditinstitute sollen sozialisiert werden. Diese Forderung stimmt weitgehend mit den »Grundgedanken eines sozialistischen Wirtschaftsprogrammes« überein, die von der wirtschaftspolitischen Kommission der SPD vor einigen Wochen niedergelegt wurden.
Nicht nur die starke sozialdemokratische Mehrheit gibt der Hamburger Diskussion ihr Gewicht; in Hamburg haben derzeit auch die interessantesten Objekte der Auseinandersetzung, die drei Filialgroßbanken Commerzbank, Deutsche Bank und Dresdner Bank ihre Führungsstäbe. Sie können also ihren Standpunkt vor dem eingesetzten Ausschuß und in der öffentlichen Diskussion mit Nachdruck vertreten. Von der CDU darf man bei dieser Gelegenheit nun auch konkrete Vorschläge und Argumente erwarten, nachdem ihr Anfang Februar veröffentlichtes »Acht-Punkte-Programm zur Sozialreform« nur ganz generell eine eingehendere Kontrolle des Geld- und Bankwesens forderte. Wenn für die SPD die Form und das Maß der Bankensozialisierung auch noch nicht im einzelnen feststeht, so beabsichtigt sie doch zweifellos eine einheitliche Lösung wenigstens für alle Länder der anglo-amerikanischen Zone, so daß Wanderungen von Kapital, Unternehmern und Unternehmen vermieden werden.
Während in der englischen Zone die Sozialisierung im Vordergrund steht, gehen die Betrebungen in den süddeutschen Ländern – getragen vor allem von der amerikanischen Militärregierung – daraufhin, den Großbankenapparat zu dezentralisieren. Die Frage »zentral oder regional?« wird aber auch in der englischen Zone eine wichtige Rolle spielen.

(Hanno Frentzel-Wagner, DZ)

24. April 1947
Nicht jeder kann einen Leibriemen tragen – also werden Hosenträger gebraucht. Und da uns der Standard der langen Strümpfe mit eingewebtem Gummirand verlorengegangen ist und wir wieder zu Socken-Trägern geworden sind, so werden auch Sockenhalter gebraucht. Der Mangel an diesen Notbehelfen der Männerkleidung ist aber heute erschreckend groß und, wenn wir recht unterrichtet sind, so ist die Versorgungslage auf dem Gebiet der Damenstrumpfhalter genau so prekär. Die »Fachvereinigung Hosenträgerindustrie« beklagt sich z. B. darüber, daß ihre Erzeugnisse in dem »Pfennigartikelprogramm« der Zweizonenwirtschaft nicht berücksichtigt werden, obwohl sie nicht minder wichtig seien als beispielsweise Schnürsenkel und Gummiband, die einen Platz in jenem Programm gefunden hätten. Man braucht nicht darüber zu rechten, ob Hosenträger, Socken- und Strumpfhalter »Pfennigartikel« im engeren Wortsinne sind; es bedarf jedoch keines Beweises, daß sie in der Skala der Bedürfnisse einen gewissen Rang einnehmen, wenn man nicht gerade den Lebensstandard eines Buschnegers zugrunde legt.
Wie aber steht es mit der Erzeugung? Die Antwort kann nur lauten: schlecht. Bis vor kurzem hat es an Materiallieferungen für die Herstellung völlig gefehlt. Es mangelt an allen Ecken und Enden, obwohl die Herstellerbetriebe es sich längst abgewöhnt haben, in den Verarbeitungsstoffen wählerisch zu sein, wenn nur ausreichende Mindestanforderungen erfüllt werden.

(DZ)

29. April 1947
Durch die Bewirtschaftung kostet jede Scheibe Brot dem Staat etwa 5 Reichsmark, erklärte Hamburgs Ernährungs-Senator Franck. Allein für die Aufrufe in den Zeitungen gebe Hamburg jährlich 240000 RM aus.

(DW)

30. August 1947
Heute wurde der volle Wortlaut des neuen Industrieplanes für die beiden Westzonen Deutschlands verkündet. Er bildet eine Zäsur in der wirtschaftlichen Entwicklung der Nachkriegszeit und ist geeignet, eine wesentliche Grundlage für den Aufbau Deutschlands und Westeuropas abzugeben.
Der Plan sieht eine maximale Höhe der jährlichen Stahlproduktion von 10,7 Millionen Tonnen (statt bisher 5,8 Millionen Tonnen) vor und gestattet für zahlreiche Industriezweige bedeutend höhere Produktionsquoten als der erste Industrieplan vom März 1946. Als zulässiger Produktionsstand gilt von jetzt ab das Jahr 1936 statt des Krisenjahres 1932. Der Umfang der industriellen Reparatio-

Zum Foto auf Seite 112: Offene Güterwagen. Jeder Stehplatz besetzt. Aber die Menschen sind froh, daß es wenigstens diese Art des Reisens gibt.

nen wird scharf reduziert. Die Kapazität der als Reparationen abzuliefernden Anlagen der Schwermaschinenindustrie wurde von 60 auf 35 Prozent, die der Leichtmaschinenindustrie von 33 auf 23 Prozent herabgesetzt.
Keine Anlagen der feinmechanischen, optischen, phototechnischen, der Straßenmaschinen-, Elektro- und Zementindustrie, ausgenommen bei enger Verknüpfung solcher Anlagen mit Werken, die als Reparationen vorgesehen sind, sollen in Zukunft mehr demontiert werden.
Alle Bestimmungen und Zahlen des Industrieplans gelten ausschließlich für das Gebiet der vereinigten Westzonen.

(DW)

30. September 1947
Zum ersten Mal in der Geschichte hat sich eine größere Staatengruppe zusammengeschlossen, um die wirtschaftliche Not zu bekämpfen: Delegierte aus 16 europäischen Ländern mit 270 Millionen Menschen haben im September 1947 einen umfassenden Plan ausgearbeitet, der mit amerikanischer Hilfe und Krediten des Marshall–Plans die europäische Wirtschaft ankurbeln soll.
Die Staatspläne und Maßnahmen zur gegenseitigen Hilfeleistung sollen bis 1951 die folgenden Ergebnisse erzielen:
Wiedererreichung der Vorkriegsproduktionsleistung von Brotgetreide und anderen Nährmittelerzeugnissen und eine erhebliche Steigerung der Vorkriegserzeugung von Zucker und Kartoffeln sowie Erhöhung der Öl- und Fettproduktion und eine beschleunigte Produktionssteigerung an Vieh, soweit die Lieferungen von Futtermitteln dies erlauben.
Steigerung der Kohlenförderung auf 584 Millionen t, d. h. 145 Mill. t über dem Stand von 1947 (eine Erhöhung um ein Drittel) und 30 Mill. t über dem Stand von 1938.
Ausdehnung der Elektrizitätserzeugung um fast 70 Millionen kWh oder 40 v. H. über 1947 und ein Anwachsen der Erzeugungskapazität um über 25 Millionen kW oder zwei Drittel über Vorkriegsstand.
Ausbau der Ölraffinerien auf einen zweieinhalbfachen Vorkriegsstand und einen um 17 Mill. t Rohöl gesteigerten Durchlauf.
Erhöhung der Rohstahlerzeugung um 80 v. H. gegenüber 1947 auf einen Stand vom 55 Mill. t oder 10 Mill. t (20 v. H.) über 1938.
Steigerung der inländischen Transportmittel zur Beförderung von 25 v. H. größeren Lasten in 1951 als 1938.
Wiederherstellung der Vorkriegshandelsflotte der beteiligten Länder bis 1951.
Lieferung europäischer Produktion für den größten Teil der Hauptausrüstung, die für diese Erhöhungen benötigt wird.
Die Ernährung ist die erste wichtige und die Landwirtschaft die bedeutendste Einzelform wirtschaftlicher Betätigung in den beteiligten Ländern und in Westdeutschland. In bezug auf die gesamten menschlichen Anstrengungen muß auf diesem Gebiet mehr geleistet werden als auf irgendeinem andern.

(DW)

Die Demontage

11. Oktober 1947
Trotz des Fehlens amtlicher Informationen über die endgültige Reparationsliste, die jetzt fertiggestellt ist, kann angenommen werden, daß die ersten Voraussagen in der Frage über die Zahl der Betriebe, die abmontiert werden sollen, zu pessimistisch waren. Die Gesamtzahl der Betriebe, die im britisch-amerikanischen Wirtschaftsgebiet abmontiert werden, dürfte auf keinen Fall 600 übersteigen und wird möglicherweise niedriger sein.
Der größte Teil der abzumontierenden Betriebe wird in der britischen Zone mit ihrer außerordentlich hohen Industriekonzentration liegen. Aber auch in der britischen Zone sollen keinesfalls über 500 Betriebe auf der Reparationsliste stehen. Ein sehr hoher Prozentsatz der Fabriken entfällt auf reine Kriegsbetriebe. Viele davon sind bereits den Reparationskonten der einzelnen Empfangsländer zugeteilt. Ferner sind auch alle diejenigen Betriebe einbegriffen, die in Berlin bereits als »Vorauslieferungen«, (»advance-deliveries«) zugeteilt worden sind. In zahlreichen Fällen ist die Demontage bereits im Gange.

Sonderfall »Verbotene Industrien«
Die Liste wird, sobald sie veröffentlicht ist, endgültig sein und soll auch auf der Novemberkonferenz des Rats der Außenminister keine Abänderung erfahren. Es muß jedoch hervorgehoben werden, daß die Liste nicht diejenigen Industrien umfaßt, die im Industrieplan von 1946 als »verbotene Industrien« angeführt sind. Dazu gehören bekanntlich u. a. Aluminium, Magnesium, Schiffbau usw. Diese Industrien müssen noch überprüft werden und es kann daher keine feste Zusage über sie gemacht werden.

(DW)

Werften sind »verbotene Industrien«. Aber der Schrott kann geborgen werden und das gibt vielen Männern Arbeit, wie hier am Kuhwärder Hafen.

14. Oktober 1947

Ich will weder Ihnen gut zureden noch Ihnen drohen ... Ich will Ihnen nur sechs klare und unmißverständliche Tatsachen mitteilen.

Die erste Tatsache ist, daß die britische Zone eine Industriekapazität besitzt, die höher ist als für die Friedenswirtschaft nötig ist.

Die zweite Tatsache ist, daß Deutschland im Kriege den Industrien neben anderen Ländern großen Schaden zugefügt hat.

Die dritte Tatsache ist, daß die Alliierten einig sind in ihrem Entschluß, daß das industrielle Kriegspotential Deutschlands herabgesetzt werden muß ...

Die vierte Tatsache ist, daß die amerikanischen und britischen Behörden einen neuen Plan für das Industrieniveau in ihren vereinten Zonen aufgestellt haben, und daß dieser Plan die wirtschaftliche Entwicklung dieser Zonen in den Grenzen der voraussichtlich zur Verfügung stehenden Nahrungsmittel und Rohstoffmengen nicht ernsthaft verzögern wird.

Die fünfte Tatsache ist, daß die amerikanischen und britischen Behörden fest entschlossen sind, diesen Plan durchzuführen.

Die sechste und letzte Tatsache ist, daß die Wirtschaft der vereinten Zonen nur wiederbelebt werden kann durch Hilfe aus Amerika und Großbritannien und durch Zu-

sammenarbeit der alliierten Behörden und der deutschen Bevölkerung.
Wenn es statt Zusammenarbeit Konflikte gibt, schwindet jede Hoffnung, die deutsche Wirtschaft wieder zu beleben.
In der Presse hat es wilde Mutmaßungen gegeben über die Zahl der Werke, die demontiert werden sollen und über die Folgen dieser Demontagen. Die Liste, die jetzt veröffentlicht worden ist, enthält 496 Werke in der britischen Zone einschließlich 198 Kriegsbetrieben. Ich bin mir darüber klar, daß jede Demontage böses Blut machen muß, besonders bei denen, die in den fraglichen Betrieben angestellt sind.
Die Arbeiterschaft braucht keine lange dauernde Arbeitslosigkeit zu befürchten ...
Andererseits muß jeder, der die Tatsachen kennt, der nicht oberflächlich denkt und über rein rechtliche Interessen hinwegsehen kann, zugeben, daß dieser Plan und diese Liste eine faire, ja eine großmütige Regelung bedeutet.
Daß nunmehr eine endgültige Regelung zustandegekommen ist, sollte ein Stück zur Erleichterung sein. Diese Liste ist endgültig.
Die einzigen Fragen, die jetzt noch ausstehen, betreffen Schiffswerften und bestimmte Industrien wie die Aluminiumindustrie, die zur Zeit auf der Liste der verbotenen Industrien stehen.
Wir haben die Demontageliste selbst aufgestellt ... Aber wir sind bereit, in Ausnahmefällen, die sich rechtfertigen lassen, örtliche Ausgleiche in Gestalt von Austausch eines Werkes gegen ein anderes zu schaffen. ... Für derartige Vorschläge steht eine Frist von 14 Tagen ... zur Verfügung.

(Sir Brian Robertson, Stv. Militärbefehlshaber, im Rundfunk)

18. Oktober 1947
Stimmen der verantwortlichen Politiker zur Demontage:
Karl Arnold, Ministerpräsident von Nordrhein-Westfalen:
»Instinkt und Verstand wehren sich gegen die Anerkennung der befohlenen Maßnahmen.«
Heinrich Kopf, Ministerpräsident von Niedersachsen:
»Ich warne vor einseitigen Protesten, die sinnlos sind. Das einzige Forum, auf dem der deutsche Standpunkt zur Sprache kommen darf, ist der bizonale Wirtschaftsrat in Frankfurt, bei Anwesenheit aller Ministerpräsidenten beider Zonen.«
Hermann Lüdemann, Ministerpräsident von Schleswig-Holstein:
»Von den 43 in Schleswig-Holstein zu demontierenden Betrieben stehen bereits 20 im Stadium des Abbaus. Es ändert das nichts an meiner grundsätzlichen Auffassung, daß auch ein rücksichtsvoll aufgestellter Demontageplan das Gegenteil von Aufbau ist.«
Max Brauer, Bürgermeister von Hamburg:
»Die erste Prüfung der neuen, als endgültig bezeichneten Liste ergibt, daß sich die zum Teil sehr weit gehenden Befürchtungen nicht voll bewahrheitet haben. Die Beseitigung ausgesprochener Rüstungsindustrien wird kein Deutscher mehr als Verlust betrachten. Deutschland selber braucht keine Rüstung. Wir Deutsche haben darüber hinaus auch nicht das geringste Interesse daran, zum Rüstungsfabrikanten der übrigen Welt zu werden. Ebenso erkennen wir die Berechtigung der Forderung an, daß der vom Hitlerregime ausgeplünderten Industrie der europäischen Länder gegenüber Wiedergutmachung geleistet wird und daß diese Industrie unter aktiver deutscher Mitwirkung so rasch wie möglich wieder instand gesetzt wird.«
Prof. Dr. Nölting, Wirtschaftsminister von Nordrhein-Westfalen:
»Ich hatte bei der Bekanntgabe der Demontageliste das Gefühl, der Beerdigung der deutschen Wirtschaft beizuwohnen, während die Demokratie halbmast flaggte.«
Hans Böckler, Vorsitzender des Deutschen Gewerkschaftsbundes:
»Die in Gewerkschaftskreisen gehegten Befürchtungen sind weit übertroffen worden. Die Aufnahme des Demontageplanes in Kreisen der Arbeitnehmer ist denkbar schlecht. Wir geben unseren Mitgliedern den Rat, klaren Kopf zu behalten und zu bedenken, daß noch immer Krieg und nicht Frieden ist.«
Dr. Spiecker, Vorsitzender des Exekutivrates:
»Die Durchführung bedeutet, daß eine ganze Reihe jetzt produzierender Betriebe stillgelegt werden müssen. Aber auch in dieser ernsten Lage wollen wir sachlich und politisch kühles Blut bewahren und verständliche Erregung nicht weiter anfachen.«
Dr. Konrad Adenauer, Erster Vorsitzender der CDU in der britischen Zone:
»Mit Völkerrecht, Haager Konvention oder andern Ansätzen friedlicher Verträge hat die nunmehr beabsichtigte Ausplünderung der deutschen Industrie ebensowenig zu tun wie die bereits vorgenommene Konfiskation der

deutschen Patente.«
Minister a. D. Franz Blücher, Erster Vorsitzender der FDP in der britischen Zone:
»Ohne irgendeinen inneren Vorbehalt erkennen wir die Verpflichtung zur Abrüstung und Wiedergutmachung an. Trotzdem übersteigt der Umfang der uns abgeforderten Produktionsanlagen das erwartete Maß. Die Verwirklichung unserer Absicht zu dem Aufbau einer besseren Welt praktisch beizutragen, sehen wir gefährdet. Wir sehen nur einen Ausweg: die Besinnung auf die wirtschaftliche Vernunft.«

(DW)

24. Juli 1948
Die Maschinen kamen aus Deutschland. Sie liefen auf Reparationskonto. Dänemark war der Empfänger. Aber kein glücklicher. Ein Teil der Maschinen mußte billiger verkauft werden als die Transportgebühren und die Zolltarife ausmachten. Die Rechnung ging nicht auf.
Hinfort wollen die Dänen die ihnen zugedachten demontagereifen Maschinen an Ort und Stelle besichtigen, bevor sie auf die Reise nach Norden geschickt werden. Dänische Ingenieure sind bereits unterwegs, um in Deutschland nach brauchbaren Maschinen auszuschauen.

(DS)

Steigende Preise – gedämpfte Erwartungen

27. Dezember 1947
Nicht nur die Preise auf dem schwarzen Markt haben sich im Laufe des Jahres dauernd verändert, auch bei bewirtschafteten Artikeln ist trotz strenger Preisvorschriften in der Praxis in vielen Fällen kein stabiles Preisniveau mehr vorhanden. Diese Tatsache ist nicht zu leugnen, obwohl mit Ausnahme von Schmuck, Gold- und Silberwaren, Briefmarken, Antiquitäten und wertvollen Kunstgegenständen fast alle Gebrauchsgüter der Preisstop-Verordnung unterliegen.
Der Einkauf bewirtschafteter Waren ist deshalb neben dem Problem des notwendigen Bezugsscheins für den Normalverdiener auch mit dem Problem des notwendigen Geldes verknüpft.
Ein einfaches Arbeitshemd, früher 3,20 RM, kostet heute 22,50 RM; das ist der durchschnittliche Wochenlohn einer Fabrikarbeiterin. Kinder-Wollkleider werden in Hamburger Geschäften für das Sechsfache des früheren Preises, nämlich für 65 RM, abgegeben. Wintermäntel schlechtester Qualität sind auf über 150 RM gestiegen. Für Einkaufstaschen aus Werkstoff, die zwei Straßenbahnfahrten kaum überleben, werden bis zu 40 RM gefordert. Primitive Tiegel- oder Petroleumfunzeln aus ehemaligem Wehrmachtsmaterial (Gasmaskenfilter usw.) werden mit 23 bzw. 80 RM notiert. Die Anfertigungs- und Reparaturpreise der Schneider und Schuhmacher sind häufig maßlos überhöht.
Aufträge werden oft nur dann »effektuiert«, wenn sich der Kunde entschließt, den Leibriemen noch enger zu schnallen. Ein Flüchtling und ein ausgebombtes Ehepaar ergreifen die Flucht, wenn ihnen mit der selbstverständlichsten Miene von der Welt eröffnet wird, daß der angebotene primitive Kacheltisch (früher etwa 35 RM) mit 600 RM ausgesprochen preiswert sei.
Groteske Preise trifft man im »Kunst«-gewerbe, bei kosmetischen Artikeln und Spielzeugwaren. Undefinierbare »Pariser Parfüme« erzielen tausendprozentige Gewinne. Ein Malachitanhänger an dünner Silberkette wird in einem Friseurladen für 1850 RM angeboten. Kämme und Rasierklingen, die für wenige Pfennige bereits in ausreichenden Mengen auf den Markt geworfen werden könnten, werden gehortet oder für das sechzehnfache des festgesetzten Preises gehandelt. Wer Blumen schenkt, muß 30 RM für einen Maiglöckchenstock oder ein Alpenveilchen anlegen. Die Eintrittspreise vieler Vergnügungsstätten und Sportveranstaltungen sind für viele Leute unerschwinglich geworden und bedürfen der Überholung. Nur die Lebensmittelpreise konnten einigermaßen stabil gehalten werden.
Die Preisbildungs- und Überwachungsstellen sehen aber nicht tatenlos zu. Wegen verschiedener Wirtschaftsvergehen mußten z. B. im Jahre 1947 in der Hansestadt Hamburg nicht weniger als 500 Handelsuntersagungen, 320 Geschäftsschließungen und Ordnungsstrafen in Höhe von mehreren Millionen RM verfügt werden.

(Rudi Mueller, DW)

11. März 1948
Die Einreise ausländischer Geschäftsleute in die Doppelzone wird erleichtert, die Aufenthaltsdauer allgemein auf 30 Tage verlängert. Im März werden 2593 ausländische Geschäftsleute die Einreisegenehmigung erhalten. Die Zahl wird sich mit der Erweiterung der Unterbrin-

Optimismus blüht aus den Ruinen. »Leder-Waren« klingt wie ein Versprechen auf die Zukunft, auch wenn die »Handlung« nur ein Autobus-Wrack ist.

gungsmöglichkeiten erhöhen. In der amerikanischen Zone werden demnächst neun bisher von den Besatzungstruppen belegte Hotels zur Beherbergung von Kaufleuten, die mit knapper Währung bezahlen können, freigegeben.

(DZ)

7. Mai 1948
»Hamburg am Werk«, die größte Ausstellung, die die Hansestadt bisher sah, wurde nach siebenmonatiger Vorbereitung am 5. Mai feierlich eröffnet.
»Während der vergangenen zwei Jahre habe ich Hamburg am Werk beobachten können«, erklärte Gouverneur Berry, »und ich kann behaupten, daß wir alle von dem Ausmaß des bisher Geleisteten tief beeindruckt sind.«
Die Errichtung dieser großen Leistungsschau, die sich in vier Blocks – Bauen und Wohnen; Presse, Rundfunk und Film; Verkehr, Industrie und Handel – gliedert, kostete 1,6 Mill. RM. Rund 3000 cbm Schotter wurden mit 600 Lastkraftwagen in 20000 Arbeitsstunden angefahren und zur Ebnung des 20000 qm großen Geländes aufgeschüttet. Die Messeleitung zahlt der Direktion von »Planten un Blomen« für die Dauer der Ausstellung 300000 RM Miete, und für alle Verkäufe des sofortigen Verzehrs (es wird alles mögliche angeboten: Würstchen, Waffeln, belegte Brötchen, Eis) muß sie außerdem 10 v. H. des Gesamtumsatzes abgeben.
Außer Hamburg, das auch mit 100 Exportfirmen vertreten ist, beteiligen sich Duisburg, Dortmund, Gelsenkirchen, Hamm, Recklinghausen und Osnabrück, ferner das nahegelegene Elmshorn und Kellinghusen, weil diese Städte einen Teil der aus Hamburg verlagerten Industrie aufgenommen haben.
Die Ausstellungsleitung erwartet insgesamt mehr als 1 Million Besucher bis zum 30. Mai. Am Abend des zweiten Tages zählte sie bereits 40000 »nachweisbare Gäste«, die vielen »Planten-un-Blomen«-Spaziergänger nicht mitgerechnet, die »so nebenbei« in das locker umzäunte Gelände vorzudringen versuchen. Man will sparen, denn »Planten un Blomen« kostet 30 Pfennig, während der Eintrittspreis für die Ausstellung immerhin 3 RM beträgt.

(DW)

21. Oktober 1948
Als Hamburgs größte Lebensader, der Ex- und Import, durch den Zusammenbruch rigoros abgeschnitten war, suchten verschiedene Industriezweige diesen erheblichen Ausfall zu einem gewissen Teil auszugleichen. Dazu gehört ebenfalls die Bekleidungsindustrie.
Bei Kriegsende zählte Hamburg rund 130 Firmen dieses Industriezweiges, die 3000 Arbeitskräfte beschäftigten. Durch den Ostfirmen-Zuwachs ist die Zahl auf 200 angestiegen, die heute 5000 Arbeitnehmer haben. Einen weiteren Zuwachs, der für Hamburgs Zukunftsentwicklung durchaus erwünscht gewesen wäre, ließ die wenig entgegenkommende Haltung der zuständigen Verwaltungsstellen leider nicht zu. Aus diesem Grunde sind viele Betriebe, die sich Hamburg zum Sitz ausersehen hatten, nach dem Rheinland, nach Westfalen, nach Niedersach-

sen und nach Schleswig-Holstein abgewandert. Trotzdem stellen die 200 Betriebe der Hamburger Bekleidungsindustrie eine der wichtigsten Konsumgüterindustrien der Stadt dar.
Im Augenblick bereiten die führenden Firmen der Bekleidungsindustrie das »Jedermann-Programm« vor, das übrigens neben Textilien auch Schuhe, Möbel und Betten umfassen wird. An zuständiger Stelle rechnet man damit, daß noch vor Weihnachten die ersten Bekleidungsstücke des »Jedermann-Programmes« zum Verkauf gelangen werden. Auf dem Gebiet der Textilien enthält es Straßenanzüge, Damenmäntel, Kindermäntel, Joppen, Arbeitshosen, Arbeitshemden, Schlosseranzüge und Kittelschürzen. Obwohl man damit rechnet, daß die Preisgestaltung dieses Textilprogrammes einen erheblichen Preisdruck auf Textilien ausüben wird, glaubt die Textilindustrie vor zu optimistischen Hoffnungen warnen zu müssen. Die Nachfrage nach Textilien ist ungewöhnlich groß.

(DZ)

Das Tor zur Welt öffnet sich wieder

28. Mai 1945
Die Aufräumungsarbeiten im Hamburger Hafen sind soweit gediehen, daß der Hafen ab 1. Juni wieder in Betrieb genommen werden kann. Zunächst wird es sich dabei ausschließlich um Lieferungen an die alliierten Armeen handeln, die von Hamburg aufgenommen und weitergeleitet werden. Da die Versorgung ganz Westeuropas bislang im wesentlichen über Antwerpen geleitet wurde, bedeutet die Inbetriebnahme des Hamburger Hafens eine wesentliche Kürzung der Überland-Transportwege.
Die Eröffnung des Verkehrs im Hamburger Hafen ist von der britischen Flotte schon vor der Kapitulation Deutschlands durch Säuberung der Nordsee und vor allem des Schiffahrtsweges nach Hamburg von Minen planmäßig vorbereitet worden.

(HNB)

5. Dezember 1946
Ehe Holland mit seinen verkehrspolitischen Forderungen an Deutschland hervorgetreten ist und damit die Erinnerung an die einschlägigen Bestimmungen des Vertrags von Versailles heraufbeschworen hat, war das gleiche Thema – der »natürliche Wettbewerb« zwischen Rhein- und Nordseehäfen – Gegenstand einer innerdeutschen Diskussion gewesen. Sie begann mit der sogenannten Hamburger Denkschrift (»Verkehrsregelung als Devisenerwerb«).
Der Grundgedanke der Hamburger Denkschrift ist ja so einfach und einleuchtend, daß er gleichsam für sich selber spricht, wenn man ihm nicht von vornherein eine Konkurrenzidee unterschiebt. Es handelt sich nur darum, die Devisenaufwendungen Großbritanniens für die lebenswichtigen Einfuhren zugunsten der deutschen Bevölkerung so niedrig wie irgend möglich zu halten – was dadurch geschehen soll, daß Importe wie Exporte möglichst über deutsche Verkehrseinrichtungen geleitet werden sollen, um so wenigstens einen Teil der britischen Waren- und Dienstleistungen »abzuarbeiten«. Würden

Vom »Tor zur Welt« noch weit entfernt: Der Hafen ist bei Kriegsende zu 80 Prozent zerstört. Nur langsam kann der Wiederaufbau beginnen.

diese Möglichkeiten nicht ausgenutzt, so ergäbe sich die Alternative, daß entweder entsprechend höhere britische Kredite in Anspruch genommen oder daß – weil diese Möglichkeit angesichts der angespannten Devisenlage in London nicht gegeben ist – die Rationen gekürzt werden müßten.

(DZ)

1947
Es ist von kardinaler Bedeutung für Hamburg, ob das zumeist in der russischen Zone gelegene Hinterland baldmöglichst wieder für den Wirtschaftsverkehr so freigemacht werden kann, wie es den Interessen nicht nur Hamburgs allein, sondern der wirtschaftlichen Produktion überhaupt entspricht. Die jetzige Zoneneinteilung hat Hamburg den wertvollsten Teil seiner Rolle als Flußhafen fortgenommen, nachdem es seine Rolle als Seehafen durch die Vernichtung der deutschen Seehandelsflotte zu einem großen Teil ebenfalls verloren hat.

(Dr. Alfred Frankenfeld in »Hamburg heute«)

5. Juni 1947
Der Hafenarbeitermangel, der augenblicklich in Hamburg herrscht, ist hauptsächlich auf eine gewisse Belebung des Hafenverkehrs zurückzuführen.
Am 3. Juni wären weitere 6400 Hafenarbeiter notwendig gewesen, um 62 Schiffe zu entladen, so daß tatsächlich an diesem Tage nur 39 von diesen Schiffen be- oder entladen werden konnten.
Britischer- und deutscherseits ist nunmehr die Anwerbung von 2500 zusätzlichen Hafenarbeitern veranlaßt worden. Sie werden teilweise von 1500 deutschen Seeleuten gestellt, die zur Zeit für die Kontrollkommission oder andere britische Einheiten arbeiten, und von 1000 geeigneten deutschen Arbeitern aus der Industrie. Bis zum 3. Juni haben schon 400 zusätzliche Kräfte die Arbeit aufgenommen. Außerdem arbeiten im Hafen 600 verschleppte Personen.
Die Entladung der eingelaufenen Lebensmittelschiffe ist durch den Arbeitermangel im Hafen nicht betroffen worden.

(DW)

7. Juni 1947
Im Zuge des Vierjahres-Wiederaufbauplanes des Hamburger Hafens wurden bisher insgesamt 2500 gesunkene Seeschiffe, Schwimmdocks und kleinere Fahrzeuge gehoben. Festgestellt und noch nicht gehoben sind 391 Wracks, darunter 50 größere Schiffe und Schwimmdocks.

(DW)

28. Juni 1947
Die große Hafenrundfahrt wird erstmalig wieder an jedem Sonnabend und Sonntag (15 Uhr) ab St. Pauli-Landungsbrücken aufgenommen. Für die Fahrten ist kein Dockpaß erforderlich.

(DW)

31. Oktober 1947
Früher konnte man die Idee zum Neubau von Fischdampfern fassen, eine Zeichnung anfertigen lassen und die Neubauten in Auftrag geben. Dieses Verfahren war, wie jeder sofort erkennen wird, zu einfach. Dem deutschen Volk ist vor langer Zeit der Neubau von 100 Schiffen bewilligt worden. Zum Baubeginn gehörten – von sämtlichen kleineren Genehmigungen abgesehen – folgende grundsätzliche Entscheidungen: die allgemeine Genehmigung der Militärregierung, die Genehmigung der Zeichnungen, Bewilligung des Baubeginns, die Erteilung der Baulizenz an die Werften, Bewilligung des Baumaterials, die Entscheidung über die Verteilung der Neubauten und der eigentliche Bauauftrag.

(DW)

30. Dezember 1947
Im Jahre 1947 haben wieder 21 Nationen ihre Schiffe in den Hamburger Hafen entsandt. Neu waren die polnischen und jugoslawischen Farben. Der Umschlag von See betrug mit 5 900 000 t etwa 1 800 000 t mehr als 1946, aber erst ein Viertel der Vorkriegsmenge.
Die Wiederherstellung des Mittellandkanals eröffnete den Weg ins Innere Deutschlands. Zusammen mit dem Kahnverkehr nach Berlin und in die Tschechoslowakei ist ein »kleiner« Hamburger Transitverkehr wieder im Gange.

(DW)

15. Januar 1948
In der vergangenen Woche wurde im Hamburger Hafen gestreikt. Der Streik ging von den nichtständigen Arbeitern im Freihafen aus, die sozial am schlechtesten gestellt sind. Sie forderten eine 30prozentige Lohnerhöhung, Belieferung der Schwerarbeiterkarten sowie bevorzugte Ausgabe von Kleidern und Schuhen.
Der Hamburger Streik war ein wilder Streik. Er brach

Die Straßenbahn, zweckentfremdet aber nützlich. Sie ersetzt die nicht vorhandenen Lastwagen und übernimmt sogar die Beförderung der Post.

über Forderungen aus, die von den Gewerkschaften bereits seit dem 7. Dezember mit den Besatzungsbehörden und den zuständigen deutschen Stellen verhandelt werden. Die wichtigsten dieser Forderungen hatten die Gewerkschaften bereits durchgesetzt: die unständig beschäftigten Hafenarbeiter sollten einen Mindestlohn von fünf Tagen als feste Verdienstbasis erhalten. Dadurch wird nicht nur ihre materielle Existenz gesichert, sondern sie werden auch, was im Betrieb des Hafens sehr wichtig ist, zu einem Stamm von festen Arbeitskräften, der jederzeit im Interesse der schnellen Beladung und Löschung der Schiffe zur Verfügung steht. Den Arbeitern war die Erfüllung dieser, ihrer Forderungen rechtzeitig bekanntgegeben. Dennoch begannen sie zu streiken. 5000 unständige sowie 1000 feste Hafenarbeiter erklärten in dem Augenblick, als ihre Forderungen bewilligt waren, sie seien am Ende ihrer Kraft. Die Gewerkschaften lehnten daher den Streik als illegal ab. In einer Versammlung der Gewerkschaftsfunktionäre des Hafens kam es nach vierstündiger Diskussion bei geheimer Abstimmung nicht zu der notwendigen Zwei-Drittel-Mehrheit, die den Streik legalisiert hätte. Daraufhin wurde der Streik abgebrochen.

Die Folge des Streiks war, daß 65 Dampfer nicht gelöscht werden konnten. Darunter waren viele, die Lebensmittel geladen hatten. Kokosöl, Schmalz, Zucker, Getreide und Kartoffeln. Der Streik, der, so wie die Dinge lagen, den Arbeitern keine Vorteile bringen konnte, die ihnen

nicht bereits zugestanden waren, hat also die Lebensmittelversorgung von Deutschland geschädigt. Es liegt die Frage nahe, wer eigentlich ein Interesse daran haben konnte, diesen Streik zu inszenieren. Im Streikkomitee selber waren nur wenige unbedeutende Funktionäre, es waren Betriebsratsmitglieder, die in der Mehrzahl bisher nicht politisch hervorgetreten waren. Nur zwei von ihnen waren überhaupt dem Ortsausschuß des Gewerkschaftsbundes bekannt. Dafür nahmen aber Sendboten aus Kiel und Bremen an der entscheidenden Funktionärversammlung der Hafenarbeiter in Hamburg teil. Es ist daher nicht uninteressant, daß zwei Hamburger Kommunisten, Bernsee von der Deutschen Werft, die sich dem Streik der Hafenarbeiter anschloß, sowie Korthaus, der bis vor kurzem im Personalamt der Hamburger Kommunistischen Partei tätig war, auf der SED-Schulungsburg Liebenwalde ausgebildet worden sind. Die Fäden zur Ostzone sind sehr dicht gesponnen. Inwieweit eine direkte Telefonleitung zwischen Hamburg und Berlin dabei eine Rolle spielt, läßt sich dokumentarisch nicht feststellen. Die führenden Funktionäre der KPD distanzieren sich einstweilen offiziell von den illegalen Handlungen, es ist ohnedies sehr die Frage, wieweit sie wirklich die geistigen Führer der westlichen Ableger dieser östlichen Partei sind.
Das Ziel der Aktion dürfte ziemlich klar sein. Die SED hat die Anweisung erhalten, auf jede Weise den Marshall-Plan zu bekämpfen. Um die Verhandlungen im Kongreß zu beeinflussen, soll Unruhe in den Weststaaten Europas hervorgerufen werden, damit die Abgeordneten davon überzeugt werden, daß es keinen Sinn habe, Gelder für die Europahilfe angesichts der kommunistischen Gefahr zu bewilligen.

(DZ)

12. Juni 1948
Formell ist es Deutschland nicht verboten, zur See zu fahren. Aber die 4,5 Millionen BRT Handelsschiffsraum von 1939 sind bis auf 165000 BRT Küstenschiffsraum durch Krieg und Reparationen verlorengegangen, und neue Schiffe dürfen nach dem Potsdamer Abkommen eben nicht gebaut werden.
Kapitäne und Schiffsoffiziere, die jahrzehntelang um die Welt gefahren sind, verdienen sich heute ihr Geld als Nachtwächter, Buddelschiffmacher, Streckenwärter, Schauerleute, Empfangschefs von Nachtlokalen und Schrebergärtner. Nur runde siebenhundert sind wieder auf Fisch- und Küstendampfern untergekommen.
Und mit einer Erlaubnis, an Bord ausländischer Schiffe anzuheuern, ist den Nautikern nicht gedient. Die Patente der deutschen Kapitäne und Schiffsoffiziere gelten im Ausland nicht.

(DS)

1948
»Es geht wieder aufwärts mit Hafen und Schiffahrt. Gestern war ich in Övelgönne. Was da so vorbeifährt auf der Elbe: Erst 'n englischer Dampfer, dann 'n amerikanischer, dann noch'n englischer und dann ... zwei deutsche ... Ruderboote.«

(Addi Münster im »Haus Vaterland«)

Pakete per Straßenbahn – Telegramme per Fahrrad

13. Juni 1945
Neben dem Fahrgastverkehr unterhält die Straßenbahn einen umfangreichen »Güter-Verkehr«, der heute, etwa vier Wochen nach der Wiederinbetriebnahme der Bahnen, bereits auf den verschiedensten Gebieten wichtige Transportaufgaben versieht. Man hat die Straßenbahn mobilisiert, um den knappen Hamburger Kraftwagenpark zu entlasten und zu bewirken, daß der wenige zur Verfügung stehende feste, flüssige und gasförmige Treibstoff der Versorgung der verschiedenen, nicht über die Schienen zu erreichenden Randbezirke vorbehalten bleibt.
Am umfangreichsten ist zur Zeit der Gemüse-Verkehr: Etwa die Hälfte allen Gemüses, das auf dem Deichtormarkt einläuft, wird von der Straßenbahn abbefördert. Bis zum 15. Juni soll dieser Abtransport sogar auf 60 v. H. gesteigert werden. Dieser Dienst wird von B-Zügen versehen, von denen einige sogar täglich zweimal fahren. Sie holen morgens das Leergut aus den verschiedenen Stadtbezirken und bringen es zum Markt; ein großer Teil der Gemüsehändler, namentlich aus den Außenbezirken, benutzt die Gelegenheit, um gleich mit zum Markt zu fahren.
Im ganzen werden auf diese Weise täglich 200 bis 220 Tonnen Gemüse rasch und reibungslos zu den Einzelhandelsgeschäften befördert.

Daneben betreibt die Straßenbahn einen umfangreichen Stückgutverkehr. Über die Stadt verteilt gibt es ein Netz von 31 Verteilungsstellen (Schuppen oder ausgedienten Möbelwagen), die ein Fuhrwerk zu ihrer Verfügung haben. Die Zentrale dieses Stückgutverkehrs befindet sich an der Großen Allee; es handelt sich um den Schuppen, der 1943 abgebrannt, aber in größerem Ausmaß neu wieder errichtet worden ist. Besonders wichtig ist noch die Umschlagstelle auf dem Rathausmarkt, weil alle Stückgutzüge hier vorbeikommen. Während das Stückgut von einer Verteilungsstelle zur anderen sonst über die Große Allee geleitet werden muß, kann vom Rathausmarkt ohne Zeitverlust direkt verfrachtet werden.

Der gesamte Müll aus der Innenstadt wird zur Zeit mit der Straßenbahn abgefahren. Diese bringt die Transporte nach Bahrenfeld hinaus. Dort sind an der großen Kiesgrube, hinter dem Volkspark, zwei Kipper angelegt, die die beladenen Wagen aufnehmen und in die Riesengrube hineinkippen. Auch Bauschutt und Trümmer, die aus verkehrstechnischen Gründen rasch beseitigt werden müssen, werden durch die Straßenbahn nach Bahrenfeld befördert.

(HNB)

6. September 1945

Jeder Hamburger und vor allem jede Hamburger Firma kann jetzt Pakete vom kleinen Päckchen bis zum Kollo im Gewicht von fünf Zentnern innerhalb Groß-Hamburgs mit der Straßenbahn verschicken.

Der Straßenbahngüterverkehr bietet jedem Betrieb und jedem Hamburger die Möglichkeit, Packstücke in einem oder anderthalb Tagen nach dem Bestimmungsort zu befördern.

(HNB)

4. Oktober 1947

»Wenn die Leitungen überlastet sind, packen wir die Telegramme in Waschkörbe und schicken sie mit der Eisenbahn los.« Der Vorstand des Telegraphenamtes in München fügte seiner Feststellung aber eilig hinzu, daß die Hamburger es genauso machten.

Von 19 ½ bis 7 ½ Uhr dürfen keine Ferngespräche geführt werden. Privattelegramme, die als Glückwunschadressen oder Ankunftsdepeschen abgefaßt werden, sind nicht gestattet (!) Proteste der Steuerzahler aber keine Änderung.

Ein Mann in Frankfurt mußte dem Nordwestdeutschen Rundfunk etwas per Blitzgespräch mitteilen. Nach 6½ Stunden war es schließlich soweit; er hatte Hamburg, aber seine Neuigkeit ruhte bereits in der Ablage. Ein Geschäftsmann mit Nerven wollte es einmal ganz genau wissen: Er drehte ununterbrochen die Nummernskala. Nach einer Stunde war die Leitung frei. Deshalb hat die Postdirektion Frankfurt a. M. ihre Kunden aufgefordert, jeden privaten Telefonverkehr überhaupt einzustellen.

Von 480000 im Mai 1947 aufgegebenen Telegrammen kamen 70000 nicht an.

Beschwerden über die Laufzeit von Telegrammen und Telephonaten sind selten. Vom Haupttelegraphenamt Berlin bis zum Haupttelegraphenamt Hamburg braucht eine Depesche ungefähr zwei bis sechs Stunden. Hinzugerechnet werden muß allerdings der Zubringedienst mit seinen »örtlichen Eigenheiten«.

Ein Waggon mit Fischen ist unterwegs. Telegramm von der Nordseeküste nach Süddeutschland. Die Ankündigung kommt zu spät. Die Sonne brennt auf die Heringe. Niemand weiß wohin damit. Die Ware wird ungenießbar.

Ein Sonderreferat beim Telegraphenamt in Hamburg hat jeden Tag mit etwa 30 Beschwerden zu tun. 22 wegen Nichtankunft, 5 infolge Verzögerung und 1 bis 3 Fälle, wo ein völlig entstellter Inhalt weitergegeben wurde. In den letzten Wochen wies die Hamburger Hauptpost zwei größere Schadenersatzansprüche zurück. Die Hansestadt verzeichnet eine Steigerung in der Telegrammabfertigung gegenüber 1938 um 100 Prozent. Ein Depeschenbote muß während seiner Schicht ungefähr 100 Zustellungen vornehmen. Er geht entweder zu Fuß oder benutzt ein Fahrrad. Die Kraftfahrzeuge befinden sich meistens in Reparatur.

(DW)

Mit Fahrtenbuch und Benzin-Ration

30. Mai 1945

Die Hamburger Verkehrspolizei hat ihre Arbeit wieder aufgenommen. Noch nicht im Umfang alter Friedenszeit, es sind auch noch nicht wieder alle Einbahnstraßen und Sonderregelungen eingeführt, mit denen man seinerzeit den immer größer werdenden Verkehr in den zu schmal gewordenen Straßenfluchten der Innenstadt in Bahn und Ordnung gebracht hat ... aber es wird schon wieder! An den beiden wichtigsten, verkehrsreichen und damit auch gefährlichen Kreuzungen, am Hauptbahn-

hof, Ecke Mönckebergstraße, und auf dem Stephansplatz brennen sogar schon wieder die rot-gelb-grünen Lichter in den Signalampeln; die anderen Lampen werden, soweit Personal und Material zur Verfügung stehen, nach und nach instandgesetzt und je nach Bedarf in Betrieb genommen werden.
An verschiedenen Kreuzungen wird der Verkehr während der Stunden des größten Betriebes auch schon wieder von den altbekannten »weißen« Verkehrsposten geregelt. Dabei gilt es allerdings aufmerksam zu sein: die Zeichen, die sie mit Hand und Arm geben, sind etwas anders, als man sie in Hamburg bislang gewohnt war – man nimmt da mit gutem Grund Rücksicht auf die Fahrer der englischen und kanadischen Fahrzeuge, die ja gegenwärtig etwa neun Zehntel des Straßenverkehrs stellen.

(HNB)

22. Oktober 1945
Kein Fahrzeug in der britischen Zone darf sich ab 1. November ohne eine schriftliche Genehmigung der Militärregierung weiter als 80 Kilometer von seinem im Fahrtenbuch eingetragenen Standort entfernen. Das ist eine der neuen Beschränkungen, die durch die Treibstoffknappheit und den häufigen Mißbrauch motorisierter Verkehrsmittel notwendig geworden ist und ab 1. November in Kraft treten.
Viele Fälle sind bekanntgeworden, in denen motorisierte Verkehrsmittel für den Transport von Gütern benutzt wurden, die für den Schwarzen Markt bestimmt waren. Das bedeutet, daß Treibstoff verschwendet wird und Lebensmittel, die der deutschen Bevölkerung zugute kommen sollten, beiseitegeschafft werden. Im Interesse der gesamten Bevölkerung werden daher Schritte unternommen, um dieses ungesetzliche Treiben zu unterbinden.
Die Hauptpunkte einer diesbezüglichen Ankündigung der Militärregierung, die in allen Einzelheiten in jedem Kreis veröffentlicht werden wird, sind die folgenden:
Zwischen Sonnabend, 18 Uhr und Montag, 6 Uhr, darf kein motorisiertes Fahrzeug ohne schriftliche Genehmigung der Militärregierung fahren. Polizei und Ärzte sind von dieser Bestimmung ausgenommen, vorausgesetzt, daß sie sich auf dienstlichen Wegen befinden. Dasselbe gilt für Fahrzeuge, die für die Aufrechterhaltung der Post-, Telegraphen- und Telefonverbindungen verwendet werden.
Trotz des großen Ausbesserungsprogrammes für zivile Lastkraftwagen, das gegenwärtig unter Aufsicht britischer Militärbehörden in der britischen Zone durchgeführt wird, werden im kommenden Winter nicht genügend Kraftfahrzeuge für den notwendigen Zivilbedarf zur Verfügung stehen. Das bedeutet zweierlei:
Nichts darf transportiert werden, was nicht unbedingt befördert werden muß. Wenn die Beförderung unbedingt notwendig ist, muß die Bahn benutzt werden.
Anträge auf Beförderung durch motorisierte Verkehrsmittel sind erst dann einzureichen, wenn feststeht, daß der Bahntransport unmöglich ist. Bei der akuten Knappheit an Eisenbahnwaggons wird das häufig der Fall sein. Die Zuweisung von Transportraum auf der Bahn ist daher streng rationiert und wird nach Vorausbestimmungen der Militärregierung gehandhabt, wonach Lebensmittel, Kohle, Grubenholz, Baumaterial und andere lebenswichtige Güter zuerst herankommen. Bei der Bahn liegen überall Listen der vorzugsweise zu befördernden Güter aus, die auf Verlangen von allen Geschäftsleuten eingesehen werden können. Sollte jedoch genügend Transportraum vorhanden sein, kann die Bahn auch Aufträge annehmen, die nicht unter die vorzugsweise zu befördernden Güter fallen.

(HNB)

22. November 1947
Wegen Reifen- und Treibstoffschwierigkeiten können Hamburger Autobusbetriebe vorläufig keine Fernverbindungen aufnehmen, teilt das Amt für Verkehr mit.

(DW)

Im Stehwagen über die Zonengrenze

16. Juli 1945
Die Leergüterzüge in den Westen, die von der Militärverwaltung für den Notreiseverkehr freigegeben wurden, halten auf dem Hamburger Hauptbahnhof nicht, man kann nur am Dammtorbahnhof einsteigen. Der Dammtorbahnhof ist damit Kopfbahnhof für den Verkehr nach Westen und Süden geworden.
Reichsbahnangestellte mit gültigen Fahrausweisen für Dienstzwecke, entlassene Angehörige der Wehrmacht auf dem Wege zur Heimat mit Marschbefehl oder ordnungsmäßigen Entlassungspapieren und heimkehrende Flüchtlinge mit dem gelben Ausweis der Militärregierung sind bisher die Reisenden.
Sie haben sich bei den Dienststellen am Dammtor oder

am Bahnhof Altona legitimiert und vormerken lassen (auch im Hauptbahnhof besteht die Möglichkeit) und warten nun – großenteils mit viel Gepäck beladen – zum Teil mit Fahrrädern und Kinderwagen (die mitgenommen werden können!) auf die Ankunft des Zuges.
Eisenbahner sind bemüht, mit Rat und Tat zu helfen, soweit die Vorschriften ihnen dies gestatten. Sie geben immer wieder Auskunft, welche der Züge für den einzelnen Fahrgast am geeignetsten sind, welche Möglichkeiten bestehen, so rasch wie es eben in Güterwagen möglich ist, ihr Reiseziel zu erreichen.
Ein Teil der Bahnhofshalle ist als Warteraum abgeteilt – er bietet den Reisenden auch bei Sturm und Regen einigermaßen Schutz. Da sitzen sie nun und warten: Wie werden sie Heimat und Haus, Familie und Freunde wiederfinden? Diese Frage steht auf vielen Gesichtern geschrieben, denn in den meisten Fällen fahren sie ins Ungewisse, ohne eine Nachricht von ihren Angehörigen erhalten zu haben.
Die einen bergen in einem bescheidenen Handköfferchen alles, was sie besitzen. Die anderen schleppen viele abenteuerlich verpackte Kollis mit sich. Die einen grübeln, die anderen plaudern. Zu allen Stunden des Tages trifft man hier Reisende, die sich in irgendeiner Ecke ausgestreckt haben, um ein »Nickerchen« zu machen. Im allgemeinen überwiegt zuversichtliche Stimmung – und wenn es auch nur im Güterwagen ist, es ist eine Reise und sie führt zu einem Ziel und das bedeutet irgendwie wieder ein Voran im Leben.
Bis dann der Zug einläuft. Dann geht das Gejachter los. Dann stürmen sie den Bahnsteig und bauen Barrikaden mit ihrem Gepäck am Rande auf. Doch jeder bekommt sein Plätzchen und baut sich irgendwie mit seinem Gepäck einen Sitzplatz auf.
Wer wirklich dringende Gründe nachweisen kann, der hat tatsächlich heute schon Gelegenheit, sein Ziel zu erreichen.
Es geht voran auch auf diesem Gebiet ...

(HNB)

13. August 1945

Seit Freitag laufen nun wieder Dampfzüge zwischen Blankenese und Wedel. Heute morgen trafen die ersten Vorortzüge aus Elmshorn, Ahrensburg und Neugraben auf Hamburger Bahnhöfen ein. Damit ist der Vorortverkehr im gesamten S-Bahn-Bereich Hamburgs wieder in Betrieb.
Keiner dieser Betriebszweige ist von den außerhalb Wohnenden so sehnsüchtig erwartet worden wie die Aufnahme des Vorortverkehrs auf allen Strecken, die jetzt von der Militärregierung verfügt wurde. Denn mit diesen Strecken werden Vororte und Außenbezirke an die Stadt angeschlossen, die ihnen wirtschaftlich eng verbunden sind. Zwar haben viele Lastautos Tag für Tag Dutzende und Hunderte von Menschen, die in Hamburg beschäftigt waren, mit in die Stadt genommen oder nach dem Feierabend wieder hinausgebracht, doch die meisten haben wochenlang weite Wege zu Fuß und per Rad zurücklegen müssen, um ihre Arbeitsstätte zu erreichen. Dies bei Wind und Regen, vielfach mit schlechtem Schuhzeug und gebrechlichen Fahrrädern. Sie alle atmen jetzt auf.

(HNB)

6. September 1945

Was macht man, wenn zu viele Menschen auf eine Straßenbahn warten und man befürchten muß, nicht mitzukommen?
Beileibe warte man nicht auf die nächste. Man gehe auch nicht eine Haltestelle weiter, wo man vielleicht ohne Schwierigkeiten einsteigen könnte. Viel mehr Aussicht auf Erfolg bietet Puffen und Drängen und Anschnauzen der Mitfahrenden. Denn natürlich haben immer die anderen die Schuld.
Besonders schlimm aber ist es, wenn sich Rücksichtslosigkeit und Leichtsinn vereinen wie in den Leuten, die auf die Trittbretter aufspringen oder sich an die Puffer anhängen. Das befördert dann manchen sehr schnell – ins Krankenhaus. Ein plötzliches Halten der Straßenbahn, vorbeifahrende Autos und Fuhrwerke verursachen nur zu oft den Sturz dieser »Sportler«.
Wenn dann aber die Straßenbahn unterwegs auf offener Strecke hält, was wegen des lebhaften Verkehrs jetzt häufiger einmal vorkommt, so soll man nicht aussteigen – weder aus Neugier, noch um die willkommene Gelegenheit wahrzunehmen, sich vor dem kassierenden Schaffner zu drücken. Dieses plötzliche Absteigen ist sehr gefährlich.

(HNB)

17. September 1945

Ab heute wird die S-Bahn-Sperre während der Zeit des Berufsverkehrs gelockert. Die Morgen-Sperrstunden von 7 bis 9 Uhr fallen fort, der Bahnhof Altona-Hbf. ist während des ganzen Tages frei.
Nach wie vor sind die S-Bahnhöfe Holstenstraße, Sternschanze, Dammtor und Hamburg-Hbf. während der Zeit von 16 bis 18 Uhr für Reisende mit Einzelkarten gesperrt. Zutritt haben nur Reisende mit Zeitkarten, mit Fernfahrkarten und Reisende, die von Strecken der

dampfbetriebenen S-Bahn-Züge (Harburg usw.) kommen.

(HNB)

17. September 1945
Seit einigen Tagen hat die Reichsbahn auf verschiedenen Strecken »Stehwagen« eingesetzt. Es handelt sich dabei um alte Personenwagen, aus denen alle Sitzbänke und Zwischenwände entfernt wurden. Über den Köpfen der Reisenden sind Greifstangen angebracht, damit man sich »in den Kurven festhalten« kann. Während in einem Personenwagen nur 70 bis 80 Fahrgäste befördert werden können, lassen sich in diesen Stehwagen 200 bis 250 Reisende unterbringen: also etwa das Dreifache wie in einem normalen Personenwagen.
Die Reisenden können dazu beitragen, die Abwicklung des Verkehrs in diesen Stehwagen zu erleichtern, wenn sie nicht zuviel Gepäck mitnehmen. Gepäck, das notwendig mitgenommen werden muß, sollte nicht rundherum an den Wänden als Sitzgelegenheit aufgebaut, sondern hochgestapelt werden.

(HNB)

4. April 1946
Der Nordexpreß wird vom 6. Mai ab auch über deutsche Eisenbahnstrecken fahren. Die Strecke geht von Ostende über Brüssel nach Köln und über Hagen-Hamm nach Berlin. In Hannover ist eine Abzweigung über Hamburg nach Kopenhagen und in Köln eine Abzweigung zu dem kürzlich in Betrieb genommenen Südorientexpreß vorgesehen, der von Paris über Wien nach Budapest fährt. Die Internationale Schlafwagengesellschaft hat für die deutschen Strecken auch deutschen Reisenden die Benutzung der Expreßzüge gestattet.

(DZ)

27. August 1946
Ab 1. September sollen die Reisebeschränkungen zwischen der britischen und der amerikanischen Besatzungszone fortfallen. Personen, die zwischen beiden Zonen reisen wollen, benötigen in Zukunft nur einen amtlichen Ausweis, der bei den deutschen Behörden des eigenen Wohnorts beantragt werden kann.
Damit hat die Periode des heimlichen Grenzübertritts, des »schwarzen Grenzverkehrs«, wenigstens an einer Zonengrenze aufgehört. Es liegen noch keine Einzelbestimmungen vor, aber es darf angenommen werden, daß auch die bisher geübten Personen- und Gepäckkontrollen in den offiziellen Grenzübertrittsstellen, eine Ursache mannigfacher Verärgerung der Reisenden, aufhören werden. Diese Kontrollen, die für die Reisenden das Verlassen ihrer Abteile und oft stundenlanges Warten auf nächtlichen Bahnsteigen erforderlich machten, wurden übrigens in der britischen Zone nicht durchgeführt.
Es wird in der letzten Zeit selten eine Nachricht gegeben haben, die so begrüßt wurde, wie diese Erleichterung des Reisens. Daß die Lebensmittelkarten in beiden Zonen Gültigkeit erhalten und daß man Kraftwagen nach den gleichen Bestimmungen in beiden Zonen mit Treibstoff versehen kann, bedeutet einen weiteren Vorteil.
Natürlich reichen für einen unbeschränkten Verkehr einstweilen die technischen Möglichkeiten noch nicht. Es liegt deshalb im Interesse aller, daß nicht unbedingt nötige Reisen, insbesondere reine Vergnügungsreisen, zunächst weiterhin unterbleiben.

(DW)

15. April 1947
Nach Mitteilung des französischen Generalkonsulats ist die Reise nach Frankreich nur möglich, wenn die Reise im Interesse der französischen Regierung liegt. Eine Vermittlung deutscher Arbeitskräfte nach Frankreich kommt gegenwärtig nicht in Frage.

(DW)

29. Mai 1947
Eine der vordringlichsten Aufgaben zur Gesundung des Reichsbahnbetriebes ist die Vorhaltung eines ausreichenden gesunden Lokomotivparks. Zahlenmäßig sind die Lokomotiven im Bestand; aber es bedarf außerordentlicher Anstrengungen seitens der Lokomotivindustrie und der Reichsbahnausbesserungswerke, um neben den laufenden Reparaturen den Schadstand auf ein normales Maß zu senken. Da die Roheisen- und Stahlerzeugung nicht im entferntesten die Materialanforderungen seitens der Reichsbahn erfüllen können, ist eine Besserung des Verkehrs in diesem Jahre nicht zu erwarten. Im Gegenteil muß man mit einer neuen verschärften Krise ab August rechnen.

(DZ)

11. Oktober 1947
Die Reichsbahndirektion Hamburg teilt mit, daß rund 2600 Zulassungen täglich in ihrem Gebiet für D-Züge nach Süden und Westen ausgegeben werden. Über hundert Personen müssen jeden Tag ohne Genehmigung zurückbleiben. Ungefähr jeder zweite Fahrgast ist unberechtigt im Besitz eines Dienstreiseausweises. Verschärfte Kontrolle! Die Schaffner kassieren jedoch fleißig doppeltes Fahrgeld von Passagieren ohne Zulassung (München–Hamburg 140 RM.)

(DW)

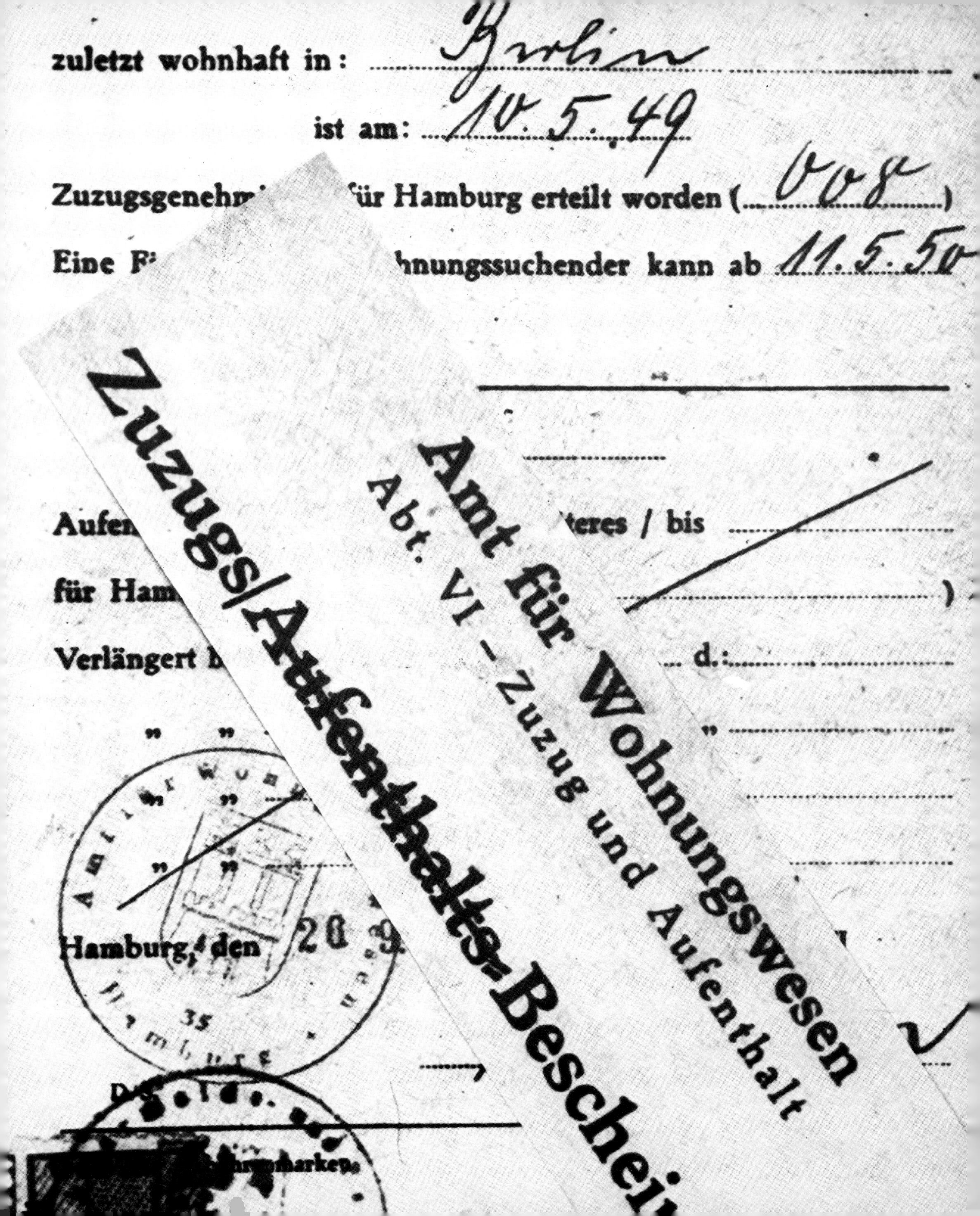
zuletzt wohnhaft in: Berlin

ist am: 10. 5. 49

Zuzugsgenehm[...] für Hamburg erteilt worden (008)

Eine F[...]hnungssuchender kann ab 11. 5. 50

Aufen[...]teres / bis

für Ham[...])

Verlängert b[...] d.:

„ „ „

„ „

„ „

Hamburg, den 20 9.

Amt für Wohnungswesen Hamburg 35

D[...]

[...]marken

Zuzugs/~~Aufenthalts~~-Beschei[...]

Amt für Wohnungswesen
Abt. VI – Zuzug und Aufenthalt

8

Ohne Heim und ohne Heimat

»Draußen vor der Tür«, nicht zu Hause, nicht in ihrer Heimat, standen nicht nur die Heimkehrer, sondern insgesamt 25 Millionen Deutsche. Man teilte sie in Kategorien ein: die Kriegsgefangenen, Internierten, Heimkehrer, Verfolgten, Verschleppten, Flüchtlinge, Vertriebenen, Evakuierten, Butenhamburger.
Die »Kriegsgefangenen« der Westmächte kehrten ziemlich bald zurück, die letzten aus Rußland erst in den Fünfziger Jahren. Waren sie entlassen, wurden sie zu »Heimkehrern«, was keineswegs bedeutete, daß sie ein Heim vorfanden. »Internierte« nannte man jene Kriegsgefangenen, die auf deutschem Boden kapituliert hatten und nun, mangels ausreichender Lager, in bestimmten Regionen festgehalten wurden, so 350000 vor den Toren Hamburgs, in Schleswig-Holstein. »Verschleppte« waren die Hunderttausende deutscher Zivilisten, die noch nach Kriegsende zur Zwangsarbeit in die Sowjetunion abtransportiert worden waren. Nach den Bombennächten des Sommers 1943 gab es in Hamburg vorübergehend nur noch 650000 Menschen. Frauen und Kinder waren zu »Evakuierten« geworden, meistens in Bayern. Nach dem Ende des Krieges schickte man sie zurück. Da die Stadt sie nicht alle aufnehmen konnte, schickte man sie weiter in die Nachbarländer, wo sie noch jahrelang als »Butenhamburger« lebten. Viele Hamburger waren nach 1943 aber auch in die vom Krieg noch nicht berührten Gebiete im Osten Deutschlands gezogen. Von dort kamen sie nun mit den Trecks der »Flüchtlinge« zurück. Die Flüchtlinge zählten nach Millionen. Nach den Flüchtlingen kamen die Millionen der »Vertriebenen«.
Trotz Zuzugssperre und Abschiebung hatte Hamburg 1947 schon wieder 1,4 Millionen Einwohner, die mit dem Allernotwendigsten versorgt werden mußten.

Zurück kommt ein Fremder ...

Ein Mann kommt nach Deutschland.
Er war lange weg, der Mann. Sehr lange. Vielleicht zu lange. Und er kommt ganz anders wieder, als er wegging. Äußerlich ist er ein naher Verwandter jener Gebilde, die auf den Feldern stehen, um die Vögel (und abends manchmal auch die Menschen) zu erschrecken. Innerlich – auch. Er hat tausend Tage draußen in der Kälte gewartet. Und als Eintrittsgeld mußte er mit seiner Kniescheibe bezahlen. Und nachdem er nun tausend Nächte draußen in der Kälte gewartet hat, kommt er endlich doch noch nach Hause.
Ein Mann kommt nach Deutschland.
Und da erlebt er einen ganz tollen Film. Er muß sich während der Vorstellung mehrmals in den Arm kneifen, denn er weiß nicht, ob er wacht oder träumt. Aber dann sieht er, daß es rechts und links neben ihm noch mehr Leute gibt, die alle dasselbe erleben. Und er denkt, daß es dann doch wohl die Wahrheit sein muß. Ja, und als er dann am Schluß mit leerem Magen und kalten Füßen wieder auf der Straße steht, merkt er, daß es eigentlich nur ein ganz alltäglicher Film war, ein ganz alltäglicher Film. Von einem Mann, der nach Deutschland kommt, einer von denen. Einer von denen, die nach Hause kommen und die dann doch nicht nach Hause kommen, weil für sie kein Zuhause mehr da ist. Und ihr Zuhause ist dann draußen vor der Tür. Ihr Deutschland ist draußen, nachts im Regen, auf der Straße.
Das ist ihr Deutschland.
(Wolfgang Borchert, Vorwort zu »Draußen vor der Tür«)

18. Juni 1946
Tausend Ehen werden wöchentlich in Hamburg geschieden, davon sind 35 v. H. Kriegsehen. Ähnlich liegen die Verhältnisse in andern Großstädten. Der »Lebensbund«, geschlossen in schneller Verliebtheit während eines Soldatenurlaubs, wegen der lockenden Familienunterstützung für die Frauen, oder weil der Mann nach seiner Heimkehr wissen wollte, wohin er gehört, löst sich in dieser schweren Nachkriegszeit mit den engen Raumverhältnissen häufig in unerträgliche Zustände und schließlich in einer Scheidung auf. Die jungen Leute, die sich oft so lange hinter Stacheldraht nach der Heimat sehnten, finden das Zuhause so verändert wieder, daß sie sich nicht zurechtfinden können. Die Frauen, oft durch die Not der Zeit hart oder leichtsinnig geworden, entsprechen nicht mehr dem Traumbild des Mannes. Aber auch sie erleben beim Wiedersehen ähnliches. In den kurzen Kriegsurlauben lernten sie vielfach den Mann nicht richtig kennen und sehen sich bei seiner Rückkehr einem Fremden gegenüber.

(DW)

15. Juli 1947
In der britischen Zone gibt es, nach der amtlichen Bevölkerungsstatistik, heute fast ebenso viele Männer im Alter von 70 wie im Alter von 28 Jahren. Es gibt außerdem einen Überschuß von 2 Millionen Frauen. Seit dem 30jährigen Krieg hat kein Staat eine in einem solchen Mißverhältnis stehende Zusammensetzung der Bevölkerung aufzuweisen gehabt. Trotz der Verluste durch den Krieg und der seit 1939 absinkenden Geburtenzahl hat sich die Bevölkerung der britischen Zone seit Kriegsende um 2300000 Menschen vermehrt, das sind ungefähr 10 v. H.
Ein amtlicher Bericht nennt es die bedeutsamste Tatsache, daß die männliche Altersgruppe von 21–42 Jahren, die die Masse der für schwere Arbeit Geeigneten stellt, jetzt einen unverhältnismäßig kleinen Teil der Gesamtbevölkerung ausmacht – (nur etwas über ein Viertel, verglichen mit mehr als einem Drittel im Jahr 1925). Die Lage auf dem Arbeitsmarkt wird noch dadurch verschlechtert, daß es in diesen Altersgruppen viele Kriegsversehrte gibt, die für normale Arbeit untauglich sind.
Der Bericht sagt, daß man diesen ernsten Mangel an Arbeitskräften nur durch extensivste Verwendung der 2 Millionen überzähligen Frauen ausgleichen kann. Wenn die in der Zone zur Verfügung stehenden weiblichen Arbeitskräfte ausgebildet und beschäftigt werden, würde eine normale wirtschaftliche Entwicklung gesichert sein. Der Frauenüberschuß schwankt zwischen 18 und 50 v. H. Von den Großstädten der Zone hat jetzt nur Hamburg über 1 Million Einwohner, an zweiter Stelle steht Essen mit mehr als einer halben Million.

(DW)

Zerlumpt, ausgemergelt, krank, einen Meter siebzig groß, aber nur noch 36 Kilogramm schwer, so kehren die Soldaten aus Rußland heim nach Deutschland und finden sich »draußen vor der Tür«

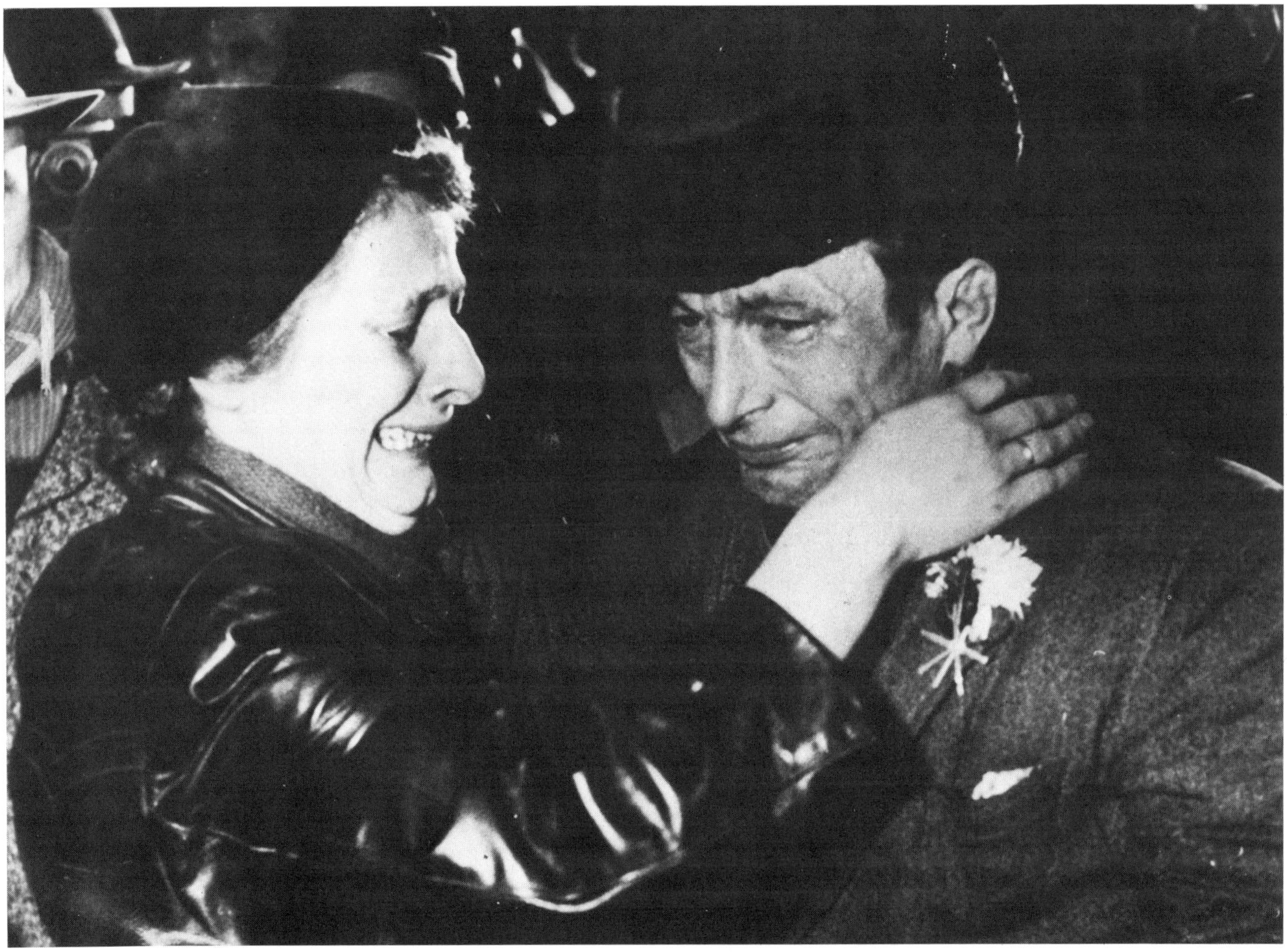

Wiedersehen nach 14 Jahren. Von seiner Schwester erfährt der Heimkehrer, daß er für tot erklärt ist und seine Frau geheiratet hat.

30. April 1948

Die sowjetrussische Regierung beabsichtigt, ab Mai monatlich 100000 Gefangene zu entlassen; auch Frankreich will eine größere Quote schicken. Über 500000 Menschen werden bis Ende des Jahres allein in der britischen Zone erwartet.

So beglückend diese Aussichten sind, so gepreßt klingt der Beifall der öffentlichen Stellen, die mit der Aufnahme und der Betreuung dieses Zustroms, von dem ein Fünftel als »heimatlos« gelten kann, beauftragt sind. Vor allem in Orten, die wie Hamburg sich einer besonderen Beliebtheit als Entlassungsziel erfreuen. Deshalb soll Munsterlager (und eventuell Münster) als Entlassungszentrale der Zone eingerichtet werden, um eine Steuerung der Rückkehrer entsprechend der Aufnahmefähigkeit der einzelnen Gemeinden vorzunehmen.

Örtliche Entlassungsstellen sollten nach deutscher Ansicht vor allem aufgehoben werden, um den »Pseudo-Rückkehrern« das Handwerk zu legen, die sich über diese Stellen oft in den Besitz mehrerer gültiger Entlassungsscheine setzen. Die in dieser Hinsicht »berühmte« Hamburger Kunsthalle entließ seit März 1947 nicht weniger als 40000 Personen. Vor ihrer Tür wurden »D-2-Scheine« mit 1000 bis 1500 Mark gehandelt.

Ein kurzgeschorener Mann, Rußlandgesicht, erzählt: »Ich bin Schmied aus Elbing. Meine Familie ist in Holstein. Ich kann in Hamburg Arbeit finden. Aber das Wohnungsamt gibt mir keine Wohnung für die Familie; man sagte mir, es wäre am besten, der Mann ginge zu Frau und Kind. Und in Holstein sagen sie, die Familie solle zum Mann.«
Ein anderer, jung, weiß nicht, wo seine Eltern sind. »In Hamburg, dachte ich, müßte doch Arbeit sein. Habe aber in den 14 Tagen Aufenthalt, die man mir gewährte, keinen Mangelberuf für mich gefunden. Schwere Arbeit kann ich nicht machen, weil ich eine Schädelverwundung habe. Wohin jetzt?«
Das Verschiebespiel beginnt. Die deutschen Behörden sind jetzt berechtigt, den Zielort auf dem Entlassungsschein abzuändern. So bekommt er ein neues Ziel, etwas Kleingeld und für zwei Tage Lebensmittelmarken.
Die Bescheidenheit der neuen Antragsteller fällt auf. Sie sind noch »unverdorben«. Aber: »Viele arbeiten zunächst in den Trümmern, verschleißen ihr letztes Zeug in 14 Tagen, weigern sich, weiterzuarbeiten, erhalten keine Arbeitsbescheinigung mehr und damit keine Lebensmittelkarten.

(DW)

1. Juli 1948

Da, wo sein Zuhause gewesen war, war nun nichts mehr. Ein Haufen Steine nur. Und das Gras wuchs darüber. Er blieb nicht lange stehen. Er nahm sein Bündel auf und ging in die Richtung, aus der er gekommen war. Er wußte nicht, was er am Bahnhof wollte.
Ganz dicht ging ein Mädchen an ihm vorbei. Blieb stehen. »Hast du Feuer?« fragte sie. – Er kramte in den Taschen. Sie war sehr jung und sie war auch hübsch. »Wie ist das mit uns beiden?« fragte er. Sie sah zu ihm auf. Etwas Weiches war in ihren Augen. »Du hast doch nichts«, sagte sie, »ich muß verdienen.«
Der Mann griff noch einmal in die Tasche. Nein, dachte er, ich muß mir das Brot kaufen. –
Es waren noch andere Mädchen auf der Straße. Sie gingen alle sehr dicht an ihm vorbei. Sie sahen ihn alle an. Frech sahen sie ihn an. Sie waren es so gewöhnt. Wenn er ihren Blick zurückgab, sahen sie zur Seite. Ich habe ja nichts, die müssen verdienen, dachte der Mann.
Dann stand sie plötzlich vor ihm. Und sah ihn an. Sah ihn frech an und erkannte ihn nicht. – Und ging an ihm vorbei.
Er schlug den zu kurzen Kragen seines Mantels hoch und vergrub die Hände in den Taschen. In der Faust zerknüllte er den Brief seines Freundes. Darin stand: Sie wird erstaunt sein, dich zu sehen. Der Alte hat damals geschrieben: ›vermutlich bei der Räumung von Odessa gefallen‹.

(Erik Verg)

25. November 1948

Im Januar des dritten Nachkriegsjahres hatten die vier Außenminister der Alliierten einander und der Welt das Versprechen gegeben, bis zum Dezember des gleichen Jahres sollten alle deutschen Kriegsgefangenen heimgeschickt sein. Molotow lüftete zum erstenmal den Schleier, den die Sowjetunion über die Millionen vermißter Deutscher in Rußland gehängt hatte, und nannte die noch heute anzweifelbare Zahl von nur 800000. Von diesem staatsmännischen Wort getröstet, wurden die Forderungen nach Gerechtigkeit eine Zeitlang gedämpft, und Hunderttausende wartender Mütter und Frauen fügten sich darein: sie wollten auch noch dieses Jahr auf die Heimkehr ihrer Söhne und Männer warten ...
Viereinhalb Millionen deutscher Kriegsgefangener sind seit Mai 1945 aus der Gefangenschaft entlassen und heimgeführt worden, gab der Generaladjutant Brigadier A. J. H. Dove bei der Eröffnung des Entlassungslagers Münster in Westfalen bekannt. Eine Dreiviertelmillion von ihnen befand sich in britischem Gewahrsam in England, Kanada, Frankreich und Belgien. England hat Wort gehalten: es hat bis auf die drei Generale v. Rundstedt, v. Manstein und Strauß seine Kriegsgefangenen bis Mitte Juni entlassen. Frankreich wird, wie in Münster der Delegierte der französischen Regierung bekanntgab, bis zum 20. Dezember 1948 die jetzt noch in französischen Lagern lebenden Deutschen heimgeführt haben. Ein Rest von 600 werde bleiben; dieser Rest habe Strafen für Kriegsverbrechen und andere Vergehen abzubüßen. Man hat im übrigen die Zahl von 3000 Inhaftierten in Frankreich genannt. Darunter waren jene Kriegsgefangenen, die als Zeugen in Kriegsverbrecherprozessen vor französischen Gerichten auftreten mußten und die ebenfalls bis Weihnachten in Deutschland sein werden.
Aus Jugoslawien treffen jetzt an jedem zweiten Tag Heimkehrertransporte in Münster ein und werden im Laufe eines einzigen Tages in ihre Heimatbezirke weitergeleitet. Wie der britische Lagerkommandant mitteilt, ist damit zu rechnen, daß auch Jugoslawien seinen Repatriierungsplan einhalten wird. Danach soll der letzte Transport am 10. Januar 1949 in Münster eintreffen.

Mit der Flucht vor der sowjetischen Offensive im Januar 1945 begann die große Völkerwanderung unserer Zeit, an deren Ende zwölf Millionen Menschen von Ost nach West gezogen sind.

Werden alle deutschen Kriegsgefangenen, wie versprochen, noch in diesem Jahr heimkehren? Der englische Kommandant von Münster, Major Kelcey, konnte auf diese Frage keine Antwort geben, denn die Transporte aus dem Osten, vor allem aus Rußland, sind keineswegs in solcher Folge eingetroffen, daß selbst die genannten 800000 rechtzeitig in der Heimat sein werden. Vor vier Wochen meldete die Ostzonenpresse, daß durch das Lager Gronenfelde bei Frankfurt (Oder) der 500000 Heimkehrer aus Rußland durchgeschleust worden sei. Zum gleichen Zeitpunkt hatten aber nur 112000 die Entlassungslager der britischen Zone, Munsterlager und Münster, durchlaufen. Selbst dann, wenn man nicht in Betracht zieht, daß wahrscheinlich der größere Anteil von Ostheimkehrern die britische Zone aufgesucht hat, wäre die halbe Million der bereits aus Rußland Heimgekehrten anzweifelbar. Und wenn man den Zahlen der Ostzonenzeitungen Glauben schenkte, so müßten die fehlenden 300000 in den allernächsten Tagen eintreffen. In diesem Monat sind aber nur 3000 Rußlandheimkehrer aus dem Lager Münster gemeldet ...Nach den derzeitigen Transportfolgen muß damit gerechnet werden, daß noch bis ins Frühjahr hinein aus Rußland Heimkehrer eintreffen werden. Aber auch dann wird noch über Hunderttausenden tiefes Schweiqen liegen.

(Kurt Döring, DZ)

1. März 1949

Drei Jahre nach Kriegsende noch wogt der Kampf um das tägliche Brot und das Dach über dem Kopf. Aber da klopft es an die Scheiben, die wir nun glücklich eingesetzt haben. Ein Gesicht lugt herein, abgekämpft, abgezehrt: Der Heimkehrer aus dem Osten. »Du kommst jetzt erst«, heißt es bedauernd, »wir sind schon komplett.«

Und dies vermeintliche Zuspätkommen ist es, was die Heimkehrer bitter macht. Sind sie denn freiwillig in den Einöden des Ostens gewesen? Die Augen des Heimkehrers sehen uns fremd an. Wir aber können ihn nicht begreifen und haben unsere eigenen Sorgen. Kaum daß es zum Auf-die-Schulter-Klopfen reicht.

»Es ist nicht damit getan«, sagt einer der ersten Psychiater Hamburgs, Professor Bürger-Prinz, »daß wir etwa im Seelenleben des Heimkehrers herumbuddeln. Denn der Heimkehrer ist biologisch verändert, infolge der andern Lebensbedingungen, die er hinter sich hat.«

Wenn er krank nach Hause kommt, wird er auf Staatskosten gesundgepflegt. Man prüft den Körper des Heimgekehrten, aber das Arbeitsamt hat nicht bei jedem einzelnen Fall den Nervenarzt zur Seite. Es dürfte kein Heimkehrer in den Daseinskampf, in die große Einsamkeit der Masse hinausgestoßen werden, ohne daß der Psychiater sich seiner angenommen hat.

Nicht übermenschliche Tat und Hilfsbereitschaft erwartet der Heimkehrer. Er dürstet nach ein bißchen Liebe von Mensch zu Mensch, die nach Dehmels Dichterwort mehr wert ist als alle Liebe zur Menschheit. Wie aber kann der einzelne, jeder von uns, helfen?

Man gebe der Heimkehrerhilfe seine Anschrift und erkläre: Ich bin bereit, einem Heimkehrer zu erlauben, meinen Kleider- und Wäscheschrank zu durchstöbern. Er kann einen kleinen Koffer oder Sack mitbringen.

Für Frauen: Ich bin bereit, einem Heimkehrer die Kleidung, die er bekommt, mitsamt der Wäsche zu stopfen und zu flicken. Bin ferner bereit, ihn zweimal in der Woche zum Abendbrot dazubehalten.

Für Stammtische (die in Deutschland nicht aussterben): Ich bin bereit, einen Heimkehrer jede Woche einmal an meinem Stammtisch kostenlos zu bewirten.

Für Unternehmer: Ich bin bereit, jeden Monat einem Heimkehrer mein Unternehmen zu zeigen und ihn zu fragen: »Wo glaubst du, könntest du am besten bei mir schaffen?«

Für religiöse Gemeinden: Kein Geistlicher, welcher Konfession er auch immer sei, welche Sekte er auch immer vertrete, bringe ein Wort der Predigt über die Lippen, ehe er nicht verkündet habe, wie er in der vergangenen Woche Heimkehrern praktisch geholfen hat.

(DW)

Geflüchtet, vertrieben ...

14. Juni 1946

Flüchtlinge ist vielleicht nicht das richtige Wort. Die meisten dieser Menschen sind weniger auf der Flucht als auf der Suche. Sie suchen ihre Angehörigen, sie suchen ein Unterkommen, sie suchen eine Möglichkeit, zu arbeiten und zu leben. Nicht viele haben freiwillig ihre Heimat verlassen. Die meisten wurden geschickt oder vertrieben.

Vertrieben wurden vor allem die Millionen Deutschen, die jetzt aus Polen, aus den unter polnische Verwaltung gestellten Ostgebieten, aus der Tschechoslowakei, aus Österreich und Ungarn, aus den Balkanländern in das eng gewordene Rest-Reich einströmen. Alle diese Menschen müssen zusätzlich aufgenommen werden, wo immer ihre Aufnahme möglich ist. Das ist nicht leicht, aber es bleibt keine Wahl.

Das Ziel muß sein, die Heimatlosen einzuordnen. Sie dürfen nicht der Fremdkörper bleiben, der sie einstweilen sind. So ungeheuer schwer es für den, der Besitz und Heimat behalten hat, sein mag, das Elend der Ausgestoßenen zu verstehen, er muß es zu einem Teil zu seinem eigenen machen und die Pflicht erkennen, zu helfen. Und zwar muß alle Hilfe darauf abgestellt sein, den Heimatlosen neue Heimat zu schaffen.
Die Aufgabe ist groß. Nachdem es ohnehin an Wohnraum fehlt, müssen Millionen Menschen zusätzlich untergebracht werden. Nachdem ohnehin die deutsche Wirtschaft daniederliegt und noch kaum zu sehen ist, was aus ihr werden soll, soll für Millionen zusätzlich Erwerb gefunden werden. Nachdem die öffentlichen Finanzen beansprucht sind wie niemals zuvor in der deutschen Geschichte, sollen Millionen Menschen zusätzlich unterstützt und versorgt werden.
Die Vertriebenen können nicht überall in den Berufen untergebracht werden, in denen sie bisher tätig gewesen sind. Es ist also Umschulung erforderlich. Für die vielen, die landwirtschaftliche Erfahrung haben, müssen so schnell wie möglich Siedlungsmaßnahmen durchgeführt werden.
Bisher fehlt zu einer Lösung der Flüchtlingsfrage noch viel. Von allen Seiten kommen Klagen. Schon mußten harte Strafen verhängt werden gegen Menschen, die der Notlage der Vertriebenen Rechnung zu tragen sich weigerten. Es gibt auch Flüchtlinge, die unter Vorspiegelung falscher oder Verschweigung wahrer Tatsachen sich Vorteile zu verschaffen suchen. Durch solche Vorkommnisse wird die ohnehin schwierige Lage für beide Seiten unnötig verschärft.
Es wird nötig sein, den Strom der Vertriebenen nach einheitlichen Plänen zu lenken. Jeder muß dort untergebracht werden, wo seine Kenntnisse und Fähigkeiten am besten eingesetzt werden können und wo ihm am besten geholfen werden kann. Je mehr wir alle uns einsichtig und gemeinschaftswillig zeigen, desto eher wird die Not gewendet und einem besseren Leben der Weg bereitet sein.

(DW)

26. Dezember 1946

Von 89 Gemeinden des Kreises Segeberg sind es nur acht, in denen Evakuierte und Flüchtlinge nicht die absolute Mehrheit besitzen. Evakuierte und Flüchtlinge brachten den drei westlichen Zonen einen starken Zuwachs. Die Einwohnerzahlen der französischen Zone stiegen um 3 v. H., die der amerikanischen Zone etwa um 18 v. H. Die britische Zone, mit ihrer an und für sich schon starken Zusammenballung von Menschen, erhielt bereits einen Zuwachs von über 20 v. H. In der Zone selbst ist Schleswig-Holstein das Land, das im Verhältnis zu seinem Umfang die weitaus stärkste Zuwanderung aufnehmen mußte. Das zwangsläufige Einströmen ausgewiesener Menschenmassen aus dem Osten und Südosten in die britische Zone hält immer noch an.
Der erste Zustrom im Kreise Segeberg kam Anfang 1945, als bei der Evakuierung Ostpreußens der Kreis das »planmäßige Ziel« zahlreicher Trecks wurde. Die zweite Belastung kam bei der Zusammendrängung der deutschen Restarmeen in Schleswig-Holstein, der dann als sehr starke Belastung das Entlassungslager Segeberg folgte. Über 300000 ehemalige deutsche Soldaten wurden in Segeberg entlassen. Von ihnen verblieben viele, die im Osten beheimatet waren, in den Landgemeinden des Kreises. Damals stieg die Bevölkerungszahl von 53000 auf 97000 an. Es war eine Steigerung von 82 v. H. Dann lief die Aktion »Schwalbe« an, die den Abtransport von 323000 Menschen aus den Gebieten jenseits der Oder-Neiße-Linie nach Schleswig-Holstein vorsah. Im Kreise Segeberg stieg nun der Zuwachs gegenüber 1939 um 122 Prozent.
Es gibt Gemeinden im Landkreis, wo die Einwohnerzahl um das Dreifache gestiegen ist, so daß keine andere Möglichkeit als das Massenlager übrigblieb.
Drei bis vier Monate waren Kuh- und Pferdeställe mit Flüchtlingen belegt, in denen das Vieh noch danebenstand. In Hartenholm hausen sie im Tanzsaal, in Ulzburg kampieren mehrere Familien mit Kindern auf dem Fußboden einer verfallenen, windschiefen und daher unbenutzbaren Kegelbahn.
Fast 200 Frauen, Kinder und alte Männer fanden Zuflucht im Herrenhaus des Grafen Westfalen in Seedorf. Äußerlich ein würdiger, repräsentativer Bau, innen ein Quartier des Elends. Im ersten Zimmer rechts leben neun Personen, vier Erwachsene, fünf Kinder. Im nächsten Raum 10 Menschen, fünf Männer und Frauen, fünf Kinder. Kein Flüchtling hat mehr als eine Decke, keine Familie eine Waschschüssel. Morgenwäsche entweder am See oder aus einem verrosteten Marmeladeneimer, in dem noch Wäsche gewaschen, Kinder gebadet, Kartoffeln oder Gemüse geholt werden und die Asche vom Ofen weggebracht wird. Drei oder vier Familien besitzen zusammen einen Kochtopf.
Keiner der Menschen hat einen Stuhl. Ein altes Spind

oder ein Brett dienen für die letzten Fetzen an Kleidern und zur Aufbewahrung der Speisen in alten Konservendosen. Der kleine Vorrat an Kartoffeln und Rüben liegt neben dem Lager, auf dem geschlafen wird.
Es gibt weder eine äußere Abschließung noch eine menschliche Zurückgezogenheit. Es ist unmöglich, auch nur einige Minuten mit sich allein zu sein, weder am Tage noch in der Nacht. In diesem Lager hat das Eigenleben zu existieren aufgehört.

(DW)

26. Dezember 1946
Einen umfassenden Auswanderungsplan für zehn Millionen deutscher Ostflüchtlinge nach allen Teilen Amerikas hat der apostolische Visitator für Deutschland, Bischof Aloysius Muench von Fargo, angeregt, der kürzlich von einem mehrwöchigen Besuch der Vereinigten Staaten zurückgekehrt ist.

(DW)

2. Januar 1947
Wenn man weiß, daß in einem Dorf bei Segeberg in Holstein eine Kegelbahn – sage und schreibe: eine Kegelbahn – den Flüchtlingen als Wohnraum angewiesen wurde, dann hat man Anlaß, die Feldwebelstuben auf Borkum zu loben. In Schleswig-Holstein, wo es mehr Heimatlose als Eingesessene gibt, sind die Flüchtlinge am übelsten dran, auf Borkum wahrscheinlich am besten. Dort sind die Flüchtlinge nämlich in einer alten Kaserne untergekommen, die sogar Dampfheizung hat. Die Kegelbahn in Ulzburg bei Segeberg freilich wurde inzwischen geräumt. Die sechs Familien, die dort hausten, sind aus dem Regen in die Traufe, aus der Kegelbahn in einen Stall gekommen. Bedenkt man aber, daß es in diesem Dorf 890 Einheimische und 2300 Vertriebene gibt, so begreift man, daß es keinen Sinn hat, sich wegen des Stalles zu empören. Die Kegelbahn hatte 25 Fenster, und an allen war das Glas zerschlagen; wie der Wind auch wehte (und irgendein Wind bläst immer in dieser Landschaft), er blies hinein. Der Stall aber, wenn auch dunkel und trübe, hat immerhin festere Wände, und es war noch ein Glück, daß die Leute hierher umsiedeln durften, gerade, ehe die frühe und große Dezemberkälte des ungesegneten Jahres 1946 kam. Sonst wären sie bei dem eisigen Wind, der in diesen Tagen aufkam, gewiß schon erfroren.
Sie genießen gewisse Privilegien, die Leute in diesem Stall! Hat man nicht gehört, daß im Herbst noch an die 500000 Betten für die Flüchtlinge in Schleswig-Holstein fehlten? Die Stallbewohner von Ulzburg wenigstens haben schon Betten bekommen.
Wer noch ein Bett hat in diesem Deutschland, dem Vaterland der Obdachlosen, der sollte wissen: ein Bett zu haben, das ist schon viel! Ja, wer die Flüchtlinge hört, gewinnt sogar den Eindruck, daß ein Bett das A und O des Lebens sei; allerdings – das Alpha und Omega, Ausgang und Ende.
Sie liegen im Bett, die Ärmsten der Armen; sie haben die Mäntel an und die Mützen auf dem Kopf und liegen unter den Decken, bei Nacht und auch am Tage. Sie liegen, frieren und warten, daß die große Kälte vorübergehen möge – die Kälte des Winters und jene Kälte, die am Schlusse der Dreigroschenoper choralhaft besungen wird. Und danach werden sie auf etwas anderes warten.
Auf Borkum, wo es doch so viel besser ist, hat ein Flüchtling, einer, der eine gewisse Neigung zum Pathos aufwies, gesagt: »Die Flüchtlinge sind diejenigen Kinder Deutschlands, die dem Herzen der Großen Mutter am nächsten liegen. Stirbt Deutschland, so sterben sie. Krankt Deutschland, so sind sie krank. Man redet immer viel vom Aufbau, wenn's bergab geht. Das ist auch heute so. Aber ich sage Ihnen: Wenn Sie bei einem Flüchtling das erste freie Lächeln sehen, ein Lächeln ohne Bitterkeit und Ironie, dann erst können Sie glauben, daß es mit Deutschland wirklich wieder aufwärts geht.« Der Flüchtling aber, der im Stall von Ulzburg lag, hatte für die Feierlichkeit von Worten kein Empfinden: im Gegenteil, er brauchte arge, traurig dürftige Worte, indem er sagte: »Als sie in Elbing meine Frau schnappten, packten sie auch eine von meinen Töchtern und schleppten sie mit.« Mit den zwölf andern Kindern – »wir hatten dreizehn« – hat der Mann sich westwärts geschlagen. »Neun sind schon kaputt«, sagt er. »Drei hab ich noch.« – Drei von dreizehn! Die andern sind – wie sagte der Mann? – »schon kaputt«, als erwarte er, daß auch die andern Kinder ... Fürwahr, dieser Flüchtling lächelte nicht, obwohl er ein Bett besaß, in dem er bequem in Hut und Mantel liegen konnte.

(Jan Molitor)

1947
November in Hamburg. Es sind nur wenige hundert Schritt vom Stadtbahnhof »Landwehr« zum Hochbunker, der als Notunterkunft für Männer dient, aber ein eisiger Nordost fegt über die Trümmer und bläst mir Staub und Sand ins Gesicht.
Am hohen Mast schaukelt eine Bogenlampe und läßt die Schatten der ausgebrannten Ruinen unheimlich über die

Es gibt in Norddeutschland Gemeinden, deren Bevölkerungszahl sich verdreifacht hat. Massenquartiere sind die einzige Unterbringungsmöglichkeit.

Schutthaufen tanzen. Vor mir humpelt ein Beinamputierter und kämpft aus Leibeskräften gegen den Sturm an. Ich hole ihn ein und schreie ihm zu, ob er mir den Bunker zeigen kann.

»Dort«, schreit er zurück und deutet mit der Krücke auf einen schwarzen Klotz, der wie ein Riesenwürfel aus dem Schutt aufragt.

Ich melde mich an und suche mir eine Schlafstatt. Schwache Glühbirnen geben spärliches Licht. Es ist wohl auch besser so. Es würde einen zu sehr ekeln, wenn man all den Schmutz sehen müßte. Vom Gang führen Türhöhlen in kleine Kammern. Ich sehe in jede hinein. Widerlicher Gestank schlägt mir entgegen. Es riecht nach ungewaschenen Kleidern und nach ungewaschenen Menschen.

Aber irgendwo muß ich ja bleiben. Gleich ist Sperrstunde, und ich bin fremd in Hamburg.
In einer der Kammern, in der vier hölzerne Bettgestelle stehen, ertaste ich ein freies. Strohsäcke sind keine darauf, von dem Bretterboden ist nur noch jedes vierte Brett erhalten. Ich breite meine Decke darüber und lege mich hin. Aber der Boden des Bettes bricht durch, und ich liege auf dem steinernen Fußboden.
»Ja, das Bett hält nicht«, krächzt die heisere Stimme eines alten Mannes, der mein Gegenüber ist. Den wenigen Worten folgt ein langer scheußlicher Hustenanfall. Mir ist nicht nach Schlafen zumute. Nachdem er sich erholt hat, frage ich ihn.
»Warum hast du mir denn das nicht vorher gesagt?«
»Was hilft's, um diese Zeit ist ja doch schon alles besetzt, und wenn du im Gang bleibst, klauen sie dir die Hosen vom Arsch, sobald du die Augen zumachst.«
Der Alte interessiert mich, und ich möchte gern ein Gespräch mit ihm anfangen, und da mir nichts Besseres einfällt, frage ich, was man so immer als erstes fragt.
»Wo kommst du denn her?«
»Ich komme nirgends her. Ich bin hier in Hamburg.«
»Na ja, aber wo hast du denn früher gelebt?«
»Früher« – der Alte zieht das Wort lang, als bedeute es eine andere Welt, »früher lebte ich in Ostpreußen, in Maldeuten, ja, ja, – früher.«
»Was bist du denn von Beruf?«
»Ziegeleiarbeiter war ich früher.« Wieder packt ihn der Husten. Ich frage nicht mehr. Ich fürchte, daß dem Alten das Sprechen schwerfällt. Vielleicht will er auch nicht gerne von sich reden? Ich reiche ihm eine Zigarette, nach der er gierig greift. Die Augen richten sich auf das glühende Ende, bedächtig und genießerisch zieht er den Rauch ein, und dann fängt er an zu erzählen, langsam, mit langen Pausen, und als hole er die Worte von weitem her.
»Ja, damals arbeitete ich in der Ziegelei. Weißt du, mein Vater arbeitete auch da. Mein Großvater wahrscheinlich auch. Mir ist nie der Gedanke gekommen, etwas anderes anzufangen. Hätten sie mich als jungen Burschen nicht nach Königsberg zum Militär geholt, wäre ich aus unserem Dorf wohl auch nie hinausgekommen. – Und was meint ihr jungen Burschen, die ihr glaubt, das Glück liegt darin, seine Nase in jeden Dreck zu stecken, wohl? Ich war mit meinem Schicksal sehr zufrieden. Zum Leben habe ich genug verdient, und anziehen konnte ich meine Frau und meine Kinder auch. Der liebe Gott hat uns nie im Stich gelassen. Mehr wollten wir gar nicht.
Aber dann kam der Krieg, dieser verfluchte Krieg und machte allem ein Ende. Meine Frau starb im ersten Jahr. Die Kinder zerschossen mir die Flieger, während sie im Garten spielten und mich trieben sie aus meinem Häuschen.«
»Und warum bist du gerade hierher in die große Stadt gekommen? Hast du Arbeit?«
»Arbeit? Wer wird mir mit meinen vierundsechzig Jahren Arbeit geben? Und wo soll ich denn hingehen? Hier habe ich wenigstens den Bunker.«
»Aber wenn es kälter wird, kannst du das doch gar nicht aushalten. Ich friere schon heute ganz gehörig.«
»Wenn es kälter wird«, flüsterte der Alte geheimnisvoll, damit es die anderen nicht hören sollten, und lächelte triumphierend, »gehe ich nach Lübeck, dort ist der Bunker geheizt. Ich kann das nicht laut sagen, sonst gehen sie alle hin.«
»Wer alle?« fragte ich erstaunt, denn ich glaubte, die Männer, die hier auf den Bänken und Bettgestellen lagen, wären Durchreisende wie ich.
»Na, sie alle, alle, die du hier so liegen siehst. Wir sind hier Stammgäste. Um sieben am Morgen wirft uns der Wärter hinaus, und abends sind wir wieder da.«
»Und wovon lebst du?«
»Man hilft sich. Ich stelle mich an den Bahnhof und trage jemandem den Koffer, und meistens reicht das schon für die Suppe beim Roten Kreuz. Den Kaffee gibt mir die Schwester sowieso umsonst.
Ja, es ist schlimm, aber ich verstehe mir nicht zu helfen. Darum kannst du mich einen Elenden nennen. Ich kenne viele, die haben es verstanden, sich der Zeit anzupassen, und andere, die können es nicht und gehen vor die Hunde.«
Ich wollte etwas sagen, aber ein neuer Hustenanfall plagte den Alten, so daß er mich nicht hören konnte. Er dauerte lange, länger als die anderen und war noch grausliger anzuhören. Schließlich beruhigte er sich.
»Ich glaube, ich mache es nicht mehr lange.«
»Geh doch raus aus Hamburg«, sagte ich, »laß dich auf dem Lande einquartieren, es werden sich doch auch Leute finden, die sich um dich kümmern. Oder geh zur Fürsorge und laß dich in ein Altersheim schicken.«
»Was weißt du davon. Ich tauge nicht mehr fürs Leben. Ich verstehe den Schreiberlingen auf den Behörden nicht die Hölle heiß zu machen. Ich bin nicht klug genug, ihnen ihren Schwindel an den Kopf zu werfen. Ich stehe meine drei Stunden in der Schlange, und wenn ich dran bin, sagen sie mir »bedaure«. Mit mir können sie machen was

Baracken, Scheunen, Ställe, Hauptsache ein Dach über dem Kopf. So leben die Flüchtlinge oft noch mehrere Jahre, wie diese Frau im Kreis Segeberg.

sie wollen.
Du kennst Hamburg nicht. Du weißt nicht, wie viele Elende hier ihr Leben fristen. Draußen in den Vorstädten, da sitzen sie in den Wellblechhütten und in den Kellern in St. Pauli. Und wenn der Winter kommt, dann werden sie in ihren Blechhütten und Kellern erfrieren, und keiner kann ihnen helfen. Die Glücklichen, dann ist für sie alles vorbei, wenn der liebe Gott sie zu sich nimmt.«
Wir schwiegen. Ich dachte an das große Elend, von dem der Alte nur einen kleinen Teil geschildert hatte.
Der Alte fing wieder zu husten an. Noch länger, noch reißender. Dann schien es besser zu werden. Vereinzelte Stöße nur noch.
Eigentlich hatte ich ja Zeit. Ich beschloß, mich am nächsten Morgen um den Alten zu kümmern, seine Verhältnisse genau durchzusprechen und mir zu überlegen, ob ich nicht irgend etwas für ihn tun konnte.
»Du«, redete ich ihn an, aber er antwortete nicht.
War er eingeschlafen?
Aber ich hörte auch kein Atemgeräusch. Es wurde mir unheimlich. Ich stand auf und beugte mich über ihn. Er war tot. Der liebe Gott hatte ihn sanft zu sich genommen.
Ich weckte die beiden anderen.
»Hier ist einer gestorben!« sagte ich aufgeregt.
»Soll vorkommen«, knurrte der eine, und beide drehten mir den Rücken zu und schliefen weiter.
Ich lief zum Wärter.
»Ja«, sagte der ruhig, als wäre die Nachricht nichts Au-

ßergewöhnliches. »Wir wollen ihn in den Keller tragen, sonst ziehen ihm die Burschen das letzte Hemd vom Leibe.«

(Erik Verg)

»Wo sind meine Angehörigen?«

8. August 1945

Unendlich groß ist der Andrang von sorgenden Menschen, die beim Deutschen Roten Kreuz Rat und Auskunft erbitten. Hinter jeder Frage steht ein Schicksal, das häufig so verworren ist, daß es völlig aussichtslos zu sein scheint, das Knäuel zu entwirren. Und doch: In vielen, vielen Fällen vermögen die Menschen, die hinter den Schaltern und Türen schaffen, Hilfe zu bringen; die größte Hilfe, die verlassene, einander suchende Menschen zunächst finden können: Nachricht voneinander, die sie dann bald wieder zusammenführen kann.

Man verfügt beim Roten Kreuz über Personal mit guter Erfahrung. Schon seit Jahren arbeitet eine Auskunftsstelle. In ihr werden Männer und Frauen beschäftigt, die sich bei der Nachforschung nach vermißten Wehrmachtsangehörigen, nach Kriegsgefangenen, Verwundeten und Zivilinternierten als geduldig und findig erwiesen. Sie fanden auch in verzwickt liegenden, aussichtslos scheinenden Fällen vielfach Mittel und Wege, die zum Erfolg führten. Die Arbeit dieser Auskunftsstelle hat sich im Laufe der letzten Monate (in einer Zeit, in der die internationalen Verbindungen über das Rote Kreuz in Genf vorübergehend abgerissen sind) weitgehend verlagert, sie führt heute den offiziellen Namen »Flüchtlings-Hilfswerk«.

Rückgrat der Arbeit ist eine Flüchtlings-Kartei, deren Material aus den Anträgen und der laufenden praktischen Arbeit entnommen ist. Es gibt mehrere solcher Karteien in Deutschland; hier im Norden verfügen Hamburg und Flensburg über das umfangreichste Material. Man ist dabei, das Material auszutauschen, um eine Zentralkartei aufzubauen, weil sich gezeigt hat, daß nur dort Aussicht auf Erfolg besteht, wo umfangreiches Material zusammenströmt. (Aus diesem Grunde haben die vielfach angebotenen privaten Vermittlungen, für deren Bemühen im Gegensatz zum Roten Kreuz auch Gebühren erhoben werden, auch nur wenig Aussicht auf Erfolg!)

Der Aufbau einer solchen Zentralkartei, die das viele »Nebeneinander« sinnvoll ordnet, ist natürlich schwierig. Heute ist man schon so weit, daß alle kleineren Dienststellen des Roten Kreuzes im Bereiche zwischen Osnabrück und der dänischen Grenze ein Doppel der bei ihnen aufgenommenen Kartothekkarten an Hamburg geben. Mit Flensburg steht man in regelmäßigem Austausch. Sobald die straffe Gliederung innerhalb des Bereiches der britischen Zone durchgeführt ist, will man Fühlung mit den entsprechenden Zentralstellen nehmen, die im Bereich der amerikanischen und der französischen Zone eingerichtet werden. Damit wird man schon einen großen Schritt weiter sein.

(NHP)

Millionen Menschen suchen ihre Angehörigen. Das Deutsche Rote Kreuz hat alle Einzelorganisationen zum »Suchdienst« zusammengefaßt.

Das gleiche Bild bei der Ankunft jedes Heimkehrertransportes im Lager Friedland: »Hat jemand meinen Mann gesehen?« Selten sagt einer Ja.

2. Oktober 1945

Die Zentral-Suchkartei des Deutschen Roten Kreuzes ist jetzt von Flensburg nach Hamburg-Altona, Allee, verlegt worden und arbeitet dort in Verbindung mit dem Postermittlungsdienst der britischen Militärregierung.
Die Zentral-Suchkartei umfaßt jetzt ungefähr drei Millionen Karten, mit deren Hilfe in den letzten beiden Wochen täglich fast tausend Familien aufgefunden wurden.

(HNB)

4. Februar 1946

In wenigen Tagen werden von allen Litfaßsäulen schwarz-weiße Plakate mit dem roten Kreuz in der Mitte des Wortes »Suchdienst« Auskunft über die brennende Frage geben: »Wie suche und finde ich meine Angehörigen?«
Damit stellt sich der neue zentralisierte »Suchdienst« der Bevölkerung vor, der die drei bisher bestehenden Organisationen: Deutsches Rotes Kreuz, Caritas-Verbände der katholischen Kirche und Hilfswerk der Evangelischen Kirche zu einer einzigen Arbeitsgemeinschaft zusammenschweißt.
2000 Menschen fanden täglich allein durch die Hamburger Kartei des Deutschen Roten Kreuzes ihre Angehörigen wieder. 150000 Sucherfolge wurden bisher im ganzen durch diese Kartei erzielt, in der über 5 Millionen Menschen erfaßt sind. Sie geht nun, ebenso wie die Karteien der Caritas-Verbände und des Evangelischen Hilfswerkes, in den »Suchdienst« über.
Eine der großen Erleichterungen, die der Zusammenschluß der drei Verbände mit sich bringt, ist: Die Pfarre als kleinste »Aufnahmestelle«. Jeder Pfarrer, und wenn seine Gemeinde noch so klein ist, nimmt jetzt Suchanträge an, leitet sie an die Zentrale weiter und steht den Suchenden mit Rat und Auskunft zur Seite.

(HNB)

1948

Jeder Mensch trägt seinen Namen. Ein Name ist ja nur ein Wort. Aber da steht nun ein kleiner Junge, fünfjährig, rotznäsig – aber ein Mensch ist er doch.
»Na, mein Junge, wie heißt du denn?« Wenn man diese Frage an ihn richtet, wird er verlegen. Er hat nämlich seinen Namen verloren wie Schlemihl seinen Schatten. Was ist ein Name? Ein bloßes Wort. Und doch etwas wie ein unsichtbares Kleid, das den Menschen schützt.
Ein Mensch ohne Namen – das ist einer, der nicht weiß, wo er hingehört. Es gibt in Westdeutschland rund 300 namenlose Kinder. Sie hören auf Koseworte, mit denen die Pflegerinnen in den Kinderheimen sie rufen. Aber Namen haben sie nicht. Den strahlenden, rundlichen, tollpatschigen Knirps dort nennen sie »Bärchen«, und viele heißen ganz einfach »Liebling«. Denn – gottlob – an Liebe fehlt es den Namenlosen nicht in diesen Heimen. Ursprünglich waren es 630 Kinder, die auf der Flucht aus dem Osten Deutschlands nicht nur ihre Eltern, sondern auch ihren Namen verloren hatten. 330 Kinder haben ihren Namen wiedergefunden, unter ihnen sind 230, die obendrein auch noch ihre Eltern wiederfanden. Dies danken sie dem Suchdienst des Roten Kreuzes, der in

Einen Tag nachdem dieses Foto aufgenommen wurde, erfuhr Frau Krüger: Ihr Sohn lebt, zehn Jahre (bis 1955) hatte sie nichts von ihm gehört.

Hamburg und in München Zentralstellen unterhält: Zimmerfluchten, deren Hauptinhalt Kartotheken sind. Der Suchdienst haust in Hamburg-Altona in einem weitläufigen Gerichtsgebäude. 660 Angestellte arbeiten hier in zwei Schichten. Richtet man das Wort an sie, so erwidern sie gern mit Zahlen: Die Namen von 15 Millionen Ostvertriebenen sind in Westdeutschland bekannt. Desgleichen von dreieinhalb Millionen Wehrmachtvermißten. Unter ihnen waren zehn Millionen, die von anderen Menschen gesucht wurden: Aufenthalt unbekannt! Vier Millionen Menschen sind bisher mit Hilfe der Kartei gefunden worden. Aber mehr als zwei Millionen Menschen ohne Adresse fanden ohne Hilfe des Suchdienstes ihre Angehörigen wieder oder wurden von diesen wiedergefunden. »Es bleiben also knapp vier Millionen Menschen, die noch gesucht werden; darunter sind mehr als eineinhalb Millionen Wehrmachtvermißte«, sagte ein Mitarbeiter des Suchdienstes.

»Viele von den fast vier Millionen, die Sie – von Hamburg oder München aus – suchen, werden gestorben, verdorben sein . . .«

Der Mann von der Suchdienstzentrale sagte: »Ja. Aber wir tun, was wir können . . .«

Auch die Russen haben – und zwar in der Kanonierstraße 35 zu Berlin – ein Amt gegründet, das sie »Suchdienst für vermißte Deutsche in der sowjetischen Besatzungszone« nennen. Mit dieser Stelle arbeiten die Suchzentralen des Roten Kreuzes in West- und Süddeutschland so freundschaftlich zusammen, daß es, wie die Verantwortlichen in Hamburg sagen, nie Reibereien gegeben hat.

»Wie aber geht es beispielsweise zu, wenn aus russischer Kriegsgefangenschaft Männer nach Deutschland heimkehren, die nichts von ihren Angehörigen wissen?«

»In Frankfurt/Oder treffen mit den Heimkehrerzügen täglich rund 2000 Männer ein. Achtzig von ihnen wissen nichts von ihren Angehörigen. Diese wenden sich an einen Kurier, den der Suchdienst der Sowjetzone täglich nach Frankfurt schickt und der am gleichen Tage nach Berlin zurückreist. Die Heimkehrer ohne Heimat werden von Frankfurt aus in ein besonderes Lager nach Pirna geschickt. Währenddessen macht sich die Berliner Suchstelle an die Arbeit. Sie kann in 20 Fällen Auskunft geben. Die verbleibenden 60 Namen kriegen wir – normalerweise durch Flugpost – zurückgeschickt. In 28 Fällen kann unsere Kartei uns dienen – das ist die Durchschnittszahl. Die übrigen 32 Namen verbreiten wir noch am gleichen Tage durch den Rundfunk, und dies Verfahren hilft in 16 Fällen. Der Rest, also noch einmal 16 Fälle, bleibt ungeklärt.«

Just in diesem Augenblick zeigt ein Mitarbeiter des Suchdienstes einen Brief, der soeben eingetroffen ist, ein Nachwort zu einem dicken Aktenstück: Ein kleiner Junge, einer ohne Namen, einer ohne jede Erinnerung an sein früheres Leben, hat nach fast drei Jahren zu seiner Mutter gefunden. Und dies, nachdem zehn Elternpaare behauptet hatten, es sei ihr Kind, das sie auf der Flucht verloren hätten, damals ein kleines Bürschlein, das gerade eben gehen gelernt hatte, und heute ein lustiger, reizender, kleiner Geselle, dem nichts gefehlt hatte als sein Name!

(Jan Molitor)

9

... nicht vom Brot allein

»Ist Kunst heute notwendig, solange wir große Sorgen um Nahrung, Kleidung, Wohnung und Arbeitsplatz haben? Was sollen wir mit Bildern, solange viele von uns nicht einmal Wände zum Daranhängen besitzen? Warum Bücher, solange uns die nötigsten Möbel fehlen, warum Musik und Theater, solange unsere Schüsseln halb leer sind?« So fragte Senator Dr. Biermann-Ratjen in einer Rundfunkansprache an die Hamburger acht Wochen nach der Kapitulation und gab dann selbst die Antwort mit den Sätzen: »Die Kunst geht uns alle an, für uns alle ist sie gemacht. Die Kunst ordnet und klärt uns alle Wirrnisse des Lebens, sie erlöst uns durch das Geheimnis ihrer Harmonie.«
Der Bombenkrieg hatte in Hamburg Begegnungen mit den Künsten fast unmöglich gemacht. Die Museen hatten ihre Schätze ausgelagert, Theater und Konzertsäle blieben geschlossen. Die Hamburger hatten viel Entbehrtes nachzuholen. Und sie waren bereit, sich mit Provisorien zufriedenzugeben: Schulaulen, Turnhallen, Sparkassenfoyers und Kinosäle wurden zu Theater- und Konzertbühnen. Sechs der neun Theater waren ausgebrannt oder durch Sprengbomben zerstört. Die Schauspieler selbst legten Hand an, räumten Schutt beiseite und klopften Steine, um ihren Musentempel so schnell wie möglich wieder zu eröffnen. Vor den Kassen drängelten sich Hunderte, manchmal Tausende. Zu den erfolgreichsten Stücken der Nachkriegszeit wurden »Draußen vor der Tür« und »Des Teufels General«. Gegen diese Art von Vergangenheitsbewältigung hatte die Militärregierung nichts einzuwenden. Bei den Kinos war sie zurückhaltender. Nachdem im Juli 1945 zehn Lichtspielhäuser für die Zivilbevölkerung freigegeben worden waren, flimmerte zunächst nur Harmloses über die Leinwand. Der Renner der ersten Nachkriegsjahre war »Das Bad auf der Tenne«. Die erste EMNID-Umfrage, die sich mit Künstlern beschäftigte, brachte es an den Tag: Willy Birgel, der einst »für Deutschland geritten« war, hatte seine Popularität über das Kriegsende hinweggerettet. Das Hamburger Publikum wählte ihn zu seinem Lieblingsschauspieler.

Musik und Theater

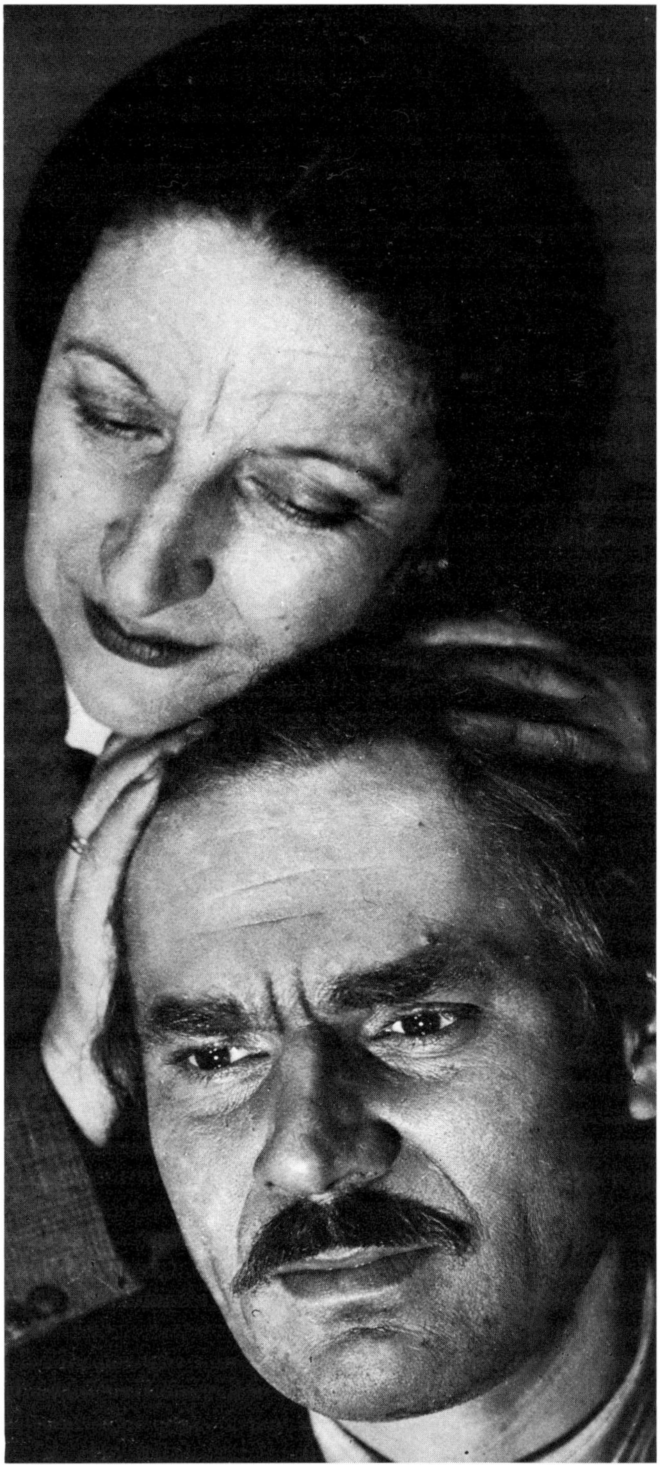

2. Juli 1945
Das Philharmonische Orchester, Hamburgs repräsentativer Klangkörper, gab gestern unter Albert Bittners Leitung mit Genehmigung der Militärregierung sein erstes Symphoniekonzert.
Das vulkanische Temperament des genialen Franzosen Hector Berlioz, das stille, gemütvolle und doch wieder so beschwingte, virtuose Musizieren eines Mendelssohn-Bartholdy, die in ihren elementaren Temperamentsausbrüchen wie in ihrem lyrischen Empfinden hinreißende Sprache eines Tschaikowsky, die Weltanschauung dieser großen Musiker der Jahre 1840–1890 im Gegensatz und Distanzierung zu der Welt eines Beethoven – das waren die Kräfte, die in der Wiedergabe der Werke zur Entladung, zum Ausgleich drängten.
Die Hörer, zum Schlusse ehrlich begeistert, nachdem sie es schon vorher an Beifall nicht hatten fehlen lassen, bereiteten dem Orchester und seinem Dirigenten eine Ovation, die zugleich auch die Freude über die Wiedereröffnung der Symphonie-Konzerte und damit den Beginn des Wiederaufbaues des kulturellen Lebens Hamburgs zum Ausdruck brachte.

(HNB)

8. Juli 1945
Dieses Schubsen und Drängen jetzt in allen Fahrgelegenheiten ist typisch für diese Zeit. Es ist, als ob die Leute ihre ganze Wut dann an den andern auslassen möchten. So kann man z. B. an der Konzertkasse ganz unmöglich Karten bekommen. Um 10 Uhr fängt der Verkauf an, und von sieben Uhr an stehen die Massen gedrängt vor der verschlossenen Tür, um beim ersten Bewegen derselben sich auch in Bewegung zu setzen und dann langsam so zu drängen, daß die Vordersten von den Füßen kom-

Seite 144: Von Goebbels verboten, nun endlich wieder im Kino: »Große Freiheit Nr. 7« mit Hans Albers und Ilse Werner. – Internationales Theater nun auch bei uns. Ida Ehre und Hermann Schomberg in Thornton Wilders »Wir sind noch einmal davongekommen« 1946 in den Kammerspielen.

men und gar nicht mehr wissen, was sie anfangen sollen. Hüte werden abgerissen, Handtaschen desgleichen, es gibt wilde Stöße und Püffe, dazu die passenden Schimpfworte – wir verzichten und hören dankbar die wirklich gute Musik im Radio. Momentan wird das Largo von Beethoven für Flöte und Klavier gespielt, so versöhnend und schön. Die ersten beiden Symphoniekonzerte sind natürlich für Hamburg ein Ereignis.

(Mathilde Wolff-Mönckeberg, Briefe)

22. November 1945
Die »Hamburger Kammerspiele« haben ihr Heim bereits gefunden. Dem Entgegenkommen der leitenden Dienststellen ist es zu danken, daß das Haus in der Hartungstraße (bisher Savoy-Theater) der Direktion Ida Ehre schon jetzt ganz überlassen wurde, so daß sie sich, unbelastet durch die Sorge um den Raum, nun ausschließlich und mit »Hochdruck« der künstlerischen Arbeit widmen kann.

(HNB)

11. Dezember 1945
Die Tore zur dramatischen Kunst des Auslandes stehen wieder offen. Das deutsche Theater ist nicht mehr auf die zufälligen Dienste vorurteilsbeladener politischer Zwischenträger angewiesen. Die »Hamburger Kammerspiele« machten sich die Situation zunutze, um gleich bei ihrer Eröffnung das zeitgenössische amerikanische Schauspiel »Leuchtfeuer« von Robert Ardrey zur Diskussion zu stellen.

(HNB)

9. Januar 1946
In der Vergangenheit galt es oft als Hauptzweck des Theaters, den Besuchern Unterhaltung und Zerstreuung zu bieten. Heute, in sorgenvollen Zeiten, hat das Theater eine höhere Aufgabe; es soll der Erbauung und der Erholung der Besucher dienen, die für die schwere Arbeit des Tages neue Stärkung brauchen.
Ich begrüße deshalb die Eröffnung der Hamburgischen Staatsoper und hoffe, daß sie bald wieder würdige Räume zu ihrer vollen Entfaltung erhält.

Der Bürgermeister der Hansestadt Hamburg
(Rudolf Petersen im Programmheft)

1947
Der nach Kriegsende zutage getretene Musikhunger hat eine nahezu unvorstellbare Menge von musikalischen Veranstaltungen aller Art begünstigt. Ein guter Teil hielt jeder Kritik stand, ein weiterer zeigte zum mindesten ehrliches Streben nach hochwertiger Leistung; es liegt auf der Hand, daß in dieser Zeit auch mancher Veranstalter auf den Plan trat, dessen kommerzielle Talente sich als robuster erwiesen als seine künstlerischen Ambitionen. Doch mag man die auch derzeit noch grassierende musikalische Massenproduktion, die die Musikhalle und andere Konzertsäle manchmal geradezu blockiert, ruhig auslaufen lassen. Die Hörerschaft wird zunehmend wählerischer; und dieses Ergebnis des Überangebots an Musik kann ihrer gesunden Fortentwicklung nur dienlich sein.
In der von Dr. Günter Rennert geleiteten Staatsoper, im Philharmonischen Orchester unter Eugen Jochum und dem Sinfonie-Orchester des NWDR unter Dr. Hans Schmidt-Isserstedt, ferner in hochqualifizierten Kammermusikvereinigungen wie den von Hansen-Röhn-Troester-Wolf, dem Radelow- und dem Hammann-Quartett, stehen dem hamburgischen Musikleben Kräfte und Institutionen zur Verfügung, die unvergleichliche Perspektiven für ein nordwestdeutsches Musikzentrum eröffnen – Möglichkeiten allerdings, die keineswegs schon allerorts erkannt werden. Die Oper, die beiden großen Orchester und die Kammermusikvereinigungen erwarben sich nicht nur hohen Ruf als berufene Interpreten der Vergangenheit von Telemann und Purcell bis zu Richard Strauß und Ravel. In ihnen waltet, was wichtiger ist, jener Fanatismus, der die Rückhaltlosigkeit des Einsatzes für die Gegenwart wirksam werden läßt in jener geistigen und seelischen Intensität, die allein imstande ist, in absoluter Konzentration das Gegenwartsschaffen in zwingender Wirkung zur Geltung zu bringen.
Die eingeschlagenen Wege sind so verschieden wie die dem ernstesten Wollen unüberwindlichen Schwierigkeiten. Mindestens diese eine ist für alle gleich schwer zu ertragen: die Frage der Beschaffung von – insbesondere auch – ausländischem Aufführungsmaterial. Der beste Wille, einen zuverlässigen Querschnitt durch das Gegenwartsschaffen zu vermitteln, scheitert an der Zwangslage, Programme nach denjenigen Werken zusammenzustellen, die irgendwie durch glückliche Umstände beschafft werden können. Dabei ist auf nichts und niemanden Verlaß. So hatte die Staatsoper auf sicherste Zusage der Materiallieferung hin wochenlang das »Romeo«-Ballett von Prokofieff vorbereitet; – die Arbeit mußte schließlich abgebrochen werden, da das Material nicht geliefert wurde.

Ungeachtet der räumlichen Einengung, der schwierigen Orchesterfrage und notabene der Notwendigkeit, um jedes Stück Holz und jeden Nagel mit den Bewirtschaftungsstellen zu kämpfen, spielt die Staatsoper, seit ihre Führung Dr. Rennert anvertraut wurde, »europäisches Theater«. Dafür haben Aufführungen der »Italienerin«, »Hoffmanns Erzählungen«, »Geschichte vom Soldaten«, »Das Perlenhemd«, »Nobilissima Visione«, »Die Zauberflöte«, »Peter Grimes« Zeugnis abgelegt; die Neueinstudierung von Verdis »Othello« wird diese Aussage bekräftigen.

(Ludwig Pollner in »Hamburg heute«)

1947

Wer nach dem furchtbaren Kriegsende das deutsche Volk auf seine noch vorhandenen Aufbaukräfte prüfte, wer nachforschte, ob in dem namenlosen Elend außer dem nackten Willen zum Fristen der Existenz sich noch gute Geister regten, die der Wiedergewinnung höherer schöpferischer Kräfte galten, der konnte viel Trost finden bei allen, denen es um die alte Wahrheit ging, daß der Mensch nicht allein vom Brote lebe.

Als in der St. Johanniskirche von Harvestehude erstmalig das wieder seine Pforten eröffnende Deutsche Schauspielhaus im Verein mit Mitgliedern des Thalia-Theaters Hofmannsthals »Jedermann« bildhaft beschwor, als Heinz Hilpert seine programmatische Ansprache vom kommenden kultischen Theater in der Theatersammlung hielt, wurde der leidenschaftliche Wille sichtbar, die Bretter, die die Welt bedeuten, zum großen Mittler für der Menschheit hohe Ziele wieder wirken zu lassen.

Überall entstanden in Behelfssälen, erhaltenen Schulaulen, Kinoräumen und Sparkassenhallen, oft mit allerbescheidensten Mitteln hergerichtet, Bühnen und Theaterstätten für alle Richtungen schauspielerisch-komödiantischer Entfaltung. Auf Grünflächen Freilichttheater, eine Freilichtoper im Stadtpark, die das »Nachtlager von Granada« mit Hingebung spielte – wo nur ein Platz, eine Möglichkeit sich fanden, wurden sie ausgenützt. Und nicht nur die Spielfreude der wirkenden Künstler schien trotz Not und Entbehrungen keine Schranken zu kennen, auch das Publikum, von überall aufgerufen und angelockt, fehlte nicht.

War es der bloße Wunsch, dem grauen Alltag zu entgehen? War es nur das Verlangen nach Ablenkung und Unterhaltung? Lebte nicht in allen, die sich an die Kasse drängten – dreifach so lange für einen Theaterabend wie für ein Brot –, das schöne Verlangen, teilzuhaben an der Weihe der Kunst? War und ist in ihnen nicht der Wunsch lebendig nach spannungsreicher Auseinandersetzung mit dem Zeit- und Weltgeist, wie ihn die jüngste Dramatik der verschiedenen Kontinente, wie ihn die neuesten Musikspiele eines Britten, Orff, Reutter und Einem offenbaren? Weisen nicht die Bemühungen um Erneuerung und Neuaufleben der Volksbühne, die leidenschaftlichen Diskussionen der akademischen Jugend um Hamburger Erstaufführungen, die im Verhältnis zur Knappheit der Zeitungen immer noch verhältnismäßig ausführlichen Theaterkritiken auf den tiefen Ernst und die rettenden Möglichkeiten der Bühne von heute hin als moralischer und künstlerischer Anstalt?

Freilich reiften daraus bei weitem nicht alle Blütenträume. Richtungweisende Ideen, tiefere Ziele wurden zunächst kaum sichtbar, wenigstens nicht für das Theater als solches. Nach dem Zusammenbruch hatte zwar die Vergewaltigung durch Hitlers Propagandamaschine aufgehört. Der deutsche Geist wurde wieder frei. Die deutschen Dramatiker hatten im Konzert der Dichter der Kontinente wieder das Wort. Aber sie blieben zunächst stumm. Zu furchtbar Gewaltiges hatte sich ereignet, zu stark war die Lähmung gewesen. Und wo beginnen? Weder konnte man bei 1945 fortsetzen, noch einfach an 1933 anknüpfen. Ähnlich wie um die Dichtung war es um die Theaterkultur bestellt, und zwar sowohl um die gemeindeutsche wie um die hamburgische im besonderen. Wohl konnte Bürgermeister Brauer in seiner Antrittsrede 1946 für die kulturelle Bühnenpolitik unserer Stadt die richtungweisende Losung geben: als Vorbild die große Tradition zu wählen, die sich in den Namen Lessing, Fr. L. Schröder, Berger und Erich Ziegel ausspricht. Aber es galt nicht nur, die Männer zu finden und herbeizuführen, die von solchen hohen Könnens Gnaden beseelt gewesen wären, es mußten auch die Vorbedingungen geschaffen werden, damit solche Persönlichkeiten freie Bahn zur Entfaltung erhielten. Die Güte der Hamburger Theaterüberlieferung mußte dazu erst in das Bewußtsein der maßgeblich Verantwortlichen kommen. Hier drohte in Hamburg anfangs eine Gefahr: Von allen Seiten im Reich, besonders aber von Berlin, strömten die besten schauspielerischen und filmischen Kräfte herbei, und es lag ihnen nahe, das Hamburger Theater zu »berlinisieren«. Das ist glücklicherweise unterblieben, und manche hervorragenden Begabungen wandten sich enttäuscht wieder ab. Letzten Endes nicht zum Schaden Hamburgs, das damit auf den Weg kam, immer intensiver zu seinen eigenen schöpferischen Möglichkeiten zurückzufinden. Andere, wie Helmut Käutner, Liebeneiner, Gisela von Collande verstanden es, sich fruchtbar anzugleichen.

Den neu zu gewinnenden Theaterstil aber erzwang die dira necessitas: die durch die Verarmung bedingten kargen Gelegenheiten und das durch das Kriegsgeschehen gewandelte Lebensgefühl der Hamburger Bevölkerung. Wo überhaupt, wie z. B. in der Oper, Inszenierungen des vormaligen Illusions- und Prunktheaters mit den alten geretteten Requisiten wieder hervorgeholt wurden, zeigte es sich, daß davon kein innerlich lebendiger Mensch mehr angesprochen werden konnte, daß vielmehr andeutende, zurückhaltende Szenenanweisungen nach Art Thornton Wilders zur zeitgemäßen Gestaltung wiesen.
Hamburg hatte auch vor dem Kriege, so überraschend das manchem klingen mag, keinen reichlichen Theaterraum. Es gab vor 1939 neun eigentliche Theatergebäude mit insgesamt 10500 Plätzen. Wenn man bedenkt, daß es vergleichsweise in Berlin 29, in Wien 19 ständig bespielte Theater gab, so ging daraus die Knappheit des Hamburger Theaterraumes hervor. Von diesen neun Theatern wurden sechs mit 7390 Plätzen zerstört. Fast alle Hamburger Theater hatten noch die alte Bauweise mit hölzernen Dachstühlen über dem Zuschauerraum, was die Brandgefahr bedeutend erhöhte. Sie waren im Herbst 1944 wie überall in Deutschland endgültig geschlossen worden. Ein Kapitel deutscher Theatergeschichte war damit traurig beendet. Als die britische Militärregierung das Spiel Thalias wieder gestattete, standen die Bühnen Hamburgs vor schwierigen Aufgaben.

(Paul Th. Hoffmann in »Neues Hamburg«)

11. November 1947

Des Teufels General hat lange anstehen müssen, ehe er eine deutsche Bühne betreten durfte. Zuckmayers General Harras nebst seiner Rotte sympathischer Raufbolde saß in Quarantäne; sie hatten glänzende Uniformen, prächtige Witze, Geld genug. Frauen die schwere Menge und gossen soviel Schnaps und Sekt in ihre Ritterkreuz-Kehlen, daß jeder politische Erzieher ernsthaft die Frage prüfen mußte, ob das nicht auf die Deutschen dursterregend wirken könnte. Die Frage ist nun offenbar entschieden und richtig entschieden worden.
Ja, man kann, soll und muß diesen Zuckmayer spielen. Das deutsche Volk ist zwar nicht gesund genug, ihn richtig zu verstehen – aber krank genug ist es längst, um endlich ein kräftiges Heilserum eingespritzt zu erhalten.
Die deutsche Erstaufführung im Hamburger Schauspielhaus unter Friedrich Brandenburgs Regie war ein großer Wurf.
Brandenburgs große Leistung ist, daß er im Schauspielhaus ein Ensemble schuf. In der Hauptrolle wuchs Robert Meyn unstreitig weit über seine letzten, auch guten Leistungen hinaus. Josef Offenbachs Kommissar hatte die trocken schleichende, humorlose korrekte Niedertracht des politischen Finsterlings jener Tage: ein Höllenmaschinchen – so großartig war Offenbach, daß ihn bei den unzähligen Hervorrufen am Schluß der Vorstellung das Publikum vergaß – weil es diesen Typ haßte. Unter den vielen ausgezeichneten Einzelleistungen seien nur noch Ursula Burg und Werner Klingenberg genannt. Das Haus dröhnte lange, lange vom Beifall.

(DW)

25. November 1947

Am Abend sah man in den Kammerspielen die Uraufführung von Wolfgang Borcherts »Draußen vor der Tür«. Vielleicht hat noch nie eine Uraufführung unter der ergriffenen Spannung stattgefunden, daß ein hochbegabter junger Dichter unmittelbar vorher gestorben ist ... Auch Borcherts Werk, aus einem für den NWDR geschaffenen Hörspiel entstanden, gibt Gegenwart, aber es überhöht und unterhöhlt zugleich die banale Wirklichkeit. Der aus Sibirien heimkehrende Unteroffizier Beckmann findet im Bett seiner Frau einen fremden Mann, er springt in die Elbe, die ihn ironisch verspottet und ins Leben zurückweist.
Nun erst beginnt eigentlich Beckmanns Passion: keiner, der ihm begegnet, kann ihn verstehen. Die reizende junge Frau, die ihn nachts am Strande auffischt, jagt er mit der gespenstischen Vision in die Flucht, daß er den Kriegstod ihres Mannes zu verantworten habe. Der martialisch verkalkte Oberst, dem er diese Verantwortung zurückgeben will, hält seine traumwirren Reden für eine komische Nummer. Der Kabarettdirektor läßt ihn, eben weil er Anfänger ist, nicht anfangen. Die geschwätzige Nachbarin sagt ihm den Selbstmord der Eltern, die Nazis gewesen sind, herzlos-neugierig an. Gott selber, den er ruft, ist ein hilflos greinender Greis, und der feist rülpsende, schlachtengemästete Tod hat keinen Appetit auf sein bißchen elendes Leben. Was soll er tun? Der Unteroffizier Beckmann, dem sein positiver Schatten, der »Jasager«, immer wieder den Weg zum Selbstmord versperrt, preßt schließlich den Sinn seines Daseins in verzweifelte Fragen zusammen, die hoffnungslos in die schwarze Nacht des Nichts hinauszutaumeln scheinen ... Damit schließt die Dichtung. Auch bei Borchert sind die Guten metaphysisch entkräftet und die Bösen der Karikatur nicht fern. Dem Verzweifelten ist jeder andere

Mensch fern. Der Heimkehrer hat kein Heim, die Welt ist eine Hölle, aus der uns der Ausgang verwehrt ist.
So sah ein junger deutscher Dichter 1947 sterbend unsere Welt. Man mag daraus ermessen, wie verzweifelt Deutschland nach dem Zweiten Weltkrieg ist: der Vergleich mit dem aufflammenden Menschheitsglauben der jungen Poeten nach 1918 ist leider grauenhaft deutlich. Und wer Respekt vor dieser erlittenen Wahrhaftigkeit hat, sollte wenigstens in dieser Stunde dem kaum Verstummten nicht widersprechen – auch dann nicht, wenn er selber noch glauben, hoffen und wollen kann.
Borcherts Werk verrät in der ungleichartigen Schichtung bestürzend starker Szenen und theatralisch hoffnungsloser Wiederholungen äußerlich den Einfluß amerikanischer Epik, innerlich die sich immer wieder zur Gestaltung aufraffende Mattheit eines Schwerkranken. Dies Werk ist dem Tod aus dem Rachen gerissen, das soll uns wichtiger sein als seine literarische Herkunft. Die eigenwillige Sprachkraft und die Gewalt apokalyptischer Gesichte werden der Dichtung in Deutschland ihren Ruhm bewahren.
In den Kammerspielen erlebte man mit tiefer Teilnahme, wie Hans Quest – dem Borchert sein Werk gewidmet hat – den riesigen Verzweiflungsmonolog mit einer schlechterdings ungeheuerlichen Intensität ins Bühnenleben riß. Das war keine Leistung mehr, das war eine Tat: glaubwürdiger wird niemand diesen tragischen Heimkehrer Beckmann spielen, als es an diesem Abend unter Wolfgang Liebeneiners eindringlich konzentrierender, kräftig klärender Regie geschah. Vielleicht hätte am Schluß noch energischer gestrichen werden müssen, um die Gesamtwirkung vor dem Absinken zu sichern. Liebeneiners Verdienst sah man darin, daß jede Figur fast gleich vollkommen erschien, so vor allem Erwin Geschonneks Kabarettdirektor, Käte Pontows liebreizende Kriegerfrau und L. Franke-Boochs Nachbarin.

(Gerhard Sanden, DW)

29. November 1947
Die »junge bühne« in Hamburg hatte eine Idee. Diesmal nicht, was eine Inszenierung, ein Stück oder etwas Derartiges angeht. Sie hatte eine gute und praktische Idee, zu einem eigenen Theater zu kommen.
In dieser Hinsicht hatte die »junge bühne« schon einmal eine Idee. Gleich nach dem Zusammenbruch pflanzte sie am Dammtor am ausgebrannten Hofbräuhaus eine optimistische Tafel auf, und darauf war zu lesen: »Hier bauen wir unser Theater selbst.«
Damals ging das ganze Ensemble vom Inspizienten bis zur jugendlichen Liebhaberin daran, aus dem ruinierten Hofbräuhaus den Schutt wegzuräumen. Hier hoffte man das eigene Haus einzurichten. Den Vertrag hatte man schon in der Tasche.
Aber es wurde nichts daraus. Das Hofbräu-Dünnbier siegte über die Musen. Die »junge bühne« mußte sich mit einer Schulaula und einer Miniaturbühne begnügen. Immerhin, sie erspielte sich unter Answald Krüger einen guten künsterischen Namen.
Nun hat die »junge bühne« ihr Auge auf das »Trocadero« geworfen oder auf das, was davon geblieben ist. Das »Trocadero« war in den Vorkriegsjahren Hamburgs vielgerühmtes Kabarett, im Kriege brannte es aus. Die »junge bühne« will es zu einem modernen intimen Theater ausbauen.
Eine Bühne ist vorhanden. Es braucht nur ein Rang eingebaut zu werden. Das Bühnendach wird um einige Meter gehoben, und der Raum für einen Schnürboden ist da. Der Architekt Gerhard Langmaak ist Spezialist für so etwas. Er ist es, der die Bühne der ausgebrannten Staatsoper in einen Zuschauerraum mit neuer Spielfläche verwandelte.
Der Trocadero-Umbau wird 500000 Mark kosten. Die Baustoffe wird man von guten Freunden von außerhalb bekommen. Was die halbe Million angeht, so hatte man eben eine Idee.
Die »junge bühne« wendet sich an die Hamburger, sich gewissermaßen in Selbsthilfe ein neues Theater zu bauen. Wer für 1000 Mark einen neuen Baustein stiftet, bekommt von der »jungen bühne« zehn Jahre lang zehn Premierenplätze jährlich. Die Plätze werden ausgelost. Wer einen »Grundstein« für 5000 Mark zeichnet, bekommt einen Stammplatz.
Hamburgs Prominenz hat auf die geschickt aufgemachte Werbeliste angebissen. Die ersten Bausteine stehen.

(DS)

Kino und Film

26. Juli 1945
Der Oberkommandierende der britischen Besatzungstruppen hat beschlossen, daß die Lichtspielhäuser in der britischen Besatzungszone so bald wie möglich für die deutsche Zivilbevölkerung wieder geöffnet werden sollen. Dementsprechend ist angeordnet worden, daß mit Genehmigung der Militärregierung in Hamburg ab Frei-

tag, den 27. Juli, 10 Lichtspielhäuser für die deutsche Zivilbevölkerung wieder geöffnet werden.
Nachstehend folgen Einzelheiten über den Spielplan der ersten Woche unter Angabe des Lichtspielhauses und des dort vorgeführten Films. Programmwechsel findet an jedem Freitag statt.
Alstertal-Lichtspiele, Erdkampsweg 3:
Das Bad auf der Tenne.
Atlantik-Theater, Steindamm 22:
Ich vertraue dir meine Frau an.
Bahrenfelder Lichtspiele, Bahrenfeld, Chaussee 67:
Das Bad auf der Tenne.
Capitol-Lichtspieltheater, Hoheluft-Chaussee 52:
Gefährtin meines Sommers.
Filmburg, Wilhelmsburg, Veringstraße 60:
Das Bad auf der Tenne.
Mühlenkamp-Lichtspiele, Mühlenkamp 34:
Der Engel mit dem Saitenspiel.
Mundsburg-Theater, Mundsburger Damm 60:
Gefährtin meines Sommers.
Knopfs Lichtspiele, Reeperbahn:
Gefährtin meines Sommers.
Ottensener Lichtspiele, Papenstraße 17:
Der Engel mit dem Saitenspiel.
Weltspiegel, Lohbrügge, Hamburg-Lohbrügge:
Das Bad auf der Tenne.

(HNB)

30. Juli 1945

Am Wochenende um 2 Uhr vor einem Kino der Innenstadt: die erste Vorstellung seit Kriegsende. Hunderte stehen draußen und warten auf die 16-Uhr-Vorstellung. Es ist ein großes Polizeiaufgebot nötig, um die drängenden Massen in Schach zu halten.
»Viele warten schon seit heute vormittag; die ersten seit 10 Uhr«, sagte der diensthabende Polizeioffizier kopfschüttelnd. Plötzlich greift er in die Menschenmenge, zieht ein junges Mädchen heraus und fragt sie nach dem Ausweis. Die Kleine verschwindet errötend; denn sie ist augenscheinlich noch minderjährig.
Der Kinobesitzer ist ganz außer Atem vor Aufregung. Er läßt sein Taschentuch gar nicht mehr aus der Hand, mit dem er sich alle zehn Sekunden über die Stirn fährt.
»Am Montag haben wir erfahren, daß unser Kino wiedereröffnet wird«, sagt er. »Wir haben die Maschinen geölt, den Saal gesäubert, die Decke repariert, um das Kino in einen würdigen Zustand zu versetzen. Der Hunger der Menschen nach einer Filmvorführung ist anscheinend so groß, daß sie jede Disziplin vergessen. Wir werden numerierte Plätze ausgeben.
Bei der Eröffnung des »Atlantic-Kinos« am Steindamm hatten sich vor Beginn der ersten Vorstellung etwa 2000 Menschen eingefunden – dabei hat das Kino nur 500 Plätze. Der Ansturm war so lebhaft, daß die Eingangsgitter eingedrückt wurden; Polizei mußte eingreifen und Ordnung schaffen.
»Es ist eine große Freude für alle!« erklärte mir ein anderer Kinobesitzer. »Leider haben wir zur Zeit nur alte Filme zur Verfügung. Das Publikum erwartet mit Spannung die Aufführung des Hans-Albers-Films »Große Freiheit Nr. 7«. Viele haben den Wunsch geäußert, daß mindestens in einem Lichtspieltheater englische Spitzenfilme der letzten Jahre gebracht werden.

(HNB)

14. Juni 1947

Der Film »In jenen Tagen«, der zwölfjährige Lebenslauf eines Autos, wurde am 31. August 1946 von der Camera-Filmproduktion unter der Regie Helmut Käutners in Hamburg begonnen und gestern im Waterloo-Theater uraufgeführt.
Er ist der erste Film Käutners nach der Kapitulation und der erste Film einer Produktion in der britischen Zone. Er ist, relativ gesehen, als hervorragende Leistung anzusprechen. Denn er wurde unter Umständen gedreht, unter denen zu arbeiten früher jeder Filmmann für unmöglich erklärt hätte.

(DW)

8. März 1949

Anläßlich der amerikanischen Präsidentenwahl vergaloppierten sich Mr. Gallup und sein Institut zur Erforschung der öffentlichen Meinung. Diese Institute, auch in Deutschland aus dem Boden geschossen, haben seitdem keinen leichten Stand. Sie sind nicht mehr sakrosankt. Nicht, daß man sie in einem Atemzug mit Kartenlegen und Handliniendeutung nennt – aber der Mantel wissenschaftlicher Seriosität, der sie umgab, scheint an manchen Stellen durchlöchert.
Eines dieser Institute (EMNID, Institut für Marktforschung und Marktermittlung in Bielefeld) hat nun die Frage aufgerollt, wer Deutschlands, ja der Welt bester Filmschauspieler sei, mit feiner Berücksichtigung des Unterschiedes des besten und des beliebtesten.
Im einzelnen sieht diese seltsame Statistik bei den deutschen Schauspielern folgendermaßen aus:

Willy Birgel	40,6 vH
Hans Albers	20,6 vH
Theo Lingen	7,9 vH
Hans Moser	5,7 vH
Matthias Wieman	5,4 vH
Paul Hartmann	4,6 vH
Willy Fritsch	3,3 vH
Hans Söhnker	2,4 vH
Johannes Heesters	2,2 vH
Victor Staal	1,9 vH
Emil Jannings	1,1 vH
Rudolf Prack	1,1 vH
Werner Krauss	1,1 vH
Albrecht Schönhals	1,0 vH

Willy Birgels Wahl bedeutet eine Erklärung zum Bürgerlichen, zum Schmunzelnd-Männlichen. Bärtchen und etwas Sudermann-Dramatik, ein gutes Rezept. Gründgens wird als Schauspieler überhaupt nicht, sondern nur als Regisseur genannt. Dafür holt man Maria Andergast aus der Versenkung, die bei der Wahl der Männer mit 11,5 vH lange vor Greta Garbo (2,2 vH) und Lil Dagover (1,4 vH) liegt. Marika Rökk gilt mit 28 vH als beste deutsche Schauspielerin. Gleichzeitig aber ist Greta Garbo – unterschiedlich von der rein männlichen Wahl – mit 33 vH als beste Schauspielerin der Welt aufgeführt.

Als bester Schauspieler der Welt rangiert Stewart Granger beim deutschen Publikum mit 44,6 vH, was dem Umstand zu verdanken sein wird, daß viele gute ausländische Filme noch nicht nach Deutschland gelangten, bei denen die Obengenannten mitwirkten, und daß zufällig Grangers Filme hier schon vorgeführt wurden. So wird zum Beispiel der faszinierende Gary Cooper nicht genannt.

Über die Hälfte der Gesamtbevölkerung soll wöchentlich einmal ins Kino gehen, was erstaunlich klingt. Interessant wäre es, zu erfahren, wieviel Menschen das Theater dem Kino vorziehen. Die Zahl derer, die keine Filme besuchen, schließt Rentenempfänger und Arbeitslose ein, aber auch Ärzte und Studenten. Also eine geistig hohe und eine sozial sehr tiefe Schicht kann oder will nicht ins Kino gehen.

Hielte sich die Filmbranche an diese Untersuchung, so wäre es dasselbe, als ob die Verleger Vicki Baum statt Goethe, die Oper Lehàr statt Beethoven bevorzugte. Es würde vielleicht unsere Kassen füllen helfen. Aber es wäre das Ende der Kunst.

Gleichwohl bleiben derlei Rundfragen interessant. Sie bedeuten Nasenstüber für Snobs und »high brows«.

(DW)

Literatur

19. Dezember 1946

Welches Buch haben Sie gerade gelesen? Diese Frage wurde von einer britischen Dienststelle in Hamburg Lesern aller Berufsschichten gestellt. In Schleswig-Holstein, Hamburg und Lübeck wurden 939 Personen, davon 411 in Hamburg, 452 in der Provinz und 76 in Lübeck, befragt. Aus ihren Antworten wurde eine Liste mit 675 Buchtiteln deutscher und ausländischer Literatur angelegt.

Weit mehr als in früheren Jahren sucht der Leser Ruhe und Entspannung im Buch. Nur zehn politische Bücher sind mehr als dreimal erwähnt worden, unter ihnen an erster Stelle Isa Vermehrens »Reise durch den letzten Akt« und Schlange-Schöningens »Am Tage danach«. (Beide bekamen jeweils neun Stimmen.)

Das Interesse an ausländischer Romanliteratur ist besonders groß, wieder aber finden wir hauptsächlich Bücher genannt, die zeitlos, geruhsam, breit angelegt sind – mit einer Ausnahme allerdings: den gesamten Werken des englischen Kriminalschriftstellers Edgar Wallace, der mit 21 Stimmen einer derjenigen ist, die am meisten erwähnt wurden. Edgar Wallace gibt der Masse der Leser, was sie wünscht: spannende Bücher, die kein tieferes Nachdenken erfordern.

Der am häufigsten erwähnte Schriftsteller ist der Schweizer John Knittel. Insgesamt achtundvierzigmal wurden seine Bücher genannt, und zwar einundzwanzigmal »Via Mala«, elfmal »Therese Étienne«, achtmal »El Hakim« und je viermal »Abd el Kadar« und »Amadeus«. Hinzugefügt muß allerdings werden, daß »Via Mala« vor einiger Zeit neu aufgelegt wurde.

An zweiter Stelle steht der englische Schriftsteller Warwick Deeping mit seinen Gesellschafts- und Unterhaltungsromanen. Für Deeping stimmten fünfundzwanzig der Gefragten: elf für »Hauptmann Sorell und sein Sohn«, zehn für »Außenseiter der Gesellschaft« und vier für den »Schicksalshof«. Vielleicht ist das deshalb so, weil ja die meisten Lesehungrigen heute in Ermangelung eines eigenen Bücherbords auf Leihbüchereien angewiesen sind. Sämtliche Romane Deepings aber sind kurz vor dem Kriege als verbilligte Volksausgaben mit hohen Auflagen neu herausgegeben worden. Man findet sie folglich auch in jeder Leihbücherei. Solche äußerlichen Gründe spielen natürlich in Notzeiten eine große Rolle. Und da Deepings Romane außerdem zu der Literatur ge-

hören, die gerade von der Masse der weiblichen Leser geschätzt wird (eigentlich alle spannenden, aber nur bedingt anspruchsvollen Gesellschaftsromane zählen dazu), ist die Vorliebe für Deeping sehr erklärlich.
Thomas Mann folgt in der Reihe der besonders beliebten Schriftsteller und Dichter an dritter Stelle. Einundzwanzig der befragten Personen lasen gerade ein Buch von Thomas Mann: fünfzehn die »Buddenbrooks« und sechs den »Zauberberg«. Ernst Wiechert ist der nächste in der Reihe. Bei ihm ist es interessant festzustellen, daß das einzige seiner früher erschienenen Werke, das erwähnt wurde, die »Majorin« ist, die vier Leserstimmen erhielt. Außerdem wurden von Wiechert die beiden in diesem Jahr herausgegebenen Bücher »Die Jerominkinder« mit zehn und »Der Totenwald« mit sechs Stimmen genannt.
Von den Ausländern wurden in der Reihenfolge ihrer Beliebtheit ferner aufgezählt: Margaret Mitchell, »Vom Winde verweht«, sechzehnmal; die beiden Generations- und Gutsromane Simpsons: »Die Barrings« neunmal und »Der Enkel« viermal; der Norweger Gulbrandson mit »Und ewig singen die Wälder« sechsmal und dem »Erbe von Bjoerndal« viermal; der Engländer Cronin mit der »Zitadelle« elfmal und Tolstoi mit »Anna Karenina« zehnmal.
Niemand wäre wohl darauf gekommen, daß derjenige deutsche Dichter, der nach Thomas Mann und Wiechert heute am meisten gelesen wird, Gustav Freytag sei. »Soll und Haben« wurde siebenmal genannt, »Die Ahnen« fünfmal. Auch andere ältere Dichter tauchen plötzlich wieder heller aus der Vergangenheit. So sind Wilhelm Raabes »Hungerpastor« und Theodor Fontanes »Effi Briest« viermal erwähnt worden. Goethes Werke wie auch Heinrich Manns »Der Tyrann« erhielten ebenfalls je vier Stimmen.
Eine Tatsache stellt sich bei der Beurteilung des Ergebnisses dieser Rundfrage ganz klar heraus: das gute Niveau aller genannten Bücher. In einer Zeit, wo alle Wertbegriffe schwinden, verlangt das Volk, dessen geistiger Hunger dem physischen kaum nachsteht, nach dem Buch, nicht nach dem Buch schlechthin, sondern nach dem guten Buch. Aus der gewonnenen Erkenntnis heraus kann nun die Auswahl aus den vorgeschlagenen Titeln der Verlage getroffen und dem Leser das geboten werden, wonach er wirklich verlangt.

(DW)

3. Mai 1947

Als Ernst Rowohlt vor einigen Monaten damit begann, seine Rotationsromane herauszugeben, auf Zeitungspapier, im Zeitungsformat gedruckte Werke moderner Autoren in einer Auflage von 100000 Exemplaren und zum Preise von 50 Pf., fügte er jedem Heft eine »Bitte an die Leser« an, mit Urteil und Kritik nicht hinter dem Berge zu halten.
Die ersten 1000 Leserbriefe wurden statistisch geordnet. Beurteilt wurden: Kurt Tucholsky, »Schloß Gripsholm«, Ernest Hemingway, »In einem andern Land«, Alain-Fournier, »Der große Kamerad«, und Joseph Conrad, »Taifun«. Hier überschneiden sich die Zahlen, weil sich mancher Leser nur zu einem einzigen Buche, mancher aber zu allen vieren äußerte. Deshalb sind die Zahlen nur in ihrem Verhältnis zueinander, aber nicht im Verhältnis zum Tausend zu betrachten.
Im Kreuzfeuer kritischer Schüsse lagen vor allem Tu-

Auf Zeitungspapier und im Zeitungsformat druckt Ernst Rowohlt Romane der Weltliteratur und verkauft sie für 50 Pfennig: Rowohlts-Rotations-Romane.

cholsky mit 347 und Ernest Hemingway mit 325 Zuschriften. Der Franzose Alain-Fournier erhielt auf sein kontemplatives Buch 239 und der in seiner literarischen Einschätzung gefestigtste der vier, Joseph Conrad, immerhin noch 115. Tucholsky ist auch der angefeindetste: 90 Leser verurteilten ihn (und zwar ist die Verurteilung ebenso heftig und kategorisch wie die Bejahung unduldsam enthusiastisch ist). Gegen Hemingway äußern sich 86, gegen Alain-Fournier 34 und gegen Conrad 12 Leser. Bei den positiven Zuschriften halten sich die, die mit viel Enthusiasmus eine alte literarische Bekanntschaft erneuern konnten, mit denen, die, zu jung, um Tucholsky noch gekannt zu haben, nun dem Zauber dieser Sommergeschichte verfallen, als sei sie heute für sie geschrieben, die Waage. Da ein Nachwort die jüngeren Leser darüber aufklärt, wer Tucholsky war, ist es bemerkenswert, daß ein Internierter vom ungewöhnlichen Erfolg gerade dieses Buches in seinem Lager berichtet.

Die Ablehnungen Tucholskys und Hemingways richten sich fast durchweg gegen ihre erotische Offenheit (was uns wieder einmal erkennen läßt, wie verschieden das Jahr 1947 vom Jahr 1920 ist). Eine Leserin zu Hemingway: »Eine der schönsten, weil verhaltensten modernen Liebesgeschichten! Das behauptet das Nachwort. Gestatten Sie, ich muß es ganz entschieden ablehnen, sie als schön oder verhalten (ich wüßte bestimmt nicht, was man dabei als verhalten bezeichnen könnte) zu empfinden! Was will Ernest Hemingway eigentlich, wenn er uns einen Kreis von italienischen Offizieren in ihrem Kriegsleben vorführt – sich eingeschlossen –, deren vornehmstes Tun in Trinkereien und Bordellbesuchen besteht? Ich bin eine Frau, alles andere als prüde, aber das hat mich angewidert!« Und ein Leser aus Hannover: »Die ersten Kapitel strotzen von Zoten widerlichster Art ... Daß die Gedanken junger Männer, zumal des Südlandes, sich mit der Weiblichkeit befassen, ist uns nicht verwunderlich. Der größte Teil der Erzählung befaßt sich aber nur mit dem Weib ... Alles gipfelt im Bett und in der Nacht, und beide Teile geben sich nichts darin nach. Soll das etwa der passende Lesestoff sein für unsere heimgekehrten Gefangenen oder für die Flüchtlinge ohne Hab und Gut?« Und zu Tucholsky: »Abgesehen von einigen Unbedeutendheiten, ist der vorherrschende Faden der ›Sommerfrische‹ die Sinnlichkeit, sogar Zotigkeit, teils platt, teils abstoßend.«

Und von Alain-Fournier schreibt ein Mann, der von Hemingway viel Lobendes sagt: »Nicht gut, meistenteils wurde es mir gleich wieder zurückgegeben. Dasselbe zu Kurt Tucholsky, ich selber habe nur einige Seiten davon gelesen, dann zur Seite gelegt. Zu fad!«

Diese Beispiele ließen sich vermehren, sie haben alle denselben Tenor. Wahrhaftig nicht des Humors entbehrt es, wenn ein Leser, der sowohl Hemingway als auch Tucholsky und Alain-Fournier als minderwertige Literatur ablehnt, zum Schlusse fordert, der Verlag möge Paul Schreckenbach und Julius Wolf drucken!

Doch dies ist ein Einzelfall. Als wichtigstes Ergebnis der Untersuchung der Leserbriefe läßt sich feststellen, daß Rowohlts Versuch, mit der größten Billigkeit die höchste literarische Qualität zu verbinden (was in den bald folgenden Heften mit Autoren wie André Gide, William Faulkner, Charles Morgan, Jaroslav Hasek und Ignazio Silone gesichert ist), auf uneingeschränkte Zustimmung gestoßen ist. Die Leser fordern weder den Kriminalroman noch den Unterhaltungsroman. Sie fordern Thomas Mann (am häufigsten) und Aldous Huxley, Jules Romains und Olav Duun, Arthur Koestler und Hermann Hesse – sie fordern aus jeder Literatur das Beste, was es zu fordern gibt. Und sie verlangen – ja, und das erscheint mir als weiterer wichtiger Gewinn der tausend Briefe –, daß das Programm auf die Literatur der Vergangenheit ausgedehnt werden möge, und es erscheinen in den Briefen Sokrates und Dante, Homer und Goethe.

(DW)

19. Februar 1948

Auf dem Ohlsdorfer Friedhof in Hamburg wurden am Dienstag die sterblichen Überreste des am 20. November in der Schweiz verstorbenen Wolfgang Borchert beigesetzt. Als Gedächtnisgabe versprach Ernst Rowohlt eine gemeinsam von Borcherts Verlegern herauszugebende Gesamtausgabe seiner Werke. Unser Mitarbeiter hatte mit dem jungen Dichter kurz vor dessen Tod ein Interview:

Was halten Sie von der deutschen Literatur der Nachkriegszeit, besonders auch von den jungen Dichtern?

Die gegenwärtige deutsche Literatur hat jetzt ihre große Chance. Es scheint so, daß die jüngere Generation das begreift.

Haben Sie den Eindruck, daß Deutschland den Nationalismus und Militarismus überwinden wird?

Solange an Deutschlands Grenzen Paraden marschiert und nationale Sicherheiten gefordert werden, kann man über diese Frage nicht diskutieren.

Mit welchen Themen, glauben Sie, wird man den Leser nicht langweilen?

»Draußen vor der Tür«. Der Titel des Stückes spricht ein Grundgefühl an. Der Dichter Wolfgang Borchert starb vier Tage vor der Uraufführung.

Mit Themen über Gott oder Nicht-Gott, mit Themen über Brot oder Nicht-Brot – das kommt auf den Leser an.
Wie definieren Sie die Begriffe »Demokratie« und »persönliche Freiheit«?
Solange die Zigarettenstummel fremder Militärmächte auf der Straße liegen (damit will ich nichts gegen die Zigaretten gesagt haben) und solange ich 16seitige Fragebogen ausfüllen muß, um in einer Zeitschrift gedruckt zu werden, solange ist es sinnlos, über Demokratie und persönliche Freiheit zu debattieren.
Sie sind ein religiöser Dichter. Warum verbergen Sie es?
Natürlich bin ich ein religiöser Dichter. Ich verberge es nicht. Ich glaube an die Sonne, an den Walfisch, an meine Mutter und an das Gras. Genügt das nicht? Das Gras ist nämlich nicht nur das Gras.

(DW)

Museen und Ausstellungen

20. Juni 1945
Das Museum für Kunst und Gewerbe, Hamburgs reichhaltige Sammlung guter, alter Werkkunst, hat seine Schätze beinahe ohne Verluste durch den Krieg und seine Fliegerangriffe hindurchretten können, ebenso wie die Kunsthalle. Mit der Räumung des Museums wurde gleich im Herbst 1939 begonnen. Im Laufe der Jahre hat man das Haus restlos geleert: nur die Täfelungen blieben an Ort und Stelle. Kleinere Kunstwerke aller Art brachte man zunächst im dreistöckigen Tresor der Kämmerei am Gänsemarkt und im Tresor der Sparkasse Blankenese unter.
Man hofft, mehr als die Hälfte der Schausammlungen bald wieder eröffnen zu können, sobald erst die Handwerker die Räume wieder hergerichtet haben.
Voraussetzung für die Wiederaufstellung ist es allerdings, daß die Tischlerei des Museums voll arbeitsfähig ist, da die zahllosen kleineren und größeren Schäden, die bei den wiederholten Umlagerungen und Transporten unvermeidbar waren, noch von geschulten Kräften ausgebessert werden müssen. Für die Restaurierung von Kunstwerken aus anderen Werkstoffen muß die Restaurator-Stelle mit einem handwerklich-technisch und künstlerisch gleich begabten Manne besetzt werden.

(HNB)

6. Juli 1945
Jeder Passant sieht es auf den ersten Blick: das Museum für Hamburgische Geschichte ist schwer getroffen worden. Fünf große Sprengbomben trafen das Haus selbst und rissen zum Teil erhebliche Löcher in den schönen

Schumacherbau – eine Reihe weiterer Sprengbomben fiel in der näheren und weiteren Umgebung des Hauses und richtete ebenfalls Schaden an. Zwei tröstliche Gewißheiten ergab indessen unsere Anfrage an den Leiter des Museums: Dieser Schaden, den man vor Augen sieht, ist tatsächlich der wesentliche Schaden – die Sammlungen selbst haben nur geringfügig gelitten. Und zum anderen: man geht mit der gleichen Zuversicht ans Werk des Wiederaufbaus, mit der man auch schon nach dem Ersten Weltkrieg an die Arbeit ging. *(HNB)*

3. Dezember 1945
Eine Anzahl bedeutender Werke aus den Sammlungen der Hamburger Kunsthalle, die alle in sicherem Gewahrsam den Krieg heil überstanden haben, ist jetzt der Öffentlichkeit wieder zugänglich gemacht worden. Allerdings nicht im eigenen Hause, sondern gastweise in den Kunstsälen Bock (Große Bleichen). *(HNB)*

6. August 1946
Der Kunstverein eröffnete eine Ausstellung »Hamburger Künstler«, die Gemälde, Graphik und Plastik umfaßt. Geleitworte, mit denen die Ausstellung der Öffentlichkeit übergeben wurde, brachten zum Ausdruck, daß die Jury es sich vornehmlich zur Aufgabe gemacht habe, in einem Akt ausgleichender Gerechtigkeit diejenigen Künstler zu Wort kommen zu lassen, die unter der Kunstdiktatur des Dritten Reiches haben leiden müssen.
Uns scheint jedoch, daß die Jury hierbei eine bedenkliche Weitherzigkeit hat walten lassen, die leicht zu einer Verwechslung der Begriffe führen könnte bei einem Publikum – vor allem dem jugendlichen –, das sich erst wieder die Grundlagen der selbständigen Kunstbetrachtung und Bewertung schaffen muß. *(DW)*

1947
Von allen deutschen Galerien hat unsere Kunsthalle ihre Schätze wohl am vollständigsten durch den Krieg gebracht. Trotz der gefährlichen Nachbarschaft des Hauptbahnhofes ist auch der Gebäudeschaden durch Bomben nicht allzu schwer. Allerdings, der große Vortragssaal ist zerstört, und sein Ausfall macht sich heute besonders empfindlich bemerkbar. Ferner ist der große Saal des Kupferstichkabinetts abgedeckt, und es hat einigen Wasserschaden gegeben. Aber die Schausäle und die Kabinette sind schon zu einem Gutteil wieder in Betrieb und werden durch die Handwerker des Instituts weiter erneuert und wieder eingerichtet.
Von Kleinigkeiten abgesehen, wie sie auf Transporten unvermeidlich sind, blieben die Kunstwerke selber unbeschädigt; neben sorgfältiger Verwahrung und Obhut gehörte auch ein bißchen Glück dazu. Aber recht schmerzlich sind die Verluste an Kunstwerken, die Dummheit und blinder Nazieifer verursachten.
Hier sind Lücken entstanden, die nie wieder ausgefüllt werden können. Etwa 73 Bilder und weit über 1000 Graphikblätter sind von einer Berliner Kommission unter Führung des unrühmlich bekannten Prof. Ziegler als »entartete Kunst« unserer Sammlung genommen worden. Man hat dieses angebliche Kulturgift aber nicht verbrannt, sondern gegen gute Kasse ans Ausland verkauft.
(Harry Reuss-Löwenstein in »Neues Hamburg«)

2. August 1947
Über Surrealisten, Verfemte, Abstrakte, Totgeschwiegene, Gefeierte und deren künstlerische Probleme wird viel geschrieben. Wovon man aber kaum etwas erfährt, sind die sehr schwierigen wirtschaftlichen Verhältnisse der bildenden Künstler: die Maler, Graphiker, Bildhauer.
Der große Auftraggeber des 20. Jahrhunderts, der Staat, fällt aus. Private Mäzene waren schon immer dünn gesät, und heute gibt es sie fast gar nicht mehr. Auch leidenschaftliche Sammler sind in ihren Möglichkeiten sehr beschränkt, sie werden von den Steuern erdrückt, vom Schwarzmarkt aufgefressen, außerdem könnte niemand Bilder in den mit seinen Möbeln vollgestellten engen Wohnräumen aufhängen.
Wer aber Geld hat, der versucht es in Sicherheiten anzulegen, Pretiosen, bibliophile und philatelistische Sammelwerte scheinen ihm günstigere Spekulationsobjekte.
Dem Künstler geht es so gut wie nie, sagt der Außenstehende, der die hohen Preiszettel in den Auslagen der Kunsthandlungen sieht. Tatsächlich wird heute ein Aquarell von einem namhaften Maler, das früher mit hundert Mark verkauft wurde, mit etwa achthundert gehandelt. Das scheint viel, aber auch der Maler muß in den Schwarzmarktpreisen seiner Umwelt rechnen. Das Material, das er beim Händler gegen einen Ausweis kaufen kann, ist mengenmäßig nicht ausreichend. Wenn er früher ungefähr im Monat hundert Bogen Aquarellpapier verbrauchte, so erhält er jetzt als Zuteilung nur etwa zehn monatlich und muß sich den Rest schwarz kaufen. Dann kostet der Bogen fünf Mark.
Die Schwarzmarktpreise für Malutensilien liegen ziemlich fest. Es gibt kaum einen Künstler, der nicht darauf angewiesen ist, sich so ein Handwerkzeug zu besorgen.

Ein Borstenhaarpinsel, der früher achtzig Pfennig kostete, kostet jetzt bis zu zwölf Mark, einen Marderhaarpinsel erhielt man früher für sieben Mark, er kostet heute etwa vierundzwanzig. Für eine Tube Weiß zahlte man 1,70 Mark, jetzt aber je nach Größe vierundzwanzig bis vierzig Mark. Ein Keilrahmen zum Spannen der Leinwand ist offiziell überhaupt nicht mehr zu kaufen, genausowenig wie Rahmen selber. Man kann aber Keilrahmen für dreißig Mark schwarz bekommen. Rahmen sind allerdings bedeutend teurer. Auch Leinwand gibt es fast nirgends mehr zu regulärem Preis. Ein Meter Leinwand kostete (1,50 m breit) etwa fünf Mark, jetzt wurden einem Hamburger Maler hundert Meter gute grundierte Leinwand für 50000 Mark angeboten, das Hundertfache des normalen Preises also. Der Maler allerdings kaufte sich Jutesäcke, die derzeit fünfzig Mark kosten, grundierte sie mit ebenfalls schwarz gekaufter Kreide und Tafelleim und bekam eine gute und »billige« Leinwand.

Die Modelle sind das einzige, was man ohne Schwarzmarktpreis haben kann.

In Hamburg wurde bald nach der Kapitulation der »Wirtschaftliche Verband bildender Künstler« genehmigt, der seinen eingetragenen Mitgliedern Berechtigungsscheine für das Arbeitsmaterial gibt. Die Geschäfte geben ihren Kunden, was ihnen als Anteil an den Vorräten zusteht, es ist meistens wenig genug. Sie behalten so viel in Reserve, um heimkehrende Künstler oder begabte Nachwuchskräfte, die ihre Befähigung vor dem Verband bewiesen haben, mit einem Satz Ölfarben, Pinseln, Malpappen und Papier ausstatten zu können.

Schwieriger steht es bei den jungen bildenden Künstlern, die noch nicht dem Verband angehören, kein Stipendium erhalten, die nicht wohlhabend sind und auch nichts zum Tauschen haben. Sie verdienen sich oft auf dem schwarzen Markt das Geld zum Studium und für ihr Handwerkszeug. Als Unbekannte erhalten sie in den Geschäften nichts zu regulärem Preis. Am schwierigsten ist es, dem Bildhauer neues Arbeitsgerät zu verschaffen, da Werkzeuge nicht hergestellt werden. Es gibt bislang nur eine Möglichkeit: Die Künstler müssen sich untereinander aushelfen. Das geschieht auch, soweit es allerdings nicht Gips und Marmor betrifft, die in der britischen Zone kaum zu haben sind. Um dieser Schwierigkeit abzuhelfen, wird eine Verfügung vorbereitet, nach der die Natursteine, Muschelkalk, Sandstein, Marmor aus den Trümmern geborgen und auf einem bestimmten Platz gesammelt werden sollen, von wo aus die Bildhauer sich ihr Material abholen können. *(DW)*

18. November 1948

Wer heute die Säle der Kunsthalle durchwandert, der vermißt manche Kostbarkeit, vor der er früher in Andacht und Bewunderung verweilt hat. Die Gemäldesammlung, der Stolz der Hansestadt, wird bald wieder vollständig gezeigt werden können. Es ist alles erhalten geblieben. Keines der über zweitausend Bildwerke fehlt. Im alten Glanz werden sie wieder strahlen, Meister Bertram und Meister Franke, die Holländer des siebzehnten Jahrhunderts, die kostbare Franzosensammlung, eine der schönsten, die es in Deutschland je gegeben hat, die Kupferstiche, die Radierungen und die Plastiken.

Gleich zu Beginn des Krieges hatte die Kunsthalle ihre Bilder in die Tresore der Kämmerei am Gänsemarkt und in die Tresorkeller der Deutschen Bank und der Alten und Neuen Sparkasse gebracht. Später wurden in einem der Flakbunker auf dem Heiligengeistfeld einige Räume zur Verfügung gestellt. »Auf Anregung« des zuständigen Ministeriums hatte man 1943 einen Teil des Bildbesitzes nach Sachsen verfrachtet, das man zu dieser Zeit noch für besonders sicher hielt. Zum Glück gelang es, diese Schätze im Februar 1945 noch rechtzeitig zurückzuholen.

Seit etwa einem Jahr arbeitet in der Kunsthalle der Restaurator Heinrich von Tettenborn, der jedes Bild überprüft und Schäden beseitigt. In vielen Fällen fehlt es an Material, das sich den Eigenarten des Bildes anpassen muß. Manches wurde mit Unterstützung ausländischer Freunde aus der Schweiz und aus Schweden besorgt. Die Schäden sind im allgemeinen nicht bedeutend. Es hat sich herausgestellt, daß die Feuchtigkeits- und Wärmeverhältnisse im Flakbunker zum mindesten ebenso günstig waren wie in den Räumen der Kunsthalle. In den tiefen Bunkern gab es keine Temperaturschwankungen zwischen Tag und Nacht, die in der Kunsthalle durch das komplizierte System einer Spezialheizung ausgeglichen werden müssen. So blieb also die wertvolle Sammlung, abgesehen von kleinen Beschädigungen und Rissen, die beim Ausrahmen und beim Transport entstanden, fast unversehrt erhalten. Auch die Rahmen wurden sichergestellt. Daß auch die Bibliothek, etwa 35000 Bände, wieder vollständig zur Verfügung steht, ist eine Tatsache von unschätzbarem Wert. Unwiederbringlich verloren sind allerdings 83 Bilder moderner Maler und 1400 graphische Blätter, die nach 1933 entfernt werden mußten. Angesichts der schwierigen Finanzlage wird es nicht leicht sein, diese Lücke zu schließen. *(DW)*

Hamburger Abendblatt

Verlag und Redaktion: (24a) Hamburg 1, An der Alster 61. Stadtgeschäftsstelle: Hamburg 11, Adolphsbrücke 3-7, Sammel-Nr.: 34 12 81. Telegr.: Abendblatt. Postsch.: Hbg. 112 999. Berliner Redakt.: Bl.-Charlottenbg., Wilmersdorfer Str. 94, Ruf: 32 19 96. Frankfurter Red.: Frankfurt a. M., Lindenstr. 7, Ruf 71 001. Hammerich & Lesser Verlag GmbH., Hamburg. Hersteller: Verlagsdruckerei Springer & Sohn, Hamburg.

UNABHÄNGIG ÜBERPARTEILICH

Veröffentlicht unter Zulassungs-Nr. 1 des Senats der Hansestadt Hamburg

Erscheinungsweise vorerst dreimal wöchentlich: montags, mit und sonnabends. Zu beziehen durch eigene Agenturen frei Haus 2,50 DM (einschl. 22 Pf. Expeditionskosten und 28 Pf. Träge Bei Selbstabholung 2,20 DM. Durch die Post 2,23 DM (eins lich 21,6 Pf. Beförderungsgebühr) zuzüglich 27 Pfg. Zustell Postabonnements bei jedem Postamt. Anzeigen-Preisliste

Nr. 1 Jahrgang 1948 20 Pfennig

Donnerstag, 14. Oktober 1

Frankreich ändert seine Deutschland-Politik

Neuer Schuman-Besuch erwartet

Von unserer Frankfurter Redaktion

Frankfurt, 14. Oktober

Der Besuch des französischen Außenministers Robert Schuman und seine Besprechungen in Koblenz dürften nach hier vorliegenden Informationen den Auftakt bilden zu entscheidenden Änderungen in der französischen Besatzungspolitik.

Voraussichtlich wird Schuman am kommenden Wochenende der französichen Besatzungszone einen zweiten Besuch abstatten, um sich diesmal vor allem über die Lage in den beiden übrigen Ländern, Südbaden und Württemberg-Hohenzollern, zu unterrichten.

Wie sich aus den Koblenzer Besprechungen ergab, kann damit gerechnet werden, daß die jetzige Militärverwaltung in der französischen Zone bereits in absehbarer Zeit durch eine Zivilverwaltung abgelöst wird. Gleichzeitig soll der Verwaltungsapparat in seiner jetzigen Form wesentlich verringert werden. Man plant, die französischen Verwaltungen auf der Ebene von Kreisen und Regierungsbezirken zu beseitigen und die Kontrolltätigkeit künftig auf Landesbasis durchzuführen. Jedes der drei Länder werde einen Zivilgouverneur erhalten, der unmittelbar Paris unterstehen soll. Die jetzige militärische Verwaltungszentrale Baden-Baden würde damit überflüssig.

Deutscherseits wird bezweifelt, ob angesichts der geplanten neuen Verwaltungsorganisation für die französische Zone schon in absehbarer Zeit mit der praktischen Verwirklichung der Trizone gerechnet werden kann. Außenminister Schuman soll allerdings bei den Koblenzer Besprechungen die Notwendigkeit eines Einbaues Westdeutschlands in die Europäische Union unterstrichen haben.

Zivilgouverneur Dejean?

Eigener Dienst

M. Koblenz, 14. Oktober

Die Gerüchte vom Rücktritt General Königs behaupten sich hartnäckig, obgleich die französische Militärregierung ein Dementi herausgegeben und ein Sprecher der amerikanischen Militärregierung erklärt hat, daß zwischen General Clay und dem französischen Militärgouverneur keine Differenzen bestehen. Als Nachfolger Königs wird der gegenwärtige Botschafter in Prag, der 50jährige Maurice Dejean, genannt. Damit würde die französische Zone als erste von den vier Besatzungszonen einen offiziellen Zivilgouverneur erhalten.

Dejean, der vor dem Kriege der französischen Botschaft in Berlin zugeordnet war, nimmt im Prager Diplomatischen Korps einen bevorzugten Platz ein. Bemerkenswert erscheint, daß er seinerzeit von sowjetischer Seite als Gouverneur des Freistaates Triest vorgeschlagen wurde. Unter de Gaulle war er bereits einmal Generaldirektor für Deutschlandangelegenheiten im Quai d'Orsay. Als sein Stellvertreter wird Emile Laffon genannt. Laffon war General König bis November vorigen Jahres als „Administrateur Général" gleichgestellt, mußte aber wegen Meinungsverschiedenheiten mit dem eigenwilligel Militär zurücktreten. Im Zusammenhang mit dem sensationellen Besuch Außenminister Schumans in Koblenz und Bonn und den Gerüchten um einen Kurswechsel in der französischen Besatzungspolitik kommen diesen Mutmaßungen über personelle Veränderungen besondere Bedeutung bei.

Seite 8: **Hitler Himmler und die Sterne**

Unfaßbare Tatsachen aus den Tagebüchern des Hamburger Astrologen Wilhelm Th. H. Wulff

Warnung vor Verschwendung

Von unserer Frankfurter Redaktion

Frankfurt, 14. Oktober

In einer Proklamation an die Bevölkerung stellen die Spitzen der bizonalen Verwaltung fest, daß die Versorgung mit den Grundnahrungsmitteln im kommenden Winter und Frühjahr nur dann gewährleistet sei, wenn ein Ausbrechen dieser Waren aus der Lenkung mit allen Mitteln verhindert werde. Andernfalls müßten die Rationen gesenkt werden.

Als Grundnahrungsmittel werden bezeichnet: Brotgetreide, Brot, Nährmittel, Mehl, Milch und Milcherzeugnisse, Fette aller Art, Nutz- und Zuchtvieh, Fleisch, Fleischwaren sowie Fische und Zucker. An die Erzeuger, die verarbeitenden Betriebe, den Handel und die Verbraucher gehe daher die dringende Mahnung, die bestehenden Bestimmungen über die Bewirtschaftung dieser lebensnotwendigen Güter zu befolgen, damit die in letzter Zeit eingetretene Verwirtschaftung unterbleibt. Nur bei voller Selbstdisziplin aller Beteiligten könne eine Rückkehr zu den Zwangsmethoden vergangener Zeiten vermieden werden.

Der Wahlkampf in den Vereinigten Staaten um die Präsidentschaft steht au Höhepunkt (vergl. Don Iddon's interessanten Bericht auf Seite 2). Die Repu nische Partei verbreitet, zum Entzücken aller Kinder, in Massen Dewey-P

Mißerfolg der Neutralen

Die Großmächte beharren auf ihren Positionen

Von unserem Vertreter

PS.-**Paris**, 14. Oktober

Der Vermittlungsversuch der sechs „Neutralen" im Streitfall Berlin ist gescheitert. Die Antwort aus Moskau, die von Wyschinski am Mittwochnachmittag dem Vorsitzenden des Sicherheitsrates, Bramuglia, übergeben wurde, enthält die beiden Punkte, welche für die Westalliierten unannehmbar sind: 1. Das Verlangen, die Frage Berlin von der Tagesordnung des Sicherheitsrates zu streichen, 2. zu unmittelbaren Viermächtebesprechungen zurückzukehren, welche den Stand der Verhandlungen in Moskau vom 30. August zum Ausgangspunkt nehmen sollen.

Nachdem Bramuglia den Inhalt der sowjetischen Antwortnote den amerikanischen, britischen und französischen Delegierten des Sicherheitsrates mitgeteilt hatte, fanden am Mittwochabend fortgesetzte Besprechungen statt, deren Ergebnis eine nochmalige Unterredung Bramuglias mit Wyschinski um Mitternacht war. Auch der Donnerstag wird mit Vorbereitungen für die neue Tagung des Sicherheitsrates verlaufen, der für Freitagnachmittag einberufen ist.

Nachdem der Vermittlungsversuch scheiterte, ist das „Bündnis" der sechs neutralen Mitglieder des Sicherheitsrates nunmehr aufgelöst und jeder Delegierte wird gesondert seinen Standpunkt zum Streitfall Berlin vertreten, vortragen und abstimmen. Das negative Ergebnis des Vermittlungsversuches hat keine Überraschung ausgelöst, wenn sich auch zunächst im Palais Chaillot eine gewisse Enttäuschung bemerkbar machte.

Trotzdem ist die Alarmstimmung, die zu Beginn der UNO-Tagung hinsichtlich des Falles Berlin herrschte, geschwunden, und Léon Blum, der aus Italien zurückkehrte, gibt dieser Meinung in einem Leitartikel im „Populaire" Ausdruck, in welchem er schreibt: Man könne es nicht bestreiten, daß sich das internationale Klima in den letzten drei Wochen wesentlich beruhigt habe. Diese Änderung der Stimmung könne man überall feststellen, mit wem man auch nur spreche. Die UNO habe sich, auch wenn sie im Falle Berlin keine Lösung bringen sollte, als Einrichtung schon dadurch bewiesen, daß es nur durch ihre Existenz möglich gewesen sei, überhaupt ein internationales Gespräch zu führen, als nach dem Abbruch der direkten Verhandlungen zwischen den beiden Parteien die Lage äußerst kritisch erschienen wäre.

Morgen Entscheidung über Verbrauchssteuern

Von unserer Frankfurter Redaktion

Frankfurt, 14. Oktober

Die Entscheidung über die Senkung der Verbrauchssteuern für Tabak, Kaffee, Bier und Branntwein wird voraussichtlich morgen auf einer Konferenz der Militärgouverneure Clay und Robertson mit den Spitzen der bizonalen Verwaltungen fallen. Die Finanzexperten der Militärbehörden haben einen Gegenvorschlag ausgearbeitet, der bis auf Kaffee z. B sehr wesentlich von den deutschen Plänen abweicht.

B-Mark gegen D-Mark

Eigener Dienst

L. **Tübingen**, 14. Oktober

Seit einiger Zeit sind in der französischen Zone wieder in wachsendem Umfang die bekannten alliierten „Besatzungsnoten" als Eine-Mark- und 50-Pfennig-Scheine im Umlauf. Die Zahlmeistereien verschiedener französischer Einheiten fahren diese Noten, die seit der Währungsreform für die deutsche Bevölkerung ungültig geworden sind, vor der Landeszentralbank kartonweise in LKWs vor und verlangen den Umtausch dieser „B-Mark" in D-Mark-Noten. Da der Druck der „Besatzungsmark" völlig unkontrolliert ist, besteht die Gefahr einer Gefährdung der deutschen Währung.

Schwedenstart offen

Der erste Nachkriegsstart schwedischer Leichtathleten in Hamburg ist wegen Nichterteilung des Visums abgesagt worden (siehe Sport Seite 5). In letzter Stunde haben sich jedoch amerikanische Dienststellen eingeschaltet, um mit Hilfe der Besatzungsbehörden, die von den Bemühungen der Schweden offenbar nicht unterrichtet worden waren, doch noch die Einreisegenehmigung zu erhalten. Bis Schluß des Blattes war eine endgültige Entscheidung noch nicht gefallen.

Hoffman gibt nicht nach

Keine Einigung in der Demontagefrage

Von unserer Londoner Redaktion

London, 14. Oktober

Paul Hoffman, der amerikanische Hauptverwalter des Marshall-Planes, und Außenminister Bevin **haben zweimal Besprechungen über die** Demontage in der britischen Zone in London gehabt. Zweieinhalb Stunden haben sie konferiert. Eine Einigung ist nicht erzielt worden. Hoffman hat darauf bestanden, daß die Demontage sofort eingestellt wird. Er wird nächste Woche zu neuen Besprechungen nach Paris zurückkehren, nachdem er in der Nacht zum Donnerstag im Flugzeug Trumans nach Washington abgereist ist.

Großbritannien und Frankreich begründen ihren gegensätzlichen Standpunkt damit, daß es gefährlich sei, Rüstungsfabriken in den westlichen Zonen intakt zu lassen, solange die Spannungen mit den Sowjets auf dem Kontinent anhalten. Außerdem brauchten die Nationen, deren Industrien w des Krieges von Deutschen bes oder zerstört wurden, die deu Maschinen für ihren wirtschaf Wiederaufbau neben der Marshall

Die Demontage von 330 Werk der Bizone erscheint Washington sinnvoll angesichts der Tatsac amerikanische Industrielle au Augenblick warten, in dem sie K investierungen vornehmen könne während die Gelder des amerika Steuerzahlers auf dem Weg üb Marshallhilfe wieder in die strömen. Auch die Unwirtschaftl des Abbaues von Industrieanlage bei den amerikanischen Erwä eine Rolle. In Paris hatte Hoffm sprechungen mit dem franzö Außenminister Schuman üb gleiche Frage, und es hat den Ar als ob ihn das negative britisc französische Verhalten in der tage stark beeindruckt hätte.

Krise um Schlange-Schöning

Scharfer Vorstoß der CSU

Von unserer Frankfurter Redaktion

Frankfurt, 14. Oktober

Die seit Tagen besonders aus dem bayrischen Lager der CSU geübte Kritik an der Politik des Ernährungsdirektors hat sich zu einer ernsthaften Krise um Schlange-Schöningen entwickelt.

Nachdem schon am vergangenen Wochenende in München von dem bayerischen Staatsminister Dr. Schlögel und aus Kreisen der CSU und der Bayernpartei eine bemerkenswerte Kritik an Schlange-Schöningen geübt worden war, fand in Frankfurt unter dem stellvertretenden bayerischen Ministerpräsidenten Müller eine Fraktionssitzung der CSU statt, in der die Politik Schlange-Schöningens lebhaft erörtert wurde. In Kreisen seiner Parteifreunde wird dem Direktor vorgeworfen, daß er eine Annäherung an die politisch zeption der SPD suche. Weiter man ihm den Vorwurf schlechter hungen zu den Ernährungsmin der Bizone, wirft ihm Fehler Ernährungspolitik vor und legt i zu zentralistische Tendenzen zu

Schlange-Schöningen soll bi keine Bereitschaft zeigen, von s die Konsequenzen zu ziehen u rückzutreten. Nach offiziellen rungen befindet er sich im Aug im Urlaub, hält sich jedoch r Frankfurt auf, da er, wie der e sehr umstrittene Ministerial Podeyn (SPD) erklärte, erkran Podeyn war von dem Vorsitzen Bayernpartei, Dr. Baumgartn „Schlange-Schöningens Mephist zeichnet worden.

Schulze-Wittuhn suspen

Von unserer Frankfurter Redak

Frankfurt, 14.

Der Leiter der Hauptverw Straßen, Dr. Schulze-Wit ist von seinem Amt suspendie den. Einzelheiten waren darüb nicht zu erlangen, doch soll di sogar vor dem Verwaltungsrat werden.

Menschlich gesehen:

Manager der Europahilfe

„Ich habe mir alle Mühe gegeben", **erklärte der Präsident.** „Willst Du den **Job übernehmen?"** Paul Hoffman, **erklärte später, er habe** nicht Nein sagen können. So vertauschte er den **Schreibtisch des** Managers der Studebaker Corporation und ein Gehalt von 100 000 Dollar mit den bescheideneren 20 000 Dollar des Managers der Europahilfe.

Der vorbildliche Familienvater, der **weder** raucht noch trinkt und dessen **Nerven** so fest sind, daß sie der Geräuschkulisse von sieben sehr lebhaften Kindern, Pingpongbällen und Saxophonübungen standhalten, findet nebenher immer noch Zeit, schwierige Bücher zu lesen; unter anderem, und

Finanzierte Moskau britische Streiks?

dpd-Reuter

Paris, 14. Oktober

Die britischen Bergarbeiterstreiks der Jahre 1921 und 1926 konnten hauptsächlich mit sowjetischer Hilfe durchgehalten werden, soll der Generalsekretär des britischen Bergarbeiterverbandes, Horner, vor dem französischen allgemeinen Gewerkschaftskongreß erklärt haben. Die Zeitung „Le Peuple", das amtliche Mitteilungsblatt des Verbandes, zitiert wie folgt: „Wir verdanken es dem Beistand von Bergarbeiterorganisationen anderer Länder, daß wir haben durchhalten können. Vor allem danken wir es der Hilfe der Sowjetunion, die uns über 1 Million Pfund Sterling zukommen ließ."

Zwei Pfund Brot weniger?

Von unserer Frankfurter Redaktion

Frankfurt, 14. Oktober

Über eine Vorlage der Ernährungsminister der Bizone, die Brotrationen von 11 000 Gramm auf 10 000 Gramm monatlich herabzusetzen, liegen bisher noch keine Entscheidungen vor. Allerdings muß man nach Erklärungen eines Sprechers der Verwaltung für Ernährung damit rechnen, daß diese Herabsetzung der Brotrationen durchgeführt wird, wahrscheinlich bereits ab November.

Alte Heimat neu erlebt

Von Bäckern und Barackenmenschen

Ein Brief aus München von Wolfgang Köhler

München, im Oktober

Die Trambahner dieses Herbstes sind nicht mehr so radikal wie vor der Währungsreform, als sie ein aufrührerisches Element, das gar nicht zu dem behäbigen Gleichmut ihrer blauen Fahrzeuge stimmte, in das Stadtleben brachten. Sie streikten oft, und mitunter schien in ihnen der Geist der Ausrufer drang als ein Summen aus den Niederungen der Theresienwiese zu dem Tempel hinauf, in dem die weiß-blaue Antike der bayrischen Könige sich ruhig und biedermeierlich verewigt hat.

Hin und wieder kommt eine Dissonanz in die Melodie der Stadt, die sich langsam, als ob sie in sich hineinhorche, wieder findet. Es hört sich an wie die Dissonanzen der fieselten die Amerikaner noch nicht einmal Missionarknochen ab, als Bayern schon . . .

Gleichwohl und trotz aller Vorbehalte macht es doch Freude zu sehen, wie die Prägekraft dieses Stammes sebst die GIs aus Texas und Oklahoma gewissermaßen einbayert. Daß sie diese Münchener Institution, das „Gschpusi", ebenso übernommen haben wie vor ihnen die nun durch die hört nun einmal dazu. Sie meinen, man solle weniger Kirchen und mehr Wohnungen bauen, und der fertiggestellte Dachstuhl der Frauenkirche imponiert ihnen ebenso wenig wie der Dr. Hundhammer. Ehrfurchtslos rebelliert der Barackenmensch gegen die wohlhäbige Hierarchie der Bäcker, der Metzger und der Wirte. „Es ist ein Kreuz," sagen die Münchner.

So sucht die Stadt in diesem Herbst

Lesen Sie heute

10

Von der Einseitigkeit zur Vielfalt

Eines der ersten Gesetze, das von der Militärregierung Anfang Mai 1945 erlassen worden war, verbot die Veröffentlichung von Zeitungen und Zeitschriften. Was die Bevölkerung wissen mußte, erfuhr sie über den Rundfunk, den die britischen Offiziere unmittelbar nach ihrem Einmarsch übernommen hatten. Sie erfuhr es auch aus regelmäßigen Plakatanschlägen und aus zwei von den Besatzern herausgegebenen Zeitungen, dem »Hamburger Nachrichtenblatt« und der ab Juni 1945 erscheinenden »Neuen Hamburger Presse«. Im September des Kapitulationsjahres konnten Deutsche erste Anträge auf die »Lizenz« zur Herausgabe von Druckschriften stellen. Weil es aber nicht möglich war, Papier zu beschaffen, erschienen die ersten Tageszeitungen erst ein halbes Jahr später: Im März 1946 wurden die Lizenzurkunden für vier Zeitungen überreicht. Es war der Start, der Hamburg einmal in die Spitzengruppe der europäischen Pressestädte katapultieren sollte.
Die Deutschen lernten schnell, von ihrem neuerworbenen Recht auf freie Meinungsäußerung Gebrauch zu machen. Und sie lernten, mit der Meinung anderer zu leben. Ab Januar 1947 konnten die Hamburger auch wieder britische Zeitungen kaufen.
In der Rundfunkpolitik zeigten die Besatzer eine Weitsichtigkeit, von der die deutschen Politiker bis heute nicht allzu viel begriffen zu haben scheinen. Den Briten schwebte ein von staatlichen Einflüssen unabhängiger Rundfunk nach dem Muster der BBC vor. Mit Hugh Carleton Greene übertrugen die Engländer die Verantwortung für diese Arbeit einem Praktiker von großer Überzeugungskraft. Er wurde der »Vater« des Nordwestdeutschen Rundfunks.
Als Hugh Carleton Greene Hamburg verließ, ging er in der Überzeugung, daß sich der NWDR nicht vor der Macht der Parteien scheue. Und er ging in der festen Hoffnung, daß die Parteien der Anstalt eines Tages nicht zum Verhängnis werden würden. Es war eines der wenigen Male, daß Mr. Greene irrte ...

Die neuen Zeitungen

27. März 1946
Im Kaisersaal des Hamburger Rathauses fand heute vormittag durch Generalmajor W. H. A. Bishop die feierliche Überreichung der Lizenzurkunden an vier neue hamburgische Zeitungen statt, die Anfang April zum ersten Male erscheinen werden. Dieser Feier, die als ein weiterer Schritt auf dem Wege zur selbständigen Meinungsäußerung des deutschen Volkes anzusehen ist, wohnten außer General Bishop zahlreiche andere hohe Offiziere der britischen Militärregierung, Bürgermeister Petersen mit dem Senat der Hansestadt und eine ganze Reihe namhafter Vertreter des öffentlichen Lebens Hamburgs bei.
Die Lizenzen wurden erteilt an die Herren Franz Beyrich, Walter Kröger und Franz Wilhelm Paulus für die »Hamburger Allgemeine Zeitung«, die die Interessen der Christlich-Demokratischen Union vertritt, an W. Grüner, A. Heitmann und J. Westphal für die »Hamburger Volkszeitung« (KPD), Professor Dr. Paul Heile und Hans Sommerhäuser für die »Hamburger Freie Presse« (Freie Demokratische Partei) und an Paul Bugdahn für das »Hamburger Echo« (SPD).
Als erstes Blatt wird die »Hamburger Allgemeine Zeitung« am 2. April erscheinen, während die anderen Blätter einen Tag später folgen werden. Infolge der Papierknappheit werden die neuen Zeitungen vorläufig nur zweimal wöchentlich herauskommen. Das »Hamburger Nachrichten-Blatt« und die »Neue Hamburger Presse«, die von den britischen Militärbehörden herausgegeben werden (das »Hamburger Nachrichten-Blatt« war am 6. Mai vorigen Jahres die erste Zeitung in der britischen Zone) werden am Sonnabend ihr Erscheinen einstellen.
Wie Generalmajor Bishop in seiner Ansprache erklärte, erachtet die britische Militärregierung die Schaffung einer deutschen demokratischen Presse, welche die täglichen Nachrichten dem deutschen Volke getreu und wahrheitsgemäß übermitteln kann, als von größter Bedeutung. Die britische Militärregierung ist sich vollkommen der wichtigen Rolle bewußt, die solche Zeitungen bei dem Aufbau eines demokratischen Deutschlands spielen könnten. Überdies sei Hamburg die bedeutendste Stadt der britischen Zone Deutschlands und werde voraussichtlich in Zukunft noch mehr an Bedeutung gewinnen. Hamburg sei daher auch die einzige Stadt, die vier zugelassene Zeitungen aufweisen könne.

(NHP)

9. Juli 1946
Eine ständig wachsende Zahl von Lesern äußert sich kritisch zum Inhalt der Zeitung. Das könnte ein sehr gutes Zeichen sein, ist es leider aber nur teilweise, und die so oft kritisierte Schriftleitung sieht sich genötigt, einmal ihrerseits die Leser zu kritisieren.
Aus vielen Zuschriften wird besonders deutlich, wie groß die Vertrauenskrise ist, unter der jetzt das gesamte öffentliche Leben zu leiden hat. Die Leser sind so sehr an offizielle Lügen gewöhnt, daß sie nicht mehr glauben wollen, was in der Zeitung gesagt wird, auch wenn es sich um die volle Wahrheit handelt. Anderseits glauben sie den größten Unsinn, wenn er ihnen auf den vielfachen Wegen der Flüsterpropaganda zugetragen wird. Selbst gebildete Menschen lesen in erschreckendem Umfang aus der Zeitung heraus, was gar nicht darin steht. Gar zu viele scheinen vor allem nicht sachlich und logisch denken zu können. Eine große Aufgabe tut sich hier auf für alle, die im Bildungs- und Erziehungswesen tätig sind, nicht zuletzt für die politischen Parteien.
Viele Leser verstehen auch nicht zu unterscheiden, was ihnen ihre Zeitung stofflich zu bringen versucht. Für ›Die Welt‹ sei deshalb einmal gesagt, daß sie in ihrem politischen Teil nicht in erster Linie Meinungen propagiert, sondern Nachrichten bringt. Diese Nachrichten berichten über irgend etwas, was vorgegangen ist, und haben mit der Meinung der Schriftleitung gar nichts zu tun. Auch Beiträge, die einen Namen tragen, enthalten zunächst nur die Meinung des Verfassers, nicht die der Schriftleitung. Insbesondere sind Leserbriefe keine ›Artikel‹. Sie geben die Meinung des Einsenders wieder, die richtig oder falsch sein kann, für die aber die Schriftleitung die Verantwortung nicht übernimmt.
Die Schriftleitung spricht im allgemeinen nur an einer Stelle des Blattes ihre Meinung aus: im Leitartikel. Der Leitartikel ist deshalb auch durch einen senkrechten Strich von dem sonstigen Stoff der Zeitung getrennt. Er ist außerdem in einer anderen Schrift, nämlich in Schrägschrift, gedruckt. Kommt in Ausnahmefällen die Redaktion einmal an anderer Stelle zu Wort, so wird auch dort die Schrägschrift verwendet.
Wir möchten unsere Leser bitten, diesen Unterschied zur Kenntnis zu nehmen. Wir wollen unser möglichstes tun, um alle wichtigen Lebensfragen zur Diskussion zu brin-

gen. Nötig ist aber, daß eine solche Diskussion nicht von falschen Voraussetzungen ausgeht. *(DW)*

4. Januar 1947
Am 1. Januar 1947 ist für die Presse der britisch besetzten Zone eine neue Verteilung der Zeitungsauflagen erfolgt, durch die dem Ergebnis der Gemeindewahlen Rechnung getragen werden soll. Infolge einiger nachträglich notwendig gewordener Änderungen ist jetzt aber die Gesamtauflage der CDU-Zeitungen etwas höher als die der SPD-Presse. Am stärksten betroffen ist die Presse der KPD, die insgesamt nahezu 400000 Exemplare verloren hat, während sich für die CDU-Presse ein Gewinn von mehr als 600000 und für die SPD-Presse von rund 130000 Exemplaren ergibt.
Für den Leser ist das wichtigste, daß es nach wie vor zuwenig Zeitungen gibt. In der Tbeorie soll auf 5 Einwohner eine Zeitung entfallen. Tatsächlich ist es jedoch nicht sehr leicht, die Streuung der Zeitungsauflage so durchzuführen, daß dieses Ideal überall erreicht wird. Der Leser würde es, wenn er sich bei der Wahl für die SPD entschieden hat, in manchen Fällen vielleicht vorziehen, eine CDU-Zeitung zu beziehen, weil ihm diese mehr zusagt – oder umgekehrt. Die Erfahrungen aus der Zeit vor 1933 haben auch bewiesen, daß die Wahl einer bestimmten Partei durchaus nicht immer zusammenfällt mit dem Bezug einer von dieser Partei herausgegebenen Zeitung.
Im Jahre 1932 entfiel auf 2½ Einwohner eine Zeitung. Solange die Papierknappheit die von allen Stellen als wünschenswert angesehene Erhöhung der Zeitungsauflagen nicht erlaubt, also auch allgemeine freie Konkurrenz nicht möglich ist, blieb für die zuständigen englischen Dienststellen nichts anderes übrig, als der notwendigen Neuverteilung der Zeitungsauflagen die Ergebnisse der Gemeindewahlen zugrunde zu legen.
(DW)

9. Januar 1947
Seit 1939 kann jetzt erstmalig wieder eine britische Zeitung in Deutschland gekauft und abonniert werden. Am 3. Januar trafen mit dem Nordexpreß, dem Anschlußzug London-Ostende-Hamburg, die ersten 6500 Exemplare des »Manchester Guardian Weekly« in Hamburg ein. Der Vertrieb dieser englischen Zeitung bedeutet nach Einstellung der Kriegshandlungen das erste rein kaufmännische Geschäft zwischen Großbritannien und Deutschland.
(DZ)

16. Oktober 1948: Die erste unabhängige und überparteiliche Tageszeitung. Lizenzen waren vorher nur an Parteizeitungen vergeben worden.

1. Juli 1947
Der Deutsche Pressedienst (dpd) wird als Genossenschaft der Zeitungsverleger der britischen Zone lizenziert werden. Die Lizenzübergabe findet am 5. Juli um 11 Uhr im Kaisersaal des Hamburger Rathauses statt.
(DW)

1947
Wenige Tage nach Beginn der englischen Besetzung, damals, als das Ausgehverbot bereits um 19 Uhr abends einsetzte, begannen in Hamburg journalistische Kollegen über den Aufbau einer Journalistenorganisation Fühlung zu nehmen. Es mag für die Entwicklung charakteristisch erscheinen, daß man sich zuerst mit der eigenen Organisation beschäftigte und eine geraume Zeit vergehen mußte, ehe das Wiedererscheinen der Zeitungen überhaupt erörtert wurde. Bereits in jenem Mai fand sich der bald erheblich erweiterte Gründerkreis Woche für Woche zusammen, um die Entwicklung zu verfolgen und

soweit wie möglich zu beeinflussen. Im weiteren Verlauf haben wir dann – November 1945 – die Gründung der Berufsvereinigung Hamburger Journalisten formgerecht vollzogen. Den Namen hatten wir lange überlegt. Der des Reichsverbandes der Deutschen Presse schien uns wohl durch Tradition ausgezeichnet, aber auch durch die NS-Vergangenheit so belastet, daß wir von ihm absehen wollten. Wir haben statt dessen die umfassendste vom Nationalsozialismus verpönte Berufsbezeichnung wieder zu Ehren bringen und vom Journalismus reden wollen. An der Gründungsversammlung nahmen bereits über 80 Mitglieder teil, deren Aufnahme eingehend geprüft war. Noch immer erschien in Hamburg, abgesehen von einem Nachrichtenblatt der Militärregierung, keine Zeitung. Dennoch fanden Pressekonferenzen statt, die die beiden Bürgermeister auf unsere Initiative eingerichtet hatten; es war so etwas wie ein Vorparlament, und die Journalisten waren nach mehr als 12 Jahren Pause wieder vor die Aufgabe gestellt, sich über öffentliche Angelegenheiten zu informieren und sich dazu kritisch zu äußern. Hier kam alles zur Sprache, was die Hamburger damals bewegte. Und kurz vor Beginn der Pressetätigkeit – April 1946 – war sogar eine Serie von Konferenzen angesetzt, auf denen die Senatoren als Minister des Landes Hamburg Bericht über die Tätigkeit ihrer Verwaltung in aller Ausführlichkeit erstatteten.
Das Erscheinen der Presse in Hamburg begann mit der nicht parteigebundenen Wochenzeitung »Die Zeit«. Dann folgten zusammen mit dem zonalen Organ der Militärregierung »Die Welt« vier Parteizeitungen: »Hamburger Allgemeine Zeitung« (CDU), »Hamburger Echo« (SPD), »Hamburger Freie Presse« (FDP) und »Hamburger Volkszeitung« (KPD). Ihnen schloß sich vor wenigen Monaten die »Niederdeutsche Zeitung« für die Niedersächsische Landespartei an, für sie ist Hamburg weniger Verteilungsgebiet, sondern vor allem Verlags-, Druck- und Redaktionsort.
Man kann für Hamburg in Anspruch nehmen, daß es neben Berlin wohl der interessanteste und idealste Boden journalistischer Arbeit war und ist. Denn seine politische Stellung als ein deutsches Land, die ihm nur in der NS-Zeit strittig gemacht worden war, und seine einzigartige Rolle in der Wirtschaft boten und bieten dem Journalisten ein ausgezeichnetes Betätigungsfeld und dem journalistischen Nachwuchs geradezu einzigartige Gelegenheiten der Schulung. Hier waren und sind ja anders als in anderen Städten oder Landeshauptstädten alle Funktionen der Regierung, mit Ausnahme der Reichsregierung, vereinigt. Für den Hamburger Journalisten, auch für den jungen Anfänger, bedeutet es kein Problem, sondern eine Selbstverständlichkeit, die Behörden des Landes zu kennen, mit den Senatoren-Ministern umzugehen und die Informationen immer aus erster Quelle zu beziehen. In dieser Hinsicht ist Hamburg alles andere als »Provinz«. Es besaß und besitzt seine große Bedeutung neben Berlin. Wer die Hamburger Presse verfolgt, wird oft den Eindruck haben, daß in Hamburg eine sehr starke Konzentration der journalistischen Arbeit auf die ortsgegebenen Voraussetzungen erfolgt. Wo war es etwa sonst möglich, daß Tageszeitungen neben ihrem Wirtschaftsteil auch einen regelmäßigen Schiffahrtsteil veröffentlichen? Aber charakteristisch an den lokalen Eigentümlichkeiten erscheint doch: daß sie über den lokalen Rahmen hinaus, unmittelbar in die Welt führen, nicht aus einer beliebigen Absicht heraus, sondern aus einer örtlich gegebenen Notwendigkeit.
Informationsquellen, wie sie sonst fehlen, stellt Hamburg dem Journalisten zur Verfügung, nämlich das größte Redaktionsarchiv der Welt, wie man es nennen könnte: das jedermann zugängige Weltwirtschaftsarchiv mit den Zeitungsausschnitten aus allen bedeutenden Zeitungen des In- und Auslandes, auch aus Übersee, und den Zeitschriften aller Länder und Fachgebiete. Hamburg wird dieses ideale journalistische Arbeitsfeld wieder ganz sein, sobald das Weltwirtschaftsarchiv, von den Engländern vor einiger Zeit freigegeben, seinen Bestand wieder benutzungsfähig aufgebaut hat.

(Erich Klabunde in »Hamburg heute«)

Der Nordwestdeutsche Rundfunk

30. Dezember 1947

Um dem Nordwestdeutschen Rundfunk als eine unabhängige Anstalt zur Verbreitung von Nachrichten und Darbietungen unterhaltender, bildender und belehrender Art zu errichten, wird hiermit folgendes verordnet:

Artikel I

Errichtung des Nordwestdeutschen Rundfunks

1. Der Nordwestdeutsche Rundfunk wird hiermit als eine Anstalt des öffentlichen Rechts errichtet. Sein Hauptsitz ist Hamburg.
2. Die Satzung des Nordwestdeutschen Rundfunks ist im Anhang zu dieser Verordnung niedergelegt.

3. Ungeachtet aller dazu im Widerspruch stehenden Bestimmungen der allgemeinen Gesetze und Rechtssätze, einschließlich der geltenden gesetzlichen Bestimmungen der Militärregierung, hatng Gesetzeskraft.
(Aus der Verordnung Nr. 118 der Militärregierung)

17. Januar 1948
Der NWDR-Tanzmusik-Krieg ist aus. Der Hörer und die Violinen haben die Schlacht der Töne gewonnen. Das entfesselte Saxophon ist in Ketten gelegt.
Auf der Strecke blieben: Die Kapelle Otto Gerdes, Friedrich Meyer, der Arrangeur der Kapelle Kurt Wege und Dorle Rath, die Refrainsängerin. Der »Stein des Anstoßes«, Kurt Wege, hat sich auf einen zweimonatigen »Erholungsurlaub« begeben. Nach Aussage des NWDR hat er einen Nervenzusammenbruch erlitten. Nach eigener Aussage schwebt ihm, der früher erster Soloklarinettist bei Peter Kreuder war, auch selbst komponiert, vor, eine eigene Kapelle mit kleiner Spezialbesetzung zu gründen und dem Vorbild Meister Kreuders zu folgen.
Der letzte Mittwoch-Tanzabend mit dem Radio-Tanzorchester jedenfalls war entwildert. Die Leitung hatte gleichsam symbolisch die erste Violine Alfred Hauses.
Dieser Tanzmusik-Krieg wurde mit spitzer Feder und viel Tinte geführt. Man schreckte vor Verbalinjurien keineswegs zurück. Zwei Jahre Straßenbahn-Praxis haben den Wortschatz ungemein erweitert.
Es begann mit dem leichten Geplänkel einiger Hörerzuschriften. Bei einer Umfrage des NWDR lehnte ein Viertel der Gefragten die Tanzmusik ab. Das war die Kriegserklärung. In der Rundfunkzeitschrift »Hör zu« kamen beide Parteien zu Wort. Es gab Waschkörbe voller Zuschriften.
Der Grund des NWDR-Krieges war der: Herr X wollte keine »Negermusik«, kein »Quaken und Jaulen, nerventötendes Plärren und widerliches Grunzen«, er wollte keine »Negermusik«, wenn er nach des Tages Lasten den Knopf seines Radiogerätes bediente, um den Mittwoch-Tanzabend zu hören. Er wollte auch nicht die »perversen« Gesänge von Damen, deren gesangliche Refrain-Note er mit der »verabscheuungswürdigen Grimasse eines ordinären Brunstgeschreies« verglich.
Die angegriffenen Meister des Jazz hauten auf die Pauke. Das Hörerpublikum habe ja keine Ahnung, was gehobene und künstlerische Tanz-Musik sei. Man bemühe sich, endlich den Anschluß an die Internationale des Jazz zu finden, und Herr X wolle »Großmütterchen« und die »Rote Laterne«. *(DS)*

Bescheidener Anfang am Rothenbaum. Redakteur Werner Baecker spricht die Nachrichten des Nordwestdeutschen Rundfunks (NWDR).

14. August 1948
Der NWDR hat etwas vor. Eine Funklotterie. Am 15. August will er den Hörern etwas zu raten geben. Zusammen mit 50 D-Pfennigen sind die Lösungen an die Deutsche Hilfsgemeinschaft Hamburg zu schicken, die die Lotterie veranstaltet, zugunsten der charitativen Verbände im NWDR-Hörergebiet.
Es wird drei Preise geben, und sie werden um so höher sein, je mehr Lösungen, jede mit 50 Pfg., einlaufen. Denn: der 1. Preis wird 10 Prozent, der zweite 5 und der dritte 3 Prozent der Gesamtsumme betragen.
Es wird nicht leicht sein, sie zu gewinnen. Es ist Radio Frankfurts Just Scheu, der das Preisausschreiben im NWDR starten wird. Radio Frankfurt ist durch Just Scheu die populärste Angelegenheit Frankfurts geworden. Die Hörer der Denk-mal-nach!-Sendung »Doppelt oder nichts«, deren Hauptakteur Just Scheu ist, sind meistens erschlagen von seiner Schlagfertigkeit. Sie lieben ihn dafür.
Just Scheu verriet einiges von seinen Plänen für die Hamburger Funklotterie: »Ich habe mir Sachen ausgedacht

wie zum Beispiel diese: Wir entkorken eine Sektflasche, eine Weinflasche und eine Flasche mit Selters. Die Hörer müssen am Klang das Getränk erkennen. Oder wir lassen eine Arie von drei Sängerinnen vortragen, und die Hörer müssen raten, wann die eine aufhört und die andere beginnt.«

(DS)

25. September 1948

Im Studio 2 des Hamburger NWDR-Hauses sprach man vom Fernsehen. Die deutschen Fernseh-Koryphäen, soweit sie das Dritte Reich überstanden haben, waren vom technischen NWDR-Direktor Dr. Werner Nestel zur ersten deutschen Fernsehtagung nach dem Kriege zusammengerufen worden.

Vor einiger Zeit hat die Militärregierung den Deutschen das Fernsehen wieder freigegeben. Der NWDR in Hamburg wurde ausersehen, den Versuchsbetrieb aufzubauen.

Der NWDR hat gewaltig in den Geldbeutel gegriffen. Verschiedene Spezialfirmen sind beauftragt worden, die ersten Empfänger für den neuen Versuchs-Fernsehbetrieb zu bauen. Für den Sender hat man sich das spitze Dach eines Hamburger Hochbunkers auf der Moorweide ausgesucht. Die Fernsehspezialisten sehen fern: in zwei Jahren soll die Versuchsanlage stehen.

Deutschland muß wieder anfangen, wo man schon vor 20 Jahren einmal begonnen hatte, von vorn. Die Fernsehkamera wird man zuerst sogar aus den USA beziehen müssen.

Wenn die Industrie die Versuchsempfangsgeräte ausgeknobelt hat, bekommt sie erst die Basis, um für das Fernsehpublikum Geräte zu entwickeln. Dabei führte Deutschland vor dem Kriege mit dem Fernsehgerätebau. Auf der letzten Berliner Funkausstellung, kurz vor dem Kriege, war der deutsche Einheitsempfänger eine Sensation. Er kostete 500 Mark und war das Produkt der Gemeinschaftsarbeit aller führenden deutschen Rundfunkfirmen.

Schon während des Krieges konnte man in Berlin, Hamburg und München in Fernsehstuben wie in einem Kino sitzen. Man übertrug Ferngesehene Sportereignisse, Filme, Sendungen aus den Berliner Fernsehstuben und natürlich die Wochenschau. Als man 1943 in Deutschland anfing, schwarz zu sehen, war es mit dem Fernsehen vorbei.

Nach der Kapitulation ist mit den deutschen Fernseheinrichtungen ziemlich gründlich aufgeräumt worden. Der Fernsehsender auf dem Berliner Reichskanzlerplatz und das Studio wurden demontiert. Es blieb kein Gerät übrig, mit dem man noch hätte etwas anfangen können.

Die Leute vom Bau schlossen sich in der Fernseh-GmbH zu einer Notgemeinschaft zusammen. Sie bauten Röhren und reparierten Funkapparate. Im übrigen warteten sie. Jetzt ist ihre Zeit wieder gekommen.

(DS)

31. Dezember 1948

Organisatorisch hat der NWDR im letzten Jahr eine große Wegstrecke seiner Geschichte durchmessen. Die Hauptetappen waren:

1. Januar: Das Rundfunk-Statut wird verkündet. Der NWDR geht in deutsche Zuständigkeit über.

12. März: Der Hauptausschuß als gesetzgebende Instanz (Vorsitzender: der Präsident des Zentraljustizamtes) wählt die sieben Mitglieder seines Vollzugsorgans, des »Verwaltungsrates«.

8. September: Der Verwaltungsrat wählt zum ersten deutschen Generaldirektor den niedersächsischen Kultusminister Adolf Grimme.

15. November: Der englische Controller legt sein Amt nieder. Es besteht künftighin nur noch eine kleine britische Verbindungsstelle. Die Vorzensur fällt. Grimme übernimmt die Leitung des NWDR.

Seit der Währungsreform erfüllt der NWDR eine kulturpatronierende und mäzenatische Aufgabe von hoher sozialer Bedeutung. Er ist, wenn man so sagen darf, der größte Kulturindustrielle Deutschlands und ermöglicht es einer ganzen Schicht von geistigen Menschen, künstlerisch und wissenschaftlich zu arbeiten.

Alle unvoreingenommenen Hörer werden dem NWDR bestätigen, daß es ihm gelungen ist, die – in Deutschland so schwierige – innenpolitische Un- und Überparteilichkeit zu wahren, wozu Mut, guter Wille und Takt gehören. Die große Rhein-Ruhr-Hörfolge sowie die Sendereihe über den Nationalsozialismus ragten durch Aktualität und Objektivität hervor; das Ruhrgebiet soll übrigens künftighin in eigenen Sendungen stärker berücksichtigt werden.

Schmerzlich vermissen wir regelmäßige außenpolitische Berichte über die internationalen Kraftfelder, die soziologischen Strukturen, die leitenden Persönlichkeiten des Auslands: sei es in Form von informativen, wissenschaftlichen Vorträgen oder von Hörfolgen; nicht genügend ist aber – sowohl der Form wie der Länge nach – der am

aktuellen Ereignis entzündete, oft polemische Kommentar.
Aufs Ganze gesehen: Man rühmt dem NWDR nach, der beste deutsche Sender zu sein – aber wie läßt sich über so etwas urteilen? Wichtiger ist die Tatsache: der NWDR hat einen eigenen Stil entwickelt. Das liegt einerseits am Programm und andererseits an einigen Funkspezialisten (es gibt noch kein Wort für diesen Typus, der zugleich Autor, Sprecher und Regisseur ist!), die es verstanden haben, die akustische Unpersönlichkeit und Anonymität zu durchbrechen und das intime Funk-Tête-à-tête zu schaffen; sie sind dadurch zu guten Bekannten des Hörers geworden. *(DW)*

1948
Es war am 4. Mai 1945, als eine kleine britische Einheit mit drei Offizieren den Sender Hamburg übernahm und ihn noch am selben Abend mit einem gemeinschaftlichen deutsch-englischen Programm in Betrieb brachte. Doch war das in gewisser Weise nicht der Anfang der Geschichte. Diese Offiziere waren wie andere seit 1944 auf ihre Aufgabe vorbereitet worden, Monate bevor die britischen und amerikanischen Armeen den Kontinent betraten. Sie sollten die Rundfunk-Organisation in dem Teil Deutschlands übernehmen, der einmal britische Zone sein würde. Schon von dieser Zeit her datiert der Entschluß, daß es gelte, eine deutsche Rundfunk-Organisation mit ständig sich verringernder britischer Kontrolle und Beeinflussung zu schaffen. Als die Zeit gekommen war, diesen Plan auszuführen, war der Sender Köln durch britische Bomben schwer beschädigt und der Sender Langenberg durch die Wehrmacht auf dem Rückzug gesprengt. Es blieb nur Hamburg mit gebrauchsfähigen Studios und Senderanlagen in der britischen Zone. Daher wurde Hamburg das Zentrum des Rundfunknetzes, das wenige Monate später den Namen Nordwestdeutscher Rundfunk erhielt.
Die britische Einheit, die den Sender Hamburg übernahm, hatte sowohl in personeller wie materieller Hinsicht einige schwierige Probleme zu lösen. Aus leicht einzusehenden Gründen konnten nur wenige – wenn überhaupt einige – der alten Programm-Mitarbeiter weiter beschäftigt werden. Erst nach und nach kamen Männer wie Peter von Zahn, Axel Eggebrecht und Hans Schmidt-Isserstedt, die bestimmt waren, ihren Charakter dem NWDR stark einzuprägen, ihm damit sozusagen sein Gesicht zu geben. Sie fanden ihren Weg nach Hamburg und richteten sich in den kleinen, unkomfortablen, oft eiskalten Büros ein, aus denen sie Sendungen veranstalteten, die jeden Qualitätsvergleich mit anderen, woher auch immer in der Welt, aushielten.
In diesen frühen Monaten wurde die Tradition der Freiheit gegründet, die Männer von Talent aus allen Teilen Deutschlands nach Hamburg zog, weil sie wußten, daß sie dort sagen konnten, was sie dachten, auch wenn das, was sie zu sagen hatten, Kritik an der Militärregierung bedeutete. Oft genug war es so.
Eine bedeutende Aufgabe, die nach der Rekonstruktion von Technik und Programm übrig blieb, war, der Organisation einen einwandfreien legalen Status zu geben. Zunächst existierte der NWDR nur aus dem Willen der britischen Militärregierung. Die Aufgabe, dem NWDR eine Konstitution zu geben, wurde ernsthaft erst angegriffen in den ersten Monaten 1947, als die dringlichsten Probleme überwunden waren. Der Entwurf des Statuts beanspruchte beinahe ein Jahr. Am 1. Januar 1948 konnte der NWDR seinen Geburtstag als Rechtskörperschaft feiern. Er war damit die erste deutsche Rundfunkorganisation, die seit dem Ende des Krieges eine gesetzliche Grundlage erhalten hatte.
Wie alle solche Dokumente enthält das Statut viele Kompromisse zwischen dem Wünschenswerten und dem Erreichbaren. Es läßt Raum für Interpretation und war niemals gedacht als eine Zwangsjacke, die die Entwicklung eines lebendigen Organismus hindern sollte.
Ein Punkt, der während der Beratung des Statuts viele Kontroversen hervorrief, war der Beschluß, nicht nur den Einfluß des Staates, sondern auch den der politischen Parteien auszuschalten. Es war ein britischer Entschluß, die Forderungen der politischen Parteien auf das, was sie die demokratische Kontrolle des Rundfunks nannten, gehandhabt durch ein Aufsichtsorgan, das die Parteimaschinerien repräsentierte, zurückzuweisen. Doch stand hinter diesem Entschluß das große Gewicht deutscher unabhängiger Meinung.
(Hugh Carleton Greene)

10. November 1948
Wenn alle Sendungen, die mit Politik zu tun haben, von den Vertretern aller Parteien gutgeheißen werden, müssen die Programme des NWDR derart farblos werden, daß die Hörer sich in ihrer Verzweiflung anderen Stationen zuwenden werden.
Ich glaube, der NWDR hat gezeigt, daß er sich nicht vor der Macht der Parteien scheut.
(Hugh Carleton Greene im NWDR)

Bibliothek der

11
Lernen ist Mühe

In den letzten Kriegsmonaten mit der permanenten Gefahr schwerer Bombenangriffe war es unmöglich gewesen, den geordneten Schulunterricht fortzusetzen – abgesehen davon, daß viele Schulen seit der Katastrophe von 1943 in Schutt und Asche lagen. So hatte der Unterricht im Stadtgebiet praktisch zwei Jahre lang geruht, als sich am 6. August 1945 die Schultüren wieder öffneten. Der Militärregierung war es eine Feierstunde wert, als sich etwa 50000 Kinder hungrig aber erwartungsvoll in den viel zu engen Klassenräumen zusammendrängten. Neben dem Mangel an geeigneten Unterrichtsräumen und schulgerechten Einrichtungen drückte vor allem der Lehrermangel. Viele waren gefallen oder in Gefangenschaft geraten. Andere waren durch ihre Vergangenheit belastet. Wieder andere, die gern in Hamburg ansässig geworden wären, hatten keine Chance, weil die streng gehandhabte Zuzugssperre auswärtige Bewerber von vornherein ausschloß. Die Behörden waren gezwungen, Volksschullehrer in Sonderlehrgängen auszubilden. Und auch damit war das Pensum nur im Schichtunterricht zu bewältigen. Für die Schüler wechselte der Schulbeginn von Woche zu Woche: einmal morgens, einmal nachmittags. Dabei mußten sie zunächst ohne Schulbücher auskommen. Die Militärregierung behielt es sich verständlicherweise vor, das vorhandene Material erst einmal sorgfältig auf nationalsozialistische Inhalte hin zu überprüfen, bis es für den Unterricht freigegeben wurde.
Im Dezember 1945 wurde beschlossen, die Schulpflicht wegen der kriegsbedingten Ausfälle um ein Jahr zu verlängern. Als dieser Beschluß verkündet wurde, hatte auch die Universität ihren Betrieb bereits wieder notdürftig aufgenommen. Im ersten »Schub« ließen sich über 3400 Studenten immatrikulieren. Heimkehrer wurden bevorzugt aufgenommen. Viele konnten ihr Studium nur deshalb beenden, weil ihre Ehefrauen den Lebensunterhalt verdienten.

Die Schultore öffnen sich wieder

2. Juni 1945
Die Militärregierung hat angeordnet, daß alle Eltern für gutes Betragen ihrer Kinder verantwortlich sind. Alle Schulen in der Hansestadt Hamburg sind zum Zwecke der Neugestaltung geschlossen.
Während der Zeit der Schließung obliegt die Verantwortung vornehmlich den Eltern, jedoch werden bereits Anstrengungen gemacht, die Grundschule der Volksschulen demnächst wieder zu eröffnen.

(Rundfunk-Durchsage)

3. August 1945
Es ist soweit! Am Montag, dem 6. August 1945, öffnen sich nach langer Unterbrechung zum ersten Male wieder die Schultüren für Hamburgs Kinder. Zwei lange Jahre hat im eigentlichen Stadtgebiet der Unterricht so gut wie völlig geruht. Nicht nur hatten Tausende von Kindern mit ihren Eltern aus den völlig zerstörten Stadtteilen nach außerhalb fliehen müssen, nicht nur waren viele Schulgebäude zerstört oder aus der allgemeinen Raumnot für behördliche Zwecke, Krankenhäuser oder vorläufige Wohnunterkünfte in Anspruch genommen, es drohten auch noch täglich die Gefahren des Luftkrieges und – es wurden obendrein wie schon die ganzen Jahre seit 1933 Aufgaben und Leistungen der Schule gering geachtet und hinter tausend anderen Dingen zurückgesetzt. Der entstandene Schaden ist heute noch zum großen Teil verdeckt, aber er wird demnächst offenkundig werden. Schaudernd werden Eltern und alle Verantwortlichen es erleben. Zwölf Jahre Nationalsozialismus haben eine furchtbare Erbschaft hinterlassen.
Von der Erziehung der Kinder eines Landes hängt das Schicksal des Volkes ab. Das hat die jüngste Vergangenheit wieder gelehrt. Soll die Zukunft besser werden, so ist heute die Erziehung der Kinder die vornehmste Aufgabe, die Wiedereröffnung der Schulen das vordringlichste Unternehmen, hinter dem viele andere Ansprüche, so berechtigt sie sein mögen, zurücktreten müssen. Zwölf Jahre hat die Schule Not gelitten und Einschränkungen aller Art hinnehmen müssen, bis sie zuletzt für zwei Jahre ganz aus unserem Leben verschwand. Jetzt muß ihre Wiedereröffnung von allen – auch unter Opfern auf anderen Gebieten – wirklich gewollt und in die Tat umgesetzt werden.
Es sind zunächst nur die jüngsten Jahrgänge, die Grundschulklassen, die wieder beginen können. Aber die höheren Klassen der Volksschulen und ebenso die Oberschulen, die Fach- und Berufsschulen, ja sogar die Universität, werden alle im Laufe der nächsten Monate ebenfalls ihre Arbeit aufnehmen.
In der ersten Zeit werden viele Unvollkommenheiten in Kauf genommen werden müssen; es fehlt noch an ausreichenden Räumen. Planmäßig müssen weitere Gebäudeteile für ihre eigentliche Aufgabe wieder freigemacht werden. Die Schule verlangt von jetzt ab gebieterisch ihr Recht. Fast überall begegnet sie auch schon Verständnis und Bereitschaft.
In der kommenden Woche werden in etwa 150 Schulgebäuden rund 1000 Klassen mit 50000 Kindern den Unterricht wieder aufnehmen. Weit über tausend von der Militärregierung bereits anerkannte Lehrer stehen dafür zur Verfügung. Für die notwendigen Schulbücher sind zunächst Behelfslösungen gefunden worden. Neue Lehrpläne aber liegen fertig vor. Neue Bücher sind in Vorbereitung und werden im Laufe der nächsten Monate eines nach dem andern fertig werden. Jedenfalls ist sichergestellt, daß in allen Schulen gute Arbeit geleistet werden kann. Das muß vorerst genügen.
Es können nicht alle Schulen gleichzeitig am Montag anfangen. Bei einigen wird sich der Beginn um einige Tage verschieben. Die sechs- und siebenjährigen Schulanfänger sollen grundsätzlich erst 1 bis 2 Tage später als die Schüler der Klassen 2 bis 4 antreten. In jedem Schulhaus befindet sich schon seit gestern ein Anschlag, der die Eltern über alle Einzelheiten ihrer Schule unterrichtet.
In allen Schulen ist ein festlicher Anfang vorbereitet. An der Eröffnungsfeier einer Schule in einem der durch Zerstörung besonders schwer heimgesuchten Stadtteile werden am Montag Vertreter der Militärregierung und der Schulverwaltung teilnehmen.

(Senator Heinrich Landahl, Rundfunkansprache)

6. August 1945
Heute morgen begann in zahlreichen Hamburger Schulen der Unterricht. Der Leiter der Schulverwaltung, Senator Landahl, wohnte einer schlichten Feier in der Aula

Zu Seite 166: Die Trümmer der Universitätsbibliothek der Hansestadt Hamburg am Alten Fischmarkt

Nach zwei Jahren Pause endlich wieder Schulunterricht. Eröffnung der Volksschule Graudenzer Weg durch Senator Landahl und Besatzungsoffiziere

der Schule Graudenzer Weg bei, die als Eröffnungsfeier für den gesamten hamburgischen Schulbetrieb galt.
Mit gutem Grund hatte man gerade diese Schule ausgesucht. Sie gehört zur Gruppe der schönen Schulbauten, die vor 1933 von Professor Fritz Schumacher gebaut wurden. Sie liegt an der Kreuzung eines Grüngürtels und eines Streifens von Sportanlagen in freier Lage inmitten eines Stadtteils, der vom Städtebaumeister einheitlich gestaltet wurde. Sie verkörpert in jeder Beziehung das Ideal einer Schule.

(HNB)

6. August 1945
Mütter, Tanten, Geschwister, Nachbarn – seit halb sieben in der Früh bemühen sie sich um das Schulkind, das sich der Wichtigkeit dieses Ereignisses bewußt zu sein scheint.
Mit hochrotem Gesicht und noch roterer Haarschleife, mit wohlgepacktem Ränzel und Frühstücksbrot, verläßt Helga endlich das Haus. An der Straßenecke wartet die kleine Freundin auf sie, ebenfalls gespannt und erregt.
Die Lehrer, die diese wieder eingefangenen Wildlinge

»zähmen« sollen, sind sicher auf allerlei gefaßt. Wissensmäßig werden ihre Schüler zum guten Teil recht «unbelastet« sein; ein Ausgleich ist vielleicht durch die aufnahmebereite Frische gegeben, mit der die Kinder sich auf die Schularbeit freuen.
Es geht wieder los! Gott sei Dank!
»Ja, ja, aber alles hat seine zwei Seiten«, seufzt eine Mutti mit schalkhaftem Lächeln, »wer denkt an mich? Ich verliere meinen gut eingearbeiteten Laufburschen.« Spricht's, küßt ihre zappelnde Lütte und macht sich auf zum Grünhöker, die Schlange zu verlängern. *(HNB)*

21. August 1945
Befehl an die Oberklassen der höheren Schulen in Hamburg:
In meiner Rede vom 1. Juli 1945 erklärte ich, daß die dringlichen Aufräumungsarbeiten in unserer Stadt wegen Mangels an Arbeitern nicht durchgeführt werden konnten, und ich betonte die Möglichkeit einer zwangsweisen Heranziehung von männlichen Arbeitskräften.
Inzwischen hat sich die Zahl der Arbeiter von 160000 auf 175000 erhöht, doch werden weitere 12000 benötigt.
Am 28. Juli 1945 erbat ich Freiwillige für halbtägige Arbeit bei der Räumung von Trümmern in den Straßen. Das Resultat dieses Aufrufes war entmutigend.
Die Militärregierung verlangt nunmehr schnelle und sichtbare Ergebnisse. Und wer von uns sehnt sich nicht danach, die Verwüstungen, die vom Kriege stammen, schnell von den Straßen verschwinden zu sehen! Die Knappheit jedoch an Kohle, Brennstoff und Maschinen verhindert die Anwendung von technischen Hilfsmitteln in großem Maße.
Die Straßen unserer Stadt müssen so schnell wie möglich geräumt werden, um den ständig wachsenden Verkehr zu erleichtern; außerdem werden diese Bergungsmaterialien dringend benötigt, und es ist jetzt entschieden worden, daß diese Arbeit sofort von Schuljungen bis zur Wiedereröffnung der Schulen durchgeführt wird.
Ich wende mich daher an die Jugend um Hilfe. Seit zwei Jahren habt ihr die Schule nicht besuchen können. Die höheren Schulen werden im Herbst wieder eröffnet, nachdem die Grundschulen Hamburgs als »beinahe erste« in Deutschland schon eröffnet worden sind.

Vorige Seiten: Schulweg durch die Trümmer. Die Kinder kennen keine andere Stadtlandschaft.

Nehmt davon Kenntnis, daß alle Schüler von 16 Jahren und älter (die Klassen 1929 und älter) ihre jetzige Anschrift derjenigen Schule melden, für die die Anmeldung erfolgt ist, und sich bereithalten, die Arbeit bei Aufruf zu beginnen.
Der letzte Tag für Anmeldung in den Schulen wird der 25. August 1945 sein.
Die Verwaltung der Schule, wo du zum Antritt im Herbst angemeldet bist, wird einen Lehrer als Aufsicht über jeweils 25 Schüler ernennen und es ist notwendig, daß die Schule umgehend die Zahl der angemeldeten Schüler weitergibt.
Ihr werdet dieselbe Löhnung wie ungelernte jugendliche Arbeiter erhalten, jedoch glaube ich, daß nicht der Entgelt, sondern eure Liebe für eure Heimatstadt euch die Arbeit leicht machen wird. Um euch zu helfen, werden wir euch zusätzliche Lebensmittel zuweisen. Eure Arbeitsstätte wird euch, soweit wie möglich, in der Nähe eurer Wohnungen zugewiesen. Ihr werdet vier Stunden pro Tag arbeiten. Ihr sollt versuchen, Hammer und Werkzeuge für die Reinigung der Steine mitzubringen. Alle Anweisungen werden durch die Bauverwaltung unter fachmännischer Aufsicht erteilt.
Ich bin überzeugt, daß meine Zuversicht in dieser Hinsicht in wenigen Monaten bestätigt sein wird, da Vergleichsziffern über den Hundertsatz der Schüler bekanntgegeben werden, welche sich für diese Arbeit gemeldet hatten.
Der Bürgermeister der Hansestadt Hamburg.
(HNB)

2. Oktober 1945
Heute haben insgesamt 27 höhere Schulen (davon 15 für Jungen, sieben für Mädchen und fünf Gemeinschaftsschulen) den Unterricht wieder aufgenommen. Morgen werden weitere sechs höhere Schulen eröffnet.
(HNB)

6. November 1945
Schulbuchkomitees in Hamburg sind zur Zeit damit beschäftigt, die Herausgabe weiterer Schulbücher für den Gebrauch in der britischen Zone vorzubereiten.
Bisher wurde das Erscheinen von 100000 Exemplaren eines deutschen Lesebuches von R. Heuer gebilligt, das zuerst 1927 bei Hirt in Breslau verlegt worden ist. Von der broschierten Behelfsausgabe, die jetzt in Benutzung genommen wird, wurden bisher etwa 20000 Exemplare je Stufe gedruckt.

Zahlreiche vor 1933 benutzte Schulbücher konnten wieder zugelassen werden, darunter zwei Lesebücher, ein Lehrbuch der Arithmetik, drei Geschichtsbücher von Kollings, Lenhart und Schulz, Pungings »Lehrbuch der Physik« und seine »Grundzüge der Chemie und Mineralogie«. Ferner wird die bekannte »Naturkunde für Mittelschulen« von Schmeil in Gebrauch bleiben. Im ganzen stehen 28 verschiedene englische und etwa 50 französische Unterrichtswerke zur Verfügung. Neben einigen lateinischen Übungsbüchern sind Teubners erdkundliche Lehrbücher und für die älteren Schüler ungefähr 40 Klassikerausgaben zugelassen. Der Lehrplan sieht außerdem die Lektüre von Dichtungen Storms, Kellers und Eichendorffs vor. Geplant ist die Benutzung von Eschendorffs »Anthologie deutscher Lyrik«.
Die Schulen werden sich mit den genannten Lehrbüchern behelfen müssen, bis die Papierlage den Druck genügend hoher Auflagen neuer und weitere Neudrucke brauchbarer alter Unterrichtswerke erlaubt. Dabei ist zu bedenken, daß nur drei Prozent der deutschen Papierindustrie in der britischen Zone Deutschlands, während 40 Prozent dagegen in der amerikanischen und der größte restliche Teil in der russischen Zone liegen.

(HNB)

17. Dezember 1945
Die Hamburrger Schulverwaltung hat für alle Jungen und Mädchen, die Ostern 1946 aus der Schule entlassen worden wären, die Schulpflicht um ein Jahr verlängert. 7600 Kinder werden die Schulbank um ein weiteres Jahr drücken müssen. Über die zwingenden Gründe, die diese Entscheidung notwendig machen, teilt die Schulverwaltung mit:
Unter den Kriegseinwirkungen und den Einflüssen der HJ hat die Schulausbildung so sehr gelitten, daß das Ziel der achten Klasse bei weitem nicht erreicht werden konnte. In grundlegenden Fächern sind derartige Lücken vorhanden, daß es nicht verantwortet werden kann, die jungen Menschen ohne weiteres in eine Berufsausbildung zu geben.
Das neunte Schuljahr wird kein Wiederholungsjahr sein, sondern hat entsprechend dem höheren Alter der Schüler einen besonders durchgestalteten Lehrplan. Er bleibt jedoch der Volksschule angeschlossen. Den Unterricht erteilen neben tüchtigen Volksschullehrern auch Berufsschullehrer, wodurch ein in jeder Beziehung an das Praktische angelehnter Lehrplan gewährleistet ist. Unter den allgemein bildenden Fächern nimmt Deutsch (Schrift, Literatur, Kulturkunde) mit 10 von 32 Wochenstunden die Vorrangstellung ein. Der Stundenplan enthält im übrigen Rechnen, Geographie, Biologie, Physik und Chemie, sowie Sport. Eine sorgsame Beobachtung der Fähigkeiten des einzelnen Jugendlichen wird für die spätere Berufsberatung von großem Wert sein. Das Arbeitsamt wird daher in steter Fühlung mit den Lehrkräften dieses letzten zusätzlichen Schuljahres stehen.

(HNB)

November 1946
Einer meiner ersten Besuche galt einer Grundschule für Mädchen der Altersgruppe 6 bis 14. Ich beobachtete drei Mädchen während der medizinischen Untersuchung.
Das erste hatte ein Untergewicht von 7 Pfund, das zweite von acht und das dritte von 17. Aber meine Ankunft war erwartet worden und dies sind möglicherweise ausgewählte Fälle gewesen. Man sagte mir, an dieser Schule sei ein durchschnittliches Untergewicht von acht Pfund ermittelt worden, und es sei eine große Verschlechterung festzustellen gewesen, nachdem die Rationen im März gekürzt worden waren.
An dieser Schule sah ich zum erstenmal die schrecklichen Haut-Entstellungen, die ich später an allen anderen von mir besuchten Schulen feststellte. Die Schulleiterin erzählte mir, daß 50 Prozent ihrer Kinder darunter litten, und aufgrund meiner eigenen Zählungen muß ich sagen, daß dies keine Übertreibung war. Die Symptome waren unterschiedlich: Sehr kleine rote Markierungen über den ganzen Körper verstreut, und kleine Karbunkeln, die halb verheilten und dann wieder aufbrachen. Ich vermute, daß der Mangel an Seife die Ursache für diese Krankheiten war, andererseits aber auch das Fehlen von Fleisch, Käse, Milch und Eiern.

(Victor Gollancz)

16. September 1947
Die Schulbehörde beabsichtigt zu Beginn 1948 nochmal einen einmaligen Sonderlehrgang zur Ausbildung von Volksschullehrern einzurichten. Besondere Schulbildung ist nicht erforderlich. Wegen der Zuzugsperre finden auswärtige Bewerber keine Brücksichtigung.

(DW)

Nächste Seite: Das Schönste an der Schule ist für viele Kinder die tägliche Schulspeisung.

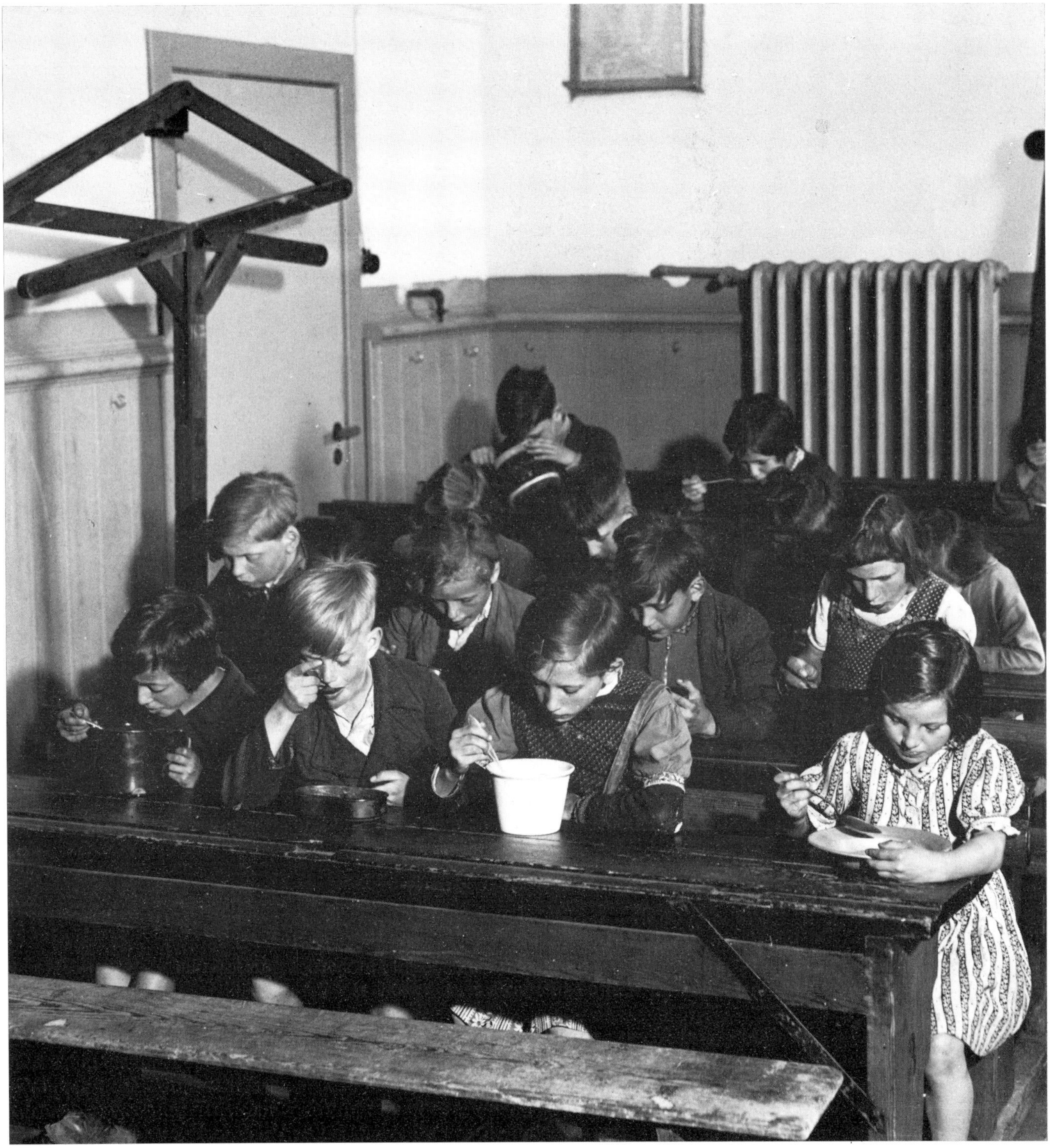

Mit leerem Bauch studieren ...

6. November 1945
Anläßlich der Wiedereröffnung der Universität Hamburg versammelten sich Rektor, Professoren, Dozenten und Studenten der Hochschule zu einer schlichten Feierstunde in der Musikhalle, an der neben dem Bürgermeister und den Senatoren zahlreiche britische Offiziere teilnahmen.
Im Anschluß an eine musikalische Einleitung richtete Senator Landahl das Wort an die Festversammlung. Er gab bekannt, daß Hochschulverwaltung, Rektor und Senat beschlossen haben, »die phrasenhaft hohle, aus nationalsozialistischer Gespreiztheit geborene Benennung »Hansische Universität« preiszugeben und durch den sauberen sachlichen Namen »Universität Hamburg« zu ersetzen.
In der Festrede verbreitete der Rektor Prof. Dr. Wolff sich über »Idee und Aufgaben der Universität«.

(HNB)

25. November 1945
Ein zerbombter, halbausgebrannter, schloßähnlicher Backsteinbau in St. Pauli, dicht hinter den Landungsbrücken, in dessen notdürftig hergerichteten Erdgeschoß- und Kellerräumen weißgekleidete Ärzte und Krankenschwestern neben Handwerkern emsig schaffen: das ist heute das Institut für Schiffs- und Tropenkrankheiten – oder das, was von dem einst so weltbekannten Hamburger Staatsinstitut übriggeblieben ist.
Aber was hier der Zerstörung entgangen ist und von Ärzten und Hilfspersonal unter Anleitung des Leiters, Professor Nauck, eigenhändig und aus eigenen Mitteln mühsam aufgebaut wurde, ist mehr als ein paar kahle Räume mit ramponierten Laboratoriumstischen. Es ist die lebensfähige Keimzelle eines neuen Tropeninstituts, das hier stehen soll.
Sobald die zur Zeit noch vordringlichste Frage der Raumbeschaffung gelöst ist, und die verschiedenen Forschungsabteilungen, das wissenschaftliche Material und die wertvollen Laboreinrichtungen, die gerettet wurden, erst wieder räumlich in St. Pauli zusammengefaßt sind, kann das Institut seine eigentliche Aufgabe, die Bekämpfung und Erforschung von eingeschleppten Seuchen und Tropenkrankheiten, wieder aufnehmen. Seeleute und auch die vielen behandlungsbedürftigen Soldaten, die während des Krieges mit Malaria, verschiedenen Formen der Ruhr und anderen Krankheiten in Berührung gekommen sind, können dann wieder ärztlich untersucht und behandelt werden.
Noch befinden sich das Tropenkrankenhaus, die Röntgenabteilung der Klinik und verschiedene Forschungsabteilungen in Langenhorn und Hamm, wo sie in Ausweichkrankenhäusern verwendet werden.
Prof. Nauck, ein alter Virusforscher, der selbst viele Jahre in China, Rußland und Mittelamerika Seuchen bekämpft hat, betont, daß die Forschungsarbeiten auf dem Gebiet der Tropen-Hygiene und -Medizin während keiner Zeit des Krieges unterbrochen worden sind. Er will dem Institut, das in diesem Jahre auf seinen 45jährigen Bestand zurückblicken kann, seinen alten guten Ruf als wissenschaftliche Lehrstätte für den ärztlichen Nachwuchs des In- und Auslandes wiedergeben.

(HNB)

4. Dezember 1945
Nachdem die Schulen und die Universität eröffnet worden sind und das Konzert- und Musikleben wieder seinen Gang nimmt, werden nun auch die Arbeiten des freien Volksbildungswesens in Hamburg erneut aufgenommen. Ausschüsse werden gebildet, welche die Arbeit der deutschen Behörden und Organisationen, die im freien Volksbildungswesen tätig sind, für die Land- und Regierungswerke zusammenschließen.
Auch für Hamburg ist ein solcher Ausschuß gegründet worden, in den der Bürgermeister Vertreter des Jugendamtes der Kultur- und Schulverwaltung berufen hat; ferner sind darin die evangelischen und katholischen Kirchen, die Gewerkschaften, die Frauenverbände, die Handelskammer und die Lehrerschaft vertreten, dazu die Universität, Kunsthalle, Volkshochschule, Hamburger Bücherhallen, Technisches Vorlesungswesen und der Nordwestdeutsche Rundfunk. Als Vertreter des Bürgermeisters führt Senator Landahl den Ausschuß und den Vorsitz der Delegierte der Universität, Herr Prof. Dr. Wilhelm Flitner.
Die Militärregierung hat erklärt, daß sie nicht die Absicht hat, die Formen für die Erwachsenenbildung zu diktieren. Sie will die mit der Besatzung verbundene Aufsichtstätigkeit in der Weise ausüben, daß sie sich von dem «Hamburger Ausschuß für Volksbildung« fachmännisch beraten läßt. Auch dieser Ausschuß wird seine Aufgabe

darin sehen, die Eigentätigkeit der einzelnen arbeitenden Stellen und Vereinigungen anzuregen und ihre Selbstverantwortung zu erwarten.
Alle Anträge zur Abhaltung von Vortragsreihen, Kursen, Jugendgruppen, Arbeitsgemeinschaften, die der Erwachsenenbildung im allgemeinen, nicht in fachlichem Sinne dienen, sind an den Ausschuß zu richten, der sie prüfen und beraten und sodann der Militärregierung zur Genehmigung vorlegen wird.

(HNB)

10. September 1946
Die sechs Universitäten der britischen Zone weisen zur Zeit folgende Besucherzahlen auf: Köln 2350, Kiel 2575, Münster 2700, Bonn 3145, Hamburg 3400, Göttingen 4644 (einschließlich der 200 Studenten der Forstlichen Fakultät Hann.-Münden). Die Besucherzahlen der Technischen Hochschulen sind: Aachen 250 (nur Architektur und Bergbau), Hannover 940, Braunschweig 1390. Außerdem studieren an der Bergakademie Clausthal 199, an der Tierärztlichen Hochschule Hannover 410 und an der Medizinischen Akademie Düsseldorf 700 Studenten.

(DW)

Herbst 1946
Auf einer Konferenz mit Studenten der Hamburger Universität erfuhr ich von einer Umfrage, die ergeben hatte, daß nur die Hälfte aller Studenten einen Ofen besaßen ...

Victor Gollancz)

8. November 1947
Im ersten Nachkriegssemester Winter 45/46 betrug in Hamburg die Zahl der Bewerber rund 12000 und die der zugelassenen Studenten 3600. Inzwischen hatte sich im letzten Semester die Zahl der Bewerber um etwa 2500 verringert, während die der Studierenden die festgesetzte Grenze von 5000 erreichte.
Es zeigt sich also ein langsames Nachlassen des Bewerber-Andranges, der z. T. in andere Bereiche abgedrängt worden ist.

(Rundfunkmeldung)

7. Februar 1948
Wenn Kinder Bohnen gepflanzt haben, sehen sie alle Tage nach, ob sie schon Wurzeln haben. So sind manche Leute heute hinter der Jugend an den Universitäten her, können nicht warten und haben keinen Respekt vor den jungen Seelen, sondern möchten sie gleichschalten, wie es die Nazis taten. Man versteht diese Jahre nur richtig, wenn man sie als eine Zeit der Heilung ansieht.
Das sind ja keine normalen Studenten, wie wir sie in einigen Jahren wieder haben werden, junge Menschen von 19 und 20 Jahren, sondern es sind Männer und Frauen im Alter zwischen 25 und 30, von denen manche bis zu 9 Jahren Soldat gewesen sind, dann womöglich noch einige Jahre gefangen, die sehr viel erlebt haben und z. T. große Verantwortung trugen. Von den Studenten sind 20 V. H. verheiratet, haben auch Kinder, von den Studentinnen sind viele Witwen und müssen für drei und vier Kinder sorgen.
Diese verstörten Menschen brauchen eine Zeit der Ruhe und der Sammlung, und ihr Instinkt sagt ihnen, daß sie jetzt nichts besseres tun können, als fleißig zu arbeiten. Das tun sie in einem erstaunlichen Ausmaß. Sie arbeiten geistig unter den allerschwersten Bedingungen. Der Familienhintergrund, der früher den Studenten trug, ist meist nicht mehr da. Ein großer Teil von ihnen stammt aus dem Osten. Das Geld für ihr Studium müssen sie sich oft sehr mühsam verdienen. Da sind Ehepaare, die vom Verkauf ihrer Raucherkarte leben, oder die Frau arbeitet als Aufwischerin in einem Seminar oder als Hausgehilfin, um die Mittel zu schaffen, und der Mann verdient sich das Geld durch Holzschlagen oder sonst auf die merkwürdigste Weise. Die Wohnungsverhältnisse sind kümmerlich, die wenigsten haben ein eigenes Zimmer. Licht und Heizung fehlen oft. Wie die Ernährung aussieht, weiß jeder.
Bücher sind nicht da, und es fehlt ihnen fast allen die normale Schulbildung, die die Voraussetzung für ein richtiges Studium ist. Die Professoren sind immer wieder entsetzt, was da alles von Elementarwissen nicht da ist, bei den Physikern die Mathematik, in den Geisteswissenschaften alle Kultur, die der Student sonst wie selbstverständlich von Schule und Elternhaus mitbrachte. Da sind Kunsthistoriker, die noch kaum ein Original gesehen haben – wo auch? Die bekanntesten Fremdworte sind ihnen unbekannt, die Chronologie völlig unsicher. Es gibt gewiß eine kleine deutliche Elite unter ihnen, die auch im Krieg und im Gefangenenlager leidenschaftlich gearbeitet hat, Menschen von großer Begabung, die auch erstaunlich viel wissen. Der Durchschnitt ist aber eben doch gefährlich im Rückstand.
Dafür hat diese Jugend einen Ernst und einen Fleiß, wie wir Lehrer ihn noch nicht erlebt haben, auch nach 1918 nicht. Gewiß sind die Studenten meist sehr eng auf ihr

Fachstudium eingestellt und auf das schnelle Fertigwerden, denn sie sehnen sich nach einem wirklichen Zuhause und nach richtiger Berufsarbeit, nach so langer Abstinenz. Sie können sich das geistige Herumvagieren der früheren glücklichen Studentenzeit nicht mehr erlauben, und es besteht die Gefahr, daß sie auch später im Beruf und Amt nicht weit genug denken und fühlen.
Sie haben auch eine verdächtige Bereitschaft, sich einzuordnen und in Reih und Glied zu stellen. Die politische Theorie der Nazizeit ist an ihnen abgeglitten, wie das Wasser an der Ente, aber wirklich angenommen haben sie diese Geneigtheit, sich einzugliedern. Das Wort Freiheit weckt merkwürdig wenig Echo bei ihnen, das innere Gefälle dieser, aus allen Sicherheiten gerissenen jungen Menschen geht dahin, sich einem Objektiven zu verbinden, einem Glauben oder einer großen Gemeinschaft.
Sie fühlen selbstverständlich leidenschaftlich für ihr Vaterland, denn sie haben ihre Jugendjahre im Kampf dafür geopfert, und wer auf der nationalen Saite spielt, findet sofort Resonanz bei ihnen, aber sie sind nicht nationalistisch oder militaristisch, und alles Politische lehnen sie nach ihren bösen Erfahrungen mit höchstem Mißtrauen ab. Sie sind auch in keiner Weise nihilistisch, wissen sehr genau, was gut und böse ist und haben einen starken Helferwillen, dem nun richtige Aufgaben gezeigt werden müssen, keine Phrasen.
Das Laster des Organisierens ist ein schlimmes Erbteil des Krieges und natürlich auch eine Folge der Not. Es wird wie ein Nebel verschwinden, wenn die Verhältnisse wieder besser werden. Die Substanz dieser Jugend ist durchaus gesund und ehrlich, und die Herzen haben einen guten und sozialen Willen.
Was einstweilen fehlt, ist vielleicht die Bereitschaft, eine führende Verantwortung zu übernehmen. Aber das wird man als ein Symptom des Heilungsprozesses betrachten müssen, den diese Jugend jetzt durchmacht und den man ihr wirklich gönnen sollte.

(Prof. Dr. Hermann Nohl, DW)

8. März 1948

Fast 800 verheiratete Studenten gibt es in Hamburg. Die Hälfte davon kann nur studieren, weil die Ehefrauen arbeiten, sei es als Sekretärin, Hausgehilfin, Verkäuferin oder auch als Sprechstundenhilfe, Anlegerin in einer Druckerei und Kunstgewerblerin. Viele haben Kinder, die sie fremden Menschen anvertrauen müssen oder im Kindergarten unterbringen. Zu den finanziellen Sorgen kommen die Schwierigkeiten wegen des mangelnden Wohnraums und der immer neu zu beantragenden Aufenthaltsgenehmigung.
In einem Durchgangszimmer in Altona wohnt das Ehepaar F. Während er im sechsten Semester Jura studiert und kurz vor dem Examen steht, strickt sie Tag für Tag Pullover. Wenn nach fünf Tagen angestrengter Arbeit einer fertiggestellt ist, erhält sie ganze 16,50 DM dafür. Zwar ist sie gelernte Verkäuferin, aber da sie keinen »Zuzug« nach Hamburg bekommt, darf sie nur Heimarbeit annehmen. Es nützt nichts, daß schon zwei Geschäfte sie gern einstellen wollten.
In Wandsbek lebt das Ehepaar L. Beide studieren. Seit Monaten haben sie keine Miete bezahlt, denn die Frau, die bisher aushilfsweise als Sekretärin arbeitete, konnte drei Wochen lang ihr an Lungenentzündung erkranktes Kind nicht verlassen. Er spricht fließend Spanisch, findet aber mit seinen 40 Jahren nach der Währungsreform nur noch gelegentlich Arbeit. 40 DM verdienten sie in den letzten drei Wochen. Der Hunger zeichnet ihre Gesichter. Tag für Tag laufen sie zur Arbeitsvermittlung, um etwas Neues zu finden.
Ein Hinterhaus am Mittelweg. Kalt und lichtlos ist das Zimmer, das den zukünftigen Volksschullehrer E. beherbergt. Jetzt, am Nachmittag, steht er gerade auf, denn in zwei Stunden muß er seinen Nachtpförtnerposten bei der AEG antreten. Von einem Brot schneidet er ein Stück ab und ißt es trocken. Da kommt seine Braut, um ihm das Abendessen zu bereiten. Auch sie will Lehrerin werden. Sie können nicht heiraten, weil dann nur einer Aussicht auf Anstellung hat – und sie müssen doch heiraten, weil er sonst keinen Zuzug erhält. Jetzt arbeitet zunächst er, um ihr Studium zu ermöglichen, und nachher wird sie den Lebensunterhalt für ihn mitverdienen müssen.
Der Armamputierte S., der eine kleine abgeschlossene Wohnung besitzt, erklärt, als seine Frau gerade das Kind in der Küche wäscht: »Ich verdanke alles meiner Frau, sie schirmt mich von allen Sorgen ab, macht alle Arbeit und gibt mir die Kraft und die Ruhe, mein Studium erfolgreich beenden zu können.«
Es ist eine Selbstverständlichkeit, daß alle diese Frauen auf die Freuden der Jugend verzichten müssen. Für Tanz und Vergnügen bleibt kein Geld. Und bekommen sie durch das Studentenwerk einmal eine Theaterkarte, so sind Fahrgeld und Garderobengeld schon ein Opfer. Trotzdem läßt keine von ihnen den Kopf hängen. Festentschlossen kämpfen sie um eine Existenz, die meist noch in weiter, weiter Ferne liegt.

(DW)

Verlorene Kinder suchen ihre Eltern
Diese Kleinkinder suchen ihre ELTERN
Kinder suchen ihre Eltern

12

Die betrogene Generation

Es verging in den ersten Nachkriegsjahren kaum eine Woche, in der nicht spielende Kinder verunglückten: Sie wurden bei ihren Streifzügen durch die Ruinenlandschaft unter Trümmern begraben oder durch detonierende Sprengkörper getötet oder verstümmelt. Auch in anderen Lebensbereichen waren Kinder die Leidtragenden, unschuldige Opfer eines grausamen Krieges und seiner Folgen. Die Säuglingssterblichkeit stieg um das Dreifache gegenüber »Normalzeiten«. Schulkinder litten an Unterernährung. Die Schulspeisung reichte nicht für alle. Die tägliche Milchsuppe und der Eintopf mußten deshalb ärztlich »verordnet« werden. Die Eltern zahlten je nach wirtschaftlicher Lage zwischen fünf und 50 Pfennig für die Portion. Für die erste Nachkriegsweihnacht schlossen sich Hamburger Firmen, Verbände und Organisationen zusammen, um wenigstens den Kindern eine Freude zu bereiten, die mehr verloren hatten als andere: Kriegswaisen und Flüchtlingskinder, die auf dem großen Treck nach Westen von ihren Familien getrennt worden waren.

Der Suchdienst des Deutschen Roten Kreuzes bemühte sich nach Kräften, die Eltern solcher »Suchkinder« ausfindig zu machen. Oft aber war von den Jüngeren nur der Vorname bekannt oder der Ort, an dem sie aufgegriffen und in ein Heim gebracht worden waren. So führte denn auch nur jeder zweite Suchfall zum Erfolg. Die Älteren, die den Ausgang des Krieges mit all seinen Grausamkeiten schon bewußt miterlebt hatten, konnten sich in der neugewonnenen Freiheit nicht zurechtfinden. Illusionslos und auf nichts als das Überleben programmiert, vagabundierten sie durch das Land. Es fehlte an Heimen, um ihnen ein geordnetes Zuhause zu geben. Die Behörden konnten ihnen nicht mehr bieten als die »fürsorgerische Erfassung«. Die Folge war ein Maß an Jugendkriminalität, wie es Deutschland bis dahin nicht gekannt hatte. Die jungen Menschen nahmen sich, was sie allzu lange entbehrt hatten.

Kinder in Not

31. Juli 1945
Am Sonnabendvormittag wurden in der Hamburger Hochstraße 13 zwei neunjährige Kinder beim Spielen in einem zerstörten Hause unter den Trümmern begraben. Das eine Kind wurde tot geborgen, nach dem anderen wird noch gesucht.

(HNB)

17. Sept. 1945
6000 Hamburger Schulkinder erhalten seit heute wieder zusätzliches Essen vom Hamburger Schulverein, das in den Schulen bzw. Sammelspeisestellen ausgegeben wird. Je nach der wirtschaftlichen Lage der Eltern zahlen sie 5, 10 oder 50 Pfennig pro Portion. Ob ein Kind für die Schulspeisung vorgeschlagen wird, hängt vom Befund des Arztes ab. Die Speisung soll schwächlichen Kindern zugute kommen.

(HNB)

24. Dezember 1945
Anderen eine Freude zu machen, so gut es geht in dieser kargen Zeit . . . das war auch Hamburgs jungen Polizisten in der Weihnachtsstimmung der letzten Wochen Wunsch und Gedanke. Sie haben in den wenigen Abendstunden, die ihnen in ihrer Polizeischule nach Unterricht, praktischer Ausbildung und Körperschulung noch übriggeblieben, Spielzeug gebastelt: eine ganze Karawane bunter Holztiere, Steckenpferde, Schimmelgespanne, Rollwagen und Eisenbahnen, dazu Puppenstuben, Wiegen, Karren und ein reizendes kleines Niedersachsenhaus mit richtigem Heuboden, Stall und Tenne, alles aus krausem Abfallholz und Farbresten, im Grunde also aus nichts anderem, als ihrer jungen Phantasie und Lust am Schenken. Gestern haben sie alles der »Deutschen Hilfsgemeinschaft« überwiesen, armen kranken Hamburger Kindern eine unverhoffte Weihnachtsfreude damit zu machen, im wohlverstandenen Geiste der neuen Polizei. – Auch die Hamburger Feuerwehr hat in ihren freien Stunden eine bunte Fülle lustig und kunstsinnig erdachte Spielzeuge geschaffen, die Kinderherzen erfreuen sollen. Auch diese Gabe wird der »Deutschen Hilfsgemeinschaft« überwiesen. Sie ist ein Zeugnis der guten menschlichen Gesinnung, die in den Reihen unserer Feuerwehrleute gepflegt wird.
Eine Weihnachtsfeier, auf welcher 300 Vollwaisen und Halbwaisen beschenkt wurden, veranstaltete das Komitee ehemaliger politischer Gefangener am letzten Sonnabend. Durch eine außergewöhnlich stimmungsvolle Feier und durch reichliche Geschenke versuchte man, den Kindern der Naziopfer etwas Freude zu geben.
Viele der Kinder waren selbst im KZ. An meinem Tisch sitzt ein vierzehnjähriger Junge, der in den KZ-Lägern Sachsenhausen, Ravensbrück und Auschwitz war. Sein Vater war der Schuhmachermeister Wick aus Darmstadt, der wegen antifaschistischer Betätigung zusammen mit seiner Frau und zehn Kindern ins KZ geschickt wurde. Das elfte Kind wurde kurz nach der Einlieferung im Konzentrationslager geboren. Erschütternd, wie der blonde Junge in teilnahmsloser Sachlichkeit erzählt:
»Mein Vater wurde in den »Erholungsblock« versetzt, wo er vergast wurde. Meine Mutter und meine acht Geschwister kamen ebenfalls im KZ ums Leben. Außer mir leben wahrscheinlich noch zwei Geschwister. Ich weiß aber nicht, wo sie sind. Ich sollte zum Schluß noch nach Belsen, aber wir wurden während des Transportes von den Russen befreit.«
Zur Zeit wohnt er bei einer ehemaligen politischen Gefangenen, die selbst unter ärmlichsten Verhältnissen leben muß, keine Möbel besitzt und zu ihrem großen Kummer nicht einmal einen Wintermantel für den Jungen auftreiben kann.
Im großen Gemeinschaftssaal der Deutschen Werft auf Finkenwerder wurden 1600 Kinder, das sind etwa zwei Drittel der auf Finkenwerder lebenden Kinder, am letzten Sonntag beschert. An dieser Veranstaltung waren der Frauenausschuß Finkenwerder, Betriebsleitung, Angestellte und Arbeiter der Deutschen Werft und eine technische Einheit britischer Soldaten beteiligt.
Betriebsleiter Direktor Greber, der Betriebsratsvorsitzende Fink und Senator Dettmann hielten Ansprachen. Senator Dettmann wies in seiner Rede darauf hin, daß dieses erste Friedensweihnachtsfest von der Sorge um das tägliche Brot umschattet sei und daß diese großartige Gemeinschaftsleistung zeige, wie man trotz aller Not etwas Licht und Freude in die Kinderherzen tragen könne. Kaffee, Kuchen, Spielzeug und Musik erfreuten die kleinen Gäste. Sicherlich hätten sie es nicht verstanden,

Zum Foto auf Seite 178: Allein während der Flucht 1945 wurden 160000 Kinder von ihren Eltern getrennt. Der Suchdienst forscht nach ihnen.

Es fehlt an Arbeitskräften. Die Schüler selbst müssen helfen ihre Schulen wieder soweit in Stand zu setzen, daß Unterricht möglich ist.

wenn man ihnen etwas von Völkerverständigung erzählt hätte. Aber erstauntes Verstehen zeigte sich auf allen Gesichtern, als die »Tommies« das Weihnachtslied »Stille Nacht, heilige Nacht« auf englisch mitsangen.

(HNB)

5. April 1946

»Die Sterblichkeitszahlen der Säuglinge liegen gegenwärtig um das Dreifache höher als die Normalzahlen im Jahre 1938. Das durchschnittliche Untergewicht bei kleinen Kindern wurde mit drei bis vier Kilo festgestellt, bei den Schulkindern bis zu acht Kilo. Die vorliegenden Ergebnisse der Wiegeaktion der Hamburger Bevölkerung zeigen ein Untergewicht von fünfzehn bis zwanzig Kilo als Normalerscheinung. In der letzten Woche wurden 62 Personen mit typischen Erscheinungen von Hungerkrankheiten in den Krankenhäusern aufgenommen.« So sagte der Leiter der Gesundheitsverwaltung, Senator Dettmann, am Donnerstag im Rathaus vor Hamburger Journalisten. Durch die Schulspeisungen wird der Gewichtsrückgang zwar angehalten, für die notwendige Verbesserung des Körpergewichts gerade in dieser kritischen Periode in der Entwicklung des Kindes kann jedoch vorläufig nichts unternommen werden.

(DW)

19. Dezember 1946

Die Kinder haben lange keine Schokolade gesehen, es ist verständlich, daß sie »drauf versessen« sind. Aber so weit darf die »Versessenheit« natürlich nicht gehen, daß sie – wie drei Vierzehnjährige es taten, die jetzt in einer norddeutschen Großstadt festgenommen wurden – einen Einbruch in Szene setzten, um 150 Tafeln Schokolade zu stehlen.

Der Einbruch gelang den Jungen, aber nun kommt das Erstaunliche: sie aßen die Schokolade nicht etwa auf, gierig, wie ein Raucher die lang entbehrte Zigarette inhaliert. Mitnichten! Die drei eilten zum Schwarzen Markt, um die erbeutete Schokolade dort zu verhökern. Hierbei wurden sie gefaßt.

Durch diese Schlußpointe verläßt die ganze Sache die Sphäre des Mundraubs, in die man sie sonst vielleicht bei gutem Willen noch hätte plazieren können. Es war eine Schwarzmarktaktion, ein verbrecherisches Geschäft, in das die Jungen sich einließen.

Weiterhin weiß die erstaunliche Zeitchronik von einem sechzehnjährigen Mädchen zu berichten, das sich einer Bande anschloß zur Veranstaltung von Einbrüchen. Pi-

stole und Diebsgeräte waren ihr zum selbstverständlichen »Handwerkszeug« geworden. Die »Erträge« dieser Raubzüge wanderten auch zum größten Teil auf den Schwarzen Markt.
Mit dem Diebstahl von Schokolade beginnt es, um dann beim Bandeneinbruch zu enden. Was soll weiter werden? Natürlich sind solche Taten nicht die Regel, aber die Ausnahmen sind doch schon alarmierend genug; sie umreißen die Tragödie einer Jugend, die – wie ein Pädagoge es kürzlich formulierte – »erfahren ist, ohne reif zu sein!« Wird man, wie manche es anpreisen, mit Drohungen etwas erreichen, einer Jugend gegenüber, die einen reichen Erfahrungsschatz im Umgang mit bedrohlichen Lebenslagen oft als einziges ihr eigen nennt?
Es wäre ungerecht, mit allgemeinen Vorwürfen über die Jugend herzuziehen; denn sie ist nicht schuld an den sozialen und wirtschaftlichen Zuständen, die letzten Endes für diese Dinge verantwortlich zu machen sind.
Was die drei kleinen Schokoladendiebe betrifft, so dachten sie sich weiter nichts dabei. Was aber die »Popularität« des Schwarzen Marktes bei den Kindern angeht, so sind die Eltern und Erwachsenen daran vielfach selbst schuld, indem sie vor den Kindern Schwarzmarktprobleme erörtern, an denen sich die jugendliche Phantasie in verhängnisvoller Weise entzünden kann.

(DZ)

28. Dezember 1946
Der Zonenerziehungsrat hat soeben einen Ständigen Ausschuß für Schulfürsorge in Tätigkeit gesetzt. Damit soll einer dringenden Not gesteuert werden. Alle schulische Arbeit ist vergebens, wenn die Kinder nach der zweiten Stunde vor Hunger abgespannt sind oder wenn sie überhaupt nicht zur Schule kommen, weil sie keine Stiefel haben.
In normalen Zeiten hatte der Lehrer solche Sorgen nicht. Höchstens die Kinder einer Volksschulklasse bedurften sozialer Hilfe. Jetzt ist es umgekehrt, und zwar in allen Schulgattungen. Heute sind es höchstens zwei Schüler, die keine Speisung, kein Schuhzeug brauchen, um voll mitarbeiten zu können. Hier kann niemand besser helfen als der Lehrer, der seine Schüler und ihre Nöte kennt und sich darüber klar ist, daß alle Bemühung um Erziehung und Unterricht umsonst ist, wenn die Kinder seelisch oder gar leiblich abwesend sind.

(DW)

21. Januar 1947
Die Wochenschau »Welt im Film« wird künftig regelmäßig Aufnahmen von je vier Flüchtlingskindern zeigen, deren Eltern durch den Suchdienst bisher noch nicht ermittelt werden konnten.

(DW)

6. Februar 1947
Die Speisung von über 50000 Schulkindern in norddeutschen Städten – darunter 17000 in Hamburg – ab Februar sieht ein von der dänischen Regierung finanziertes Hilfsprogramm für die Dauer von drei Monaten vor.
Das Dänische Rote Kreuz hat sich die Organisation der Speisung vorbehalten. Die Verteilung erfolgt in Zusammenarbeit mit dem Britischen Roten Kreuz und norwegischen und schwedischen Hilfsorganisationen.
An der Spitze aller Hilfswerke neutraler Staaten für deutsche Kinder steht die Schwedenspeisung. Ihre größte Verteilungszentrale befindet sich in Hamburg, wo das Schwedische Rote Kreuz in diesen Tagen eine Reihe froher Nachmittage für seine zahlreichen ehrenamtlichen deutschen Helferinnen veranstaltete.
42000 Kinder im Alter von drei bis sechs Jahren werden täglich in 250 Verteilungszentralen gespeist. Die Mütter bringen ihre hungrigen Kleinen in der Zeit von 11 bis 13 Uhr in ihre Bezirkszentrale, übergeben sie einer der ehrenamtlichen deutschen Helferinnen und warten in einem Nebenraum, bis sie ihnen satt und zufrieden wieder zugeführt werden.
Wie Major Goth, der Chef des Speisungs-Teams, mitteilte, wird dieser gewaltige Apparat von nur zehn schwedischen Mitarbeitern geleitet.

(DW)

10. Mai 1947
1669 Eltern fanden im April durch die Aktionen des Suchdienstes der Zonen-Zentrale Hamburg ihre vermißten Kinder wieder. Von den 40000 elternlosen Kindern wurden bisher 19000 vermittelt.

(DW)

30. Oktober 1947
Die Suchdienst-Zonenzentrale Hamburg ermittelte bisher 1626323 Personen, das ist ein Tagesdurchschnitt von 4000 Menschen. Von rund 50000 vermißten Kindern wurden rund 24000 aufgefunden. Monatlich laufen über 25000 Suchanträge von Kriegsgefangenen ein.

(DW)

1947
Als wir nach Kriegsende nach vielen Irrfahrten mit dem

Rest unserer zerbombten Habe wieder in Kiel angelangt waren, sagte Vati: »Sieben Jahre habe ich keine Familie gehabt, nun will ich endlich mit euch zusammen sein. Wir sind alte Hamburger, ich will euch dort und bei mir haben.« – Und so sind wir nun seit Mai in Langenhorn-Nord. Nachdem ich beim vierzehnten Schulwechsel dreiviertel Jahr im Kieler Lyzeum am Ravensberg war, kam ich jetzt in die fünfzehnte Schule, und hier möchte ich nun auch wirklich nicht wieder fort. Mein Bruder ist sieben Jahre alt geworden, und es war trotz des Hungers ein so schöner Sommer wie lange nicht. Auch Mutti hat schon dann und wann richtig gelacht wie früher andere Muttis, und Vati ist auch jeden Tag abends zu Hause. Das ist ganz wundervoll. Obgleich wir nur immer 5 Grad in unserem Zimmer haben und Weihnachten keinen einzigen Kuchen hatten, war das Fest schön wie lange, lange nicht. Als unsere alte, immer noch lebende Uhr dieses Mal 1947 einläutete und unsere Gedanken zu Bille und Omi gingen, unsere lieben Toten, die uns ja immer noch fehlen, sagte Mutti: »Kinder, darf ich euch an die schweren Bombennächte erinnern, und daran, daß wir damals sagten, wir wollen alles, alles tragen, wenn nur die furchtbaren Bombennächte und Angriffe aufhören, wißt ihr noch?«
Dann haben wir denn auch den Sylvesterkuchen nicht mehr entbehrt, und wenn wir einen Ofen bekommen, wollen wir das Ostern nachholen. Vati steht nun wieder, wie früher, am Operationstisch. Erni und ich wollen so sehr lieb sein, daß wir Sibylle mit ersetzen bei Mutti. Wir alle atmen nach all den schrecklichen Jahren und Stunden und Todesschrecken langsam wieder auf. Trotz Hunger und Kälte möchten wir alle nicht wieder umziehen und nie wieder Krieg, und ich möchte in meiner fünfzehnten Schule hier bleiben, bis ich mein Abiturientenexamen bestanden habe. Aber das ist ja noch furchtbar lange Zeit bis dahin. Erstmal sind wir vier Nachgebliebenen froh, daß wir beisammen sind.

(Schulaufsatz eines 13jährigen)

23. Dezember 1948
Rätsel: »Im Bereich der heutigen britischen Zone gab es 1938 340000 mehr eheliche als uneheliche Kinder. Der achtzehnte Teil war unehelich. 1947 betrug der Unterschied von ehelichen und unehelichen Kindern 280000. Es wurden achtmal so viel eheliche Kinder geboren. Wann und um wievielmal mehr kamen uneheliche Kinder zur Welt?«
Lösung: »1947. Doppelt soviele.« *(DS)*

Der Untergang der Träume

August 1945
»15. 8. 45. Wir sitzen da ohne einen Pfennig Geld. Unsere Sachen sind abgerissen. Ich weiß nicht mehr ein noch aus. Der Winter steht vor der Tür. Zum erstenmal kommt mir der Gedanke, wie zwecklos doch das Leben ist. Es ist furchtbar, wenn man schon als junger Mensch solche Gedanken hat. [Folgender Satz wurde von dem Jugendlichen wieder gestrichen]· Wäre nicht das Bild meiner Eltern, hätte ich schon Schlimmeres gemacht. [Einige Worte sehr undeutlich.] Ich will noch ein paar Tage warten ... Am Abend 7 Uhr. Die Sachlage hat sich etwas geändert. Am Himmel zeigt sich ein rosiger Schimmer. G. [das ist der Kamerad] war in P. Ich konnte wegen meiner Leibschmerzen leider nicht mitfahren. Er hat für 7 Tage Marken bekommen, haben natürlich gleich alles aufgegessen. Außerdem hat er 15 Zigaretten bekommen. Wir haben sie natürlich auf der Reeperbahn gleich für 40,– RM verschanzt. Anschließend gingen wir gleich ins »Allotria« und tranken eine Flasche Wein, trotz unserer defekten Anzüge. Wir fühlten uns wie in unseren besten Tagen. Bin nur gespannt, was uns der nächste Tag bringen wird.
16. 8. 45. Der heutige Tag brachte jedem von uns für 7 Tage Verpflegung und 30 Zigaretten. Die Zigaretten setzten wir gleich um.
17. 8. 45. Die Zigaretten konnten wir nicht umsetzen. Die Preise für Zigaretten sind über Nacht furchtbar gesunken. Gestern war der Preis noch 2,50, heute ist er auf 1 RM gesunken. Da rauchen wir sie lieber allein auf.
20. 8. 45. Wir fahren nach Bremen, um Lebensmittel und Sachen zu holen. Leider haben wir beides noch nicht.
21. 8. 45. Waren heute auf der Kartenstelle und erhielten für 7 Tage Marschverpflegung ...«

(Tagebuch eines 17jährigen)

28. März 1946
Als der 17jährige Wilfried B. auf dem Puffer zwischen zwei hochbeladenen Wagen des Güterzuges in die Station Winsen einritt, spürte er einen hart zupackenden Griff am Unterarm; im nächsten Augenblick hatte er den Asphalt des Bahnsteiges unter seinen Füßen. Und vorerst war an Weiterfahrt nicht mehr zu denken ...
Als der 18jährige Paul G. sich intensiv bemühte, in einem

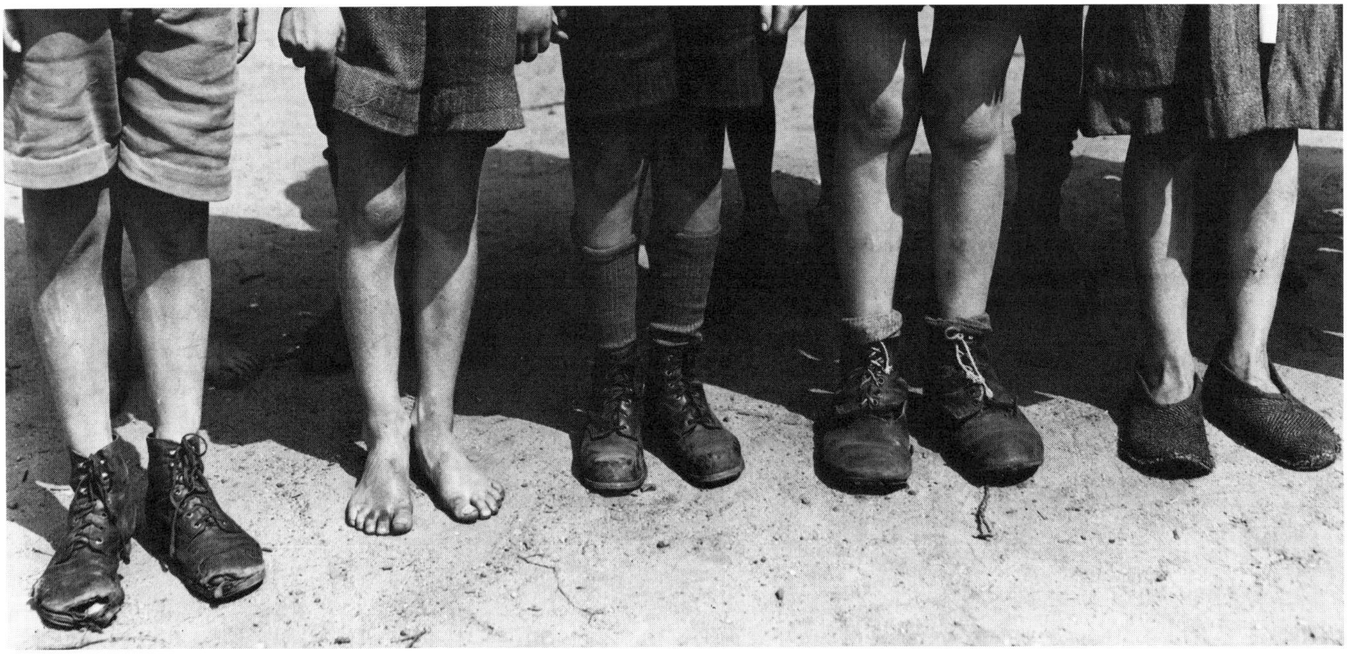

In zerfetzten Schuhen, Strickpantoffeln oder barfuß kommen die Kinder in die Schule. Im Winter werden viele von ihnen zu Hause bleiben müssen.

Dorf bei Lüneburg ein verirrtes Huhn einzufangen – ob aus Tierliebe oder Hunger, bleibe dahingestellt –, faßte eine schwielige Bauernhand nach seinem Rockkragen, und Paul saß fest ...

Als der 19jährige Günter M. an der Straßenkreuzung vor dem Flecken Amelinghausen infolge Entkräftung zusammenbrach, nahm sich ein vorüberradelnder Polizeibeamter seiner an. Er wurde auf einen Bauernwagen geladen, und zunächst war für ihn gesorgt ...

Als der 18jährige Arne T. gemeinsam mit dem 16jährigen Friedel L. dabei war, unweit Dannenberg eine Kartoffelmiete aufzuhacken, wurden sie von zwei Knechten überrascht, die einen nächtlichen Wachdienst organisiert hatten, und nicht mehr losgelassen ...

Als der 16jährige Werner Z., der tagelang in Hamburg ohne nennenswerten Erfolg von Tür zu Tür gebettelt hatte, endlich mutlos auf dem Bahnhof Harburg stand und nicht aus noch ein wußte, las er mit tränenfeuchten Augen ein Plakat, in dem ihm Unterkunft, Verpflegung, Arbeitsvermittlung und jegliche Hilfe versprochen wurde. Überschrift: »Heim und Werk.« Er pilgerte noch am selben Abend los, obwohl es Bindfäden regnete ...

Auf einem Hügel liegen im Viereck ein paar kleine Baracken, die nicht gerade neu sind, aber doch noch ein Ansehen haben. Rundum glänzen frisch umgebrochene Ackerschollen. Tiefer unten perlt und schäumt ein Flüßchen, die Luhe.

Die Sonne blinzelt durch ein blankgeputztes Fenster und beleuchtet einen Bogen Papier, der auf dem Tisch des »Geschäftszimmers« liegt. So schöner Sonnenschein! Aber der Inhalt des Papiers wird nicht freundlicher davon. Denn es sind die Notizen, die der Arzt niederschrieb, als er die neu angekommenen Gäste untersuchte.

»Willfried B., unterernährt, eitriger Grind am ganzen Körper, ohne Hemd, Beinkleider verunreinigt – Paul G., abgemagert, Gesichtshaut grau und faltig; Diätkost erforderlich, da Magen feste Kost nicht annimmt.« – »Günter M., ganzer Körper wundgekratzt, eitrige Ekzeme an beiden Oberschenkeln.« – »Arne T., ohne Unterwäsche und Schuhe, total verunreinigt, Krätze.« – »Friedel L., starkes Untergewicht, verlaust, eingeschrumpfte Gesichtshaut.« – »Werner Z., Wasser in Kniegelenken und an Knöcheln, Knochen treten skelettartig an Schultern und Brust hervor, verlaust und Krätze.«

Die Liste umfaßt mehr als 50 Namen. Aber keiner dieser jugendlichen Vagabunden, die im Kreise Harburg ange-

troffen und in dieser Baracke untersucht wurden, war frei von Läusen. Alle waren unterernährt, einige der Auszehrung nahe. Die meisten hatten Krätze, einige schlimmere Hautkrankheiten. Und dennoch waren nur wenige aus freien Stücken hierher, in die »Durchgangs-Baracke« Von »Heim und Werk« gekommen; die meisten waren aufgegriffen worden, wobei sich einige mit allen Körperkräften zur Wehr gesetzt hatten.
Der Hausvater der kleinen Barackensiedlung, ein früherer Schlossermeister und gewohnt, mit Lehrlingen umzugehen, erklärt:
»Zuerst kamen 56 Jungen an. Die waren da und dort aufgeschnappt. Jeder kriegte sein Feldbett und seine Dekken, seinen Platz am Tisch und am warmen Ofen. Aus alten Uniformen haben wir dann ziemlich wetterfeste Anzüge gemacht. Aus Holz und Trümmern von Schuhen, die keine Sohle mehr hatten, brachten wir eine komische neue Kreuzung zwischen Holz- und Lederschuhen zustande – gar nicht so übel. Die Jungen staunten. Sie kriegten zuerst Bettruhe, dann durften sie Spaziergänge machen. Schließlich nahmen wir Arbeit im Wald und beim Bauern an und bekamen Schwerarbeiterzulage.«
Draußen hantiert ein Junge mit einem Spaten, von dem die braune Erde in Körnern niederrieselt.
»Warum sind die 26 Mann von eurem ersten Schub durchgebrannt?«
»26 Mann?« Er wendet sich langsam um. »Die sind nach und nach abgehauen. Einige gleich nach ihrer ersten Nacht. Mein Kumpel auch. Schon die Entlausung paßte ihm nicht. Entlausung haben wir beim Militär oft gehabt. ›Jetzt hab' ich mich mal ausgepennt, und nun hau ich ab‹, sagte er. Und ab durch die Mitte.«
»Wohin?«
Ein prüfender Blick, dann ein Lächeln, das ungefähr soviel heißt wie: ›Wir sind ja unter Männern ...‹, darauf die trockene Antwort: »Der hatte eine Witwe in Hildesheim.« Kleine Pause. Dann: »Na ja, ist doch so! Ich hatte eine in Gelsenkirchen, aber da kam der Mann, an den kein Mensch mehr glaubte, zurück aus der Gefangenschaft.«
Keiner hat Eltern mehr von diesen 16 bis 19 Jahre alten Jungen: alle waren sie beim Militär, als Soldaten, als RAD-Männer oder als Luftwaffenhelfer. Sie verstehen es zu gehorchen; einige sogar können ein bißchen befehlen. Sonst können sie nichts. Einige sind unglaublich zynisch.

(Jan Molitor)

13. August 1946
Sir Sholto Douglas, Oberbefehlshaber der britischen Streitkräfte, zur Jugendamnestie:
»Ich habe es für richtig gehalten, anzuerkennen, daß der Druck auf junge Menschen beiderlei Geschlechts der Nazibewegung beizutreten, so gut wie unwiderstehlich war. Deshalb erlasse ich Anweisungen, daß die Denazifizierungsausschüsse auf diese jungen Menschen besondere Rücksicht nehmen sollen. Liegen klare Beweise dafür vor, daß sie Kriegsverbrechen begangen oder sich auf andere Weise als gefährlich und vertiert erwiesen haben, so werden sie ebenso eingestuft und bestraft werden wie Erwachsene. Liegen derartige Beweise aber nicht vor, so sollen die Ausschüsse bei ihnen sowohl von Strafen absehen als auch von der Abstempelung als Nationalsozialist, um den Jugendlichen einen neuen Anfang zu ermöglichen und damit ihren Beitrag zum Wiederaufbau einer gesunden Demokratie in ihrem Lande leisten zu können.«

(DW)

Anfang 1947
Ich habe mich kürzlich einmal der geringen Mühe unterzogen, unter fünfzig obdachlosen jungen Menschen eine Umfrage zu halten, wie sie zur Einrichtung eines freiwilligen Arbeitsdienstes stehen. Vielen von ihnen ging es nicht einmal schlecht, weil sie mit einigem Geschick und viel Erfolg an den Schwarzen Märkten beteiligt waren. Ich habe über das Ergebnis eine genaue Aufstellung geführt. Hier das Resultat: 37 waren bedingungslos für den freiwilligen Arbeitsdienst, waren bereit, noch am gleichen Tage eine Meldestelle aufzusuchen. Neun waren unter allen Umständen dagegen: teils, weil ihnen der Abscheu vor dem preußischen Drill noch zu tief im Blut steckt, teils, weil sie bereits abgrundtief asozial geworden sind. Wahrhaft erschütternd aber die Antwort der restlichen vier. Sie lautete: Glaubst du denn, daß irgendein Mensch, irgendeine Regierung für uns von Krieg und Frieden ausgekotztes Gesindel noch das Geld für einen Spaten aufwendet?

(Werner Jörg Lüddecke, NWDH)

22. Februar 1947
Über 20000 Kinder und Jugendliche bis zu 18 Jahren irren durch die britische Zone. Sie sind auf der Suche nach den Eltern, nach der täglichen Nahrung, nach dem Abenteuer, nach dem »großen Leben«.
»Gebt uns Arbeit, die eine Aussicht hat, und schafft uns

Heime, in denen wir wieder eine Heimat finden«, sagt der 19jährige Klaus mit dem blassen Gesicht, »sonst werdet ihr bald das größte Verbrechertum haben.« Er ist erst vor wenigen Wochen aus der Gefängnishaft entlassen. Neun Monate hatte man ihm auferlegt wegen Mithilfe bei einem Viehdiebstahl. »Ich wollte Förster werden, aber von der Forstschule holten sie mich in den Krieg. Aus russischer Kriegsgefangenschaft bin ich ausgebrochen, rüber ins englische Lager. Von meinen Eltern weiß ich nichts.« Er übernachtet im Bahnhofsbunker in Hannover, da er ins Ruhrgebiet will, um sich ins Bergwerk zu melden.

Der 15jährige, den seine Papiere als »Schauspieler« ausweisen, hat glatte Manieren und in der Tasche 5000 Mark sowie ein Bündel Lebensmittelkarten. Neben ihm sitzt die 18jährigere Magrit, die aus dem Ruhrgebiet nach Hamburg gekommen ist, um sich auf der Reeperbahn zu »amüsieren«. Die beiden Jungen, die dem 16jährigen aus Duvenstedt seine Lebensmittelkarten abnahmen – »Was tun Sie hier? Kriminalpolizei!«, und schon war die Karte weg –, hielten ruhig ihre Hände hin, als man ihnen die Handschellen anlegte. Trotzdem stehen sie noch am Anfang eines Weges, an dessen Ende Raub und Mord steht. Junge Menschen, denen nichts mehr gilt, wie jenem 16jährigen aus Berlin, der bei seiner Festnahme eine Ampulle Zyankali bei sich trug »als letzte Rettung«.

»Vor 1933 kannten wir eine solche Verwahrlosung nicht«, sagte eine Frau, die in Hamburg an leitender Stelle in der Jugendfürsorge steht. 1928 wurden 497 Fälle vor dem Jugendgericht verhandelt, 1946 waren es 5102. »Das sind die, die erwischt wurden.« Die Zahl der im eigentlichen Sinne kriminellen Jugendlichen wird in Hamburg auf das Sechsfache geschätzt. 30000, die schuldig wurden, bei etwa 60000 Jugendlichen insgesamt.

Über tausend junge Menschen zwischen 14 und 18 Jahren vagabundieren in Hamburg umher und entziehen sich jeder Kontrolle. Vielleicht arbeiten sie mal zwei Tage, um Lebensmittelkarten zu bekommen, oder sie verzichten auch darauf. »Die 150 Mark verdienen sie ja in Stunden auf dem schwarzen Markt.«

»So dämlich, zu arbeiten, wo die Geschäfte auf einen zukommen«, prahlt der siebzehnjährige Karl. Er pendelt zwischen den Zonen. 20000 so herumstromernde Jugendliche wurden von der Kapitulation bis heute in Hamburg fürsorgerisch betreut. Davon waren nur etwa 5 v. H. Mädchen.

Sie finden leichter Unterschlupf zu ehrlicher Arbeit und – bei Männern. Wie die Sechzehnjährige aus Lüneburg, die im Wartesaal in Hamburg Männerbekanntschaften machte und die Nächte mit ihnen in Hotels verbrachte. Sie trieb sich schon vierzehn Tage in Hamburg herum, als man sie festnahm (verpfiff), wie gleich noch zwei andere Mädchen.

Um die wandernde Jugend zu erfassen, wurden im Dezember 1945 die »Nenndorfer Richtlinien« zwischen den Landesjugendämtern vereinbart. Sie machen jeder Behörde zur Pflicht, Jugendliche anzuhalten und dem Jugendamt zu überweisen. Aber es ist für kleine Gemeinden einfacher, zehn Mark und für drei Tage Karten zu geben, und nur ein kleiner Teil vertraut sich freiwillig der Fürsorge der Jugendämter an. Viele sind zu echten Tramps geworden und so freiheitsdurstig wie der Junge, der sich aus dem dritten Stock eines Übernachtungsheims am Blitzableiter herabließ, um in das Chaos zu flüchten.

Die tausend Jungen und Mädchen aber, die sich in den Jugendwohnheimen Hamburgs befinden, sind in ein geordnetes Leben zurückgekehrt – und haben dennoch ihre Freiheit behalten. »Ich gehe am Sonnabend zum Lumpenball«, erzählt der blonde Günther N., der aus Schlesien nach Hamburg kam und hier seine unterbrochene Lehre fortsetzen kann. Wenn man aber den andern helfen will zu einem »ordentlichen Leben«, wenn man die Öffentlichkeit schützen will vor der Verwahrlosung der Jugend, dann wird man die Altersgrenze der Jugendlichen, die zu betreuen die Fürsorge im Augenblick nur bis zum 18. Lebensjahr das Recht hat, auf einundzwanzig Jahre heraufsetzen und ihnen die Erziehung angedeihen lassen müssen, die der Sprung vom Kind zum Manne ihnen versagte.

Der Gesetzentwurf über Arbeitserziehung, der den Länderparlamenten in der britischen Zone zur Verabschiedung vorliegt, scheint die letzte Rettung zu sein.

(Fried Maximilian, DW)

18. August 1947

Die Zahl der 1945 auf 1946 durch die hamburgische Jugendbehörde fürsorgerisch erfaßten jugendlichen Flüchtlinge wird auf 20000 geschätzt. Durch ausgedehnte örtliche Fürsorge, durch Schaffung von Lagern und Heimen und durch frühzeitige Vereinbarungen überörtlicher Natur für die gesamte britische Zone ist das Problem der jugendlichen Flüchtlinge für Hamburg im ganzen gemeistert worden. Aber viele von ihnen sind der Suggestion der Ungebundenheit und des Abenteuers der Landstraße erlegen und entziehen sich bei zunehmender äußerer und innerer Verwahrlosung systematisch fürsorgerischer Erfassung. Die außergewöhnlichen Zeitverhältnisse und Notstände üben einen immer wachsenden Einfluß auf die ortsansässige Jugend aus und ziehen auch diese in die Kreise des Schwarzhandels, der Arbeitsscheuen und Kriminellen. Aus dem Umsichgreifen dieser zahlenmäßig und an Schwere der Fälle erhöhten Verwahrlosung ergibt sich die Notwendigkeit umfassender örtlicher und überörtlicher Maßnahmen der Jugendfürsorge, die mit den vorhandenen Gesetzen allein nicht mehr gelöst werden können, sondern auch nach einhelliger Auffassung aller deutschen Jugendfürsorge-Experten neuer gesetzlicher Grundlagen bedürfen, wenn nicht eine schwere Gefährdung unserer sozialen Ordnung für die Zukunft eintreten soll.

(Bürgermeister Max Brauer vor der Bürgerschaft)

29. Januar 1948

Je länger die Entbehrungen der Nachkriegszeit im deutschen Volk dauern, desto besorgniserregender zeigen sich gewisse Änderungen im Verhalten besonders der Kinder und der jungen Menschen, die wie Charakterschlechtigkeit aussehen können, aber in Wirklichkeit auf körperlichen Veränderungen, verursacht durch den Nahrungsmangel, beruhen.

Mangelkrankheiten treten nicht nur als Abmagerung, Blässe, Zurückbleiben im Wachstum oder in der geistigen Entwicklung auf. Oft zeigen sie sich gerade als das Gegenteil. Die Kinder wachsen auffällig rasch und erscheinen im Gewicht schwerer, als die Normalzahlen früherer Jahre erwarten lassen. Die Ärzte bezeichnen dies als »Acceleration«. Es handelt sich dabei nicht um Frühreife, sondern um »Notreife«, die mit innerer Schwäche, der Unfähigkeit zur Konzentration, mit Störungen des Lernvermögens, mit erhöhter Anfälligkeit und vor allem mit gewissen Schäden der Charakterreifung und der seelischen Entwicklung einhergehen. Beim gesunden Kinde tritt in Verbindung mit den biologischen Ursachen der Drüsenentwicklung etwa im 11. oder 12. Lebensjahr eine Verinnerlichung des Seelenlebens, eine gewisse Scheu und manchmal auch eine Verminderung der Schulleistungen ein. In den eigentlichen Entwicklungsjahren, also um das 16. Lebensjahr, steigern sich diese Vorgänge so, daß es bei gesunden Jugendlichen zu dem berühmten »richtunggebenden Erlebnis der Jugendjahre« kommt, das bei guter gedanklicher und seelischer Verarbeitung die Charakterfestigkeit des ganzen Lebens aufbaut. Auf dieser Umwandlung des Charakters, die von den körperlichen Vorgängen ausgeht, sich aber im Geistigen und Seelischen auswirkt, beruht im wesentlichen das Konzentrationsvermögen, die Spannkraft und Willenskraft der späteren Jahre. Die Entwicklungsjahre bedeuten also eine Sturm- und Drangperiode, die wie das Gären des Mostes notwendig ist, um die Reifung des Seelenlebens zu schaffen.

Diese Entwicklungsvorgänge erscheinen heute durch die Mangelkrankheiten der Entwicklungsdrüsen abgeflacht, so daß es nicht zu den seelischen Kämpfen der Reifungsperiode kommt. Die Charakterklarheit, Widerstandskraft und Spannkraft wird für die Zukunft beeinträchtigt. Daraus ergibt sich der Hunger nach Zigaretten und die geringe Widerstandskraft gegen vielerlei Süchte.

Manche scheinbar asozialen Handlungen erklären sich aus der Lebensnot der Familie, die nicht mehr eine Erziehungsgemeinschaft sondern vielmehr eine Interessengemeinschaft darstellt. Söhne setzen sich nicht selten ritterlich manchen Gefahren aus, um die Familie vor Not zu schützen. Ähnlich liegen die Zusammenhänge bei der Berufsausbildung. Die Lehrlinge werden häufiger zu Sonderaufgaben verwendet und nehmen deshalb die Ausbildung nicht ernst. Zum überwiegenden Teil aber beruht die Gleichgültigkeit gegenüber der Ausbildung doch auf der geschilderten Entwicklungsstörung des Charakters. Die kindhaft arbeitende Phantasie überwiegt über das innere Verantwortungsgefühl. Die Not des Augenblicks verdrängt das Denken an den planmäßigen Aufbau der Berufssfähigkeit. Hinter allem steht eine gewisse Sorglosigkeit und Oberflächlichkeit des Gefühlslebens, die unverkennbar eine seelische Folge der anormalen körperlichen Entwicklung ist.

Diese Entwicklungshemmung bedeutet eine Art Infantilismus, der sich bei vielen nur in der Phantasie auswirkt, ohne daß es zu schlimmen Handlungen kommt. Die jungen Menschen erzählen Schauergeschichten, von denen kein Wort wahr zu sein braucht. Sie haben oft gefälschte Papiere auf ganz verschiedene Namen. Bei den Mädchen findet man trotz guter Erziehung und nicht selten sehr gutem und selbstsicherem Benehmen Gesinnungen, die

Zur nächsten Doppelseite: Kellerwohnung in Altona, Röperstraße 6, belegt mit zwei Erwachsenen und neun Kindern. So wächst ein großer Teil der Nachkriegsgeneration in Deutschland auf. Fehlendes Unrechtsbewußtsein ist eine der Folgen.

dirnenhaft erscheinen, ohne daß ein Schamgefühl oder auch nur ein Gefühl für die Gefährlichkeit solchen Lebenswandels zu beobachten ist. Es handelt sich bei dem allen meist nicht um verbrecherische Gesinnung. Wenn diese rauschartigen, hemmungslosen Perioden durchbrochen werden, etwa bei einer Verhaftung wegen Schwarzhandels oder Diebstahls, benehmen sich dieselben Jungen, die sich so kaltblütig und raffiniert gegeben hatten, in der Haft wie spielende Kinder oder wehleidig, haltlos und vollkommen uneinsichtig.

(Focko Thomas, DW)

25. März 1948

Neun jugendliche Lebensmittelkarten-Fälscher, die größere Mengen 275-Gramm-Kinderzucker- und 100-Gramm-Fleisch-Marken gefälscht und auf dem Schwarzen Markt verkauft haben, wurden festgenommen. In ihren Wohnungen fand man fertige Klischees, Vervielfältigungsgeräte sowie Metalle und Chemikalien.

(DW)

15. Mai 1948

»Ich hoffe auf gute Zusammenarbeit«, sagte Mister Herbert. Der Brite mit ungebügelten Hosen und einer großen Hornbrille über der verrutschten Krawatte klopfte befriedigt seine Zigarettenspitze aus. Alles hatte bei der Gründungs-Konferenz im Jugendhof Hamburg-Barsbüttel mit den deutschen Pfadfindern so geklappt, wie es die Herren vom Boy Scouts' International Bureau in London in ihren Akten schon fix und fertig ausgearbeitet hatten: katholische, evangelische und freie Pfadfinder in der Britenzone haben sich getrennt konstituiert und anschließend freiwillig vereint. Mister Herbert wird für die neue Dreieinigkeit ein englisches Auge haben.

Zuerst konnten die Deutschen sich für die einigenden englischen Boy-Scout-Pläne nicht übermäßig begeistern. Die Engländer hatten im vorigen Jahr verschiedene Jugendführer gefragt, was sie von einer deutschen Pfadfinderbewegung hielten. Die Führer der sozialistischen »Falken«, der »Katholischen Jugend« und der »Deutschen Jungenschaft« hielten nichts davon. Da wurden einige Deutsche zu Scout-Gruppen ins Ausland geschickt, und als sie wiederkamen, waren sie perfekte Pfadfinder-Idealisten.

Der Jugendoffizier für die britische Zone, Colonel Allan Andrews, hatte im Programm für die Barsbütteler Tagung sagen lassen, es gehe um die »zukünftige Politik für die britische Besetzungszone in Deutschland in bezug auf deutsche Scout-Tätigkeit«, und auf der Einladung wurde auch gleich erläutert, wie die aussehen sollte: »Ermutigung und Unterstützung der britischen Besetzungsbehörden ..., drei Arten von deutschen Scout-Verbänden zu gründen ..., Zusammenschluß dieser drei Verbände zu einem Bund«. So kam es denn auch. Allan Andrews erläuterte, die Entwicklung der deutschen Pfadfinder werde durch die britischen Behörden kontrolliert und beeinflußt werden.

Bisher war die Scout-Tätigkeit strikte verboten. Die Engländer konnten die Zeit vor 1933 nicht vergessen. Damals seien die Gruppen von ehemaligen Offizieren geführt worden und hätten den Rechtsparteien nahegestanden. Bei den neuen soll das nun wegfallen. Nicht einmal die Vor-33er-Pfadfinder-Fachausdrücke sollen wieder aufgewärmt werden. Satz für Satz ließ Colonel Andrews verdolmetschen, was er bei den neudeutschen Pfadfindern als höchste Tugend sehen möchte: gute Staatsbürgerschaft, Charakterbildung, Selbstbeobachtung, Gehorsam, Selbständigkeit, Rücksicht, Loyalität, Toleranz und Christentum.

Die evangelischen und katholischen Pfadfinder kamen mit festen Unterlagen nach Barsbüttel. Sie bestehen sowieso längst auf Reichsbasis. Die konfessionell nicht gebundenen hatten es bisher entschieden schwieriger: Sie konnten sich hinter nichts anderem verstecken.

Es ging alles einstimmig zu. Die Militärregierung hatte den deutschen Behörden und der Geistlichkeit von vornherein keine Unklarheit über die Bedingungen gelassen. Auch die SPD, die sonst mit den Scouts nie etwas im Sinn gehabt hatte, war einverstanden.

(DS)

1949

Die allgemeine Nivellierung des ganzen Volkes hat zu einer Angleichung der Generationen geführt. Von dem Schwung, mit dem sich um die Jahrhundertwende die Jugendbewegung von der älteren Generation absetzte und auf eine neue menschliche Haltung berief, ist heute nichts zu spüren. Auch der übertrieben altkluge und burschikose Geist, der in der Hitler-Jugend oder im Jungvolk lebendig war, ist auf den Schlachtfeldern des zweiten Weltkrieges ausgeblutet, und die Überreste der Freiwilligendivisionen des Dritten Reiches verzehren sich in innerem Abwehrkampf gegen die Entwicklung, die den Untergang ihrer Träume herbeigeführt hat. Es ist festzustellen, daß die Lage einer Großstadtjugend heute besonders trostlos ist, weil die Schäden, die sie an Seele und Körper erlitten hat, sich zum Teil schon so tief eingefressen haben, daß eine Beseitigung oder Heilung kaum noch möglich erscheint. Wenn irgendwo die These der marxistischen Soziologie zutreffend ist, daß die gesellschaftlichen Verhältnisse die Menschen in all ihren Handlungen bestimmen, dann bei der Beurteilung der Jugend eines verelendeten Landes, die auf Straßen und Plätzen verkommt. Doch es besteht die Hoffnung, daß, wie auf physiologischem so auch auf psychischem Gebiet, die Regenerationskräfte des Jugendlichen stärker sind als die des Erwachsenen und daß diese dann in Erscheinung treten, wenn die Umstände es zulassen. Alle Fürsorgearbeit muß hier ansetzen.

30000 Jungen und Mädchen, etwa 30% der Hamburger Jugendlichen, haben sich in den Verbänden zusammengefunden. Es sind diejenigen, in denen noch ein speziell jugendlicher Geist lebendig ist. Ihr Wollen geht nicht auf Umgestaltung der *Welt*, sonders des *Menschen* aus, und es ist bedauerlich, daß dieses Ziel vielfach hinter fruchtlosen Konkurrenzkämpfen und der Verfestigung politischer Fronten verschwindet.

(Conrad Ahlers)

Der Mut der Mütter

Herbst 1946

Ich wollte gern die »normalen« Wohnbedingungen in Hamburg kennenlernen. In einem Raum lebte eine Mutter mit vier Kindern im Alter von 4 bis 9. Der Mann war Kriegsgefangener in Rußland und die Frau bekam eine Unterstützung von 100 Mark neben der Rente. Was sie am dringendsten benötigte, waren Schuhe für die Kinder. Sie war eine reizende Frau. Ich kann mich nicht mehr genau an sie erinnern, außer, daß sie fortwährend lächelte. »Ich tue mein bestes für die Kinder«, sagte sie, »damit mir mein Mann keine Vorwürfe machen kann, wenn er zurückkommt ...«

(Victor Gollancz)

21. Juli 1947

In Hamburg werden zur Zeit rund 350 Männer und Frauen aus sehr verschiedenen Berufen in einem einjährigen Kursus zu Lehrern ausgebildet.

Die Hälfte sind Frauen. Ebenfalls die Hälfte sind verheiratet und haben Kinder. Sie sind allesamt außerordentlich angespannt und leisten trotz Hunger und mannigfachem Mangel eine sehr konzentrierte Arbeit.

Aber die Frauen unter ihnen, die Hausfrauen sind, Witwen und Alleinstehende mit Kindern, leisten dann eben noch die volle Arbeit einer heutigen Hamburger Hausfrau und Mutter.

Wenn wir nicht gänzlich verhungert, zerlumpt, verschmutzt sind; – das Verdienst kommt diesen Frauen zu, die unermüdlich, unbedankt und trotz aller Entmutigungen jeden Morgen den Kampf aufnehmen mit dem scheinbar hoffnungslos sich auftuenden Schwierigkeiten: Waschen ohne Seife, Reinmachen ohne Putzmittel, Flikken und Stopfen, was sogleich wieder reißt, Schlangestehen, über Land fahren, um bittweise hier ein Ei, dort einen kleinen Salatkopf, da ein paar Kartoffeln zu erobern, Kohlen und Torf organisieren, und immer wieder das Wunder vollbringen, eine Mahlzeit auf den Tisch zu stellen, und ihre Leutlein werden nicht satt, werden nicht gesund, so doch am Leben erhalten. Zwanzig Männer vereint ertrügen nicht die Beschwerden.

Heute muß ein junges Mädchen einen Beruf haben, das sieht wohl jeder ein.

Denn bei unserem Frauenüberschuß ist die Aussicht auf eheliche Versorgung sehr unsicher. Auch die raffinierteste Männerjagd kann nicht wohl aus eins zwei machen ...

Wir Frauen sind in einer allerseltsamsten Lage. Nicht zum erstenmal. Es wiederholt sich das, was schon nach dem ersten Weltkrieg geschah.

Damals waren die Frauen Männerersatz, solange es währte. Nachher räumten sie den Männern Platz und Arbeit, suchten sich andere Arbeitsstellen, bis die Arbeitslosigkeit der Krisenzeit kam. Und dann ging in Deutschland ein Sturm los gegen die Frauenkonkurrenz.

Unser Leben wird sehr mühsam und sehr arm bleiben. Unsere Kriegsgefangenen werden zurückkehren, man wird wieder sehen und sich sehen lassen, es werden aber sehr viele Frauen übrigbleiben, die einsam sein werden und auf sich selbst gestellt. Und die anderen, die einen Mann finden, die Kinder und eine Familie haben werden, werden sehr viel härter arbeiten, sehr viel enger wohnen, sehr viel mehr sich einschränken müssen als früher. Vor allem aber wird die Notwendigkeit stehen, vorübergehend oder dauernd Erwerbsarbeit zu leisten.

(Prof. Anna Siemssen im Rundfunk)

SCALA
SCALA
SCALA

13

… das neugewonnene Leben genießen

Das neue Leben, das zunächst zögernd, dann zunehmend entschlossener aus den Ruinen blühte, verlor sehr bald den Zwang des Nur-Notwendigen. Die Menschen wollten nicht nur leben, sie wollten das neugewonnene Leben auch genießen. Der Rahmen, dessen es dazu bedurfte, war bescheiden, aber die Hamburger verstanden es, ihn sich durch Phantasie und Erfindergeist zu vergolden. Man begann, aus Metallresten und minderwertigem Material Überflüssiges zu produzieren.
Heimkehrer vermarkteten, was sie in der Gefangenschaft gelernt hatten und wurden auf diese Weise die Gründerväter der neuen Geschenke-Industrie.
Gesellschaftliches Leben erwachte aus der Enge aufgezwungener Enthaltsamkeit. Man wollte wieder sehen und gesehen werden. »Gesellschaftskleidung« war auch zu unbedeutenden Anlässen ausdrücklich erwünscht. Hamburg wagte mit seiner ersten Modemesse einen Blick in die große Welt. Zu Hause allerdings galt »aus zwei mach eins« als oberste Maxime modischer Erneuerung. Aschenbrödels Verwandlung war eine Frage der Zeit …
Auch andere Vergnügungen hatten sich nach der Decke zu strecken. Sofern sie auf Alkohol basierten, waren sie nicht ungefährlich. Der »Selbstgebrannte« war meistens giftiger Methylalkohol und führte statt ins Paradies des Vergessens direkt ins Hafenkrankenhaus. Erst als die Alliierten den Schnapsausschank in Kneipen und Restaurants freigaben und ihn damit aus der Grauzone des heimlichen Hinterzimmers befreiten, kamen nach und nach wieder bessere Sorten auf den Markt.
Auch ohne anregende Hochprozenter blühte die Geselligkeit. Man genoß die Freiheit, wieder reden zu dürfen. Miteinander und gegeneinander. Diskutieren wurde ein lange entbehrtes Gesellschaftsspiel.
Schließlich durfte auch wieder gedacht werden. Je schneller, desto besser. Schnelldenker-Turniere wurden zu den beliebtesten Rundfunksendungen. Kabaretts versuchten sich in der Kunst der politischen Satire. Themen gab es wie Sand am Meer. Eigene Unzulänglichkeiten und die des Systems waren die Zielscheiben des Spotts. Angelpunkte dieses sich langsam konsolidierenden Systems waren die Taxatoren in den Tauschzentralen. Sie hatten den Bedürfnissen des Lebens ihren Wert zuzumessen. Zwei Eintrittskarten für ein Furtwängler-Konzert entsprachen einem Eisen-

topf in selbstgebastelter Kochkiste. Naturalien bestimmten die Funktionsfähigkeit der Kompensationsgesellschaft. Und wo eigentlich das Herz sprechen sollte, meldete sich vorlaut der Magen zu Wort: Heiratsannoncen wurde durch den Zusatz »Hausrat und Kartoffeln vorhanden« gehörig Nachdruck verliehen.

Das Wort »Wirtschaftswunder« sollte erst zehn Jahre später erfunden werden. Aber wer die Nazi-Zeit überlebt hatte, war ohnehin bereit, Wunder aller Art für möglich zu halten. Ob der Zauberkünstler Kalanag vor stets ausverkauftem Haus Wasser zu Cognac machte und nebenbei eine attraktive Blondine zersägte – ob sich ein Stigmatisierter am Straßenrand von der Sensationspresse feiern ließ – oder ob ein indischer Mönch als Urahn aller heutigen Wander-Gurus seine Heilslehre verkündete und die besonders freundliche Aufnahme in der Hansestadt lobte – das Publikum fand sein Vergnügen im Staunen!

Als sich endlich auch der deutsche Sport durch die Hintertür wieder in die Weltarena mogelte, als Max Schmeling nach schmerzhaftem Comebackversuch die Handschuhe an den Nagel hängte, als die Motoren beim Stadtparkrennen wieder aufröhrten, als sich die Radrennfahrer für 600 Mark Siegerprämie abstrampelten, begann man zu ahnen, daß auch Hamburg seine härteste Zeit hinter sich hatte. Das Volk bejubelte die Gladiatoren der Nachkriegszeit, die sich catchend aufs Kreuz legten, und es pilgerte in die notdürftig aufgebauten Stadien, in denen sich Fußballer anschickten, Profis zu werden. Das Fußball-Toto wurde erfunden und schuf die Illusion vom leicht zu erwerbenden Reichtum und Wohlstand. Das kindische Spiel mit den Glückskettenbriefen wurde in einer Version für Erwachsene aus dem Ausland importiert. Und niemand wollte daran glauben, daß unser neues Leben eines Tages seinen Tribut fordern würde. Auch nicht, als das Schicksal der Rekordsucht ein erstes deutliches Zeichen setzte: Bei den deutschen Schwimm-Meisterschaften wurde die junge Hamburgerin Inge Schmidt als Siegerin aus dem Wasser gezogen, um kurz darauf bewußtlos zusammenzubrechen ...

CAFE KEESE
Keese
BALL
PARADOX

Furtwängler gegen Nützliches

13. September 1945
Tausch
Erstgenannter Gegenstand wird geboten
Ausziehtisch, 12 Pers., eich. furn., gegen Handziehwagen (4 Zentner). – S 53 –
Nähmaschine geg. elektr. kl. Kühlschrank, 220 V, evtl. Zahlungsausgl. – S 384 –
Nähmasch., vers., geg. Markenradio – S 927 –
2 Oberbett., neu, g. Radio, 220 V. VE – S 915 –
Pelzmantel 42–44, Pers.-Klaue, geg. Fohl.-Mtl., braun, 46, gut erhalten. – S 796 –
Photo Bessa, 666 geg. Kochpl., Heizofen, Bügeleisen, Kochgeschirr. – S 777 –
Radio, neu, Wstr., Dam.-Fahrrad, gegen transport. Holzhaus. – S 210 –
Radioröhre nach Wahl geg. engl. Taschen-Wörterbuch. – S 788 –
Radioröhre VE 301 geg. 5 Pfd. Bettfed. – S 878 –
Rohkostküchenmasch., Küchenlaufwaage, Bohnerb. geg. Bettgest. od. ähnl. – S 774 –
Schifferklavier (24 Bässe) geg. Langschäft., 38–39 u. Da.-Reithose. – S 947 –
3 m Seidenstoff geg. 2 D.-Hüte, eleg., br., dunkelblau od. grau. – S 942 –
100 cm Sperrholz, 5 mm, geg. Einzelmöb., Fußboden- od. Schalbretter. – S 725 –
Sportanzug od. Ia Herr.-Anzug 48–50, Friedensware, geg. Schreibmaschine – S 754 –
Standuhr, erstkl., oder Schaftstiefel gegen Damen-Fahrrad – S 294 –

(Kleinanzeigen, HNB)

7. Februar 1947
Von einer Bindfaden- und Garnfirma erhielt die WELT eine Karte mit einem Vorschlag. »In einer Ihrer letzten Nummern erschien ein Währungsreformvorschlag. Ich wäre Ihnen sehr dankbar, wenn Sie mir diese Nummer zusenden könnten. Ihr Entgegenkommen würde ich gern mit einer kleinen Lieferung Kordel anerkennen.«

(DW)

25. November 1947
Zwei Furtwängler-Konzertkarten (20-Mark-Pltätze) wegen dienstlicher Verhinderung abzugeben (evtl. Tausch gegen Nützliches).
Anschlag auf dem Jungfernstieg in Hamburg.

(DW)

23. Dezember 1947
Seriöser Kaufmann, 45 Jahre alt, wünscht die Bekanntschaft mit einer gesellschaftsbejahenden Dame zwecks späterer Heirat. Hausbrand und Kartoffeln vorhanden.

(Anzeige, DW)

26. Februar 1948
Der Tausch gilt in der Wirtschaftswissenschaft als längst überholte unrationelle Wirtschaftsform. Aber bei uns ist er wieder üblich geworden. Nur scheiden sich die Tauschgeister nach dem System.
Aus vielerlei Gründen reicht die Produktion nicht aus, den seit Jahren aufgestauten Friedensbedarf an Konsumgütern zu decken. Also trat mit Kriegsende das Tauschgeschäft in lizenzierten Tauschzentralen auf den Plan. Hier sammelte sich Angebot und Nachfrage. Wer einen Gegenstand entbehren konnte, stellte ihn dort gegen Gebühr zur Schau und nannte einen festen Gegenwert. Interessenten erfuhren in der Tauschzentrale die Anschrift des Anbieters. Waren sich die Partner handelseinig geworden, dann brachte der »Käufer« den Gegenwert und nahm gegen eine erneute Gebühr den ausgestellten Gegenstand in Empfang. Dieses Biete-Suche-System hat seine negativen Seiten. Die Tauschzentralen arbeiten ohne eigenen Kapitaleinsatz, abgesehen von der Ladeneinrichtung. Das ist auch der Grund, warum oft minderwertige Ware oder Ladenhüter zum Tausch angeboten werden. Der Inhaber hat kein Risiko; die Konjunktur ist günstig und die Konkurrenz dank sparsamer Lizenzierung gering. Es fehlt das Vertrauen des Publikums, da derjenige, der Tauschware bringt, schon aus rein psychologischen Erwägungen mehr dafür einhandeln möchte, als sein Objekt wert ist. Folglich bleibt der wirtschaftliche Nutzeffekt, der Übergang eines Wertes in eine ande-

Zu den Fotos auf den Seiten 192 u. 194: In einem der beiden Flaktürme auf dem Heiligengeistfeld hat sich schon 1947 ein Revue-Theater mit 1000 Plätzen etabliert. – In Eimsbüttel entsteht 1948 eine Hamburger Institution: das Café Keese

Tauschangebote, Bekanntschaftsgesuche, aber auch: »Antje und Fritz sind bei Familie Schmidt in Lüneburg«. – Aus der Wandzeitung erfährt man alles.

re Hand, die ihn positiv verwendet, gering. Nach unseren Informationen wechselten nur 17 v. H. der zum Tausch angebotenen Waren im Biete-Suche-System den Besitzer.

Diese Läden, die nach viel zitierten Schlagzeilen »Geschäfte mit der Not« treiben, werden daher regelmäßig nur von zwei Kategorien in Anspruch genommen: Schwarzhändlern und verschämten Armen, das heißt Menschen, die »den Zug der Zeit nicht verstanden haben«, kein bares Geld besitzen, zu alt oder schwach sind, um sich über Land zu versorgen, aber in der Truhe noch Werte liegen haben, die sich – vielleicht – in nützlichere Dinge umsetzen lassen.

Die Vorwürfe gegenüber den Tauschzentralen bedürfen aber noch einer Korrektur. Die Inhaber dieser Geschäfte hatten in der allgemeinen Apathie nach dem Zusammenbruch – gleichgültig, aus welchen Motiven – die Initiative ergriffen, einen einigermaßen gangbaren Weg zu zeigen, wie die Bedarfsdeckung aufrechterhalten werden könne. Das ist ihnen als Positivum anzurechnen, wenn man den Einzelhandel zum Vergleich entgegenstellt. Dieser fühlt sich nur zu oft in seiner Rolle als »Verteiler« recht wohl – wenigstens erscheint es dem kaufenden Publikum so. Es hat den Einzelhändlern nichts geschadet, daß sie, in Form der Tauschzentralen, einen Konkurrenten um den Konsumbedarf der Bevölkerung erhielten.

(Bernd Weinstein, DZ)

10. April 1948

In die Mühle der Kompensationen geriet eine Wolldecke, die von einem Normalverbraucher aufgezupft, zu vier Paar Strümpfen verarbeitet und auf dem Lande gegen Lebensmittel getauscht wurde. Die Bauersfrau, erfreut über den Handel, zupfte die Strümpfe wieder aus und machte daraus eine Wolldecke.

(DW)

Das erste »Gartenlokal« in der Innenstadt. Zwischen Trümmern der Straße Grimm kann man schon wieder eine heiße Hühnerbrühe genießen.

Hummer und »Lohengrin«

24. Dezember 1945

Von Mitte Oktober bis Ende November sind in Hamburg 23 Menschen an Methylalkohol erkrankt. Davon sind 21 nach qualvollen Leiden gestorben. Die übrigen bezahlten ihren Leichtsinn mit schwerem Siechtum.

In jedem einzelnen Fall hat sich die Kriminalpolizei bemüht, die Herkunft des Giftes aufzuklären. Fast ausnahmslos führten die Spuren auf den Schwarzen Markt. Gewissenlose Händler verkaufen den Methylalkohol dort in mancherlei verlockender Aufmachung als Edellikör, Cognac-Verschnitt oder Doppelkümmel für 300 bis 500 Mark die Flasche. Und ihre Kunden – kaufen sich den Tod.

Denn Methylalkohol ist ein heimtückisches Gift. Es sieht aus und schmeckt wie echter Alkohol. Dabei ist seine berauschende Wirkung wesentlich geringer. Aber schon drei- bis fünf Gläschen genügen, um schwere Vergiftungserscheinungen hervorzurufen: Schwindel, Erbrechen, Leibschmerzen und vor allem unheilbare Schädigungen des Sehnervs, die bis zur völligen Erblindung führen können. Oft wird die Vergiftung erst erkannt, wenn es zu spät ist.

Als im November ein Altonaer Gastwirt unter verdächtigen Umständen starb, fand die Kriminalpolizei in seinem Keller zehn Flaschen 95prozentigen Methylalkohol. Der Wirt hatte sie von einem Färbereiarbeiter gekauft, um »Trinkbranntwein« daraus zu machen!

(HNB)

17. Januar 1948

Es gibt Stätten, an denen es vor unversiegbar springendem Geld keine Rationierung gibt, an denen man essen und trinken kann wie im Frieden, vielleicht gar wie ein Reicher. Gibt es das in Hamburg?

Das gibt es in bürgerlichem Maßstab an jeder zweiten Straßenecke (wo das schwarze Mittagessen 50 bis 100 Mark kostet); in lukullischem Maßstab aber relativ selten (wo das Menü 200 Mark und weit mehr kostet). Das Verlangen nach bürgerlicher Schwarzbedienung wird in den meisten Lokalen nach offener Anfrage beim Oberkellner befriedigt. Das nach lukullischer – ja, da beginnt das Zwielicht, da gerät der Fragende in ein Flüsternetz, da raunt hinter vorgehaltener Hand der herabgebeugte Ober eine Adresse, da wird ein Zettelchen mit einer Telefonnummer unter das Weinglas geschoben, da deutet eine verdeckte Handbewegung auf einen Gast: Fragen Sie den!

Und dann gibt es ein Drittes: das ist das ganz Verborgene, das spielt sich überhaupt nicht mehr in Gaststätten ab, nicht einmal in den Flüsterbars, in denen man weit nach Mitternacht noch durch die Hinterpforte Eingang findet, sondern in Etagenwohnungen, in denen das unkonzessionierte Gewerbe nistet. Dort paart sich das Lukullische mit dem Lasterhaften, dort tritt die Doppelköpfigkeit der Nachkriegswelt im Zusammentreffen zweier gesellschaftlicher Schichten zutage, einer alten, die davon lebt, daß sie ihren Schmuck verkauft und einer neuen, die davon lebt, daß sie diesen Schmuck verschiebt (ins Ausland – wobei hier das Wort Schmuck für alle Erbwerte steht).

Man muß unterscheiden lernen (und offenes Auge und Ohr belehrt einen in zweistündigem Rundgang): Es gibt nur wenig Lokale, in denen Essen nach Wunsch und Vorherbestellung serviert wird, Menüs also, die nicht auf der Karte zu finden sind. In fünf von zehn Lokalen aber der Geschäfts- und Vergnügungsviertel (nicht der Randgebiete) kann man das Essen der Karte markenfrei erhalten. Ist immer der Wirt ein Schwarzhändler? Der häufigste Fall ist der herabgebeugte Ober, der verhalten fragt: Wollen Sie Fleischmarken? Und der die privat gekauften schwarzen Marken ohne Wissen des Wirts (nicht immer – aber das Verhältnis entzieht sich jeder Schätzung) ordentlich an der Kasse abliefert, wo ordentlich der Normalbetrag gebucht wird. Und nur bei Begriffsstutzigen ist der Vorschlag nötig: Sie haben Ihre Marken vergessen? Ich leihe Ihnen gern 100 g Fleisch, bitte geben Sie mir 30 Mark Pfand – wonach in der Regel auch der provinziellste Gast begriffen hat, daß eine Rückgabe nicht erwartet wird. So sitzt der Bürger, der sich dies einmal im Monat erlaubt. So ißt man in fast jedem Stadtteil, und so bekommt man für 40 und 50 Mark Suppe, Fleisch, Gemüse und Nachspeise – nur Schweinefleisch ist ungewöhnliche Ausnahme und kostet 10 Mark mehr. Hier verdient manchmal der Wirt, manchmal der Kellner, manchmal beide. Ein Servierfräulein liefert schwarze Zigaretten, und die Streichhölzer dazu verkauft die Toilettenfrau.

Typisch für diese Art der schwarzen Küche ist, daß die Gäste keiner Auswahl durch den Wirt unterzogen werden. Typisch ist, daß der Gast in zerschlissener Uniformhose und gepflegtem Kammgarnanzug erscheinen kann. Typisch ist ferner, daß hierbei selten Alkohol getrunken wird. Die Kehrseite der Medaille aber blitzt goldener, wenn ein Portier vor der Tür steht:

Haben Sie einen Tisch bestellt? Wenn der Chef gerufen wird (Klingel, um ihn zu rufen, befindet sich neben der Tür, wird aber nur vom Portier bedient) und der Gast einer vertrauenserweckenden Empfehlung bedarf, einen Namen braucht, ein Zauberwort besitzen muß, so geschieht (mit hundert Varianten) der Eingang in die Hinterzimmer der guten Lokale von altem Ruf, der teuren Großhotels mit stets reservierten Ecktischen, der Bars, die erst um 9 Uhr öffnen und mit der Polizeistunde um 11 noch lange nicht schließen. Und dort werden die Schlemmermenüs geboten, dort wird erwartet, daß der Gast trinkt, viel trinkt. Gutes trinkt. Dort erregt das Zücken der Lebensmittelkarte Befremden (in höchster Not nur wird darauf zurückgegriffen). Dort gibt es vielerlei Vorspeise, dort beginnt das Essen nach Wahl mit Kaviar, mit Mayonnaise-Salaten und endet mit schweren Torten und Mokka.

Ein solches Menü kostet (und hier trifft bereits der Preis eine Auswahl unter den Gästen, die der Wirt nur vorwegnimmt, um die Gediegenheit der Atmosphäre zu halten) bis zu 150 Mark – ausgenommen Alkoholika und ganz besondere Leckerbissen wie etwa Hummer. Den ißt man nicht weit vom Rathaus einfach gekocht mit einer Scheibe Brot für 220 Mark, und in einem Lokal in St. Pauli bekommt man das halbe Schalentier, doch mit Mayonnaise und garniert mit Ei für 150 Mark. Aber hierzu muß man trinken. Und hier erhält man nicht mehr den billigen Russenschnaps der Kellerkneipe. Hier wählt man mit Sorgfalt. Das Glas Schnaps oder Likör (beste Markenware ausländischer Firmen) kostet zwischen 20 und 30 Mark. Die Flasche Wein (wobei die Auswahl weit geringer ist als bei den Schnäpsen) von 100 Mark an, Sekt, drei bis fünf verschiedene Marken, zwischen 300 und 500 Mark, die Flasche Flasche Bols 500 bis 700 Mark, französischer Cognac, Gin 500 bis 600 Mark. Die Atmosphäre der Bars ist gedämpft und friedensmäßig. Große Hand-

bewegung eines Wirts: Der Ausbau hat mich 200 Mille gekostet. Leise Musik, indirektes Licht, ein Mixer handhabt den Shaker ...
Ein Gast schiebt ein Glas weg: »Geben Sie mir den Martell, der Hennessy taugt heute nichts ...« Während des Abendessens – die Portion Gänsebraten kostet 100 Mark, eine Gans gibt sechs Portionen – tönt ein Dialog durch die dünne Trennwand der Nebenkoje, einseitiger Dialog eines Gastes: »Liebling«, sagte der Mann, »laß dein soziales Empfinden ruhen, weil sich die meisten ein solches Essen nicht leisten können. Das Glück der meisten ist eine Illusion des vorigen Jahrhunderts. Und es soll keiner kommen und mir erzählen, dieser Kognak gehe dem Hafenarbeiter ab; er hat nie welchen getrunken, und ich weiß nicht einmal, ob das bolschewistische Ideal so weit geht, zu fordern, daß alle Menschen französischen Kognak trinken. Du mißbilligst, daß wir es hier tun? Willst du mit Kaviar die Ernährungslage heben? Sind wir durch unser Hiersein Schädlinge der Volkswirtschaft?«

(DW)

23. Oktober 1947
Die Behörde für Wirtschaftsüberwachung in Hamburg hat beschlossen, den Schnapsausschank nicht mehr zu überwachen. Nun ist es zwar denkbar, daß die Gegner des Süffelns diesen Entschluß für eine Art Bankrotterklärung der Wirtschaftsüberwachungsbehörde halten, und sie haben Recht, soweit es den Schnaps betrifft. Heißt es doch wörtlich mit schöner Offenheit, daß der Schnapsausschank, besonders in dem Vergnügungsviertel von St. Pauli, »von den Organen des Staates nicht mehr verhindert werden konnte«. Die Eingeweihten immerhin werden es zu schätzen wissen, daß sie fortan der Mühe enthoben sind, den Alkohol als harmlos-heilsames Sprudelwasser getarnt zu trinken. Der Wirt stellte bisher die durch kein verräterisches Etikett verzierte »Buddel« diskret dem Gast zu Füßen; diese Prozedur fällt weg, der Wirt braucht sich nicht mehr zu bücken. Und der Gast kann seinen Triumph, für wenig Schnaps viel Geld oder für viel Schnaps eine geradezu unerschwingliche Summe ausgegeben zu haben, in aller Ruhe durch alle Öffentlichkeit nach Hause tragen. Schwankt er dabei vielleicht auch wie schlankes Rohr im Winde und lallt er vielleicht auch wie ein Wiegenkind, so hat er doch die stolze Gewißheit auf seiner Seite, daß alles ganz legal geschehen ist.
Ganz legal? Man soll nicht unbedingt von Leuten, die »keine Freunde von Traurigkeit« sind, etwas Böses denken. Deshalb hat die Behörde, die fern jeder Bürokratie den Schnapsausschank legalisierte, ausdrücklich erklärt, sie setze voraus, daß der verkaufte Schnaps nicht aus Schwarzbrennereien, sondern aus der Ostzone stammt«. Ja, das Vertrauen auf das Gute im Menschen geht noch weiter. Denn es steht geschrieben, daß eine Kontrolle über die Herkunft der Ware nicht vorgenommen werde. Zwar müssen die Wirte fortan den Ausschank der Spirituosen in ihren Büchern ausweisen und entsprechende Steuer zahlen, aber die »Vorlage der Rechnungen über den erworbenen Schnaps ist nicht erforderlich«. Daher weiß man nun, welchen Markennamen dieser Schnaps verdient, nach dessen Herkunft nicht gefragt wird –: den Namen »Lohengrin« und das Motto: »Nie sollst du mich befragen.«

(DZ)

1. Juli 1948
Eisenbahnarbeiter zapften von einem leckgewordenen Kesselwagen Methylalkohol ab. Fünf Personen sind bereits an den Folgen der Vergiftung gestorben, fünf weitere schwer erkrankt. Die Polizei warnt vor Ankauf von Schnaps auf dem Schwarzen Markt.

(DW)

Vergnügen zwischen Trümmern

2. Oktober 1945
Pünktlich auf die Minute traf der »Jan Molsen« am Sonnabend nach seiner ersten Cuxhavenfahrt wieder in Hamburg ein. Im Gegensatz zu allen anderen Verkehrsmitteln, auf denen vielfach eine beinahe lebensgefährliche Überfüllung herrscht, hielt der Andrang sich in Grenzen: auf der Aus- und der Einfahrt zählte man je rund 300 Fahrgäste – das Schiff faßt über 1000 Menschen.
Heute morgen war der Andrang am Uhrturm schon größer. Alle begrüßen die neue Verbindung; war doch nach Cuxhaven bislang überhaupt nicht hinzukommen. Durch die Fährdampfer wird nun eine dreimal wöchentlich verkehrende Verbindung geschaffen, die die Schiffahrts- und Fischereistadt an der Mündung der Elbe wieder enger an Hamburg anschließt.

(HNB)

17. Mai 1946
Noch immer – oder schon wieder – gibt es viel Ungewöhnliches, Ausgefallenes und Gefahrvolles zu erleben. Mehr als die Hälfte der berühmten Lokale zwischen Millerntor und der Großen Freiheit ist zerstört. Das Verbliebene ist durchsetzt vom Schiebertyp der Nachkriegszeit. Es bildet eine Gefahr für den Teil unserer Jugend, der alles nachholen möchte, was er glaubt versäumt zu haben.
Beim Nobistor ist ein Lokal, in dem Männer mit Schmuck handeln und große Summen in Zeitungspapier wickeln.
Jugendliche und Kinder versehen Agentendienste und führen den Schwarzhändlern geeignete Kunden zu. Sie verdienen gut dabei und gehen großzügig mit ihrem Geld um. Bei Tag und bei Nacht durchstreifen Polizisten St. Pauli. In einer Bierstube fanden sie bei einem jungen Mann unter dem Kragen seines gefärbten Waffenrocks Bezugsmarken für einen halben Zentner Butter. »Für den beginnt jetzt endlich ein geregeltes Leben mit Gottesdienst«, sagte ein langhaariger Jüngling, der beim Pokern saß und das Geld aus den Strumpfsocken zog.
In der Talstraße dürfte Kamsing sein chinesisches Speiselokal wieder eröffnen. Seine Kundschaft arbeitet auf Schiffen. Er rechnet damit, daß bald wieder mehr Schiffe kommen. Er könnte von St. Pauli viel erzählen; aber Chinesen sind schweigsam.
Das Panoptikum ist ausgebrannt. Im ehemaligen Garderobenraum des »Trichters« hat sich ein literarisches Überbrettl etabliert. Der Ballsaal ist zerstört. Heinze und die Volksoper liegen in Trümmern. Zwischen den Ruinen längs der Reeperbahn sind Schießbuden eingerichtet. Es gibt noch allerhand Leute, die das Schießen nicht lassen können. Café Menke und Lausen sind ein Raub der Flammen geworden. Vor Knopfs Lichtspielhaus drängen sich täglich die Menschen, um alte Filme zu sehen. Das Zillertal ist wieder gut besucht. Onkel Hugos Speiserestaurant blieb unversehrt; im Alkazar ist man bestrebt, wie vor Jahren ein Varieté mit eigener Note zu zeigen, und im Hippodrom kann man reiten. Die Davidwache ist St. Pauli erhalten geblieben.
Viele neue Kabaretts, Bars, Speiselokale, Tanzstätten und Bierstuben entstehen neben, unter und hinter Schutthaufen. Zusammengesuchte Steine, Sperrholzplatten »schwarz« und was sonst noch dazugehört, Arbeiter nach Feierabend hinter verhängten Fenstern – im Handumdrehen entsteht eine neue Firma. St. Pauli baut auf. Es gibt der Polizei wieder Arbeit. Es beherbergt Menschen, die in Bunkern schlafen und wissen, daß es vorläufig nicht anders wird. Nur eines fehlt: das Leben im Hafen. Solange es ausbleibt, ist St. Pauli mehr eine Erinnerung als eine Wirklichkeit. Die neue Betriebsamkeit zwischen der Reeperbahn und der Großen Freiheit kann darüber nicht hinwegtäuschen.

(DW)

Die große Illusion. Kalanag zaubert jedes beliebige Getränk aus einem Wasserkrug. Auf dem Schwarzen Markt wird Methylalkohol gehandelt.

10. September 1946
Was der »Ulenspiegel« für Berlin ist und die »Schaubude« für München, das beginnt die »Bonbonnière« unter der Direktion von Heinz Strohkark in etwas überzuckerter Form, wie es ihrem Namen entspricht, für Hamburg zu werden: Kabarett der Zeit. Während aber der »Ulenspiegel« und die »Schaubude« hauptsächlich ihre Pfeile auf die Vergangenheit abschießen, hat es die »Bonbonnière« in Hamburg unternommen, unsere traurige

Jetztzeit aufs Podium zu stellen und mit dem Finger auf ihre Wunden und Beulen, Löcher und Flicken zu weisen. Das ist weiter nicht schwer; an einer so mitgenommenen Erscheinung wäre es viel schwieriger, die bösen Stellen zu übersehen. Ein wirkliches Kunststück aber ist, daß man die Zuschauer über das zum Lachen bringt, was ihnen außerhalb der rostroten Bonbonnièrensessel das Leben schwer macht. Hier wird das Schwere und Bittere einfach unter den Arm genommen und mit graziöser Frechheit präsentiert.
Mit einem charmanten Herrn aus Amerika (Lothar Olias) macht man eine Rundreise durch alle Märchen. Es sind die alten Kindermärchen, aber sie bieten sich so dar, wie sie heute wohl geschehen würden: Dornröschen hat nicht hundert, sondern tausend, also zwölf Jahre geschlafen, das Sterntalerkind zieht für Sterntaler sein Hemdchen aus, das kleine Mädchen mit den Schwefelhölzern ist eine freche Göre geworden, der es glänzend mit ihrer Mangelware geht, und Frau Holle hat Ärger mit dem Personal. Nur ein Märchen läßt sich nicht in die heutige Zeit übertragen. F. A. Hunzinger erzählt es als Andersen mit schäbigem Zylinder und bitterernster Eindringlichkeit, und das Publikum vergißt für einen Augenblick, daß es hergekommen ist, um sich zu amüsieren: »Es war einmal kein Krieg ...« Auch die Chansons, die Willi Kollo mit zu Herzen gehender Herzlichkeit sang, vor allem das von Berlin, vom ach so schönen alten Berlin, gehören mit zu dem »Es war einmal«.
Vielleicht wäre noch als Kuriosum zur Bonbonnière zu sagen, daß die Tischdecken sehr weiß und die Kellner sehr – höflich sind.

(DW)

10. Mai 1947

Im vorigen Jahre war in Stellingen eine Liste von 320 Tieren präsentiert worden, die nach England gebracht werden sollten, da es bei Hagenbeck an Futter fehle. Auf der Liste stand auch das einzige Nashorn. Aus dem Tiertransport wurde nichts. Jetzt werden 45 Stellinger Tiere als Leihgabe für drei Jahre in den Londoner Zoo kommen.
Unter den Tieren ist das einzige Urwildpferd Deutschlands, vielleicht Europas, ein Hengst. Er stammt von den Urwildpferden ab, die der alte Carl Hagenbeck zu Beginn des Jahrhunderts aus der Mongolei nach Hamburg brachte.
Auch der letzte Marabu verläßt Stellingen. Von den 13 Flamingos, die noch da waren, müssen zehn Abschied nehmen. Früher gab es noch 200 Flamingos im Freigehege. Der Krieg hat die meisten vernichtet.
Auf Holzbezugschein wurde erst einmal das nötige Kistenholz besorgt, um die Tiere versandfertig zu machen. Die Firma Hagenbeck haftet für die Gesundheit der Tiere, bis sie an Bord des Schiffes sind.
Der Abtransport der 45 Tiere reduziert Hagenbecks Bestand empfindlich. Es herrscht Trauerstimmung in Stellingen.
Unter Hagenbecks Zirkuszelt auf der Hamburger Moorweide aber gab es Premièrentrubel. »Der Liebesexpreß«, eine buntschillernde Revue mit den Attraktionen Willy Fritsch, Franz Heigl, Wilhelm Bendow und Iska Geri ließ den Kummer im Hause Hagenbeck vergessen.
Das Zirkuszelt ist so ziemlich das einzige, was von dem weltberühmten Zirkus geblieben ist, nachdem die in Schweden beschlagnahmten Dressurgruppen letzthin nach Amerika verkauft worden waren. Hagenbeck macht aus der Not eine Tugend. Wo einst rassige Tiere sich in der Manege tummelten, schwingen nun hübsche Mädchen die Tanzbeine.

(DS)

17. Mai 1947

In Hamburg geht man seit einiger Zeit in den früheren Flakturm auf dem Heiligengeistfeld, um eine Revue zu sehen. Die spärlich bekleideten Damen aus »Tausend und eine Frau« – so heißt die Revue – lächeln, als ob sie in Hollywood zur Schule gegangen wären. Sie tragen Pariser Modelle und Phantasiekostüme aus bemaltem Cellophanpapier.
Im ersten Teil wird eine Modenschau gezeigt. Die Zuschauerinnen im Flak-Parkett werden unruhig. ihre männlichen Begleiter behalten die Nerven, denn sie wissen, daß es diese Kleider nicht zu kaufen gibt.
Als Hamburg im Kriege zu einem immer öfter angeflogenen Luftangriffsziel wurde, entschlossen sich die Nazi-Machthaber, etwas ganz Imponierendes auf die Beine zu stellen. Sie bauten in Hamburg vier ermutigend anzusehende Betonriesen von über 50 Meter Höhe mit Eisenbetonmauern von 2 bis 6 Meter Dicke.
Auf dem Heiligengeistfeld in St. Pauli, wo vor dem Kriege die Luftschaukeln und die Achterbahnen des Hamburger »Doms« lärmten, wuchsen zwei dieser Türme. Der eine diente zugleich als öffentlicher Luftschutzraum und konnte 25 000 Schutzsuchende aufnehmen.
Die Türme verloren ihren militärischen Nimbus sehr schnell. Sie konnten nicht verhindern, daß die Bomber-

ströme ihren Kurs über die Stadt nahmen. Heute sehen die schwarzgrauen Riesen recht traurig aus. Zu ihren Füßen häufen sich Schrott- und Schuttberge.
Aber die fünfstöckigen Ungeheuer haben enorme Räume in ihrem Innern. Das hat ihnen das Leben gerettet. Man hat mit viel Mühe Fenster in die Betonmauern gesprengt. Kontore sind eingerichtet worden, Kleinwohnungen sollen ausgebaut werden. Und die »Scala« ist in den früheren Bunkerräumen eröffnet worden.
Ein Saal mit 950 Sitzplätzen ist entstanden. Hinter der Bühne tragen Türen noch die ominöse Aufschrift: »Tür zu bei Gefecht.«

(DS)

25. Oktober 1947
Die Engländer wollten nicht glauben, daß der Zauberer Kalanag zwei Stunden allein ein Publikum fesseln könne. Sie wetteten mit ihm. Vor englischem und deutschem Publikum hat der Zauberer die Wette in Hamburgs »Garrison Theatre«, dem früheren »Deutschen Schauspielhaus« gewonnen.
Freundlich lächelnd springt ein rundlicher Herr im Smoking, mit Hornbrille und Intelligenzlerstirn und zwei Feuerschalen in den Händen, durch eine Papierwand. Über zwei Stunden läßt Kalanag einen Hexenwirbel los. Miß Gloria, seine platinblonde Frau und Mitarbeiterin, wird von massiven Messern »durchschnitten«. Als »Frau ohne Mitte« präsentiert sie in einem tollen Trick nur Kopf und Beine.
Am meisten erfreut Kalanag, wenn er nach Wunsch Wasser in Kognak, Wein, diverse Schnäpse und Bier verwandelt. Er macht das mitten im Parkett und serviert den Zaubersprit gratis. Bei der Bitte um Rübenschnaps versagte Kalanags Kunst.
Von seinen 45 Lebensjahren zaubert Kalanag schon 37, mal in München für 60 RM und ein warmes Abendessen, mal auf dem Lande für Eier und Speck (das war in der Inflationszeit). Er besitzt eine Zauberbücherei von 3500 Bänden und hat in einer Programmsammlung ein Originalprogramm seines Zauberahnen Cagliostro mit einem handschriftlichen Vermerk des Großen Friedrich von Preußen, der den Zauberkönig des Landes verwies.
Das Publikum kam aus dem Staunen nicht und aus dem Theater leicht mitgenommen heraus.

(DS)

8. Mai 1948
Eine Stunde wandelte Hamburgs Premieren-Elite im modernen make up zwischen den Tulpen und Vergißmeinnicht von »Planten un Blomen«, dem Hamburger Ausstellungsgelände. Es wartete darauf, in die »Kongreßhalle« hineingelassen zu werden.
Unter dem anspruchsvollen Namen »Kongreßhalle« firmiert das Riesenzelt, das Heinz Strohkark, Direktor des Hamburger literarischen Kabaretts »Bonbonnière«, aus Konstanz bezogen hat, um darin die Revue »Wenn die Großstadt schläft« zu präsentieren. Vorerst war man mit der öffentlichen Generalprobe noch nicht ganz fertig.
Kirsten Heibergs dunkle Leander-Stimme dröhnte aus dem Zeltinnern durch die Lautsprecher. Trotzdem bekam das Publikum kalte Füße. Einige hielten sich an die Erzeugnisse einer Waffelbäckerei. Es duftete etwas nach Jahrmarkt, »Amis« und teurem Parfüm. Einige mit Blumen dekorierte Flaschen wurden als Applausangebinde diskret durch die Menge getragen.
Georg Büsing hat sich die Revue, deren fünf Bilder dann zum erstenmal offiziell in Szene gingen, ausgedacht, und der Kabarettist Lothar Olias hat sie vertont. Das »Nachtgeschehen« litt erheblich unter dem Tageslicht, das durch die Zeltwände einbrach. Die 2000 und die Ehrengäste reckten sich in dem Mammutzelt die Hälse aus, um zu erspähen, was auf der fernen Bühne vor sich ging.
An einem dicken roten Fädchen ließ man einen mit einer Million beschwerten jungen Mann, eine singende Millionärstochter, einen Haushofmeister und einen Agenten von New York über Grönland nach Hamburg tingeln. Das 4. Bild beanspruchte die Kapelle Juan Llossas für eine 20-Minuten-Einlage auf der Bühne.
Von den 2000 waren nach der Pause nicht mehr alle da. Dr. Günther Rennert, der Chef der Hamburger Staatsoper, hatte als erster das Feld geräumt. Möglich, daß er daran dachte, was sich mit den 150000 Mark alles hätte anstellen lassen können, die das Revue-Unternehmen verschlungen hat.

(DS)

18. November 1948
»Wir haben nur einige wenige Lose da, dann können wir wieder anfangen, dann können wir wieder beginnen. Je schneller Sie kaufen, desto schneller können wir weitermachen, desto schneller können Sie gewinnen.«
Ja, so wollen wir es hören, wenn wir über den Dom bummeln. Wieder tönt und dröhnt und ruft und rasselt es in den Budenstraßen, und wenn die Lichtketten glitzernd am tiefschwarzen Nachthimmel schaukeln, könnte man meinen, es sei so wie einst. Ehe die Betonbunker, graue Symbole einer freudlosen Zeit, auf dem Heiligengeist-

Der Krieg zerriß 60000 Hamburger Ehen. Beim »Ball paradox« im Café Keese, wo immer Damenwahl ist, entsteht mancher neue Bund fürs Leben.

feld emporwuchsen. Auch heute noch stehen sie wie schlechtgelaunte Wächter da, die dem fröhlichen Treiben seinen Raum nicht gönnen. Aber der Dom war immer eine Sache der Stimmung, und wenn wir sie als Maßstab nehmen, so steht eindeutig fest, daß Leinwand und Holz über den Beton triumphieren. Zwischen den Buden drängen sich jung und alt. Nur sechzehn Tage freilich soll es währen, falls die Obrigkeit nicht doch noch ein Einsehen hat.

Dreihundert Schausteller umwerben licht- und lärmvoll den Besucher. Er kann wählen zwischen Flohzirkus und Achterbahn, Avus-Autorempelei und Allotriatreppe. Er kann sich auf alle nur denkbare Arten herumschleudern lassen oder beim Anblick der Motorradfahrer an steiler Wand das Gruseln erlernen. Er kann in die Zukunft schauen, gleich vier Orakel versichern ihm ihre Glaubwürdigkeit. Kurzum, er kann es sich etwas kosten lassen. Ob er auf seine Kosten kommt, ist Sache des Temperaments.

Oder des Appetits. Verlockend drehen sich die Backhändel vor dem Rost. Stück zehn DM. Mancher innere Kampf wird davor ausgekämpft. Wer mannhaft verzichtet, kann immer noch auf eine markenfreie Ziegenbockwurst »ausweichen«. Sie kostet nur 80 Pfennig. Der Ankauf eines Kartoffelpuffers gibt Anlaß, über den stürmischen Fortschritt der Zeit nachzudenken. »Achtung, kein Fischöl«, steht da zu lesen, und »Hier wird mit Gänsefett gebraten«. Man vernimmt es mit Genugtuung. Übrigens: suchen Sie Eier und Bohnenkaffee? Sie können sich beides erlosen, ertrudeln und – mit der Armbrust – erschießen.

(DW)

Aschenbrödels Verwandlung

18. Januar 1947
In einem Versteigerungslokal in Hamburgs City ist in diesen Tagen eine große Briefmarkenauktion im Gange. Es geht heiß her. Die Briefmarkensammler haben es in dem ungeheizten Raum nicht gerade gemütlich. Aber dies mindert die Begeisterung der Philatelisten nicht.
Der Versteigerer thront mit seinen Gehilfen auf einem Podium wie ein hoher Gerichtshof. Darunter liegen auf einem Tisch Markenalben gestapelt. An den Wänden hängen Ölbilder mit Alpenlandschaften und wenig bekleideten Damen. Kristall-Lüster und antike Schränke mischen sich mit Jugendstil.
»Jetzt kommt etwas sehr Seltenes: Deutsche Reichssammlung, 23000 RM für diese wunderschöne Reichssammlung«, ruft der Auktionator. In wenigen Sekunden ist die Sammlung an den Mann gebracht.
»Los 4987 – meine Herren, ein wundervoller Posten Nothilfe. Alles drin ... Los 4980. Prachtstücke, meine Herren. 3900 RM, 4500 RM, 4600 RM, 4700 RM – ab an den Herrn am Tisch.«
Der Auktionator hat die Gabe der schnellen Rede. Die Tausender fliegen den fröstelnden Männern im Parkett des Saals nur so um die Ohren. Eine Atempause in der heißen Schlacht um die Briefmarke gibt es nur, wenn der Auktionator seiner Stimme mit heißem Kaffee aufhilft.
Briefmarkensammeln ist heute noch im Schwange und große Konjunktur. Briefmarken behalten ihren Wert und bedeuten eine Kapitalsanlage.
Hätte ein Sammler in der Zeit von 1900 bis 1915 sämtliche postfrischen Neuerscheinungen aller Länder erworben, so hätte es ihn 3211,80 RM gekostet. 1938 hatten diese Marken einen Michel-Katalogwert von 62282,60 RM. Heute beläuft er sich auf mindestens das Fünffache.
Ende 1934 tauschte ein Briefmarkensammler, ein Zahnarzt, seine sehr seltene vollständige Memel- und Litauensammlung mit einem Kaufmann jüdischer Konfession. Er erhielt ein gutes vierstöckiges Mietshaus dafür, Brandkassenwert 95000 Reichsmark. Der Kaufmann emigrierte nach England, verkaufte dort die Marken und begann mit dem Erlös ein neues Geschäft. (Übrigens: Das Mietshaus liegt in Trümmern.)
Viele Ostflüchtlinge retteten als einzigen Besitz ihre Briefmarkensammlung. Sie gründen sich mit dem Auktionserlös eine neue Existenz. Der Auktionator hat Flüchtlinge aus Breslau, Königsberg und Danzig unter seinen Kunden, auch viele Kriegerwitwen, 20000 Kunden werden in den Karteikästen des Auktionators geführt.

(DS)

2. Dezember 1947
Ein neuer Orden. Er ist rund. Er leuchtet. Er dekoriert das Handgelenk. Unter der pompösen Oberfläche ruht, von einem dünnen Goldgehäuse umkleidet, ein komplizierter Mechanismus. Auf dem Rand zwei Druckknöpfe. Alles zusammen: Der Goldstopper! Die Idee kommt aus der Schweiz (siehe Longines- und Lemaniagoldstoppuhren). Nach diesen Spitzenfabrikaten wurden von routinierten Fachleuten, besonders in Frankreich, serienweise Stopper hergestellt, die seit Kriegsausbruch heimlich die Grenzen passieren. 1943 kostete der Goldstopper zwischen 3000 und 4000 Mark. Zahlreiche Leute, die dem Fortschritt im Goldgewand mehr Vertrauen schenkten als den revolutionierenden Präzisionsapparaten im Stahlmantel, legten sich damals schon dieses Wertstück zu. Die Preise stiegen. Die Gestapo interessierte sich für die Uhr. Unauffällige Blicke zum linken Unterarm! 1944 wurden im Laufe eines halben Jahres allein in einem Hamburger Lokal 24 Personen sistiert, weil sie den kleinen hochempfindlichen Chronographen angelegt hatten ... Aber sie haben doch gesiegt! Der Stopper heißt jetzt: »Das Ritterkreuz des Schwarzhändlers«. (So getauft von ehemals verfolgten Konkursmassenfledderern der Hansestadt.) Er ist heute ohne Risiko für 10000 Mark zu haben und bildet immer noch ein geschmackvolles Requisit des internationalen Schleichhandels.

(DW)

11. Dezember 1947
Es ist früh dunkel in den Straßen. In den Schaufenstern brennen keine Kerzen. Und in den Wohnungen hängen die Adventskränze düster unter der Decke. 200000 Kerzen für 1,6 Millionen Menschen, mehr hat Hamburg nicht. Das langt nicht einmal für alle Krankenhäuser, Flüchtlingslager und Heime. 500000 Tannenbäume sind Hamburg und Schleswig-Holstein versprochen. Sie werden grün und dunkel in der Ecke stehen – wenn sie nicht im »schwarzen« Licht erstrahlen.
In den Auslagen der ehemals eleganten Geschäftsstraßen der Hansestadt präsentieren sich Geschenke: Messing, Kupfer, Eisen und Papier, Edelmetalle und Bril-

lianten. In den Warenhäusern – früher Wallfahrtsorte kaufseliger Eltern und heißwangiger Kinder – drängt man sich traditionsgemäß, wo drängt man sich nicht? Und kauft man auch – wo und was kauft man nicht?
Aber es gibt auch gute und preiswerte Geschenke. 600 Firmen in Hamburg von je drei Mann bis zu 50, unter ihnen bis zu 70 Prozent Kriegsbeschädigte, zusammen 10000 Menschen, haben eine Kleinindustrie ins Leben gerufen, die bei äußerster Arbeitsintensität und sparsamstem Material- und Kohleverbrauch minderwertige Grundstoffe, Blech- und Holzabfälle, Preßtorf usw. bis zu 500 Prozent veredelt. Sie stehen unter einer freiwillig eingegangenen Werkskontrolle, die aus einem Gremium von Herstellern, Handwerks- und Handelskammern, den Fachverbänden, den Gewerkschaften und der Stadtverwaltung besteht. Ihr Ziel lautet: Geschenke aller Art in guter Qualität zu vernünftigen Preisen.
Hauptprodukte einer Firma sind Kochlöffel. Das dabei abfallende Holz genügt, um hübsche Hafenanlagen und Schiffe zu basteln. Aus Metallspänen werden Baukästen. Eine stabile Eisenbahn kostet – 4,50 RM. Eine handgroße Kupferschale mit Emaillebrand ist für 35 RM zu haben. Ein Zigarettenetui aus Messing, glänzt wie Gold und gibt zweifellos den gleichen Kredit, Kostenpunkt: 40 RM. In einem Ausstellungsraum der Herstellervereinigung stehen über 1400 Musterstücke, für deren Herstellung im einzelnen die Lizenz erteilt wurde.
Natürlich erzeugt Hamburg bei weitem nicht genug für den eigenen Bedarf, aber hier ist zweifellos ein Weg gefunden, eine pädagogische Bresche in das Gestrüpp einer wildwuchernden Geschenkindustrie zu schlagen.
Und was wird zum Fest unter dem Baum liegen? Wirklich gute Geschenke sind kaum zu kaufen. (Nur für den Bergmann mit seinem »Sesam-öffne-dich« der Punkte gibt es Qualitätsarbeit.) Bei den meisten Dingen läßt sich sagen, Kitsch ist, was man trotzdem kauft. Und gekauft werden die knallig bunten Löwen aus Gips für 96 RM, die hölzernen Teller und Leuchter, die Feuerzeuge ohne Docht und Stein und hundert andere Bluffartikel.
Schlechtes »Kunstgewerbe« macht sich breit und fordert schwindelnde Preise. Bei dem größten Teil des Spielzeugs werden nicht einmal die Kinder glauben, daß es aus der Werkstätte des Weihnachtsmannes stammt. Trotz der Wachsamkeit der Preisüberwachungsstellen werden auch für Spielzeug Summen verlangt, die in gar keinem Verhältnis zu ihrer Qualität stehen. Lange Schlangen von Kauflustigen vor Schund und Plunder: Weihnachten 1947! *(DW)*

25. November 1948

In einem Saal fand ein Tanzturnier statt. Bis zum nächsten Flüchtlingslager sind es zweitausend Meter. Ein Lazarett, in dem noch jetzt – im Jahre 1948 – Kriegsverletzte gepflegt werden müssen, weil sie zu schwer verwundet waren, ist nur sechshundert Meter entfernt. Auf den Plakaten aber, die zur Teilnahme an jenem Tanzturnier einladen, steht in fetten Buchstaben gedruckt: »Gesellschaftskleidung dringend erwünscht!« Ja, und da sah ich vor einem dieser Plakate einen Wanderer von der Zonengrenze. Er trug alle seine Habe in einem Sack auf dem Rücken. Es war kein Rucksack, eher ein »Schnappsack«, wie er zu Zeiten der fahrenden Scholaren üblich war.
Dieser Mann las das Plakat Von A bis Z. Dann sah er auf seine nur mühsam geflickte Kluft. Ein breites Grinsen hißte er hernach in seinem Gesicht. Und nun tat der Mann etwas, das ich nicht vermutet hatte; er schüttelte nicht den Kopf angesichts des Gegensatzes zwischen seiner »Garderobe« und dem grotesken Postulat »Gesellschaftskleidung dringend erwünscht«; auch räsonierte er nicht, er ging im Walzerschritt davon – westwärts. Ein Gespenst, das zu tanzen beginnt.
Ist das Verhalten dieses Mannes nicht eine großartige Dokumentation jenes seltenen Phänomens, das man »Toleranz« nennt? Oder hat das Wort »Tanz« bei dem Mann ganz einfach eine Assoziation an Vergangenes ausgelöst, so daß der Tanzschritt wie von selbst über seine Glieder kam? Ich nun protokolliere diese Beobachtung wahrheitsgemäß, obwohl es mir lieber gewesen wäre, der Mann hätte räsoniert, protestiert, geschimpft und die Besitzenden verflucht, die keine anderen Sorgen haben als: »Gesellschaftskleidung dringend erwünscht!«
Auf Tanzturnieren sollen alle diejenigen starten, die sich einmal zwei Stunden lang wie Ginger Rogers und Fred Astaire (Volksausgabe im Rahmen des Marshall-Planes) vorkommen wollen. Es sei ihnen unbenommen! Was aber in die Augen sticht, ist die »Uniform-Vorschrift« auch für die Zuschauer. Die Veranstalter sagen, es sei wegen des »festlichen Bildes«. Die Veranstalter sind mit Blindheit geschlagen, sonst würden sie nämlich sehen, daß aus dem »festlichen Bild« ringsherum sowieso erhebliche Zacken herausgebrochen sind, alldieweil schon das Haus neben dem Turniersaal halb ausgebrannt ist. Frack und Smoking neben Trümmern! Früher sagten die Leute dazu: »Nobel geht die Welt zugrunde!« Die meisten Zeitgenossen von heute haben allerdings eine andere Meinung von »Noblesse«, mit der, falls es notwendig ist, zugrunde gegangen werden sollte!

Ein Hamburger Freund berichtete kürzlich, er sei zu einer »Etepetete«-Veranstaltung eingeladen worden, und da sei ihm nichts übriggeblieben, als sich »aufzutakeln«. Er lieh sich einen Frack, der ihm zu weit war, pumpte sich ein Frackhemd, dessen Manschetten durchgestoßen waren, fuhr wegen entsprechender Kragenknöpfe hin und her in der Stadt. Wegen der Knöpfe des Chemisetts rüstete er eine dreistündige Expedition zu Verwandten aus. Als er nunmehr als gentleman verkleidet war – mit schnabelförmigen Lackschuhen, die als eine Art Museumsstück, in Gerümpel versteckt, die Wirren der Zeit überstanden hatten –, kam sich mein Freund wie ein »Strauchritter der Eleganz« vor. Und als er in dieser Aufmachung von der Haltestelle der Straßenbahn aus durch Trümmerfelder sich vorwärtstasten wollte, bloß um der Narrheit der Gastgeber willen, die die eingeladenen Herren im Frack um sich versammelt zu sehen wünschten, da endlich kam ihm beim Weg durch die zerfetzte Stadt die befreiende Erkenntnis: er drehte um.
Warum indessen wünschen manchmal die Leute, Fräcke um sich zu sehen? Sie denken, der Friede sei da, wenn sie einfach die versunkenen Friedensgebräuche aus der Mottenkiste hervorkramen. Der Hang zum Formalismus feiert nicht nur Orgien in der Geburt immer neuer Bürokratien, auch hier ist er am Werke in der kleinen Formel »Gesellschaftskleidung dringend erwünscht!« Ein Frackhemd soll Halt geben in der Erscheinungen Flucht – und sei es auch nur geliehen oder schlecht gestärkt und an den Manschetten durchgestoßen. Wer sieht schon so genau nach! ... Es gibt Feste in dieser Zeit; es gibt sogar »Orgien« im Frack. Aber es sind Orgien des Als-ob! Und so sind es im Grunde traurige Feste!

(Karl N. Nicolaus, DZ)

3. März 1949

Siebenhundert Schneiderinnen aus allen Zonen und vierzig Modefirmen waren bei der Hamburger Modewoche zugegen, abgesehen von all den Besuchern (um deretwillen ja schließlich doch – trotz aller Fachsimpelei – eine Modewoche stattfindet). Kluge Worte eines Senators eröffneten die Tagung. Er nannte die Mode »einen Motor für den technischen Fortschritt«. Den Fortschritt der deutschen Mode sah man in der Errungenschaft der »klaren Linie«. Klare Linie in Deutschland? Wahrhaftig ein Fortschritt!

Kleider zum Träumen. Man sieht sie schon auf dem Laufsteg, auch wenn es sie nicht zu kaufen gibt.

»Von der erschreckenden Plumpheit eines Vobach der dreißiger Jahre konnte ich nichts bemerken«, schrieb die charmante Schweizer Modespezialistin Giola, als ein deutsches Mode-Atelier nach dem Kriege in Zürich seine Modelle vorführen durfte. »Wo blieben die Wolldeckenmäntel und Kleider ›aus zwei mach eins‹. Die deutsche Mode zeigt sich in einem neuen Licht, und die Verwandlung des deutschen Aschenbrödels ist verblüffend. Diese Modelle haben etwas von dem Charme Frankreichs und sind doch typisch deutsch in ihren zarten und einfachen Linien.« In der Schweiz also waren schon bald nach dem Kriege die Vorurteile gegen die deutschen Moden verschwunden. Auf der Hamburger Modetagung zeigte sich, daß auch wir Deutschen unser Vorurteil gegen die deutsche Variante des internationalen Modestils aufgeben sollten ... Über zarten Sandaletten aus Wildleder, über nylonbestrümpften Beinen schwingen 30 Zentimeter über dem Boden Glockenröcke, plissierte oder enge geschlitzte Röcke aus Wolle, aus reiner Seide, Moiré, Taft oder dem beliebten Manchester; die Taillen sind betont, und fast alle Kleider haben dreiviertellange Ärmel. Zarte Spitzenblusen aus weißer Seide, schwarze Phantasiekostüme mit Schößchen verdrängen in diesem Frühjahr die strengen Schneiderkostüme.

»Strümpfchen« ist noch sehr jung und die zierlichste unter den fast 60 Mannequins der Hamburger Modewoche. Ihr Gesicht ist herzförmig und ihre Füße schweben über die dicken Teppiche des Hotels, wenn sie die kostbaren Modelle vorführt. Ihre Taille mißt 54 Zentimeter. Wie alle Mannequins würde auch sie gern ihr ganzes Geld für schöne Kleider ausgeben, aber »Strümpfchen« ist nebenbei Hausfrau und bezahlt das Studium ihres Mannes. Umringt von elegant gekleideten, bildhübschen Mannequins – jeder größere Modesalon hat eigene Mannequins, die fest angestellt sind wie die Verkäuferinnen – steht eine blasse Frau in einem braunen Kleid ohne New Look, die graue Eminenz des Salons, die Direktrice. »Sie hat Gold in den Fingerspitzen«, sagen die Mädchen. Auf die Direktrice eines Salons kommt es an.

Die anfängliche Begeisterung des Publikums während der Vorführung dieser Traumgebilde wurde abgelöst durch Skepsis gegenüber den Möglichkeiten einer Erfüllung dieser tausendfältigen Versprechungen. Immer lauter wurde die Frage nach dem Preis der Modellkleider, doch die Modeschöpfer schwiegen diskret. Und als bekannt wurde, daß »Pünktchen«, ein schlichtes schwarzes Taftkleid mit goldenen Tupfen, 300 DM kostet, gaben die meisten der Zuschauerinnen die Hoffnung auf Erfüllung ihrer Wünsche auf. Doch versteckt hinter den Säulen saßen Hausschneiderinnen mit ihren Kundinnen und Damen, die, autark in Modefragen, sich alles selbst schneidern können. Sie zeichneten auf Papierservietten und Visitenkarten blitzschnell unter den Augen der scharf beobachtenden Kellner die Modelle ab. Ihr Entzücken über die glanzvollen Moden war ungetrübt.

Hamburg hat sich während der vergangenen Modewoche als norddeutsches Modezentrum bewährt. Die Grundlagen für einen späteren Export und wettbewerbsfähigen Außenhandel, der Binnenmarkt als materieller Rückhalt der Exporteure seien geschaffen, meinten die, die es wissen müßten. Außenhandel? – Ja, das ist wohl möglich, denn wer kann im armen Deutschland solche Preise zahlen?

(DZ)

Glaube und Aberglaube – Die neuen Gesellschaftsspiele

21. März 1946

Es ist kein Zweifel, daß in heutigen Tagen der Aberglaube umgeht wie noch nie. Die Zukunftsdeuter haben hohe Zeit. Auch wird gegenwärtig mächtig mit den Kettenbriefen gerasselt. Denn wieder ist der »flandrische Hauptmann« auf den Plan getreten – behüte, kein belgischer, kein wallonischer, nun eben ein flandrischer – der es sich, wie er es seit Jahrzehnten gewohnt ist, auch diesmal in den Kopf gesetzt hat, seine »Glückskette« dreimal um die Welt gehen zu lassen. Dreimal um die Welt! – Was das heute, zur Zeit der Postsperre und des Mangels an Transportmitteln, bedeutet, hat der wackre flandrische Hauptmann wohl nicht bedacht. Oder sollte er an seiner »Glückskette« nur demonstrieren wollen, wie schwer es das Glück hat, heutzutage um die Welt zu gehen, und dies gleich dreimal hintereinander?

Daran ist aber wohl auch kein Zweifel, daß einer, der morgens beim Posteingang feststellt, daß er von der Glückskette erwischt worden ist, zunächst einmal erschrickt. Er liest das flandrische Kommando, daß dieser Brief viermal abzuschreiben und binnen 24 Stunden an vier Personen zu senden ist, denen man Glück wünscht. Und nicht jeder hat den Mut, den Brief in den Ofen zu werfen, weil die sanfte Glücksbotschaft immerhin mit einigen Drohungen gepfeffert ist. Darum gehen solche Menschen, in deren Seele der Aberglaube mit Pfiffigkeit gemischt ist, hin und senden die abgeschriebenen Briefe an vier Personen, denen sie – wie es das flandrische Gesetz befiehlt – zwar Glück (denn man soll ja grundsätzlich jeden Nächsten lieben), aber auch ein bißchen Plackerei wünschen, und sie genießen den Gedanken, daß sie andern jenen Ärger bereiten können, der ihnen selbst bereitet wurde. Es empfiehlt sich aber dabei, einen fingierten Absender auf den Glückskettenbriefumschlag zu schreiben, damit der Empfänger sich nicht in gleicher Weise räche und nicht die Kette sozusagen zum Bumerang werde. – Übrigens dürfte klar sein, daß im Falle des Kettenbriefverkehrs eine menschliche Eigenschaft viel Gutes stiftet, die man sonst zu den schlechten Eigenschaften zählt, nämlich die Faulheit. Wäre die Faulheit nicht ebenso wie der Aberglaube im Innern der Seele verwurzelt, so wäre es heute schon längst so weit, daß die Kettenbriefe, die sich nach dem Gesetz ihrer Art innerhalb von einem Tage um ein Vierfaches vermehren, die weltbeherrschenden Postsendungen von heute wären. Die Postboten, die heute schon schwer an den Kettenbriefen tragen, wären längst zusammengebrochen unter der Last, und die Welt wäre längst erstickt unter dem Wust des Glücks.

(DZ)

1. Mai 1948

Durch den grauen Hamburger Alltag schritt ein glatzköpfiger Mann mit einer orangegelben Toga, einem zum Rock drapierten Vierecktuch, einem gelben wollenen Sweater, gelben Strümpfen und Sandalen. Unter einem Arm trug er, ein Mann mit freundlich lächelnden Augen hinter einer dicken Hornbrille, eine Opferschale, unter dem anderen einen Sonnenschirm. Es war der Bhikkhu U. Thunanda.

Der burmesische Mönch, der zum Großrat der buddhistischen Mönche in Rangun gehört, ist vor zwei Jahren mit 2000 ersparten englischen Pfund zu einer Weltreise gestartet. Er hat bis 1956 Zeit. Zum 2500. Erinnerungstag an die vier Zeitwenden Buddhas will er wieder in Rangun sein. Buddhisten aus aller Welt wollen sich dann in Rangun treffen. Der Bhikkhu will ihnen von seiner zehnjährigen Weltmission für den Buddhismus berichten.

Der Bhikkhu meinte höflich, daß er bisher in Deutschland am angenehmsten aufgenommen worden sei. Die buddhistische Weltanschauung erleichtert allerdings das Reisen in Deutschland erheblich. Eine ihrer Regeln ist: sich über nichts aufregen. Alles in der Welt ist gleichgültig.

Auch in der Kalorienfrage übertrifft, oder besser: untertrifft der Mönch den deutschen Normalverbraucher. Er darf nur eine Mahlzeit am Tage zu sich nehmen, und zwar bevor der Hochstand der Sonne beendet ist.

Die Hamburger sahen den orangegelben Mönch zweimal zur Universität und einmal zum Gewerkschaftshaus schreiten. Dort sprach er zu den Hamburger Buddha-Gläubigen.

Neben dem Vortragspult dolmetschte ein Mann im Straßenanzug. Es war Dr. Helmuth Palmié, der Vorstand der Hamburger buddhistischen Gemeinde. Im Hauptberuf ist er praktischer Wundarzt und Geburtshelfer. Diesmal wurde es eine Zangengeburt.

Von dem unbekümmerten englisch-burmesischen Slang, in dem der Mönch temperamentvoll sprach, verstand der Dolmetscher auch nicht viel mehr als die anderen. Aber Dr. Palmié ist sattelfest im Buddhismus und übersetzte frei.

Die christlichen Nationen haben versagt, sagen die Buddhisten. Anstatt einander christlich zu lieben, zerfleischen sie sich. Die Buddhisten wollen friedlich auf dieser Welt leben. Sie erheben auch keinen Anspruch darauf, von einem Gott erlöst zu werden oder einem Gott die Verantwortung zuzuschreiben. Ihre Devise ist: Gut sein, nichts Böses tun, überall helfen. Wer danach lebt, ist der Erlösung sicher.

In Hamburg bemühen sich jetzt rund 30 Gläubige darum. In Deutschland sind es 1000. Viele von ihnen haben jahrzehntelang gesucht, bis sie zu Buddha gefunden haben. Die Nazis hatten die buddhistischen Gemeinden verboten, jetzt werden sie wieder aufgebaut. Man erwartet viel für Buddha in dem aus den geistigen Fugen geratenen Nachkriegseuropa.

(DS)

28. Juli 1949

Während Deutschlands Reporter immer noch ihre Runden in die Leere jagen, um Arthur Otto M. zu Gesicht zu bekommen, saß der SPIEGEL im gepflegten Landhaus des Stigmatisierten, um bei ein paar Chesterfield-Längen das ungewöhnliche Schicksal des Hamburger Holzkaufmanns zu notieren. Die Anschrift lautet: Arthur Otto

Moock, Berne bei Hamburg, Hohenberne Nr. 3.
Das Signalement des Stigmatisierten von Hamburg ist kurz: Jahrgang 1902, gebürtig aus Hagenau im Elsaß, seit 1906 in Hamburg. Als Holzfachmann bringt er es durch Fleiß zu einer eigenen Firma. Nachdem er die halbe Welt bereist hat, zertrümmert Weltkrieg II auch sein Geschäft. Er wird Prokurist in einem Hamburger Speditionsunternehmen.
Der heute 47jährige untersetzte Mann wirkt älter. Nicht, daß sein schwarzes Haar ergraut wäre, aber seine immer traurigen Augen geben ihm etwas Gedrücktes. Ansonsten ist sein Auftreten sicher, seine Sprache gut pointiert, seine Intelligenz weit über Durchschnitt.
Überraschend energisch sein Händedruck. Steckenpferde reitet er sogar drei: Sportfischen, Gartenbau und Photographieren. Wenn nur das Stigma nicht wäre.
»Die Zeitungen haben geschrieben, ich verstecke mich vor der Außenwelt. Das ist völliger Unsinn«, erklärt Arthur Otto Moock. »Alle meine Nachbarn kennen mein Leiden. Erst seit Juli dieses Jahres fühle ich mich nicht mehr fähig, meinen Beruf auszuüben.«
»Aber Sie machen doch jetzt einen frischen, lebendigen Eindruck.« – »Der Schein trügt. Meine englische Geschäftspost habe ich noch routinemäßig diktiert. Auch französisch. Aber beim Tschechischen entfallen mir bereits mehr und mehr die Vokabeln.« Nach jeder Stigmatisierung entsteht im Gedächtnis ein Bruch.
Seit Jahren schläft Moock kaum noch. Nachts ruht er nur mit erhöhtem Oberkörper. Unmengen Luminal zehrten am Körper. Der Mann, der vor dem Weltkrieg Nr. II 160 Pfund wog, ist auf 80 Pfund abgemagert. Brechen die Wundmale auf, muß das schwach gewordene Herz mit starken Dosen Strophantin-Glukose vorm Kollaps bewahrt werden. Das ist alle vier Wochen.
Auf der Stirn des Stigmatisierten ist deutlich das Kreuz Christi zu erkennen. Leicht verharschte Narben. Der Mann zeigt seine Hände. Da sind die Nägelmale des Gekreuzigten. Moock zieht Schuhe und Strümpfe aus. Auch an den Füßen unverkennbar die Nägelmale.
In diesem Augenblick geschah im dunkeleichenen Speisezimmer des Kaufmanns Arthur Otto Moock das bis dahin Unerhörte: der Stigmatisierte knöpfte seinen Rock auf, raffte das Hemd hoch und entblößte seine linke Seite. Da war unter dem Herzen das blutrote Wundmal des Gekreuzigten von Golgatha.
»Haben Sie eigentlich eine Bibel im Hause?« – »Ja«, antwortet Frau Moock, »aber sie liegt auf dem Boden in einer Kiste. Sie ist ein Erbstück von meiner Mutter. Wir lesen nie drin.« Ihr Mann ist auch kein Kirchgänger. Nur sein Bekenntnis ist protestantisch.
Die Unterredung mit dem Unglücklichen wird abgekürzt, um ihn nicht zu erregen. »Als sein Vater starb und die Trauergemeinde hier um den Tisch saß, erregte er sich so, daß sofort die Wundmale aufplatzten«, flüstert Frau Moock.
»Und dann?« – »Erst tritt Blutwasser heraus, dann reines Blut. Klingt nach drei, vier Tagen die Stigmatisierung ab, tröpfelt es noch bis zum Ende. Dann verharschen sich die Male.«
»Sie sagen Blut ...« – »Ja, es ist Blut. Professor Grätz hat es untersucht. Es ist reines Blut.«
Arthur Otto Moock war bei vielen Ärzten. Er hat Töpfe von Salben verschmiert. Ohne jeden Erfolg. Die ratlosen Dermatologen haben ihn zu Nervenärzten geschickt. Die legten Moock in Krankenhäuser. Da ging er wieder. »Ich bin doch kein Versuchskaninchen für neue Medikamente«, sagte der Mann mit den Wundmalen.
Treten die Stigmen auf, verbindet er seine Wunden – weder Eisenchlorid noch Mutterkorn stillen das Blut – und mit der erlösenden Strophantin-Spritze dämmert er über die schrecklichen Tage hinweg.
»Es ist dann, als hätte ich flüssiges Blei im Kopf«, sagt Moock. Zeitweilig setzen Sehen und Hören aus. Er erlebt Visionen: von ferne kommt der Heiland in weitem wallendem Gewand auf ihn zu, ihm freundlich zulächelnd. Dann entfernt er sich langsam wieder ins Unendliche. Danach fühlt sich der Stigmatisierte erleichtert.
Die ersten Zeichen einer Stigmatisierung traten 1935 bei Moock auf. An seiner Stirnhaut zeigten sich die Stigmen einer Dornenkrone. Zunächst in Abständen von einigen Monaten, meist nach Aufregungen oder Überanstrengungen.
Das war sieben Jahre nach einem schweren Autounfall, den Moock im Mai 1928 bei Erfurt erlitten hatte. (Bei Therese von Konnersreuth zeigten sich die ersten Stigmata ebenfalls sieben Jahre nach ihrem Brandunglück).
Seit dem 13. Dezember 1943 jedoch erlebt Moock seine Stigmen regelmäßig alle vier Wochen. An diesem Tage wurde Hamburg bereits in den Morgenstunden von einem schweren Luftangriff heimgesucht.
Moock war Luftschutzwart in Hamburgs Hafenviertel, nicht weit vom Rödingsmarkt. Am Cremon. Militärtauglich hatten ihn selbst 1943 Hamburgs Stabsärzte nicht geschrieben: nicht nur das Herz war krank, auch die Wirbelsäule hatte einen Fehler.
Als das Flakfeuer für etliche Minuten aussetzt, verläßt

Moock sein damaliges Haus Deichtorstraße 19 für einen Rundgang, um mögliche Brandherde auszumachen. Er geht in ein Haus am Cremon.
Als er den ersten Stock erreicht hat, schlägt eine Luftmine ein. Der ungeheure Luftdruck wirbelt Moock hoch, hebt ihn übers Treppengeländer, dann fällt er ins Treppenhaus. Am Hochparterre vorbei bis zum Keller. Dort bleibt er mit gebrochenen Beinen, Gehirnerschütterung, zerschunden und verstaucht ohnmächtig liegen.
Sämtliche Krankenhäuser Hamburgs sind überfüllt. Die Sanitäter liefern den Zerschlagenen draußen bei seiner Frau ab. »Ein paar Stunden nach diesem Sturz platzte seine Stirnhaut zum ersten Male mit dem Kreuzzeichen auf«, berichtet Frau Moock. Heute ist der Holzkaufmann ein gebrochener Mann. »Und ich mache ebenfalls kein Auge mehr zu«, sagt Frau Moock.

(DS)

23. Dezember 1949

Am ersten Weihnachtsfeiertag feiern die NWDR-Schnelldenker zweijährigen Geburtstag. Jeden Sonntagnachmittag ruft die baritonale Stimme Hans Gertbergs zum NWDR-Schnelldenker-Turnier auf und überzonal sind einige Millionen Lautsprecher eingeschaltet.
Das Turnier ist eine Art Volkssport geworden. Turnierleiter Gertberg, früher Schauspieler, Dramaturg und Journalist, hält es für »geistiges Juckpulver, das die Gehirnzellen zum Niesen bringt«.
Für die Psychologen ist die Schnelldenkerei eine Fundgrube. Hamburgs Psychologe an der Universität, Professor Wenke, hat mit seinen Studenten eine Seminararbeit darüber gemacht, wie die Teilnehmer in der geistigen Schrecksekunde vor dem Mikrophon reagieren. Professor Simoneit, einst Heerespsychologe und Erfinder zahlreicher unangenehmer Test-Methoden, hält die landesüblichen Intelligenz-Prüfungen durch die NWDR Schnelldenker-Methode für überholt.
Das psychologische Moment am Mikrophon ist ein Spiegelbild des Lebens, meint Gertberg. Bei der Lösung der Fragen kommt es weniger aufs Wissen als auch schnelles Schalten und Kombinieren an.
Filmstars von Willy Fritsch bis Fita Benkhoff, Boxer von Schmeling bis Hein ten Hoff, Schriftsteller, Musiker, Chauffeure und Journalisten hat Gertberg einige Dutzend Male elegant durch die gefährlichen Klippen der Schnelldenker-Gewissensfragen gesteuert. Sein Schnelldenker-Schlachtgesang, von Lothar Olias vertont, jetzt in Hamburg verlegt, ist so etwas wie eine zeitgemäße Philosophie: So raten wir uns durch das Leben.
Die intelligentesten Leute bekommen oft geistig kalte Füße angesichts des Mikrophons und des schadenfreudig gestimmten Funksaal-Auditoriums. Generalmusikdirektor Schmidt-Isserstedt kapitulierte vor der Musik. Als er Musik-Proben erraten sollte, erkannte er sie nicht. Er hatte sie selbst dirigiert.
Ziemlich bleich saß kürzlich auch der Schriftsteller Walther von Hollander zusammen mit seinen Kollegen Norbert Jacques und Werner Jörg Lüddecke am Schnelldenker-Tisch. Aus dem Schluß-Satz eines Romanes sollten sie den Autor erraten. Nur Norbert Jacques wußte es. Er war der Autor. Es handelte sich um den »Dr. Mabuse«. Jacques hat den Roman kürzlich wieder überarbeitet. Sonst hätte er es auch nicht erraten, meinte er freimütig.
Vor dem Mikrophon verraten sich die Temperamente. Eine bekannte Filmschauspielerin wurde wild, als sie ein Rechenexempel nicht erklären konnte. »Ich bin viel zu hübsch, um das erklären zu müssen«, schmetterte sie ins Mikrophon. Es gab Getöse und Protest im Saal.
Der Temperamentsausbruch wurde später gestrichen – auf Wunsch der Schauspielerin. Um peinliche Pannen zu vermeiden, sendet man das Turnier nämlich nicht »life«. Es wird auf Magnetophonband aufgenommen.
Nicht gestrichen wurde die schlagfertige Antwort eines Geigers. Als man ihn fragte, was er tun würde, wenn ihm mitten bei einem Konzert die Hosenträger platzten und die Hosen abwärts rutschen würden, meinte er: »Als großer Geiger würde mich das gar nicht stören. Über meinem Spiel würde das Publikum gar nicht auf meine Hosen achten.«
Peter von Zahn ist der geistige Vater des Schnelldenker-Turniers. Als man vor zwei Jahren anfing, wollte man eigentlich die in Amerika und England beliebte Quiz-Methode wählen. Dabei handelt es sich mehr um ein Abfrage Spiel mit Toto-Betrieb.
Die reinen Wissensfragen waren unbeliebt. Man kam der deutschen Neigung, zu tüfteln, entgegen. Man verbindet Kombinationsfragen mit Wissensfragen. Aber auch die Wissensfragen haben noch eine Hintertür. Man kann sich durch Kombinieren retten.

(DS)

Herbst 1949

Der Krieg hat ein ungeheures Vakuum hinterlassen. Er hat die geistig führenden Schichten dezimiert. Wir sind von Anämie bedroht. Jeder von uns muß seinen Hausrat, seine Aussteuer, sein Gerät, seine Kleidung, seine Bibliotheken, sein Mobiliar erneuern. Wir sehen die Gefahr einer neuen Entfesselung des Kitsches und der Hausgreuel, einer neuen stumpfen und dumpfen, hohlen und grauenhaften Massenproduktion, statt die Gelegenheit des neuen Beginnens zu nutzen, die Erkenntnisse der Vergangenheit auszuwerten, indem wir zum Wertbewußtsein zurückkehren und das Qualitätsgefühl für Form und Material neu entfalten.

(Erich Lüth in »Neues Hamburg«)

Sport im Aufwind

24. September 1945
15000 Zuschauer, darunter viele englische Soldaten, wohnten der ersten Berufs-Boxveranstaltung Hamburgs nach dem Kriege bei.
Neusel ging fast ohne Training in den Acht-Runden-Kampf gegen Vogt. Er war sozusagen in letzter Minute für den aus Berlin nicht abkömmlichen Adolf Witt eingesprungen.
Über lange Strecken machte Neusel den Kampf und hatte zuletzt ein kleines Punktplus, das aber zum Sieg nicht ganz ausreichte.
Zwei Europameister der Amateure lieferten ihre ersten Profikämpfe. Raeschke schlug den Wiener Mittelgewichtler Neff über sechs Runden nach Punkten. Auch der zweite Meister siegte: Hein ten Hoff schlug den Dortmunder Schwergewichtler Weinrich in der ersten Runde K.o.

(HNB)

6. August 1946
Seit den Tagen des Schmeling-Neusel-Kampfes hat kein boxsportliches Ereignis so starkes Interesse in der deutschen Öffentlichkeit gefunden wie der Kampf Neusel – ten Hoff um die Deutsche Schwergewichtsmeisterschaft, der am Sonnabend in Hamburg vor 30000 Zuschauern ausgetragen wurde. Es war der erste Kampf um die Deutsche Schwergewichtsmeisterschaft nach dem Kriege. Der neue deutsche Schwergewichtsmeister im Boxen heißt ten Hoff.
Neusel hat den Kampf verloren. »Er ging unter wie ein wahrer Meister«, sagte Karl Schulmeister, der technische Leiter der Veranstaltung. Dieses Urteil umschließt, was diesem Boxkampf sein besonderes Gepräge gab, die bis zur letzten Sekunde auf den Sieg ausgehende, kämpferische Einstellung Neusels. Es war der weitaus beste Kampf, den er in Hamburg geliefert hat.

(DW)

1. Mai 1948
Im fünfmastigen Hamburger Hagenbeck-Zelt gab es 31 Tage lang beim Vorstellungsbeginn keine Karten mehr. Aber weder wilde Tiere noch Artisten versprachen Attraktionen – Berufsringer aus allen Winkeln Europas schwitzten um den »Hamburger Pokal«.
Am ersten Abend schaukelten 24 Zwei-Zentner-Gestalten unter Tusch in den Ring. Der Ansager gab alle 24 Lebensläufe zum besten, und wer noch niemals Landes- oder Europameister gewesen war, wurde wenigstens ehrenvoll als Meisterringer apostrophiert.
Als zum letzten Male der Tusch ertönte, schoben sich nur noch neun der starken Männer aus dem Hintergrund an den Ring heran. 15 hatten mit fünf Minuspunkten auf dem Konto packen müssen.
In den 97 Kämpfen ging es nicht immer nach den Wünschen der tobenden Galerie. Nicht immer war sie sich mit Schiedsrichter Mügge einig, der über die Reinhaltung der Kämpfe von Freistil-Eskapaden wachte, wie es das griechisch-römische Gesetz befahl. Am vorletzten Tag bekam er eine Brille geschenkt.
Die Matadoren selbst bekamen Speck-Pakete und Zigarren. Auf dem Absender meist weibliche Vornamen. Die gestifteten Geldpreise gingen in die Tausende.

(DS)

18. September 1948
Alle 14 Tage spricht im Hamburger Sportbund ein mittelgroßer dunkler Herr vor. Unermüdlich fragt Eugen Hölzel, wann er nun endlich wieder im Vereinsrahmen Judo lehren dürfe. »Es wird höchste Zeit, daß uns wieder freie Hand gelassen wird«, sagte er. Nächstes Jahr soll er nicht mehr als einziger Deutscher wie in diesem Jahr zur internationalen Judo-Sommerschule in die Schweiz fahren, sondern noch 20 junge Deutsche mitbringen. Und die wollen von Eugen Hölzel erst trainiert werden.
Vor dem Krieg trafen sich die Judo-Sportler aus aller Welt jedes Jahr im Juni in Frankfurt/Main. Seit 1945 treffen sie sich aber auf Schloß Münchenvila im Schweizer Kanton Bern. Lehrer und Trainer beraten alle Jahre wieder über die Annahme neuer Judogriffe. Außerdem werden die Prüfungen abgewickelt.

HSV-Zonenmeister 1948. Stehend: Reinhard, Werner, Adamkiewicz, Hold, Trenkel, E. Seeler, E. Dörfel, Tauchert. Knieend: F. Dörfel, Grote, Jessen

In siebeneinhalb Minuten schlug Eugen Hölzel in diesem Jahr in Münchenvila elf Gegner. Das Kollegium der internationalen Judo-Union brauchte nicht lange zu beraten. Es ernannte den 43jährigen hüftgewandten Deutschen mit der gelben Hornbrille zum zweiten DAN-Meister. Was DAN eigentlich heißt, weiß Hölzel nicht. Der Ausdruck kommt aus dem Japanischen.
Nun darf er sich zum Zeichen seiner Meisterwürde einen schwarzen Gürtel um den Bauch binden. Weiße, gelbe, grüne, blaue und braune Bauchbinden tragen seine Schüler. Je nach Können.
Deutschland war die stärkste europäische Judo-Nation und Eugen Hölzel Hamburger, Norddeutscher und Deutscher Meister. »Es kann sein, daß ich noch ein paar andere Meistertitel habe.« An die genaue Anzahl erinnert er sich gar nicht mehr.
1945 wurden durch die Alliierten »Jiu-Jitsu und ähnliche Sportarten« verboten.
Heute haben die Engländer im Regierungsbezirk Düsseldorf schon nichts mehr dagegen, daß Judo getrieben wird. In Hamburg ist Hölzels Lizenzantrag vom Januar noch nicht beantwortet. Vorläufig schult er die Kriminalpolizei und die Außenbeamten der Hamburger Elektrizitätswerke.

(DS)

2. Oktober 1948
Senator Büll vom Hamburger Senat erschien eine Stunde nach dem Start des Radrennens im Hamburger Stadtpark, der letzten Etappe der großen Dreizonenfahrt der deutschen Berufs-Radfahrer. Zur Siegerehrung, bei der er Kultus-Senator Landahl vertreten sollte, war es aber noch zu früh. Sein Wagen mußte mit polizeilicher Gewalt von der Rennstrecke gebracht werden.
Einen goldenen Kranz durfte er schließlich dem schwarzen Frankenthaler Philipp Hilpert für den Sieg in der Ge-

samt-Wertung umhängen. Die 600 DM Sieges-Prämie zählte Veranstalter Schwartz später selbst vor.
Zehn Tage lang waren die Straßenfahrer durch die drei Westzonen geradelt. In Stuttgart starteten sie am 17. September. Da waren es 45. Durch die Pfalz ins Lahntal, hinüber an den Rhein und weiter ins Ruhrgebiet führte die Strecke. Von Bielefeld nach Hamburg ging die letzte Etappe. 29 kamen an, nach 1474 Kilometern.
Zum ersten Male nach dem Kriege sollte das deutsche Fahrrad-Material ernsthaft erprobt werden. »Die Zerschleißprobe ist so gut verlaufen, daß wir dem Ausland wieder beruhigt in die Augen blicken können«, sagt Hermann Schwartz. Er hat nur die Organisation der IRA-Fahrt geleitet. Mit der finanziellen Seite hatte er nichts zu tun. Das war Sache der IRA (Industrie-Gemeinschaft zur Förderung des Radfahrwesens). Alle deutschen Fahrrad- und Zubehörfabriken gehören dazu. Im Rennen überprüfen sie ihre Erzeugnisse des letzten Jahres. Und machen Reklame.
Für den sportlichen Anstrich müssen die Fahrer sorgen. Sie stehen unter Vertrag und bekommen jeden Monat ihr Gehalt. Für die Tüchtigsten gibt es Sonderhonorare. Auch die 200 DM für einen Etappensieg und die vielen Zwischenprämien sind extra.
Sieben Eier aßen die Fahrer des Bismarck-Teams allmorgendlich vor dem Start. Beefsteaks, Hühnerbraten, Würstchen, Torte und Schnäpse standen außerdem nach Belieben zur Verfügung.
Nur das Fleisch wurde auf den letzten Etappen knapp. Das hatten die Sanitäter angefordert. Für die auf den harten Ledersatteln durchgescheuerten Hinterteile der radelnden Männer bedeutete es letzte Hilfe: Breitgeklopft wurde es vor dem Start in die Hosen eingelegt.

(DS)

18. Oktober 1947
Die 40000 Menschen, die in der Dunkelheit vom Hamburger HSV-Sportplatz an der Rothenbaumchaussee nach Hause stolperten oder die Straßenbahnen stürmten, waren auf ihre Kosten gekommen.
Der »Großkampf-Boxtag« mit der deutschen Schwergewichtsmeisterschaft hatte zwei K.o.-Niederlagen, ein Trommelfeuer von harten Schlägen und viel Blut beschert.
Der Andrang an den Eingangstoren war erheblich. Ordnungspolizisten fielen in Ohnmacht. Sie konnten nicht verhindern, daß 10–12jährige Jungen ohne Eintrittskarten (RM 7,50 bis 145,– legaler Preis) Lücken fanden und später in Ringnähe aus der Film-, Theater- und Boxprominenz herausgefischt werden mußten.
Dort saß alles, was Rang und Namen in der Boxwelt hat. Dietrich Hucks trug seine geschwollene Linke zur Schau, und Jean Kreitz setzte sich bei seiner Frau auf den Schoß, weil er keinen anderen Platz mehr fand.
Der Ruf nach Schmeling wird immer lauter. Er klettert aber erst, als ten Hoff und Neusel schon in ihren Ecken stehen. Hein ten Hoff, 1,94 groß und 194 Pfund schwer, hat eine schwarze Hose an und den blauen Meistergürtel um den Bauch. Sein zukünftiger Schwiegervater Jung, Schlachtermeister, sekundiert persönlich.
Die erste Runde: Abtasten. Dem Wochenschaumann, der eine Nahkampfszene aufnehmen will, fliegt ein Apfel an den Kopf. Die blitzhafte Linke ten Hoffs regiert die Runden. Trotzdem bekommt er in der dritten einen rechten Geraden gegen das Kinn. Ein nachfolgender linker Schwinger, und wie ein gefällter Baum knallt ten Hoff zu Boden. Bei »Neun« kommt er wieder hoch, und die aufgesprungenen Zuschauer setzen sich. Neusel lächelt freundlich mit seinem schwer lädierten Gesicht.
Nach der fünften Runde tappt ten Hoff groggy in die falsche Ecke. Sein Masseur muß ihn wieder zu sich holen.
Dann besiegelt ein einziger Schlag in der 6. Runde Walter Neusels Schicksal. Er trifft den 40jährigen mit voller Wucht an den Kopf. Betäubt steht Neusel da. Es regnet schwerste Treffer. In der siebten Runde zertrümmert ten Hoff seinen zwölf Jahre älteren Gegner. Es ist nicht ganz ersichtlich, wofür die 40000 Tobenden sich mehr erhitzen: für ten Hoffs große Form oder die Härte Walter Neusels im Nehmen. Blutüberströmt in der Ecke sitzend, wird er ausgezählt.
Wie die Fliegen hingen die Photographen an dem goldbekränzten Sieger, sie konnten nur mit Zwang vertrieben werden. Schwiegervater kämmte den neuen Meister noch einmal und zeigte ihn dem Volke. Die Boxexperten, die ihm in seinem Saseler Trainings-Camp zugeguckt hatten, orakelten richtig, als sie seiner Linken den Sieg prophezeiten.

(DS)

6. November 1948
Max Schmeling, der 43jährige Ex-Schwergewichts-Weltmeister, nahm endgültig vom Boxring Abschied. Vor 20000 Zuschauern verlor er in der Berliner »Waldbühne« gegen den Halbschwergewichtsmeister Richard Vogt nach Punkten. Unmittelbar nach dem Gongschlag der letzten Runde erklärte Schmeling noch im Ring, es sei

»endgültig sein letzter Kampf« gewesen. In Hamburg wechselt er in einen kaufmännischen Beruf über.

(DS)

16. November 1948

Fußballwetten. Zweimal in der Woche werden künftig Zehntausende in Hamburg wissen, woran sie sind. Am Sonntagabend werden sie erfahren, ob sie ein paar Scheine gewonnen haben, und 72 Stunden später, wieviel. Das Ob und Wieviel sind die Sektkorken der Fußballwetten. Wenn's knallt, schäumt der Mensch vor Freude.

Der Startschuß ist gefallen. Fast 100 000 füllten in Hamburg zum erstenmal einen Tipzettel aus. Ihr Glück liegt nicht auf der Straße, auch nicht in den Sternen, sondern in den Beinen. Leider nicht in den eigenen. Es liegt in den Beinen anderer. Sich auf sie zu verlassen, ist immer riskant.

Aber die Aussicht, einen Coup zu landen, wiegt das Risiko des Einsatzes auf. Er kostet nur 50 Pfennig. In Hamburg und Umgebung gingen ganze Armeen von Neugierigen dieses Risiko ein: Enthusiasten und Logiker, Laien und Experten. In 400 Annahmestellen deponierten sie ihre Prognosen. Ein 14jähriger war ebenso optimistisch wie eine 62jährige mit Kneifer und Regenschirm.

Viele Wege führten zum Tip, nur wenige zum Glück. Die meisten wetteten sachlich, mit Sinus- und Cosinusformeln der Fußballmathematik. Sie brüteten ihre Tips förmlich aus. Andere trafen ihre Wahl aus dem Handgelenk und mit verbundenen Augen (ein blindes Huhn findet auch mal ein paar Mark). Die wenigsten waren wilde Spekulanten. Sie rechneten mit der Dummheit der Favoriten und setzten grundsätzlich dagegen. Sie bildeten die Opposition in der Fußball-Lotterie. »Mal wird dabei was herausspringen«, kalkulieren sie, »und dann eine anständige Miete.«

Am Sonntagabend brachen Hoffnungen zusammen. Ahnungslose Fußballengel, die sich kostenlos hatten beraten lassen, fielen mit triumphierendem Lächeln über ihre Ratgeber her. Und die alten Fußballhasen, demaskiert und kleinlaut, zogen ihre Köpfe ein.

(DW)

4. Dezember 1948

Die Baracken- und Ruinenbewohner am Sportplatz Langenfort im ausgebombten Hamburger Stadtteil Dulsberg denken sonntags gern an die Zeiten zurück, als auf dem Sand-Platz vor ihren Haustüren noch Handball gespielt wurde. Seit acht Monaten stören nämlich knatternde Auspüffe britischer Dirt Track-Maschinen ihre Sonntagsnickerchen.

In Deutschland sahen es die Sportbehörden nach 1938 nicht gern, wenn Sandbahnrennen gefahren wurden. Über die Gründe für dieses »Unerwünscht« gab es nie eine Erklärung.

Nach dem Kriege brachten die Tommies den Dirt Track wieder über den Kanal. In allen größeren Garnisonen bauten sie ihre ovalen Bahnen mit zwei Haarnadelkurven und zwei kurzen Geraden.

Dirt Track ist nur etwas für eisenharte Männer. Auf Mut, Geschicklichkeit und gute Nerven kommt es an. Die Maschinen spielen nur eine Nebenrolle.

Wenn die mit Sturzhelmen und dicken Lederanzügen vermummten Fahrer in die enge Kurve gehen, halten sich die Zuschauer am Langenfort-Platz beklommen am Eisengitter fest. Schwarze Asche spritzt auf. Die Hinterräder schleudern. Mit einem Eisenschuh am linken Fuß bremsen die Männer und halten die Balance. Funken sprühen dabei aus dem Boden. In die Geraden geht es mit Vollgas. Vier Runden lang gehen diese Jagden.

Die Tommies bauen ausrangierte Armee-Motorräder für den Dirt Track zusammen. Schutzbleche und Bremsen sind abmontiert. Ebenso alle überflüssigen Schrauben und Verzierungen. Über der Achsenlinie muß die Maschine ganz leicht sein. Der Brennstofftank ist nicht größer als eine Bohnerwachsdose.

Zwei Jahre hat die englische Besatzung unter sich Dirt Track gefahren. Städtekämpfe der Garnison beleben das Rennprogramm. Der Hamburger Speed-Way-Club erfuhr sich dabei den besten Ruf. Seine Matadoren McCarhy, Hill und Farr drehten so lange Runden, bis sie in allen Rekordlisten mit Bahnrekorden verewigt waren. Sogar nach Schweden und Dänemark sind sie eingeladen und nicht geschlagen worden.

In den letzten Wochen standen auf den Zuschauertribünen ein paar hundert Zuschauer mehr als früher. Herbert Drews, einst Deutschlands Dirt Track-Matador, rennt mit den Engländern um die Wette.

(DS)

25. August 1949

Inge Schmidt aus Hamburg wurde bei den deutschen Schwimmeisterschaften in Peine deutsche Meisterin im 200-Meter-Brustschwimmen. Sie schwamm die Strecke in 3 Minuten und 4,9 Sekunden. Nach dem Sieg brach die Siegerin bewußtlos zusammen.

(DS)

14

Der Schreckenswinter

Wer den Versuch macht, eine Notlage eindringlich zu schildern, geht vom Augenblick aus. Wenn diese Notlage ihm so katastrophal erscheint, daß er sich eine Steigerung nicht vorstellen kann, wird er Superlative gebrauchen. Wenn es dann aber doch noch viel schlimmer kommt, wird der nächste Redner es schwer haben, noch stärkere Worte zu finden. Wenn Bürgermeister Rudolf Petersen vor Illusionen gegenüber dem Winter 1945/46 warnt, weiß er nicht, daß sein Nachfolger, Max Brauer, es mit einem Winter zu tun haben wird, der alles Vorherige erträglich erscheinen läßt. Wenn im Oktober 1945 der Strom so drastisch rationiert wird, daß Mathilde Wolff-Mönckeberg nicht mehr weiß, wie sie kochen soll, dann kann sie sich noch nicht vorstellen, daß im nächsten Winter Menschen in den aus Sibirien hereinströmenden Kaltluftmassen buchstäblich erfrieren werden.

Im Bericht des damaligen Senatssprechers Erich Lüth ist die Geschichte des Winters 1946/47 zusammenfassend erzählt, aber noch erschütternder als diese Schilderungen wirken die nüchternen Alltagsmeldungen in den Zeitungen, so etwa im März 1947: In einem Monat starben in Hamburg 103 Menschen an Tuberkulose, 169 an Lungenentzündung, 39 an Grippe ...

Wer sich und seine Familie am Leben erhalten wollte, mußte »auf Kohlenklau« gehen. Viele wurden dabei überfahren. Fast täglich lieferten sich die Kohlendiebe Schlachten mit der Polizei; dennoch wurden 70 von 100 Waggons geplündert. Die Hamburger Polizei meldete in einer Woche 4500 Festnahmen. Die meisten Verhafteten mußten nach kurzem Verhör entlassen werden. Am nächsten Abend standen sie wieder an einem Bahndamm oder auf den Gleisen eines Rangierbahnhofs und warteten auf ihre Chance. Als im Frühjahr 1947 das Tauwetter einsetzte, verschwand der Spuk »Kohlenklau« ebenso schnell, wie er über Hamburg hereingebrochen war ...

1945/46: Nur ein Vorspiel

11. Oktober 1945

Der Winter mit seinen Schrecken steht vor der Tür. Dringende Sorge bestimmt mich, das Wort zu ergreifen. Der Ernst der Lage wird noch weitgehend verkannt. Man denkt, gerade hier in Hamburg sei es doch besser gegangen, als man befürchtet hat. Es könne doch nicht sein, daß wir keinerlei Kohle bekommen, die Kohlenförderung sei doch auf 125000 t täglich gestiegen. Man liest über die Verbesserung der Eisenbahnverhältnisse und der Rheinschiffahrt. Man nimmt an, die Engländer könnten uns schließlich doch nicht erfrieren lassen. Sie haben ja auch Weizen geliefert, damit die Lebensmittelrationen nicht unter das äußerste Minimum herabsinken. Wird es zu schlimm, so glaubt man, wird man sich eben auf eigene Faust helfen. Mit Geld auf dem Schwarzen Markt oder mit unerlaubter Gewalt, durch wilden Holzeinschlag. Und doch, es ist so, wir bekommen keinerlei Kohle für den Haushalt in diesem Winter. Es ist gefährlich, sich Illusionen hinzugeben.

Ich will versuchen, die Ursachen für diese üble Lage zu erklären. Die Hamburger Elektrizitätswerke haben bisher Ölbestände der deutschen Marine gebraucht, diese sind erschöpft. Die für die Hamburger Kraft- und Gaserzeugung vorgesehene Kohlenmenge für den bevorstehenden Winter ist so gering, daß nur ein Mindestquantum für Licht und Kraft für Haushalts- und Industriebedarf zur Verfügung steht. Sie werden erschrecken über die Einschränkungen, die in dieser Beziehung in den nächsten Tagen veröffentlicht werden.

(Bürgermeister Rudolf Petersen)

15. Oktober 1945

Heute, am 15. Oktober, treten die Bestimmungen über den rationierten Verbrauch von Gas und Elektrizität in Kraft, die auf Anordnung der Militärregierung am vergangenen Donnerstag erlassen worden sind.

Folgende Tabelle gibt eine Übersicht über die erlaubten Mengen an Elektrizität in Wattstunden, die entsprechend der Personenzahl in den einzelnen Haushalten verbraucht werden dürfen:

(pro Monat) Personenzahl	Strom für Beleuchtung	Strom für Kochzwecke wenn nur elektrisch gekocht wird	Strom für Beleuchtung und Kochzwecke
1	550	1400	1950
2	600	1600	2200
3	650	1800	2450
4	700	2000	2700
5	750	2200	2950
6	800	2400	3200
7	850	2600	3450
8	900	2800	3700
9	950	3000	3950
10	1000	3200	4200

(HNB)

18. Dezember 1945

Die Stromzuteilung ist knapp und manchesmal muß die Hausfrau bei der morgendlichen Ablesung feststellen, daß das Tageskontingent wieder einmal überschritten wurde. Was kann man tun, um noch mehr Strom einzusparen? Kleinere Glühlampen einschrauben? Woher soll man sie nehmen?

Wie wäre es, wenn man die 60- oder 75-Watt-Lampe aus der Stube mit der 40-Watt-Lampe oder der 25-Watt-Lampe auf dem Flur austauschte? – Aber man kann doch nicht auf dem Gang strahlend illuminieren? – – – Freilich kann man es: Wenn die Lampe auf dem Gang täglich eine Viertelstunde brennt, und die Eßtischlampe drei Stunden, so wird trotz der scheinbar verschwenderischen Beleuchtung des Ganges erheblich gespart. Dem Mehrverbrauch in einer Viertelstunde steht eine Ersparnis in drei Stunden gegenüber.

Noch ein kleiner Wink: In vielen Wohnungen ist die elektrische Klingelleitung über einen sogenannten Klingeltransformator angeschlossen. Ein solcher Transformator braucht, um jederzeit dienstbereit zu sein, dauernd eine gewisse Strommenge. Davon kann man noch einsparen, wenn man nachts – sofern eine Benutzung der Klingel nicht zu erwarten ist – die Sicherung des betreffenden Stromkreises herausdreht.

(HNB)

Zu Seite 216: Vor den Holzsammlern ist nichts sicher. Ein Ehepaar durchsägt die Eisenverkleidung einer Eichenholzstütze im Hafen Waltershof

25. Oktober 1945
Wir sind ganz ohne Kohlen, und wenn wir nicht den kleinen Ofen bekommen, den eine Mitpatientin Jacobas uns in Aussicht stellt – eine kleine Brennhexe mit Beinen –, dann müssen wir eben frieren. Diese beheizte Hexe soll in der Bibliothek am Fenster stehen, und das Ofenrohr muß zum Fenster hinausgeleitet werden, nicht gerade eine Verschönerung.
Wir müssen also wahrscheinlich frieren und hungern und verdrecken wegen Seifenmangels, ohne einen Tropfen Warmwasser. Der elektrische Strom wird so knapp bemessen, daß wir mit 2,7 Kilowatt kaum plätten, geschweige denn kochen können.
Vater erklimmt alle 5 Minuten – wenn er zu Hause ist – einen Stuhl und schaut nach dem Zähler, abends heißt es 10 Uhr: »Rasch ins Bett, Licht aus!«
Von irgendeiner häuslichen Behaglichkeit kann nicht die Rede sein. In Mänteln mit Decken um die Beine kann man es bisher noch aushalten, aber wir hatten auch noch keinen Frost.

(Mathilde-Wolff-Mönckeberg, Briefe)

1946/47: Die Katastrophe bricht herein

31. Dezember 1946
Weitere 100000 Mann könnten die Schlacht auf dem Kohlenfeld gewinnen.
Kannst Du bei Deiner augenblicklichen Arbeit sagen, daß Deutschlands Wiederherstellung von Dir abhängt? Wenn Du ein Bergmann wärst, könntest Du es sagen. Der Bergmann hat Vorrecht in der Ernährung und Hausinstandsetzung, Zigaretten- und Schnapszuteilung, weil Deutschland ihn braucht – und 100000 mehr gleich ihm. Melde Dich beim nächsten Arbeitsamt!

(Anzeige, DW)

6. Januar 1947
Die nach Südwesten abwandernden sibirischen Kaltluftmassen haben ganz Europa erfaßt und in Eis erstarren lassen. Von London bis Berlin und von Berlin bis Rom wurden erstmalig in diesem Winter Temperaturen von 20 Grad unter Null, Stürme und Schneefälle gemeldet. In der US-Zone Deutschlands mußten 75 V.H. aller Industrieunternehmen stillgelegt werden. In Berlin verschärfte sich die Kohlenkrise durch das Ausbleiben der Ruhrkohlentransporte. Der innere Hafen von Kiel fror zu und in Hamburg wurden die ersten Todesfälle durch Erfrieren gemeldet.
Die britische Besatzungszone wurde gerade in dem Augenblick von der zweiten großen Kältewelle dieses Winters erfaßt, in dem die Stromversorgungskrise ihren Höhepunkt erreichte. Der überraschend frühe Kälteeinbruch brachte in Niedersachsen, Schleswig-Holstein und Hamburg in der Nacht zum 6. Januar bereits Temperaturen von 19 Grad unter Null.
Das gesamte Leben in der britischen Zone ist infolge der drastischen Notsparmaßnahmen und der noch ausbleibenden Kohlelieferungen wie paralysiert. Die Lebensbedingungen für die Bevölkerung haben sich weiter verschlechtert.
In die 40 öffentlichen und privaten Krankenhäuser der Stadt werden laufend Personen mit Erfrierungsschäden eingeliefert, obwohl die Krankenbehandlung in den Krankenhäusern seit Neujahr infolge der Stromabschaltungen auf das äußerste erschwert, wenn nicht unmöglich gemacht wurde. Die meisten Krankenhäuser verfügen über keine Notstromaggregate und können nicht operieren. Innerhalb der letzten Wochen ist die Zahl der TBC-Kranken um das Fünffache gestiegen, wie die Gesundheitsverwaltung Hamburg mitteilt.
Infolge der allgemeinen Notlage mußten die Kohlenferien nun auch für sämtliche Schulen in Hamburg und Schleswig-Holstein bis zum 15. Januar verlängert werden.

(DW)

11. Januar 1947
Nicht viele Menschen haben das neue Jahr als Optimisten begonnen. Was aber jetzt sich ereignet, hat sicher selbst die größten Pessimisten überrascht. Hungern ist schlimm und frieren ist schlimm. Aber hungern und frieren zur gleichen Zeit – das ist mehr als ein körperlich so geschwächter und seelisch so unsicherer und empfindlicher Mensch wie der durchschnittliche Deutsche von heute zu ertragen vermag.
Bieten nicht manche Großstädte in diesen Tagen ein traurigeres Bild als vor einem Jahr? Damals gab es noch Vorräte. Auch die Kleidung war besser als sie es jetzt ist. Es gab noch nicht die vielen Vertriebenen, die, aus dem Osten kommend, zumal die britische Zone überschwemmt haben. Und schließlich war mancher bereit,

manches hinzunehmen als unmittelbare Folge des eben verlorenen Krieges.
Heute, zwanzig Monate nach Beendigung der Feindseligkeiten, ist abermals der Verkehr, das gewerbliche Leben, das öffentliche Leben aufs äußerste gedrosselt. Es fehlt an Kohlen nicht nur für die Haushalte, sondern auch für Krankenhäuser, für Bäckereien, für Fabriken, Menschen erfrieren in ihren Wohnungen, und die Kohlenproduktion, die gerade jetzt steigen müßte, geht stark zurück, weil auch die Bergwerke durch Frostschäden behindert sind.
Wer ist schuld? Das ist die Frage, die Millionen bewegt? Aber sie wird wohl kaum so schnell zu beantworten sein, daß irgendwelcher Nutzen für die Behebung der entstandenen Krise daraus erwachsen kann.
Das Wichtigste ist, daß jetzt alle Kräfte darauf konzentriert werden, die Not so schnell und so weitgehend zu beheben, wie es irgend möglich ist.
Sofort müssen alle vorhandenen Brennstoffe dort eingesetzt werden, wo sie am nötigsten sind. Es muß für die Krankenhäuser gesorgt werden, es muß für Mütter und Kinder gesorgt werden, und um das zu ermöglichen, müssen alle verfügbaren Transportmittel, auch Lastwagen, für die wichtigsten Transporte und ausschließlich für diese eingesetzt werden.
Aus Hamburg verlautet, daß die britische Armee Lastwagen und Traktoren zur Verfügung gestellt hat, um 80000 Festmeter Holz in die Hansestadt zu bringen. Aus vielen Städten wird gemeldet, daß Wärmehallen eingerichtet sind, ein Beispiel, das in weitestem Umfange nachgeahmt werden sollte.
Die Besatzungsmächte könnten sich besonders verdient machen durch Verfügung eines völligen Kohlen- und Stromausfuhrmoratoriums. Allerdings kommen aus Frankreich Forderungen nach mehr Kohlen von der Ruhr, und es ist richtig, daß die Kältewelle auch andere Länder schwer in Mitleidenschaft gezogen hat. Wenn aber in den deutschen Großstädten die Gefahr besteht, daß in großer Zahl Menschen verhungern und erfrieren, dann sollte doch mindestens vorübergehend nicht nur das bereits angekündigte teilweise, sondern ein völliges Moratorium möglich sein.

(DW)

4. Februar 1947
Konferenz mit dem Bürgermeister, Elektrizitätswerke haben Kohlen für 5 Tage, Gaswerke für 8 Tage. – 10. Februar: Konferenz im Hauptquartier der Sophienterrasse. Anwesend Mr. Hoover, auch der amerikanische Botschafter, Vertreter aller Länder der britischen Zone. Keine Heizung im Gebäude, Petroleum-Öfen. Mr. Hoover sitzt in warme Wolldecken gehüllt. – 15. Februar: 68 Nahrungsmittel-Züge auf deutscher Strecke ohne Lokomotive.

(John K. Dunlop, Tagebuch)

6. Februar 1947
In der letzten Januar-Woche wurden in Hamburg 4563 Personen wegen Kohlen-Diebstahls festgenommen und zur Anzeige gebracht. Das sind gegenüber der dritten Januar-Woche 2014 Personen mehr.

(DW)

13. Februar 1947
Der scharfe Frost hält in weiten Teilen Deutschlands an. Die katastrophalen Folgen für Verkehr und Versorgung der Bevölkerung nehmen ein immer größeres Ausmaß an. In der britischen Zone ist der Personenverkehr der Reichsbahn fast völlig zum Erliegen gekommen. In Hamburg gibt es nur noch für 2 Stunden am Tage Strom. Kohlenzuteilungen erfolgen nur noch für lebenswichtige Betriebe, der größte Teil der Industrie liegt still. Die Reichspost erwägt, nur einen Notdienst aufrechtzuerhalten. In Berlin sind ebenfalls neue drastische Stromeinschränkungen verfügt worden.

(DW)

15. Februar 1947
Die Krise in Hamburg hat ein unerträgliches Ausmaß erreicht.
Gas- und Energieversorgung sind zusammengebrochen. Die Haushaltungen sind ohne Licht, Heizung und Kochmöglichkeit. Es muß gehandelt werden, und zwar sofort, wenn nicht allein in Hamburg in kürzester Frist viele Tausende dieser Katastrophe zum Opfer fallen sollen.
(Bürgermeister Max Brauer, Brief an General Robertson)

15. Februar 1947
Sie haben einen richtigen Angriffsplan, sie schicken Späher voraus, sie kennen jeden Kniff, sie riskieren ihr Leben um einen Sack voll Kohlen.

Bitterer Ernst, was wie Spiel aussieht. Kinder lauern einem Kohlenzug auf. Täglich riskieren sie Zusammenstöße mit der Polizei – und das Leben

Morgens: Der Güterbahnhof liegt in gespenstischer Dunkelheit. Ein schneidender Wind fegt über die Geleise, Schatten huschen heran. Ein Kohlenzug trifft ein. Hunderte von Menschen schwingen sich über die rollenden Waggons, scharren mit den vor Frost starrenden Fingern die Kohlen zusammen, füllen sie hastig in die Säcke, lassen die Behälter geübt zur Erde gleiten, springen ab, falllen hin. Eine Frau jammert, sie laufen weg, keiner kümmert sich um den anderen.
Nachmittags: Sie lungern fröstelnd am Bahndamm. Sie haben Zeit. Langsam pirschen sich die Kinder in das Sperrgebiet hinein. Niemand steht ihnen im Wege. Sie gehen ganz ruhig, ganz sicher, jetzt erreichen sie den Waggon, der noch halb voll ist, und sie fallen über die fünf Tonnen her, sie knien und liegen auf den Briketts, sie hocken unter dem Wagen und häufen die schwarzen Brocken. Gemächlich füllen sie die Säcke und schleppen sie davon. Ein Junge bricht unter der Kohlenlast zusammen. Keiner hilft ihm.
Abends: Ein Kohlenzug soll eintreffen. Tausende von Menschen kampieren fröstelnd im Schatten der Güterwagen. Eine Rauchfahne nähert sich. Sie stürzen los. Fachleute sind dazwischen. Männer, die abends kommen. Einer hat eine lange Stange bei sich. Er läuft am Zug entlang, wirft sie auf die Puffer und zieht den Haken an der Luftdruckbremse herunter.... Der Zug steht. Geübte Griffe, der Waggonverschluß wird hochgeschoben und die Steinkohlen fallen heraus.
Die Bahnpolizei rückt an. Jeder weiß, was er zu tun hat. Sie drängen sich durch den schmalen Raum zwischen den Gleisen. Sie kennen keine Hindernisse.

(DW)

18. Februar 1947

Hamburgs Polizeichef teilte mit, daß neuerdings bis zu 70 von 100 aller nach Hamburg gelangenden Kohlelieferungen gestohlen werden.

(DW)

15. März 1947

Innerhalb von 24 Stunden wurden drei Hamburger, darunter ein 81jähriger Mann, bei der Plünderung von Kohlenzügen überfahren und getötet.

(DW

18. März 1947

Mit Zaunlatten und Steinwürfen wurden mehrere Polizisten auf einem Hamburger Umgehungsbahnhof von etwa 800 Kohlen-Pünderern angegriffen. Zwei Beamte wurden hierbei ernsthaft verletzt.

(DW)

1947

Es war an einem Dienstag. Meine Großmutter war um elf Uhr zum Stopfen und Flicken unserer Sachen gekommen. Gegen vier Uhr kamen auch mein Vater und mein Bruder. Mein Bruder und ich machten Schularbeiten. Wir hatten nur ein kleines Feuer angemacht, denn viel hatten wir nicht mehr zu brennen. Es war sehr kalt, und ein scharfer Wind pfiff durch die Bäume. Meine Großmutter erzählte gerade, wie kalt es in ihrer Wohnung sei und daß mit einigen Briketts ihr schon ein kleines Stück weiter geholfen wäre, als mein Bruder plötzlich rief: »Schnell, schnell, ein Kohlenzug! Er hält!« Ich war gerade mit den Schularbeiten fertig. Schon öfters hatte ein Zug gehalten, aber noch nie hatten wir uns die Kohlen geholt. Doch jetzt war es uns zu kalt geworden und da, wie im Wetterbericht gesagt wurde, die Kälte noch lange anhalten würde, hatten wir uns vorgenommen, diesen nicht sehr schönen Schritt zu tun. Mein Vater brachte schon die Säcke, und gleich liefen wir los. Von allen Seiten strömten die Leute mit Taschen und Säcken herbei. Mein Vater, mein Bruder und ich kletterten schnell auf einen Güterwagen. Mein Vater und Bernd füllten einen Sack, und ich warf die Briketts hinunter. Mein Vater hatte bereits zwei Säcke voll, als plötzlich der Zug anruckte. Nun hieß es schnell vom Güterwagen hinunter! Doch so einfach war das nicht. Schließlich waren wir doch unten angelangt. Nun sammelten wir die Briketts auf, die ich hinuntergeworfen hatte. Wir hatten ungefähr vier Zentner Briketts. Meiner Großmutter füllten wir noch einige in ihre Tasche, denn viel kann sie nicht tragen. Nachdem wir von Kopf bis Fuß gewaschen worden waren, gingen wir zu Bett. Alle Glieder taten uns weh. Aber wir haben nun wenigstens dann und wann eine warme Stube!

(Schulaufsatz eines 13jährigen)

20. März 1947

Laut einer Statistik der Hamburger Gesundheits-Verwaltung starben in der Hansestadt vom 2. Februar bis 8. März 103 Personen an Tuberkulose der Atmungsorgane, 169 an akuter Lungenentzündung und 35 an Grippe. Im gleichen Zeitraum wurden 39 Selbstmorde und 144 Unglücksfälle mit tödlichem Ausgang gemeldet.

(DW)

21. Juni 1947
Nach neuesten Erhebungen werden in Hamburg 4799 Fälle offener und 13830 Fälle fortschreitender Tuberkulose bezeichnet. Danach sind 2,4 Prozent der Bevölkerung an TBC erkrankt.

(DW)

März 1947
Ehe die Neujahrsglocken läuteten, kam die erste Alarmnachricht. Bürgermeister Brauer wurde an das Mikrofon des Nordwestdeutschen Rundfunks gebeten, um am 28. Dezember scharfe Sparmaßnahmen anzukünden:
Starker Frost, Mangel an Lokomotiven und Waggons, Verkehrsstörungen infolge Zufrierens der Kanäle haben die Militärregierung veranlaßt, den Hamburger Elektrizitätswerken eine Herabsetzung des täglichen Kohlenverbrauchs um 1000 Tonnen aufzuerlegen. Daher Stillegung der öffentlichen Verkehrsmittel in der Zeit von 10 bis 15 Uhr, Beschränkung der Verkaufszeiten in den Ladengeschäften auf die Stunden zwischen 9 und 15 Uhr, also auf die Stunden mit Tageslicht. Freiwillige Einschränkung des Haushaltsstromverbrauchs um 25%, Verlängerung der Weichnachtsruhe in den Betrieben um weitere acht Tage! Der Bürgermeister schloß in der Hoffnung, daß es sich hauptsächlich um eine Verkehrskrise handelte, die sich meistern lassen werde.
Aber nun begannen die Nachrichten einander zu überstürzen. Die zunehmende Härte des Frostes veranlaßte die Bevölkerung bei dem scharfen Mangel an Hausbrand, sich mit elektrischem Heizgerät zu behelfen. Wer weder Kohle noch Holz besaß, um darauf zu kochen, erstand sich elektrische Kochplatten. Tausende bastelten sich diese Kochplatten behelfsmäßig zusammen. Diese technischen Improvisationen fraßen unheimliche Strommengen, so daß die Entnahmen nicht fielen, sondern verhängnisvoll anstiegen. Wer wollte die Frierenden und Darbenden schelten? Wer konnte es Müttern verdenken, die ihren Kindern Milch oder Brei kochen mußten? Vor allem die Kleinen und Kleinsten durften nicht leiden! Und da es an Wäsche, den Kleinsten aber an Windeln fehlte, und Säuglingshygiene ohne heißes Wasser nicht möglich war, da die Arbeiter wenigstens einmal am Tage eine warme Mahlzeit brauchten, um arbeitsfähig zu bleiben, konnte von dieser Seite nicht das eingespart werden, was der Gesamtversorgung Hamburgs an Kohlen seit Wochen fehlte. Und nun wurde der Winter zur Naturkatastrophe. In den Tagesberichten der Zeitungen erschienen in regelmäßiger Wiederkehr die Meinungen der Meteorologen. Immer wieder wurde das Ende der Kälteperiode angezeigt. Tauwetter drang vom Westen bis an den Rhein, Tiefdruckgebiete verlagerten sich nordostwärts. Sie wurden durch die von Osten heranströmenden Kaltluftmassen gestoppt und ließen das Tauwetter nicht über die Weser hinweg. Hamburg erlebte seinen härtesten Winter.
Die Temperaturen fielen bis 15 und 20° minus. Und hielten sich.
In täglichen Konferenzen saßen die Dezernenten der Ämter, die Direktoren der Versorgungsbetriebe, die Vertreter der Industrie und Wirtschaftsgruppen und mit ihnen die Zeitungs- und Rundfunkmänner im Konferenzraum der Wirtschaftsbehörde. Da wurden dann die Hiobsposten beraten und Folgerungen daraus gezogen:
Die Reichsbahn benötigt arbeitstäglich 13500 Waggons, kann aber nur 8500 stellen!
Aus der russischen Zone sollten Briketts angeliefert werden. Hamburg rechnete mit 40000 t. Es waren bis Jahresbeginn nur 400 t eingetroffen. Trotz Drosselung der Stromerzeugung wurden bei den HEW mehr Kohlen verbraucht als eintrafen. Vom 31. Dezember bis zum 2. Januar wanderten 3500 t unter den Kessel, aufgefüllt wurden aber nur 2100 t. Der Bestand war am 4. Januar auf 15000 t, das ist der Bedarf von 5 Tagen, zurückgegangen. Kein Wunder, daß sich die Werkleitung gegen jede Erleichterung der Einschränkungen aussprach. Nur die Ernährungsindustrie durfte noch Strom entnehmen.
Bei stärkster Stromeinschränkung ist der Kohlenvorrat am 15. Januar, da die Zufuhren immer wieder hinter dem Verbrauch zurückbleiben, auf den Bedarf von 3 bis 4 Tagen zurückgefallen.
640 Betriebe sind mit 27000 Beschäftigten wegen Kohlen- und Strommangels stillgelegt, viele andere führen nur Kurzarbeit durch. In den ungeheizten Wohnungen friert das Waschwasser ein, überall große Frostschäden. Die Zahl der Kohlendiebe wächst.
Am 18. Januar werden 700 Mann Personal der Hochbahn als erkrankt gemeldet. Starker Mangel an Schaffnern und Wagenführern. 10% der Bevölkerung wartet immer noch auf den ersten Zentner Hausbrand-Briketts.
Kinos und Theater, die zeitweilig geschlossen werden mußten, werden ohne Zuteilung von Heizmaterial wieder geöffnet. Sie wirken durch die Eigenwärme des Massenbesuchs als Wärmehallen. Schauspieler und Bühnenarbeiter setzen ihre Arbeit unter schwersten Bedingungen fort. Ohne diese Aufopferung müßten zahlreiche Privattheater endgültig ihre Pforten schließen, weil sie

Mädchen, für das Plündern von Kohlenzügen zu schwach und zu klein, sammeln Kohlenstückchen auf einer Schlakkenhalde. Wenig ist besser als nichts.

keine Gagen mehr zahlen könnten.
Bis zum 22. Januar meldeten die Zeitungen 36 Todesfälle durch Erfrieren und 199 Fälle schwerer Erfrierungen, die in die Krankenhäuser eingeliefert wurden.
8. Februar: Schwarzer Tag! Die Kohlenlage ist hoffnungslos! Die Schulen, die ihren Unterricht wieder aufgenommen hatten, um die Kinder tagsüber warm unterzubringen, müssen wieder geschlossen werden. Gesamter Hamburger Kohlenbestand 3000 t. Die HEW können noch für drei Tage kleinste Strommengen abgeben. Die Gaststätten haben nur noch zu 50% die Möglichkeit zu kochen. Von 7000 Lokomotiven der Reichsbahn werden nur noch 3000 als einsatzfähig gemeldet.
13. Februar: Auch der Hochbahnring muß stillgelegt werden. 715 Kohlendiebe festgenommen. 19. Februar: 1200 Polizisten zum Schutz der Kohlentransporte eingesetzt, die viel zu spärlich in Hamburg eintreffen. Der Polizeischutz ist völlig unzureichend, da sich diese 1200 Mann auf drei Schichten verteilen. Unter den Kohlendieben ein Staatsanwalt und ein Geistlicher festgenommen. Endlich, am 22. Februar, gelingt es den rastlosen Bemühungen von Bürgermeister Brauer und der Hamburger

Militärregierung, mit Hilfe des Generals Bishop ein Verladeprogramm von täglich 3900 t für Hamburg durchzusetzen. Inzwischen stieg die Zahl der »Stromarbeitslosen« auf 37000.
Auf den Strecken größte Schwierigkeiten für die Kohlentransportzüge. Schneestürme und meterhohe Verwehungen drohen den Verkehr zu lähmen.
Unter Führung von Reichsbahndirektor Dilli setzt sich ein Sonderteam der Reichsbahn für die Offenhaltung der Strecke nach Hamburg ein. Kohlenzüge werden als Eilzüge durchgeführt und mit höchstem Vorrang nach Hamburg geschleust, wo sie im selben Augenblick eintreffen, als die HEW die letzten Tonnen verfeuern. Direktor Bannwarth hatte vor Eintreffen dieser rettenden Kohlenzüge in einer Sitzung des engsten Aktionsausschusses bei Bürgermeister Brauer die Forderung erhoben: Keine Stromabgabe mehr! Die letzten Tonnen nur noch zum Warmhalten der Werke einzusetzen, damit die Anlage vor der völligen Zerstörung durch den Frost bewahrt bleibt!
Dramatische Zuspitzung: Bannwarth als verantwortlicher Chefingenieur lehnt jede Verantwortung ab.
Dilli garantiert das fahrplanmäßige Eintreffen der Kohlenzüge.
Bannwarth schlägt diese Garantien in den Wind: »Uns sind schon häufig Zusagen gemacht worden!«
Brauer an Dilli: Kann ich mich auf ihre Zusage verlassen?
Dilli: Sie können sich felsenfest auf diese Aktion verlassen!
Brauer: Dann geben die HEW weiter Strom und die HGW weiter Gas ab!
Bannwarth: Nur wenn Sie es befehlen!
Brauer: Dann befehle ich es Ihnen als Bürgermeister dieser Stadt!
Am 4. März ist das Eis der Oberelbe stellenweise einen Meter dick. 40000 Stromarbeitslose. Aber die Kohleneilzüge treffen ein. Die HEW sind gerettet.
Langsam entspannt sich die Lage! Es hatte auf des Messers Schneide gestanden!
Mitte März setzt das Tauwetter ein.
Am Ende des Krisenwinters geht Bürgermeister Brauer ans Mikrofon und spricht am 21. März zur Bevölkerung:
»Seit einigen Tagen haben wir Tauwetter. Die Kraft des Winters ist gebrochen, und heute ist nach dem Kalender Frühlingsanfang. Das möchte ich zum Anlaß nehmen, namens des Senats einige Worte an die Hamburger Bevölkerung zu richten.
Harte Monate liegen hinter uns; Monate, in denen Hunderttausende von frierenden und hungernden Mitbürgern nahe daran waren, zu verzweifeln, als der klirrende Frost in die Schlafräume, Küchenwinkel und Wohnecken drang und alles Leben zu sterben drohte. Es hat viele gegeben, die nicht mehr wußten, ob sie diesen Winter des Grauens, der Arbeitslosigkeit und der Dunkelheit überstehen würden. Aber sie und wir alle haben ihn überlebt. Der Frost ist gewichen, die trostlose Dunkelheit ist vorbei. In unseren Wohnungen brennt wieder Licht, unsere Hausfrauen können wieder kochen, der Druck der vergangenen Wochen beginnt langsam zu weichen.
Ich möchte in dieser Stunde der Bevölkerung Hamburgs für die Disziplin und für die Haltung, die sie bewahrt hat, und die mehr war als äußere Disziplin, den Dank des Senats aussprechen. Sie alle haben dazu beigetragen, die über uns hereingebrochene Katastrophe zu meistern. Aber in diesem Augenblick wollen wir diejenigen nicht vergessen, die nicht mehr oder noch nicht genug Lebenskraft besaßen, um die Kälte zu überstehen. 85 Hamburger sind in diesen Monaten gestorben, weil sie mit ihren Kräften am Ende waren. Das ist bitter. Ganz besonders gedenken wir der Mütter, die bei Eiseskälte in der Dunkelheit der langen Winternächte ihr Letztes für ihre Kinder eingesetzt haben.
Wenn der Senat angesichts des Ernstes der Lage mit den äußerst knappen Kohlenvorräten der Versorgungsbetriebe durchkommen wollte, dann war er zu dem Entschluß gezwungen, wochen- und monatelang Hamburgs Industrie und Hamburgs Handwerk stillzulegen. Sie liegen heute noch still! Die eingesparten Kohlen sollte das Wichtigste, was wir besitzen, verteidigen helfen: nämlich das Leben und die Gesundheit unserer Mitbürger.
Es ist nur natürlich, daß die Bevölkerung die Frage aufwirft: War das alles nötig? War es nicht zu vermeiden? Und daß sie weiter fragt: Wird es wenigstens im nächsten Winter besser sein, denn unser aller Widerstandskraft ist jetzt erschöpft.
Durch den nunmehr durch drei Monate währenden Stillstand ist unsere gesamte Industrie schwer zurückgeworfen. Das wird sich auch auf allen Gebieten und besonders leider im Bausektor auswirken. Trotzdem müssen wir alles daransetzen, im Laufe dieses Sommers die dringendsten Ausbauten und Reparaturen zu bewerkstelligen. Die Beratungen mit der Militärregierung über diesen Punkt sind bereits aufgenommen.
Wir müssen aber auch die moralischen Verfallserscheinungen dieses Winters überwinden. Es darf für die Ham-

burger Jugend kein Sport bleiben, im Interesse eines blühenden Schwarzmarktgeschäftes mit Briketts und Steinkohlen wie die Wölfe Kohlentransporte anzufallen und auszuplündern. Ich rufe heute die Mütter, die Erzieher und die Presse auf, ihren ganzen Einfluß geltend zu machen, um die Sicherheit der Transporte wieder herzustellen und uns für die Zukunft eine gerechte Verteilung der Mangelware zu ermöglichen. Es ist ja keine hamburgische Krise allein, sondern eine Krise aller deutschen Besatzungszonen einschließlich der russischen, ja es ist eine Krise fast aller europäischen Staaten, die wir überwinden müssen und nur dann überwinden können, wenn wir im Glauben an unsere eigene Kraft und Arbeitsleistung den Wiederaufbau und eine sozial gerechte Neuordnung in Angriff nehmen.

Wir dürfen uns durch alle Rückschläge – und es werden derer noch manche kommen – niemals auf die Dauer entmutigen lassen. Sie wissen, ich habe mein Amt übernommen in dem festen Glauben, daß es uns gelingen muß, Deutschland und Hamburg wieder aufzubauen. Diesen Glauben kann auch eine Krise von dem Ausmaß, wie wir sie erlebt haben, nicht erschüttern. Im Gegenteil, wer gesehen hat, wie die Bevölkerung Hamburgs diese Monate durchgehalten hat, der weiß, daß wir mit unseren Kräften eine bessere Zukunft schaffen können, sobald wir wieder die Möglichkeit bekommen, uns freier zu regen und zu arbeiten. Diese Erkenntnis, daß man uns Luft lassen muß, hat sich jetzt auch bei den alliierten Mächten durchgesetzt. Lassen Sie uns unser eigenes Schicksal wieder fest in die Hand nehmen und mit aller Zähigkeit, die wir Hamburger immer besessen haben, Schritt für Schritt weiter den Ausgang ins Freie erkämpfen. Handeln wir so, dann wird eines Tages allen Schwierigkeiten zum Trotz doch noch unser Mühen und Kämpfen von Erfolg gekrönt werden.«

(Erich Lüth in »Neues Hamburg«)

27. März 1947

»Unser Bestreben, in diesem Lande zu tragbaren Lebensverhältnissen zu kommen, ist durch den strengen Winter erheblich in Mitleidenschaft gezogen worden. Die Stimmung der deutschen Bevölkerung ist abgesunken, weil es sich nicht hat vermeiden lassen, daß ihre häuslichen und wirtschaftlichen Schwierigkeiten zugenommen haben. Dennoch hat das deutsche Volk den Winter glücklicher überstanden, als ich selbst zeitweilig zu hoffen wagte.« Diese Feststellungen traf der Oberbefehlshaber der britischen Besatzungszone, Luftmarschall Sir Sholto Douglas, in einer Rede über die Auswirkungen des Winters in der britischen Zone.

»Die Knappheit am Brennmaterial, Kleidung, Nahrung, Wohnraum und Baumaterial hat zusammen mit dem Absinken der körperlichen und geistigen Widerstandskraft zu einer gewissen Erhöhung der Kriminalität geführt. Besonders nahmen geringfügige Kriminalfälle, wie Diebstähle, zu.

Die Verknappungen führten auch zu einer Erhöhung der Krankheitsfälle, wenn auch nicht in dem erwarteten Ausmaß. In den engbevölkerten Gebieten machte sich eine Neigung zu Demonstrationen zum Protest gegen den Mangel an Nahrung, Brennstoffen und anderen Lebensnotwendigkeiten bemerkbar. In den letzten Monaten haben Massenüberfälle auf Kohlenzüge und -lagerplätze zugenommen, dabei wurde jedoch selten wirklich Gewalt angewendet, und alle diese Vorkommnisse wurden von der deutschen Zivilpolizei und der Eisenbahnpolizei mit Erfolg angefaßt.«

Der strenge Winter habe auch den bereits überbeanspruchten deutschen Verkehrssystems einen nahezu vernichtenden Schlag versetzt.

»Die Bezirke, die am meisten litten, waren natürlich die, die von den Kohlengebieten am weitesten entfernt lagen. Die Provinzen Schleswig-Holstein und Hannover und die Stadt Hamburg litten am stärksten.«

»Die Erzeugung in allen Grundindustrien fiel während der Wintermonate.« Von Ende November ab bis Mitte März fiel die Erzeugung in der Stahlindustrie von 222000 Tonnen Barrenstahl im November auf 185000 Tonnen im Februar. Die Produktionsverminderung bei den Nichteisenmetallen und Chemikalien, vor allem bei Düngemitteln, war sehr ausgeprägt, und die Erzeugung von Grundstoffen der Bauindustrie hörte fast völlig auf.

»Ich fürchte«, so erklärte der britische Oberbefehlshaber, »daß die Industrie in unserer Zone dieses Frühjahr in einer schlechteren Ausgangslage beginnt, als sie in der gleichen Zeit des Vorjahres war. Wir stehen nun der Notwendigkeit gegenüber, diese Industrien wieder in Gang zu bringen, ohne daß irgendwelche Vorräte vorhanden sind, auf die wir zurückgreifen können.«

(DW)

Beerdigung im Leihsarg. Über dem Grab wird der Boden aufgeklappt. Der Sarg geht an den Verleiher zurück. 1946/47 ist die Nachfrage groß.

SHELL

15

Mit 40 Mark ins Wirtschaftswunder

Die Stunde »X« kam nicht überraschend. Lange vorher wurde über die Währungsreform spekuliert und gestritten. Aber der genaue Termin der Umstellung war bis zur letzten Minute geheimgehalten worden. Obwohl niemand den Zeitpunkt kannte, kündigte er sich doch durch die fast völlige Lähmung des Wirtschaftslebens an: Kein Grossist war mehr daran interessiert, den Einzelhandel zu beliefern; kein Friseur legte mehr Hand an; kein Handwerker kam mehr ins Haus, um etwas zu reparieren; viele Firmen zahlten ihren Mitarbeitern schon am 15. die halben Gehälter, weil sie tagtäglich mit der Währungsreform rechneten.
Die Verbraucher dachten darüber nach, was sie nach der »Stunde X« zuerst kaufen würden. Herrenschuhe führten die Hitliste der Konsumentenwünsche an. Der große Augenblick wurde von allen sehnsüchtig erwartet, obwohl alle wußten, daß eine schwere, eine »arme« Zeit folgen würde.
Am 20. Juni 1948 war es dann endlich soweit: Die neue Währung hieß Deutsche Mark. Sie stürzte die Stadt in einen Kaufrausch. Über Nacht war wieder alles da, was die Menschen so lange entbehren mußten: Vom Radioapparat bis zur Tabakspfeife, vom Fahrrad bis zur ledernen Handtasche – der Handel blieb nichts schuldig und gab nun auch denen eine Chance, die vorher nicht den Mut und die Mittel gehabt hatten, sich auf dem Schwarzmarkt zu bedienen. Wer über Sachwerte verfügte, konnte lachen. Wer sich mit seinen 40 D-Mark »Kopfgeld« einrichten mußte, hatte einen schlechteren Start. Aber es war wenigstens ein hoffnungsvoller Neuanfang. Das große Wirtschaftsrennen war eingeläutet. Daß es seinen Höhepunkt in einem Wirtschaftswunder finden würde – daran wagte niemand zu glauben.

Präludium zur »Stunde X«

8. November 1947

Zwei Milliarden Groschenstücke sind verschwunden. Der Kellner sucht sie, der Straßenbahnschaffner und der Kaufmann. Der Schwarzhändler ist hinter ihnen her wie hinter jedem lohnenden »Objekt«, denn der Groschen bringt heute Kapital.

Hartgeld ist Mangelware, ein »UT«. (Unter der Theke-) Artikel, dem man in ausreichender Menge nur auf dem Flüstermarkt begegnet. Dort hat er seinen guten Kurs, wie alle Schieberware.

Es fehlen rundgerechnet zwei Milliarden Groschenstükke: 200000000 RM in Kleingeld. Die größere Menge des »verschwundenen« Kleingeldes steckt zweifellos in den Sparstrümpfen der Währungsangsthasen, jener Kleingeldhamsterer, die allen Vernunftgründen von Finanzsachverständigen zum Trotz glauben, wenigstens das Hartgeld über die kommende Währungsreform hinwegretten zu können. Das dem nicht so sein dürfte, läßt die inzwischen vom Kontrollrat genehmigte Prägung kleiner Münzen vermuten.

Auf vielfache Weise kämpft man gegen die Kleingeldnot. Notgeld selbst zu drucken, wie es einige Städte taten und werkeigenes Geld auszugeben, wie bei einzelnen Firmen wiederholt geschehen, wurde von den Militärregierungen untersagt. Zahllose Gutscheine, die überall ausgegeben und jetzt gar von öffentlichen Bedürfnisanstalten (zum Beispiel im Kölner Hauptbahnhof) als »Wechselgeld« benutzt werden, beweisen deutlich genug die Kalamität des fehlenden Kleingeldes.

Die Briefmarke versucht zu helfen, so gut es eben geht. Sie ist zur Zeit das meistbenutzte »Geld« für alle kleinen Beträge. Die Deutsche Post stellt aber ausdrücklich fest, daß Briefmarken kein Zahlungsmittel darstellen. Die Posthauptverwaltung der Bizone in Frankfurt teilt durch die Oberpostdirektion am 1. Oktober 1947 allen Postämtern mit, daß die Post weder zum Einlösen noch zum Umtausch von Briefmarken verpflichtet ist.

Sie tauscht lediglich beschädigte Marken ein, die zum Frankieren nicht mehr benutzt werden können. Das tat sie schon früher. Für jede Marke werden bei diesem Tausch ohne Rücksicht auf ihren Wert zwei Pfennig einbehalten.

Während die meisten das fehlende Kleingeld als Plage empfinden, gibt es natürlich viele, die Nutznießer dieses Notstandes sind. Kellner bekennen, daß sie jetzt ein Vielfaches ihrer früheren Trinkgelder kassieren. Auch mancher Straßenbahnschaffner geht mit Überbilanz nach Hause.

(DW)

15. Juni 1948

»Die Vorbereitungen zur Währungsreform sind abgeschlossen, den Zeitpunkt ihrer Durchführung bestimmen die Besatzungsmächte, ab Ende der kommenden Woche kann man mit der Geldneuordnung rechnen!« Das sagte der Hamburger Finanzsenator Dr. Dudek, der als Finanzsachverständiger an der siebenwöchigen Beratung in Witzenhausen teilgenommen hatte. Und Montag vormittag rollten acht schwere Lastwagen in bewaffnetem britischem Geleit zum Gebäude der Zentralbank in Hamburg, das von einem scharfen Absperrungsring umgeben war. Kisten mit der Aufschrift »Clay« (darin soll das neue Geld gelegen haben) verschwanden im Tresorraum.

Die Hamburgerinnen sind ungeduldig. Sie wollen sich vor der Währungsreform noch Locken legen lassen. 60000 Personen warten täglich beim Friseur. Kosmetische Artikel werden kofferweise nach Hause getragen.

Eine stattliche Zahl von Firmeninhabern geht dazu über, ihren Angestellten schon zum 15. Juni die Hälfte ihres Monatsgehaltes auszuhändigen. Aber nach dem geltenden Recht kann kein Gehaltsempfänger gezwungen werden, diese Vorauszahlungen entgegenzunehmen.

Der Einzelhandel weist darauf hin, daß er zum Teil von den Grossisten nicht mehr ordnungsgemäß beliefert wird. Marmelade sowie einige andere Lebensmittel sind nur noch in sehr beschränktem Umfang in den Läden zu haben. Die Behörden wollen eingreifen.

Zum Wochenende machte sich eine fast hysterische Vergnügungssucht bemerkbar. Sonnabendabend um sieben Uhr kostete eine amerikanische Zigarette bereits 8 RM, 24 Stunden später lag der neue Kurs fest. St. Pauli meldete 12 RM für eine Ami.

(DW)

Zu Seite 228: Diesesmal warten sie nicht vergebens. Am 21. Juni 1948 bilden sich vor Ämtern (Foto: Baumeisterstraße in Hamburg-St. Georg), Banken und Sparkassen Schlangen der Zuversicht. Es gibt endlich gutes Geld: 40 Deutsche Mark

Fröhliche Gesichter überall. Gerne tauscht man Reichsmark gegen Deutsche Mark. Jeder hat sich schon ausgedacht, was er als erstes kaufen wird

17. Juni 1948
Unmittelbar vor der Währungsreform veröffentlichte das Bielefelder Emnid-Institut die Ergebnisse einer Umfrage, die kurz vor dem Stichtag der Währungsumstellung bei 5000 Personen durchgeführt worden war. Die Frage lautete »Was würden Sie zuerst kaufen?«

Warenart	Häufigkeitsziffer d. geäuß. Wünsche in v. H.	Durchschnittl. persönliche Dringlichkeit
Herrenschuhe	46	2,8
Damenschuhe	44	2,9
Damenwäsche	42	3,1
Herrenwäsche	36	2,8
Herrenanzüge	36	2,5
Haushaltsgerät	33	3,9
Damenstrümpfe	30	3,1
Damenwintermäntel	20	3,2
Herrenwintermäntel	10	2,9
Kinderschuhe	19	3,3
Damenwinterkleider	18	3,2
Radiogeräte	18	3,5
Tisch- und Bettwäsche	16	4,0
Fahrräder	16	3,9
Glühbirnen	15	4,1
Schlafzimmermöbel	14	3,0
Kinderwäsche	14	3,2
Gardinen	14	4,0
Uhren aller Art	14	4,0
Herrenhüte	13	3,7
Küchenmöbel	12	3,3
Kinderkleider	12	3,7
Elektroartikel aller Art	12	3,9
Herrensocken	11	3,5
Damensommerkleider	9	3,4
Kinderanzüge	7	3,0
Herrensommermäntel	8	3,2
Wohnzimmermöbel	6	3,8
Herrenhandschuhe	6	4,0
Damenhandschuhe	5	3,6
Krawatten	5	4,7
Läufer und Teppiche	5	4,4
Sportartikel aller Art, auch Sportbekleidung	5	4,8
Kinderstrümpfe	4	3,7
Bücher	4	5,0
Schreibmaschinen	3	3,5
Toilettenartikel	3	5,1

(DW)

19. Juni 1948
Das deutsche Volk wird auf Jahre hinaus arm sein und sich keinen besonderen Luxus leisten können. Aber Ar-

mut schändet nicht, und vor allem schreckt sie uns nicht, wenn nur alle die anständigen deutschen Männer und Frauen für ihre Arbeit wieder ehrliches Geld in die Hand bekommen, von dem sie etwas kaufen können und auch etwas ersparen, was wir alle werden tun müssen.

(Bürgermeister Max Brauer im NWDR)

19. Juni 1948

Wie haben die Kulturschaffenden am Freitag, als die Währungsreform angekündigt wurde, reagiert? Waren sie hoffnungsfroh oder verzweifelt? Sahen sie die Zukunft dunkelgrau oder silberhell? – Seit die Kulturwissenschaft nachgewiesen hat, daß die geistigschaffenden Menschen die Zukunft der gesellschaftlichen Entwicklung wie empfindliche Baromter stimmungsmäßig vorausfühlen, wissen wir, daß die Antwort auf diese Frage mehr enthält als den Reflex eines Augenblicks. Wenn also, wie es hier geschehen ist, die kulturell Schaffenden mehr Hoffnung als Furcht vor der Zukunft empfinden, so ist das in unseren Zeiten fast so viel wert wie im griechischen Altertum ein günstiges Orakel des delphischen Apoll.

Robert Meyn, Regisseur und Schauspieler, Deutsches Schauspielhaus, Hamburg:

»Ich bleibe. Mit Eintreten der Währungsreform bessern sich die Leistungen der Schauspieler. Es wird Qualitätsarbeit geleistet werden, der seichte Tümpel des bisherigen Theaterlebens wird austrocknen. Es werden nur gute Schauspieler übrigbleiben.«

Ida Ehre, Theaterleiterin und Schauspielerin, Hamburger Kammerspiele:

»Wir werden weiterspielen. Unsere Theatergemeinschaft ist eine Familie und wird sich durch die Prüfungen, die ihr durch eine Währungsreform auferlegt werden mögen, nicht auseinanderreißen lassen. Wir hatten immer ein spezielles Publikum und einen nicht ganz anspruchslosen Spielplan. Wir wollen unsere Leistungen steigern. Ich hoffe, daß wir unser Publikum erhalten werden. Wir tappen alle im Dunkeln, aber wir werden die Zeit bis zur Normalisierung überstehen.«

Answald Krüger, Theaterleiter »Junge Bühne«, Hamburg:

»Für die meisten Privattheater bricht eine schwere Zeit heran. Ihr Personal hat langfristige Verträge ... also anders als bei manchen Unternehmungen, die ihre Schauspieler nur von Stück zu Stück zusammenengagieren. Wir werden versuchen weiterzuspielen – denn woher sollen wir sonst das neue Geld nehmen, um unsere Ensembles und unsere Angestellten zu bezahlen?«

Verwaltungsdirektor Ruch, Hamburgische Staatsoper:

»Ich habe für die Oper keine Bedenken. Unsere Künstler sind an ihren Vertrag gebunden und werden diesen aus ideellen Gründen nicht lösen wollen. Überhaupt ist die Lage glücklich, wir kommen mit unserem Spielplan gerade noch zu Ende, und bis zum Beginn der neuen Saison wird sich das Leben wieder normalisiert haben.«

Lola Rogge, Tänzerin und Tanzlehrerin:

»Ich selbst freue mich, daß die Konjunktur der schlechten Leistungen und die damit verbundene Verwässerung der Tanzkunst ein Ende findet. Wir haben große Pläne für eine Tanzfestwoche im Frühjahr 1949. Die Währungsreform wird uns nicht entmutigen, denn unsere Tänze sind auf Bewegung eingestellt.«

Prof. Carl Georg Heise, Direktor der Hamburger Kunsthalle:

»Die Währungsreform wird uns die Sache sehr schwer machen. Wahrscheinlich müssen wir irgendwelche Notmaßnahmen ergreifen. Vielleicht muß man vorübergehend umsonst Eintritt gewähren; aber unsere neue Ausstellung – 18. Jahrhundert, Sie wissen schon: das Schönste, was wir je gemacht haben – hat ja auch allerhand gekostet. Man muß abwarten.«

Ivo Hauptmann, Kunstmaler, Professor an der Landeskunstschule:

»Es wird manchen Maler geben, der seinen mühsam erworbenen Halt verlieren wird, aber der ›Wirtschaftsverband Bildender Künstler‹ wird sich um diese Künstler kümmern. Er wird versuchen, die Fragen der Ateliermiete, der Materialbeschaffung und der wirtschaftlichen Unterstützung für sie zu lösen. Es ist schade, daß die Landeskunstschule ihren Studierenden nicht, wie es die Hamburger Universität tat, die Möglichkeit geben konnte, das Wintersemester im voraus zu bezahlen.«

Kurt Collien, Konzertdirektor:

»Wir sind in einer glücklichen Lage, wir kommen mit unserem Spielplan zu Ende. Nach der Währungsreform wird das Publikum das Können der Künstler werten und wird für sein Geld etwas Ordentliches hören wollen.«

Direktor August F. Battmer, Flora:

»Die Operette wird am Leben bleiben. Wenn der Schock vorbei ist, wird man uns wieder besuchen. Ich habe keine Bedenken über den Zusammenhalt meiner Künstler. Wir werden uns einigen und die etwa auftretenden Schwierigkeiten gemeinsam überwinden.«

Christian Wegner, Verleger:

»Verleger und Buchhändler werden die Schockwirkung

zu spüren bekommen, aber auf lange Sicht wird die Währungsreform eine Gesundung herbeiführen. Endlich werden unwichtige Veröffentlichungen, Broschüren, Traktätchen und sonstiges Zeugs in den Papierkorb wandern. Das Publikum wird gute Bücher fordern. Ich sehe in der Währungsreform eine gute Chance für die Leihbüchereien, die breite Masse der Leser wird sich für wenige Pfennige gute Bücher ausleihen können.«

(DW)

19. Juni 1948
In der Nacht von Sonntag auf Montag, um 00 Uhr, erhalten die drei Westzonen Deutschlands eine neue Währung. Sie heißt »Deutsche Mark«. Gleichzeitig verliert das alte Geld seine Gültigkeit.
Das erste Gesetz zur Neuordnung des deutschen Geldwesens ist von den Militärregierungen Großbritanniens, der Vereinigten Staaten und Frankreichs Freitag abend verkündet worden.
Münzen und Noten des alten Geldes bis zu einer Mark bleiben befristet im Umlauf, sind aber nur noch ein Zehntel des Nennwertes wert. Jede Deutsche Mark hat hundert deutsche Pfennig.
Zunächst erhält jeder Einwohner der drei Westzonen einen Kopfbetrag von 60 Deutsche Mark im Umtausch gegen 60 Mark Altgeld. 40 davon werden sofort, die übrigen 20 innerhalb von zwei Monaten ausgezahlt. Der Umtausch erfolgt am Sonntag auf den Lebensmittelkartenstellen, Lebensmittelkarten und Kennkarten sind mitzubringen. Der Familienvorstand kann den Umtausch für die Familie vollziehen.

(DW)

»Jedermann-Schuhe« kosten 26,50 Mark. (Für Damen 23,75). Bei 45 Prozent der Bevölkerung stehen Schuhe auf Platz Eins der Dringlichkeitsliste

Die Stadt im Konsumrausch

21. Juni 1948
»Nach den seelischen Spannungen der letzten Tage hat nun wieder der Alltag von uns Besitz ergriffen. Das deutsche Volk ist heute ruhig und besonnen an seine Arbeit gegangen, und ich glaube, es werden wenige darunter sein, die sich dabei nicht mit einem Gefühl der Befreiung bewußt geworden sind, daß erst mit diesem Tage der Spuk jener Massenhysterie von uns abgefallen ist, der uns auch diesen tollen Finanzschwindel der preisgestoppten Inflation beschert hatte. Von diesem Rausch ernüchtert, erkennen wir erst recht deutlich, wie hart am Abgrund wir gewandert sind, wie hohe Zeit es war, mit der Einführung unserer neuen Währung wieder den Pfad der Ehrlichkeit und der Wahrhaftigkeit zu beschreiten.«

(Ludwig Erhard)

22. Juni 1948
Hamburgs Hausfrauen sind wie von einem Fieber ge-

Es ist fast alles wieder da. Das meiste ohne Punkte oder Bezugscheine. Das ist das Wunder, auf das man seit neun Jahren gewartet hat

packt: Sie möchten alles auf einmal kaufen. Der Jungfernstieg ist gerammelt voll. Zwar konnten sie sich größtenteils noch keinen elektrischen Wasserkocher für 27,50 (am Vortage 42,50!) DM oder ein Bügeleisen zu 17,50 (einen Tag zuvor: 27,50) DM leisten, dagegen aber mattgelb schimmernde Porzellangedecke zu 2,60, kleine und größere Kompottschalen aus Glas (1,50), Milchtöpfe (2,50), Milchkannen (6,50), braun-lackierte Steingutschüsseln verschiedener Größen (2,– bis 5,–) und Teekannen zu 3,50 mitnehmen. Tagesumsatz am 22. Juni in einem Geschirr- und Glaswarengeschäft 3000 DM!

Oberhemden – nicht so reichlich wie Haushaltsartikel angeboten – wurden zwischen 8,– und 14,50 (Popeline), Wollwesten (8 Punkte) zu 29,50, solche aus Baumwolle punktfrei zu 9,75 DM gehandelt. Die Preise für kunstseidene »Punkt«-Kleider lagen unverändert bei 60 DM und

mehr; reinseidene bis zu 200 DM. Umsatz gleich Null. Schreibmaschinen und Radioapparate werden nur selten verkauft; sie kosten vorläufig zwischen 200 und 300 DM. Armbanduhren liegen zwischen 40 und 100 DM, gepolsterte Sessel bei 120 DM, Schränke zwischen 80 und 160 DM, Couchen etwa 150 DM. Eine Flasche Sekt kostet 5,20; Hausmarke »Henkell-Trocken« einschließlich Rollgeld für Gastwirte angeblich 6,35 DM.
Verschiedene Gaststätten geben Gebäck und Eis zu »kleinen Übergangspreisen« (»ohne«) ab. In einem exklusiven Restaurant kostete ein mehrgängiges Gedeck mittags um 13 Uhr – drei Gäste wurden von neun Kellnern bedient – 3,50 DM; eine Tasse »echten« Kaffees 1,30. In zahlreichen Wirtschaften ein deutscher Schnaps 0,30, Tasse Kaffee 0,50 DM.

(DW)

22. Juni 1948
Schon gleich nach Bekanntgabe der Geldreform zeigten sich in allen Teilen der Westzonen die ersten Auswirkungen der neuen Maßnahmen. Die Kurorte und Modebäder sind fast leer. Der schwarze Markt verzeichnete einen ungeheuren Preissturz. Am Montag waren in vielen Geschäften schon wieder friedensmäßige Waren zu niedrigen Preisen erhältlich.
Über Nacht war ein Teil der Hamburger Schaufenster mit neuen Auslagen gefüllt worden. Radioapparate, Elektrogeräte und Haushaltsgegenstände wurden angeboten. Die Tabakläden zeigten ganze Serien friedensmäßiger Tabakpfeifen, aber nirgendwo war ein Preisschild zu finden. Nur selten betraten die Kunden die Geschäftsräume. An den Kassen der Lichtspielhäuser waren Karten für alle Plätze zu haben. Die Junge Bühne nimmt 1–3 DM. Auch Zirkus Belli ermäßigte seine Eintrittspreise um rund 40 v.H. In den Reisebüros liegen bündelweise die Zulassungskarten: sie sind zur Zeit nicht gefragt. Bei den Arbeitsämtern melden sich auffallend viele weibliche Arbeitsuchende.
Die neue Währung brachte auch den Schwarzmarkt wieder »in Schwung«. An manchen Stellen wurde Wein mit 3 D.Mark die Flasche ausgeschenkt und das Glas Schnaps für 1 D.Mark. Kaffee mit 10 bis 35 D.Mark und an einigen Stellen das Schmalz mit 5 bis 10 D.Mark pro Pfund gehandelt.

(DW)

1. Juli 1948
Seit dem 20. Juni melden sich bei den Hamburger Arbeitsämtern täglich etwa 1200 Arbeitssuchende, darunter 250 Frauen. Die Zahl der Kündigungsanträge, die vor allem aus dem Handel und dem Gaststättengewerbe kommen, beläuft sich auf insgesamt 4000, denen täglich rund 800 Neuanforderungen von Arbeitskräften vor allem aus der Bekleidungs- und Papierindustrie gegenüberstehen.
Die Zahl der Arbeitslosen betrug in den letzten Monaten ca. 11000, von denen aber nur 1000 Personen Unterstützung beanspruchten. In den letzten zehn Tagen hat sich die Zahl der Unterstützungsempfänger verdoppelt.

(DW)

3. Juli 1948
»... Gestern wollte ich mir Geld von der Bank holen, aber meine Pension war noch nicht da und mein eingewechseltes Altgeld auch noch nicht, so kriegte ich nichts! Unterwegs grüßte mich eine feine junge Frau mit Kind; wir kamen ins Gespräch; sie hatte auch kein Geld, und sie erzählte mir, eine Freundin habe sich vorgestern Geld von der Dresdner Bank holen wollen, da habe der Kassierer gesagt: »Sie werden lachen! Wir haben selbst kein Geld!« Was ist das nun für eine Wirtschaft! Sind nicht genug Scheine gedruckt? ...«

(Aus einem Brief von Pastor Dr. Beneke an eine Verwandte)

Die Kehrseite der neuen Währung

29. Juli 1948
Am härtesten sind die alten und arbeitsunfähigen Männer und Frauen durch die Währungsreform betroffen, auch jene, die glaubten, durch Beiträge an Lebensversicherungsgesellschaften vorgesorgt zu haben, und die, im Gegensatz zur Sozialversicherung, noch ein Zehntel ihrer Rente erhalten. Der Gesetzgeber hat sie, wohl nicht absichtlich, vergessen. Ein Fachmann begründet hier die Forderung der sozialen Gleichstellung mit den übrigen Rentenempfängern. Wir wissen aus Zuschriften aus der Versicherungswirtschaft, daß von ihrer Seite diese Forderung nicht nur eine volle Anerkennung, sondern auch die aktive Unterstützung findet, die sie verdient.

Rentner, die monatlich 80 oder 100 oder 200 RM bezogen, haben für Juli 8 oder 10 oder 20 DM erhalten – sogar etwas später als sonst, weil die Lebensversicherungsge-

sellschaften bei den Stuttgarter Verhandlungen gehofft hatten, zu einer freundlicheren Auslegung des harten Paragraphen 24 im Dritten Gesetz zur Währungsreform kommen zu können. Nun fragen die Rentner: Haben wir das verdient? Warum läßt man uns im Stich? Wie sollen wir leben?
Ja, wie sollen sie leben? In der Regelung der Versicherung ist manches unvollkommen. Nennen wir einige Beispiele: Wenn ein Kraftfahrer eine Frau angefahren hat, zur Zahlung einer Rente von monatlich 80 RM verurteilt worden ist und seine Haftpflichtversicherung die Rentenzahlung übernommen hat, so zahlt die Gesellschaft heute nur noch 8 DM. Ein Kraftfahrer aber, der durch Abmachung, gerichtlichen Vergleich oder gerichtliches Urteil zur Zahlung von 80 RM verpflichtet ist, muß 80 DM zahlen. Was für den Kraftfahrer zutrifft, gilt natürlich auch für den Hausbesitzer, Hundehalter, Handwerker, Jäger usw. Ein Unternehmen, das seinen Angestellten Pensionsversprechen in rechtlich bindender Art gegeben und, wie meist in solchen Fällen, bei Versicherungsgesellschaften sich eingedeckt hatte, bekommt nur noch ein Zehntel der Pensionen, muß sie aber voll auszahlen. Das sind Unebenheiten – für diejenigen, die von ihnen betroffen werden, gewiß oft sehr hart – aber sie bedeuten nur wenig gegenüber der schwerwiegenden Regelung, die die alten Personen und Witwen niederdrückt.
Dem Rentner bleibt vorläufig nur das Wohlfahrtsamt. Für viele Alten steht die »Armenpflege« im Ruf der Unrühmlichkeit, und es ist deshalb bitter für sie, um »Almosen« zu bitten.

(DZ)

14. Dezember 1948
»Die westdeutsche Wirtschaft befindet sich seit der Währungsreform unzweifelhaft nicht in einer offenen Inflation nach dem Muster der sogenannten Preis-Lohn-Spirale. Der Preisaufschwung vollzieht sich bei annähernd konstantem Lohnniveau, so daß man eher von einer Preis-Profit-Spirale sprechen könnte. Wenn jetzt durch Kreditrestriktionen das Wachstum des Geld- und Kreditvolumens abgestoppt wird, so ist damit eine Ursache der Preissteigerungen beseitigt. Jedoch wird damit nicht die ungemein gestiegene Umlaufgeschwindigkeit des Geldes verlangsamt, die eine große Rolle bei den Preissteigerungen spielt. Außerdem wurden durch die Kreditrestriktion oft gerade die Branchen geschädigt, die sich diszipliniert verhalten hatten, während die durch Hortungsgewinne und Preisüberforderungen liquiden Unterneh-

Pfannen, Schnürsenkel, Sockenhalter ... Man kauft alles. Bis zum nächsten Gehaltstag wird mancher merken, wie schnell 40 Mark verbraucht sind.

mungen nicht eingeengt wurden. Aus beiden Gründen ist daher neben der Kreditrestriktion eine unmittelbare Bekämpfung der Preissteigerungen nötig. Sie soll durch exaktere Preiswuchergesetzgebung, durch gerichtliche Schnellverfahren bei Preisverstößen und durch Verbesserung der Bewirtschaftung (Warenkontrollen) bei Textilien und Schuhen mit Hilfe des durchlaufenden Punktes bzw. durchlaufenden Wiederbezugsrechtes erreicht werden.«

(Aus dem Bericht zur wirtschaftlichen Lage Hamburgs an die Militärregierung)

29. März 1949
Das Statistische Landesamt veröffentlicht eine Berechnung über die monatlichen Kosten der Normalverbraucher einer Hamburger Arbeiterhaushaltung im Jahre 1937 und im Januar dieses Jahres. Das Amt kommt zu dem Ergebnis, daß der Hamburger Durchschnittshaushalt mit 3,7 Personen im Januar 537 DM ausgeben muß, um so zu leben wie 1937. Damals betrugen die Ausgaben für den gleichen Haushalt nur 172 RM. Damit haben sich also die Lebenshaltungskosten bei normalem Verbrauch mehr als verdreifacht.

(DW)

3. Quartal 1949
Daß mit Eintritt der Währungsreform die Theater vor einer völlig neuen Situation stehen würden, war zur Genüge bekannt. Trotzdem sind die Auswirkungen bis zum heutigen Tage erheblich ungünstiger, als angenommen werden durfte. Kein Theater ist heute in der Lage, einen gültigen Etat aufzumachen, es sei denn, daß es seine Vorstellungen zu 70 Prozent im Abonnement vergeben hätte. Unsere Durchschnittseinnahmen haben in der Zeit vom Tage der Währungsreform bis zum 10. September dieses Jahres bei 400 DM gelegen. Bis zur Stunde liegt noch kein Grund zur Annahme vor, daß sich diese Einnahmen verdoppeln oder verdreifachen können. Aber selbst, wenn man sich das Postulat schaffen würde, für die Zeit des besten Theaterbesuchs, also vom 1. Oktober bis 30. April, eine Einnahme von 1400 DM pro Vorstellung zu erzielen und für die übrige Zeit in der Spielzeit von 700 DM pro Vorstellung, so würde im günstigsten Falle eine Einnahme von 450000 DM pro Jahr zu erzielen sein. Es ist dabei zu berücksichtigen, daß in Zukunft höchstens mit einer Aufführungsziffer von 350 zu rechnen sein wird, da die Nachmittagsvorstellungen vermutlich im wesentlichen ausfallen müssen. Bis heute konnte eine Nachmittagsvorstellung weder am Sonnabend noch am Sonntag angesetzt werden. Von der vorstehend angenommenen Einnahme von 450000 DM im Jahr würden wiederum 25 Prozent für ständige Unkosten (s. oben) in Absatz zu bringen sein, so daß günstigstenfalls 340000 DM, das ist fast die Hälfte unseres bisherigen Personaletats, zur Deckung unserer Gesamtunkosten zur Verfügung stehen. Es wird kaum jemanden geben, der die Unmöglichkeit bestreiten wird, bei diesen Zahlen einen Etat aufzumachen, geschweige denn mit dem Personal zu einer Einigung bezüglich der künftig zu zahlenden Gagen zu kommen.

(Ida Ehre in »Neues Hamburg«)

1949
Feststeht, daß die Währungsreform eine starke Belebung hervorrief. Viele, die bei Altmark-Entlohnung keine lohnende Beschäftigungsmöglichkeit sahen, suchen nun einen Arbeitsplatz, weil die Arbeit wieder lohnt. Ein typisches Beispiel ergab sich für die Hamburger Hoch- und Straßenbahn, die ihre Verkehrsdichte längst hätte steigern können, wenn sie ihr Personal hätte vermehren können. Jetzt war sie hierzu in der Lage. Auch zahlreiche Betriebe der Verbrauchsgüterindustrie konnten ihre gelernten und ungelernten Arbeitskräfte vermehren. Der Produktionsanstieg wurde rasch bemerkbar, wenn er auch hinter dem Warenbedarf zurückblieb. Noch ist das Gleichgewicht nicht gefunden. Noch sind Konstruktionsfehler des Reformwerks, Härten, die vor allen Dingen die Kleinrentner und Sparer trafen, unausgeglichen. Aber die Ansätze der Gesundung machen sich in einem starken Rückgang der Demoralisierung und in einer natürlichen Steigerung der Arbeitsfreudigkeit bemerkbar. Ein neuer Anfang ist geschehen. Was aus ihm werden wird, ist in unsere eigene Hand gegeben. Auch Hamburgs Hafen belebte sich im Zuge der Durchführung des Marshall-Plans. Unsere Hoffnungen sind gewachsen. Ein Wunder rief die D-Mark wohl nicht hervor, aber doch eine starke Wendung, die zu einer echten Besserung zu gestalten Aufgabe unserer Politiker und aller Staatsbürger ist.

(Erich Lüth)

Juni 1949 in der Mönckebergstraße. Noch lange kein »Bild des Friedens«, aber ein Anfang ist gemacht. Die schlimmsten Jahre sind vorbei.

FRANKFURTER
HACIFA
3

Hamburgs Weg in die Demokratie 1945–1949

Am 3. Mai 1945 wurde Hamburg entgegen anders lautenden Befehlen des Oberkommandos der Wehrmacht den Engländern kampflos übergeben. Dabei konnte der nationalsozialistische Gauleiter und Reichsstatthalter Karl Kaufmann als Leiter der staatlichen Verwaltung dem britischen General Spurling einen intakten Verwaltungsapparat unterstellen. Kaufmann wurde dann am folgenden Tag verhaftet und seine Funktion an der Spitze der staatlichen Verwaltung dem weiter amtierenden nationalsozialistischen Regierenden Bürgermeister Carl Vincent Krogmann übertragen, dessen Kompetenzen 1938 auf die kommunale Verwaltung beschränkt worden waren. Obwohl mit dem Vorsatz eingezogen, führende Nationalsozialisten unverzüglich aus ihren Positionen zu entfernen, arbeitete die Militärregierung noch eine gute Woche mit Krogmann als ihrem ausführenden Organ zusammen. Wahrscheinlich wollte sie erst fester etabliert sein, bevor sie Eingriffe in die Verwaltung unternahm. Auch fehlte ihr ein geeigneter Kandidat.
Zusammen mit den meisten NS-Senatoren wurde Krogmann am 11. Mai seines Amtes enthoben und inhaftiert. Den auf ihren Posten belassenen zwei Senatoren und drei Senatssyndici befahl der britische Kommandant Oberst Armytage, ihm bis zum nächsten Tag eine annehmbare Persönlichkeit für das Bürgermeisteramt vorzuschlagen. Sie entschieden sich für den Kaufmann Rudolf Petersen, der durch den Nationalsozialismus alle früheren Ehrenämter verloren hatte und in keiner Weise belastet war. Er entstammte einer traditionsreichen Hamburger Familie. Sein Großvater und sein 1933 verstorbener älterer Bruder waren bereits Bürgermeister gewesen. Letzterer war durch seinen Einsatz für die Rechte der Arbeiter nach 1906 und durch seinen Kampf gegen die politische Radikalisierung vor 1933 noch bei vielen in guter Erinnerung.
Nach anfänglichem Zögern erklärte sich Rudolf Petersen, auch ermuntert von Mitgliedern der Handelskammer, zur Übernahme des Bürgermeisteramtes bereit und trat es am 15. Mai an. »Ich gab mich keiner Illusion hin über das, was mir bevorstand«, schrieb er im Rückblick und umriß die Situation seines Anfangs so: »Wochenlang fuhren keine Eisen- und Straßenbahnen, es erschienen keine Zeitungen, die Postbeförderung ruhte, der Übergang über die Elbbrücke bedurfte monatelang

der jedesmaligen ausdrücklichen Erlaubnis der Militärregierung. Die Leiter fast aller hamburgischen Verwaltungen waren abgesetzt, ebenso die meisten Chefs der Reichsbehörden in Hamburg. Die für die wichtigsten Entscheidungen zuständigen Berliner Ministerien bestanden nicht mehr. Der Verkehr im Hafen lag völlig still, der Außenhandel war tot. Das Radio Hamburg bot die einzige Möglichkeit, die Bevölkerung zu unterrichten.
Die mir seitens der Militärregierung übertragenen Machtbefugnisse waren erdrükkend. Ich war persönlich mit den Rechten des Statthalters, des Bürgermeisters, aller Reichsminister ausgestattet, die Hamburger Reichsbehörden, außer Reichsbahn, Reichspost und Reichsbank, unterstanden meiner Kontrolle.
Mit der hamburgischen Verwaltung in keiner Weise vertraut, kam es mir zunächst darauf an, einige erfahrene, politisch und charakterlich unbedingt zuverlässige Senatsmitglieder zu gewinnen.« Diese suchte Petersen in Kaufmannskreisen und vor allem unter den vor 1933 exponierten hamburgischen Politikern.
Als einen der ersten schlug der neue Bürgermeister der Militärregierung den Sozialdemokraten Adolph Schönfelder für das Amt des Zweiten Bürgermeisters vor. Als früherer langjähriger Bürgerschaftsabgeordneter und Senator hatte Schönfelder vielfältige Verwaltungs- und Regierungserfahrung, die für den staatlichen und politischen Neubeginn unverzichtbar war. Mit einigen seiner politischen Freunde war er indes noch vor Kriegsende zu dem Schluß gekommen, daß die Sozialdemokraten nach dem in der Weimarer Republik deswegen geernteten Undank in schwieriger Nachkriegssituation keine Verantwortung wieder übernehmen, sondern sich lieber dem Wiederaufbau der Gewerkschafts- und Arbeiterorganisationen widmen sollten. Diesen Kurs auf Bitten Petersens zu verlassen, fiel Schönfelder nicht leicht. Er brachte seine Zweifel, ob er ohne die Legitimation einer Organisation wirklich in den Senat eintreten sollte, vor eine zufällig tagende Arbeiterversammlung – die Sozialdemokratische Partei existierte noch nicht wieder – und wurde zu dem Schritt ermuntert. Anfang Juni erfolgte die Ernennung zum stellvertretenden Bürgermeister.
Schönfelders Entschluß wurde von seinen Genossen angesichts der früheren Absprache mit Zurückhaltung aufgenommen, doch gelang es ihm, sie zu einer Tolerierung seiner Mitarbeit im Senat und der Berufung weiterer sozialdemokratischer Vertreter zu bringen. »Der Senat«, resümierte Schönfelder später, »war zunächst eine recht gemischte Gesellschaft. Ihm gehörten noch Herren an, die als frühere Beigeordnete im Nazisenat von den Engländern noch im Amte belassen waren.

Dabei waren auch Herren, die dem Nazisystem gar zu willig Hilfsdienste geleistet hatten. Landahl war mit mir in den Senat eingetreten, später Eisenbarth, Leuteritz, Borgner, Dr. Nevermann, auch neue bürgerliche Herren und der Kommunist Dettmann. Noch aber war der Senat keine kollegiale Körperschaft wie früher und jetzt wieder. Der entscheidende Mann war Bürgermeister Petersen, in dessen Namen alle Beschlüsse gefaßt wurden. Er hat uns das aber nicht sehr merken lassen, sondern mit uns abgestimmt und unsere Beschlüsse gelten lassen, wenn wir auch manchmal spottend sagten: »Es redet der Chef mit seinen Prokuristen.«

Daß Persönlichkeiten so unterschiedlicher politischer Anschauungen in dem von Petersen geführten Senat effektiv zusammenarbeiten konnten, hing sicherlich mit der besonderen Situation der »Stunde Null« zusammen. Die an die Spitze der Behörden und Ämter gestellten Senatoren konnten ihre Entscheidungen nicht an langfristigen politischen Strategien und Zielsetzungen orientieren, sondern mußten ihre Arbeit ganz auf die Anforderungen des Tages, auf die Linderung der allgemeinen Not, auf die Normalisierung der Lebensverhältnisse, konzentrieren. Die Probleme, die sich für die Menschen in Hamburg fast unübersteigbar auftürmten und deren Lösung von der Verwaltung erwartet wurde, hat der Leser in den vorangegangenen Abschnitten dieses Buches aus den Quellen unmittelbar kennengelernt. Es gehörte viel Optimismus dazu, nicht zu resignieren und an den Wiederaufstieg zu glauben. Rudolf Petersen und nach ihm Max Brauer haben diesen Optimismus gehabt und ihn sowohl an ihre unmittelbaren Mitstreiter als auch an die Bevölkerung weitergeben können. In zahlreichen Reden und Ansprachen wandte Petersen sich an seine Mitbürger, um sie zu informieren, ihnen Mut zuzusprechen, aber auch um an ihre Einsicht in die Notwendigkeit restriktiver Maßnahmen sowie an die Bereitschaft zu praktischer Nächstenliebe und freiwilliger Hilfe zu appellieren.

Am Anfang war der Bürgermeister nur Befehlsempfänger der britischen Militärregierung. Durch ihn verfügte sie ihre Maßnahmen. Er war die Instanz, der Verhandlungen mit dem Commander möglich waren. Es gelang Petersen, in solchen Verhandlungen das Vertrauen des Commanders Brigadier Armytage zu gewinnen, so daß an die Stelle der Befehle allmählich miteinander abgesprochene, gemeinsam überlegte Entscheidungen traten, was aber ernste Differenzen nicht ausschloß. De facto war das »Regime Petersen«, wie Zeitgenossen es nannten, »eine unter der Ägide der Besatzungsmacht amtierende Diktatur« (Kurt Sieveking). Sowohl die Militärregierung als auch die sich im Sommer und Frühherbst 1945 neu formierenden politischen Kräfte und nicht zuletzt das »Regime« selbst, strebten eine baldige

Legitimation der hamburgischen Selbstverwaltung durch Wiedereinführung der parlamentarischen Demokratie an.
Ein erster Schritt dorthin war die Zulassung von Parteien. Neben den beiden 1933 aufgelösten Arbeiterparteien SPD und KPD, versuchten zahlreiche bürgerliche Gruppen – im Dezember 1945 war von 18 die Rede, die in Hamburg als Partei zugelassen werden wollten –, sich parteimäßig zu organisieren. Politischen Einfluß auf die weitere Entwicklung gewannen davon dann die Freie Demokratische Partei, die Christlich Demokratische Union und zeitweilig die aus der Niedersächsischen Landespartei hervorgegangene Deutsche Partei. Eine bürgerliche Sammlungsbewegung rief Dr. Paul de Chapeaurouge 1945 mit dem Vaterstädtischen Bund ins Leben, unter dessen Dach FDP und CDU 1949 zur Bürgerschaftswahl einen Wahlblock bildeten.
Vor den Parteien waren im Sommer 1945 wieder Gewerkschaften gegründet worden. Als erste versuchten überwiegend jüngere Gewerkschaftsmitglieder mit einer »Sozialistischen Freien Gewerkschaft«, gewerkschaftliches, wie auch politisches Leben nach der Kapitulation Hamburgs wiedererstehen zu lassen. Ihre Gründung und ihre politischen Ambitionen stießen jedoch auf Widerstand bei ihren altgedienten Kollegen, die die politisierende Komponente aus der Gewerkschaftsarbeit heraushalten wollten. Sie konnten geltend machen, daß politische Betätigung oder politische Zielsetzung in den Gewerkschaften nicht mit den Anordnungen der Militärregierung in Einklang ständen. Statt einer Einheitsgewerkschaft – als solche verstand sich die Sozialistische Freie Gewerkschaft – befürwortete jene Richtung selbständige Gewerkschaften für einzelne Industriezweige und setzte sich durch. Die Sozialistische Freie Gewerkschaft wurde nach sechs Wochen aufgelöst und dadurch der Weg frei gemacht für 13 überparteiliche Industriegewerkschaften unter einer Dachorganisation. Bei Beteiligung des Bürgermeisters, der ihre Bedeutung für den demokratischen Wiederaufbau hervorhob, veranstalteten die neuen Gewerkschaften im August eine »Antrittskundgebung«.
Nach der Wiederzulassung von Parteien war der nächste Schritt zur Demokratisierung die Schaffung eines Parlaments. Die Militärregierung tat ihn in Hamburg, indem sie eine Bürgerschaft berief, die Senat und Verwaltung kontrollieren sollte, ohne allerdings die Möglichkeit zur Abwahl des Bürgermeisters oder eines Senators zu haben. An deren Verantwortlichkeit gegenüber der Militärregierung änderte sich nichts. Die ernannte Bürgerschaft trat am 27. Februar 1946 zusammen. Ihre 81 Mitglieder waren so ausgewählt, daß möglichst viele Teile und Meinungen der Be-

völkerung repräsentiert waren. Es waren in sie berufen worden: die 13 Mitglieder des Senats, 17 von den politischen Parteien, 16 von den Gewerkschaften, 4 von den Religionsgemeinschaften, 8 von Handel und Gewerbe, 6 von Kultur und Wissenschaft, 4 von Grundeigentum und Landwirtschaft, 5 von Frauenvereinigungen und 2 von den Verfolgten nominierte Abgeordnete sowie 2 Abgeordnete aus Bergedorf und 4 aus Harburg-Wilhelmsburg. Bedingung für die Nominierung war, daß der Kandidat nationalsozialistisch völlig unbelastet war. Bei der Fraktionsbildung schloß sich ein Teil der ständischen Vertreter den Parteifraktionen an, von denen die sozialdemokratische den stärksten Zulauf hatte und von 6 auf 20 Mitglieder stieg. Neben den Parteifraktionen bildete sich eine 16köpfige Fraktion der Gewerkschaftsdelegierten und eine Fraktion der Parteilosen mit 23 Mitgliedern. Letzterer schloß sich Bürgermeister Petersen an und machte sie damit sozusagen zur Regierungsfraktion. Sie hatte aber wenig Geschlossenheit und aufgrund der von der Mehrheit der ernannten Bürgerschaft gebilligten vorläufigen Verfassung vom 15. Mai 1946 keine Zukunft. Ihre Mitglieder schlossen sich deshalb, soweit sie politisch weiter aktiv bleiben wollten, Parteien an, die Mehrheit unter Führung von Petersen der CDU.
Als Hauptaufgaben der ernannten Bürgerschaft bezeichneten die Vertreter der Besatzungsmacht in ihren Eröffnungsansprachen die Wiederherstellung einer gewählten Volksvertretung und eine gründliche Entnazifizierung des öffentlichen Lebens in Hamburg unter Aufsicht der Militärregierung. Das Vorparlament griff aber viele weitere Probleme auf, und manche seiner Mitglieder – voran Erich Klabunde, der Vorsitzende der SPD-Fraktion – wagten ziemlich schonungslose Kritik an der Besatzungsmacht und ihren Maßnahmen. Auf den gemeinsamen Widerstand von Senat und Bürgerschaft stießen im Sommer 1946 Demontagen und Sprengungen. Als nach den Helgen der Werft von Blohm & Voss und nach Fischdampfern auch die Howaldt-Werft gesprengt werden sollte, drohte Bürgermeister Petersen, bestärkt von Senat und Bürgerschaft, seinen Rücktritt an. Der Gouverneur befahl ihm, im Amt zu bleiben. Die Sprengung wurde dann stillschweigend fallen gelassen. Die deutsche Kritik fand durchaus Resonanz in der englischen Öffentlichkeit. Der bekannte Journalist Sefton Delmer kommentierte, von Erich Lüth mit Hintergrundinformationen versehen, die in Hamburg getriebene Politik seines Landes, und der britische Parlamentsabgeordnete Stokes schrieb nach der Rückkehr von einem Besuch in Hamburg: »Millionen hausen trotz größter Bemühungen in Schmutz und Dreck. Es ist eine Schande, daß 14000 Arbeiter in Hamburg am Hamburg-Projekt

arbeiten, einem Gebäudekomplex für die Briten in einer Stadt, die zu 48 Prozent in Ruinen liegt, während nur etwa 1000 mit Aufbauarbeiten beschäftigt sind.«

Es zeichnet die britische Militärregierung und insbesondere den Hamburger Zivilgouverneur Vaugham Berry, der 1946 den Brigadier Armytage abgelöst hatte, aus, daß deutsche Kritik nicht nur toleriert, sondern auch respektiert wurde. Diese Haltung entsprach dem englischen Verständnis von Demokratie, zu der die Deutschen erzogen werden sollten. Sie half entscheidend, den Tiefpunkt in den Beziehungen zwischen Besatzung und Besetzten zu überwinden. Der Weg dahin war im Sommer 1946 aber noch weit.

Der nächste große Schritt zur Konsolidierung der politischen Verhältnisse im Sinne einer demokratischen Ordnung wurde in Hamburg mit den Bürgerschaftswahlen am 13. Oktober 1946 getan. Aufgrund eines modifizierten Persönlichkeitswahlrechtes errang die SPD mit ihrem Spitzenkandidaten Max Brauer bei einem Stimmenanteil von 43,1 % 83 der 120 Parlamentssitze, die CDU bei 26,7 % 16, die FDP bei 18,2 % 7 und die KPD bei 10,4 % 4 Sitze. Vier weitere Parteien gingen leer aus. Max Brauer bildete unter Beteiligung der FDP und der KPD einen von einer überwältigenden Bürgerschaftsmehrheit getragenen neuen Senat. Das nach englischem Vorbild gestaltete Mehrheitswahlrecht begünstigte die SPD übermäßig und verhinderte die Entfaltung einer arbeitsfähigen Opposition. Brauer selbst drang deshalb im Interesse der Demokratie auf eine Veränderung des Wahlmodus für künftige Wahlen. Für sie wurde dann in der Tat das Verhältniswahlrecht eingeführt.

Am 22. November 1946 wurde der neue Senat vor der Bürgerschaft vereidigt. Gouverneur Berry kündigte bei der Gelegenheit an, daß die Hoheit über ausgewählte Bereiche der Verwaltung, Wirtschaft und Industrie an die Hamburger zurückgegeben werden solle. Bürgermeister Brauer hielt eine Grundsatzrede, in der er die Aufgaben der Gegenwart und Zukunft umriß und versprach: »Hamburg soll wieder den Platz auf der Erde einnehmen, der ihm dank der Gunst seiner natürlichen Lage, dank seiner großen Vergangenheit und dank der unverwüstlichen Lebenskraft seiner Bevölkerung zukommt.« Zunächst gelte es aber, die drei Elendsquellen Hunger, Wohnungsnot sowie Kleider- und Brennstoffmangel zu verstopfen und eine weitere Normalisierung des Großstadtlebens durch Wiederbelebung der Elbschifffahrt, Steigerung des Umschlags im Hafen, Beseitigung von Engpässen im Nah- und Fernverkehr sowie im Hotel- und Gaststättengewerbe, Ausbau des kulturellen, wissenschaftlichen und schulischen Lebens herbeizuführen. Ein wenig ironisch, wiewohl nicht ohne Wohlwollen, fiel die Berichterstattung eines politischen Magazins

über den Festakt aus. Brauer habe, hieß es dort, das Privileg demokratischer Redefreiheit redlich ausgenutzt: »Angesichts hoher Autoritäten unternahm es der Weitgereiste, der viele Jahre seiner Lebenserfahrung in den USA verbracht hat, an der Politik der Besatzungsmächte offen Kritik zu üben ... Herr Brauer attackierte nicht nur, er gab unumwunden zu, daß an der gebräuchlichen Redewendung der Briten, die Deutschen hätte man entweder an der Kehle oder zu Füßen, etwas daran sei. Aber er zeigte auch die Kehrseite der Medaille: ›Wenn wir heute erleben, wie sich alte Uebernazis in hündischer Unterwürfigkeit bei den Siegern einzuschmeicheln suchen, dann mögen sie zu uns alten Anhängern internationaler Zusammenarbeit kommen, damit wir ihnen zeigen, wie sich ein anständiger Deutscher benimmt‹. Breit stand er da, als er diese Worte sprach, und gerade an dieser Stelle wollte der Beifall seiner Landsleute kein Ende nehmen.«
Max Brauer, vor 1933 Oberbürgermeister von Altona, kehrte 1946 nach dreizehnjährigem Exil zurück und wurde von seinen Parteifreunden für das höchste Amt in Hamburg nominiert. Aus historischer Sicht muß die Wahl Brauers als besonderer Glücksfall für Hamburg bewertet werden. Was der Zivilgouverneur schon 1947 erkannt und mancher Zeitgenosse, auch wenn er politisch anderer Anschauung war als Brauer, später ebenfalls bekundet hat, kann der Historiker zustimmend zitieren: Nach Berry hatte Hamburg in schwerster Zeit das Glück, in Max Brauer »einen Bürgermeister von großer Tatkraft, weitem Blick und starken persönlichen Reserven gefunden zu haben«. In zwei Grundthesen hat Brauer seine Vorstellung von der politisch-sozialen Neugestaltung Hamburgs und Deutschlands zusammengefaßt: »1. Erfüllte Demokratie ist das höchstmögliche Maß von Freiheit und allgemeinem Wohlstand. 2. Sozialismus ohne Freiheit ist kein Sozialismus, sondern Verrat an den sozialistischen Kernideen.« Zwei Kernsätze wie diese sind natürlich eine viel zu schmale Basis, um die politische Grundanschauung eines Staatsmannes wie Brauer zu charakterisieren; immerhin geben sie einigen Aufschluß über seine politischen Ideale und Zielvorstellungen.
Die Bedingungen zur Umsetzung dieser Vorstellungen waren denkbar ungünstig. Wenige Wochen nach Brauers Amtsantritt brach der Winter mit ungewöhnlicher Härte herein und hielt über Monate an. Die Lebensmittelrationen hatten schon vorher gekürzt werden müssen. Aus Mangel an Kohlezufuhr drohte die ohnehin sehr begrenzte Versorgung mit Gas und Elektrizität zusammenzubrechen. Brennstoffe zur Wohnungsheizung waren nicht aufzutreiben. Hunger und Kälte forderten zahlreiche Todesopfer (die Zahlenangaben schwanken zwischen 85 und über 400,

die Dunkelziffer ist nicht abschätzbar). Auf dem dramatischen Höhepunkt der Katastrophe gelang es Brauer, bei der Militärregierung eine Gütereilzugverbindung zwischen Hamburg und dem Ruhrgebiet zur Sicherung der Kohlenzufuhr durchzusetzen und damit den totalen Zusammenbruch jeglicher Versorgung zu verhindern. Liebesgaben aus dem Ausland linderten die größte Not. Eine spürbare Entspannung der Lage trat aber erst mit dem Tauwetter Ende März 1947 ein. An Stelle der unmittelbaren Krisenbewältigung, die alle Kraft der letzten Monate in Anspruch genommen hatte, konnten nun wieder weitergreifende Zukunftsplanungen Raum gewinnen.

Für Hamburgs zukünftige Stellung innerhalb eines neuen deutschen Staatsaufbaues hatte das Jahr 1946 grundlegende politische Entscheidungen gebracht. In der britischen Zone waren die Länder Nordrhein-Westfalen, Niedersachsen, Schleswig-Holstein sowie der Stadtstaat Freie und Hansestadt Hamburg gebildet und mit einigen, wenn auch nicht sehr großen Machtbefugnissen ausgestattet worden. Hamburg hatte damit – ebenso wie Bremen – nach dem unrühmlichen Zwischenspiel des Zentralismus im nationalsozialistischen Staat zu seiner langen Tradition der »Reichsunmittelbarkeit« im föderalistischen Staat zurückkehren können. Sein Erster Bürgermeister Max Brauer gab in den folgenden Jahren wichtige Impulse für die überregionale Zusammenarbeit, die schließlich zur Gründung der Bundesrepublik Deutschland führte.

Bereits Rudolf Petersen hatte erste Schritte zu einer Koordination seiner Maßnahmen mit denen der Chefs der anderen von der britischen Militärregierung berufenen Auftragsverwaltungen unternommen und im September 1945 im Hauptquartier in Oeynhausen die Erlaubnis zu gemeinsamen Beratungen erwirkt, so daß nach einer informellen Zusammenkunft in Bad Nenndorf die erste förmliche Konferenz der Länderchefs der britischen Zone Ende Oktober im Hamburger Rathaus abgehalten werden konnte. Versorgungsfragen, das Flüchtlingsproblem und die Entnazifizierung waren die hauptsächlichen Beratungspunkte solcher Treffen, wie überhaupt die Zusammenarbeit in der ersten Phase mehr auf wirtschafts- und versorgungspolitische Erfordernisse als auf nationale Repräsentation und außenpolitisch wirkungsvolle Bekundung deutscher Einigkeit zielte.

An Petersens Aktivitäten in dem Gremium der Länderchefs wie auch im Zonenbeirat, den die britische Militärregierung als beratendes Hilfsorgan für Fragen der zentralen Verwaltung berief und der sich am 6. März 1946 in Hamburg konstituiert hatte, knüpfte Max Brauer an und nahm bald eine führende Rolle unter den Ministerpräsidenten der Länder ein. Auf deren Münchner Konferenz am 6. und 7. Juni 1947 setzte sich der von ihm mit vertretene Standpunkt durch, daß Fragen der Zentralverwaltung eines deutschen Einheitsstaates mit Rücksicht auf die Auflagen der Besatzungsmächte und wegen unüberbrückbarer Unterschiede in den Auffassungen nicht behandelt werden sollten. Das bestimmte den Verlauf entscheidend und veranlaßte die Ministerpräsidenten der sowjetzonalen Länder zur vorzeitigen Abreise. Welches Gewicht Brauer im Kreise seiner westdeutschen Kollegen besaß, zeigte sich auch, als er 1948 ihr Votum gegen Bemühungen des schleswig-holsteinischen Ministerpräsidenten Lüdemann um eine territoriale Neuordnung Nordwestdeutschlands, die das Ende der hamburgischen Selbständigkeit bedeutet hätte, herbeiführte.

Diese Beispiele mögen als Andeutung des Einflusses Max Brauers und damit Hamburgs auf Länderordnung und staatliche Gestaltung der westlichen Besatzungszonen im Vorfeld der Gründung der Bundesrepublik Deutschland genügen. Es würde hier zu weit führen, den Ausstrahlungen der großen Zeitereignisse bis 1949 auf die hamburgische Politik nachzugeben. Politiker und Bevölkerung haben sich in Hamburg wie anderswo mit den allgemeinen Nachkriegsentwicklungen, die sich unmittelbar oder mittelbar für sie auswirkten, auseinandersetzen müssen, etwa mit dem Zusammenschluß der britischen und amerikanischen Zone zum Vereinigten Wirtschaftsgebiet (Bizone), mit dem Wiederaufleben der Europaidee, mit dem Marshall-Plan, der den wirtschaftlichen Wiederaufbau Europas mit amerikanischer Hilfe bringen sollte und zur Revision des 1946 für Deutschland aufgestellten Industrieplans führte, mit dem Scheitern der Vier-Mächte-Politik gegenüber Deutschland und dem Ende der Vier-Mächte-Verwaltung infolge der Entfremdung zwischen den Westmächten und der Sowjetunion, mit der Blockade Berlins, mit dem beginnenden Kalten Krieg und mit der sich abzeichnenden Spaltung Deutschlands, um wenigstens die bedeutsamsten Vorgänge zu nennen. Sie bildeten den allgemeinen politischen Hintergrund, auf dem sich der Wiederaufbau von Stadt und Hafen vollzog.

Dieser Wiederaufbau erhielt eine entscheidende Wende und Beschleunigung durch die Währungsreform vom 20. Juni 1948, die der Wirtschaft eine neue Grundlage geben sollte und gab. Schon nach zwei Tagen konnte Herbert Weichmann seiner Frau aus Hamburg berichten: »Es kommen bereits versteckte Waren heraus, Töpfe, elektrische Artikel etc. Das Problem des Augenblicks ist nur, über die nächsten zehn Tage mit 40 Mark auszukommen. Das ist nicht ganz leicht, aber ökonomisch gut, weil so verstärktem Angebot eine verminderte Nachfrage gegenübersteht, die zur Lagerauflösung drängt.« Die Währungsreform – das war schon nach wenigen

Monaten spürbar – gab der industriellen Produktion einen starken Impuls. Sie entzog dem Schwarzen Markt den Boden, was sich binnenwirtschaftlich und sozial gleichermaßen positiv auswirkte. Nach außen ermöglichte sie den deutschen Wiedereintritt in die Weltwirtschaft.

Die Währungsreform muß im Zusammenhang mit den Londoner Beschlüssen der sechs Mächte Belgien, Frankreich, Großbritannien, Luxemburg, Niederlande und Vereinigte Staaten von Amerika im Frühjahr 1948 über Deutschland gesehen werden. Diese Beschlüsse hoben darauf ab, die drei westlichen Besatzungszonen Deutschlands in die wirtschaftliche Zusammenarbeit der westeuropäischen Länder einzuschließen und dem deutschen Volk schrittweise die volle Regierungsverantwortung wieder zu übertragen. »Unter Berücksichtigung der gegenwärtigen Lage« sollte den Deutschen die Möglichkeit gegeben werden, »auf der Basis einer freien und demokratischen Regierungsform die schließliche Wiederherstellung der gegenwärtig nicht bestehenden deutschen Einheit zu erlangen«. Ihren Regierungen schlugen die in London versammelten Delegationen vor, die Ministerpräsidenten der westlichen Besatzungszonen Deutschlands zur Einberufung einer Verfassunggebenden Versammlung zu ermächtigen.

Für Brauer barg der in London gefundene Kompromiß den Keim zur Wiedererringung deutscher Selbständigkeit. Er wandte sich deshalb dagegen, daß »heute verantwortliche deutsche Politiker das Ergebnis der Londoner Verhandlungen vor ihrem Volke herabzusetzen versuchen ... Wir stehen mitten in einer ganz großen Wende. Diese Wende hat mit dem Marshallplan begonnen. Sie setzt sich fort in unserer Währungs- und Steuerreform. Der nächste wichtige Abschnitt wird dann die Erneuerung unseres wirtschaftlichen, sozialen und staatlichen Lebens sein. Schritt für Schritt werden wir so unsere Freiheit und Würde zurückgewinnen«.

Keine 14 Tage, nachdem diese Worte gesprochen waren, übergaben die Militärgouverneure am 1. Juli 1948 in Frankfurt den Ministerpräsidenten der westlichen Besatzungszonen drei von den Regierungen der Westmächte beschlossene Dokumente zum deutschen Staatsaufbau. Deren erstes trug den Ministerpräsidenten auf, eine Verfassunggebende Versammlung einzuberufen und bis zum 1. September 1948 zusammentreten zu lassen. Diese Versammlung sollte »eine demokratische Verfassung ausarbeiten, die für die beteiligten Länder eine Regierungsform des föderalistischen Typs schafft, die am besten geeignet ist, die gegenwärtig zerrissene deutsche Einheit schließlich wieder herzustellen, und die Rechte der beteiligten Länder schützt, eine angemessene Zentralinstanz schafft und Garantien der individuellen

Rechte und Freiheiten enthält«. Im zweiten Dokument erhielten die Ministerpräsidenten den Auftrag, die Ländergrenzen zu überprüfen und etwaige Änderungswünsche vorzutragen. Das dritte Dokument entwickelte Grundzüge eines Besatzungsstatuts mit Vorgaben für das Verhältnis der drei Westmächte zu einer künftigen deutschen Regierung.

Nach eingehenden Beratungen erklärten sich die Ministerpräsidenten bereit, die »Frankfurter Dokumente« zu akzeptieren und sich der ihnen darin zugewiesenen Verantwortung zu stellen, betonten jedoch nachdrücklich den vorläufigen Charakter der angestrebten Regelungen.

Termingerecht trat am 1. September 1948 der Parlamentarische Rat als Verfassunggebende Versammlung in Bonn zusammen, nachdem vom 10.–23. August der Verfassungskonvent von Herrenchiemsee, ein von den Ministerpräsidenten berufener Ausschuß von Sachverständigen für Verfassungsfragen, Beratungsunterlagen erarbeitet hatte, denen CDU/CSU und SPD eigene Entwürfe zur Seite stellten. Der Parlamentarische Rat wurde nicht vom Volk gewählt, vielmehr bestimmten die Länderparlamente die 70 Abgeordneten. Die Hamburgische Bürgerschaft konnte zwei Vertreter entsenden. Ihre Wahl fiel auf den SPD-Abgeordneten und Bürgerschaftspräsidenten Adolph Schönfelder, der dann in Bonn Vizepräsident des Rates wurde, sowie auf den CDU-Abgeordneten Dr. Paul de Chapeaurouge, der vor 1933 lange Jahre dem Senat angehört hatte.

Der Parlamentarische Rat machte sich seine Arbeit nicht leicht. Die unterschiedlichen Auffassungen von SPD- und CDU/CSU-Fraktion führten zeitweilig zu schweren Spannungen, konnten aber schließlich überbrückt werden. Der am 8. Mai 1949 zur Schlußabstimmung vorliegende Text des Grundgesetzes wurde mit 53 gegen 12 Stimmen angenommen. Die fünf Berliner Vertreter, die nur beratende Stimme hatten, bekannten sich einhellig zu dem Gesetz. Die schriftliche Genehmigung des verabschiedeten Textes überreichten die Militärgouverneure dem Präsidenten des Parlamentarischen Rates, Dr. Konrad Adenauer, am 12. Mai in Frankfurt in Anwesenheit der Ministerpräsidenten und Bürgermeister der Länder, des Oberbürgermeisters von Berlin und einer Abordnung des Parlamentarischen Rates. Das Grundgesetz wurde sodann den Länderparlamenten zur Ratifizierung überwiesen. Sobald eine Regierung der Bundesrepublik Deutschland, entsprechend dem Grundgesetz, konstituiert sein würde, sollte das Besatzungsstatut in Kraft treten.

Als »dringlicher Senatsantrag« stand das Grundgesetz der Bundesrepublik am 18. Mai 1949 auf der Tagesordnung der Bürgerschaft. Nach langer Debatte, in der neben den beiden hamburgischen Vertretern im Parlamentarischen Rat Redner aller Fraktionen zu Wort kamen und die wegen eines durch Äußerungen eines Abgeordneten der Deutschen Partei hervorgerufenen Tumultes unterbrochen werden mußte, wurde das Grundgesetz gegen drei kommunistische Stimmen angenommen. Mit Ausnahme des Bayerischen Landtages, dessen Mehrheit das Gesetz nicht föderalistisch genug fand, stimmten auch alle anderen Länderparlamente dem Grundgesetz zu, so daß es am 23. Mai 1949 verkündet werden konnte. Dies war die Geburtsstunde der Bundesrepublik Deutschland, deren Bundesland die Freie und Hansestadt Hamburg seither ist.

Bei Einbringung des Regierungsentwurfs einer neuen hamburgischen Verfassung 1948 – ihre Beratung wurde dann bis nach der Verabschiedung des Grundgesetzes zurückgestellt – hat Max Brauer der Bürgerschaft erklärt, daß »Hamburg von jeher ein freudiges und nicht unwesentliches Mitglied des Deutschen Bundesstaates gewesen ist und daß wir von der Zukunft nichts Besseres wollen, als wieder in Freiheit und Selbstregierung im Rahmen des großen Ganzen die Aufgaben zu erfüllen, die uns Natur und Geschichte zugewiesen haben«. Mit der Einführung des Grundgesetzes wurde gut ein Jahr später die Voraussetzung für die Verwirklichung dieses Wunsches geschaffen, der damals wie heute traditionellem hamburgischen Selbstverständnis entspricht.

Quellen- und Literaturverzeichnis

Für das vorliegende Buch wurden die Jahrgänge 1945–1949 – bzw. alle in diesem Zeitraum erschienenen Ausgaben – der nachfolgenden Zeitungen und Zeitschriften verwendet.

Der Spiegel (zuvor ›Diese Woche‹)	=	DS
Die Welt	=	DW
Die Zeit	=	DZ
Hamburger Allgemeine Zeitung	=	HAZ
Hamburger Echo	=	HE
Hamburger Freie Presse	=	HFP
Hamburger Nachrichtenblatt	=	HNB
Neue Hamburger Presse	=	NHP

Sonstige Periodika:

Hamburg heute

Lutherisches Gemeindeblatt, Hamburg – Jahrgänge 1945–1949

Neues Hamburg, hrsg. von Erich Lüth. I–V, Hamburg 1947–1950

Nordwestdeutsche Hefte

Archiv des NDR:

Tonträger und Sendemanuskripte aus den Jahren 1945–1949

Literatur:

Baubehörde, Berichte der – 1945–1947

Beneke, Dr. Hugo-Friedrich: Briefe, Staatsarchiv Hamburg

Borchert, Wolfgang: Das Gesamtwerk, Rowohlt Verlag GmbH, Hamburg 1949

Dunlop: John K.: Auszüge aus dem Tagebuch, Neues Hamburg (4. Februar 1947)

Erhard, Ludwig: Hamburger Allgemeine Zeitung vom 21. Juni 1948

Gollancz, Victor: In darkest Germany, London 1947

Hamburgische Staatsoper: Programmheft 1946

Köster, Ose: Tagebücher – unveröffentlicht.

Lüth, Erich: Briefe, Staatsarchiv Hamburg

Lüth, Erich: Drei Jahre Arbeit für den Wiederaufbau der Freien und Hansestadt Hamburg, Hamburg 1949

Lüth, Erich: Max Brauer. Glasbläser, Bürgermeister, Staatsmann. Hamburg 1972

Molitor, Jan (d. i. Josef Müller-Marein): Cavalcade 1946, Hamburg 1947

Schüddekopf, Charles (Hrsg.): Vor den Toren der Wirklichkeit. Deutschland 1946–47 im Spiegel der Nordwestdeutschen Hefte, Berlin/Bonn 1980

Stahl, Erna (Hrsg.): Jugend im Schatten von Gestern, Hamburg 1948

Stenographische Berichte über die Sitzung der Bürgerschaft zu Hamburg, Hamburg 1947

Verg, Erik: Tagebücher – unveröffentlicht.

Wolff-Mönckeberg, Mathilde: Briefe, die sie nicht erreichten. Briefe einer Mutter an ihre fernen Kinder in den Jahren 1940–1946, Hoffmann und Campe, Hamburg 1980

Für das Schlußkapitel ›Hamburgs Weg in die Demokratie 1945–1949‹ benutzte Quellen und Literatur. Titel, aus denen Zitate stammen, sind mit (Z) gekennzeichnet.

H. Vaughan Berry, Ein Brite beobachtete Hamburg. Neues Hamburg II, 1948, S. 21–24 (Z).

Max Brauer, Zur Verfassung der Freien und Hansestadt Hamburg. Rede, gehalten in der Hamburger Bürgerschaft am 28. April 1948. Neues Hamburg III, 1949, S. 7–12 (Z).

Max Brauer Rundfunkansprache zur Währungsreform. Neues Hamburg III, 1949, S. 56–57 (Z).

Max Brauer, Zwei Jahre harter Arbeit. Rundfunkansprache am 2. Jahrestag der Neubildung des Senats der Hansestadt Hamburg am 21. November 1948. Neues Hamburg III, 1949, S. 114–118 (Z).

Holger Christier, Sozialdemokratie und Kommunismus. Die Politik der SPD und der KPD in Hamburg 1945–1949. Hamburg 1975 (= Hamburger Beiträge zur Sozial- und Zeitgeschichte, Band X).

Holger Christier, Die Sozialistische Freie Gewerkschaft in Hamburg. In: Arbeiterinitiative 1945. Antifaschistische Ausschüsse und Reorganisation der Arbeiterbewegung in Deutschland. Hrsg. von Lutz Niethammer, Ulrich Borsdorf und Peter Brandt. Wuppertal 1976. S. 305–329.

Ernst Deuerlein, Deutschland nach dem Zweiten Weltkrieg 1945–1955. In: Handbuch der deutschen Geschichte. Begr. von Otto Brandt, fortgef. von Arnold

Oskar Meyer, neu hrsg. von Leo Just. Band IV 3. Teil. Konstanz 1965 (Z).

Drei Hamburger Reden zur Vereidigung des ersten gewählten Senats (22. 11. 1946) Adolph Schönfelder, H. Vaughan Berry, Max Brauer. Neues Hamburg I, 1947, S. 11–15 (Z).

Hamburg 1945. Ansprachen von Bürgermeister Rudolf Petersen, Bürgermeister Adolph Schönfelder und Senator Heinrich Landahl. Hrsg. von der Deutschen Hilfsgemeinschaft. Hamburg 1946.

Hamburger Nachrichten-Blatt 1945–1946.

Werner Johe, Bürgermeister Rudolf Petersen. Ein Beitrag zur Geschichte der politischen Neuordnung in Hamburg 1945–1946. Jahrbuch des Instituts für Deutsche Geschichte der Universität Tel Aviv, III, 1974, S. 379–415.

Friedrich Kästner, Die neue Bürgerschaft. Neues Hamburg II, 1948, S. 30–35.

Hans-Dieter Loose, Der Neuanfang 1945/46 und Hamburg. Literaturbericht über einige Neuerscheinungen zur Geschichte der ersten Nachkriegszeit. Zeitschrift des Vereins für Hamburgische Geschichte, Band 62, 1976, S. 117–123.

Erich Lüth, Schrecken und Selbstbehauptung. Die Geschichte eines deutschen Winters. Neues Hamburg II, 1948, S. 36–44.

Erich Lüth, Drei Jahre Arbeit für den Wiederaufbau der Freien und Hansestadt Hamburg. Hamburg 1949.

Erich Lüth, Hamburgs Schicksal lag in ihrer Hand. Geschichte der Bürgerschaft. Hamburg 1966.

Erich Lüth, Die Hamburger Bürgerschaft 1946–1971. Wiederaufbau und Neubau. Hamburg 1971.

Erich Lüth, Erich Klabunde. Journalist und Politiker der ersten Stunde. Hamburg 1971.

Erich Lüth, Max Brauer. Glasbläser, Bürgermeister, Staatsmann. Hamburg 1972.

Erich Lüth, Der Hungerwinter 1946/47 und die erste Regierungszeit Bürgermeister Max Brauers. In: Miterlebtes. Berichte aus fünf Jahrzehnten hamburgischer Geschichte von Herbert Weichmann, Kurt Sieveking, Erich Lüth und Hans A. Mestern. Hamburg 1979 (= Vorträge und Aufsätze, hrsg. vom Verein für Hamburgische Geschichte, Heft 22). S. 49–75.

Neues Hamburg. Hrsg. von Erich Lüth. I–V, Hamburg 1947–1950.

Rudolf Petersen, Bürgermeister in schwerer Zeit. Neues Hamburg I, 1947, S. 16–19 (Z).

Rudolf Petersen, Meine Zeit als Bürgermeister der Stadt Hamburg. Hamburger Echo vom 24. 11. 1951, S. 18.

Adolph Schönfelder, Trotz aller Schwüre: Doch wieder in die Verantwortung. Hamburger Echo vom 24. 11. 1951, S. 18.

Kurt Sieveking, Hamburgs erstes Jahr unter der britischen Militärregierung (1945/46). In: Miterlebtes. Berichte aus fünf Jahrzehnten hamburgischer Geschichte von Herbert Weichmann, Kurt Sieveking, Erich Lüth und Hans A. Mestern. Hamburg 1979 (= Vorträge und Aufsätze, hrsg. vom Verein für Hamburgische Geschichte, Heft 22). S. 31–47 (Z).

Franz Spliedt, Der Neuaufbau der Hamburger Gewerkschaften. Neues Hamburg I, 1947, S. 70–77.

Rückkehr aus der Emigration. Briefe Herbert Weichmanns aus Hamburg im Juni 1948. Bearbeitet von Hans-Dieter Loose. Zeitschrift des Vereins für Hamburgische Geschichte, Band 67, 1981, S. 177–205 (Z).

DIE WELT 1946–1949.

DIESE WOCHE (später: DER SPIEGEL) 1946 (Z: 30. 11. 1946)